Alexander Geimer

Filmrezeption und Filmaneignung

Alexander Geimer

Filmrezeption und Filmaneignung

Eine qualitativ-rekonstruktive Studie
über Praktiken der Rezeption
bei Jugendlichen

VS VERLAG FÜR SOZIALWISSENSCHAFTEN

Bibliografische Information der Deutschen Nationalbibliothek
Die Deutsche Nationalbibliothek verzeichnet diese Publikation in der
Deutschen Nationalbibliografie; detaillierte bibliografische Daten sind im Internet über
<http://dnb.d-nb.de> abrufbar.

Zugl. Diss. an der Freien Universität Berlin, 2009

1. Auflage 2010

Alle Rechte vorbehalten
© VS Verlag für Sozialwissenschaften | GWV Fachverlage GmbH, Wiesbaden 2010

Lektorat: Katrin Emmerich / Tanja Köhler

VS Verlag für Sozialwissenschaften ist Teil der Fachverlagsgruppe
Springer Science+Business Media.
www.vs-verlag.de

Umschlaggestaltung: KünkelLopka Medienentwicklung, Heidelberg
Druck und buchbinderische Verarbeitung: Rosch-Buch, Scheßlitz
Gedruckt auf säurefreiem und chlorfrei gebleichtem Papier
Printed in Germany

ISBN 978-3-531-17093-0

Die für uns wichtigsten Aspekte der Dinge sind durch ihre Einfachheit und Alltäglichkeit verborgen. (Man kann es nicht bemerken, – weil man es immer vor Augen hat).
Ludwig Wittgenstein

Keine Kunst, keine Erzählung kann heute das Kino ignorieren. Die Philosophie im Übrigen auch nicht. Sagen wir, daß sein Fantomgewicht überall wiegt.
Jacques Derrida

Danksagung und Widmung

Dass diese Arbeit zustande kommen konnte, ist in herausragendem Maße Ralf Bohnsack und Yvonne Ehrenspeck zu verdanken, die mich über den gesamten Entstehungsprozess nicht nur großartig beraten, sondern auch persönlich begleitet haben. Insbesondere der Forschungswerkstatt von Ralf Bohnsack – und vor allem seinen Hinweisen, aber auch den Anregungen der TeilnehmerInnen in diesem Kontext – bin ich zu Dank verpflichtet. Dies gilt auch für die TeilnehmerInnen der Studie, die durch viele Stunden des Erzählens, Schreibens und Filmeschauens diese Arbeit auch erst ermöglichten. Zudem möchte ich Dieter Lenzen und Achim Hackenberg für die Unterstützung, fruchtbare Zusammenarbeit und den Zugang zum Datenmaterial danken. Wichtige Anregungen kamen zudem von vielen weiteren KollegInnen und Freunden in unzähligen kurzen und längeren Diskussionen, die ich hier nicht alle nennen kann. Für die unschätzbar wertvolle Geduld und Nachsicht meines persönlichen Umfelds bin ich ebenfalls äußerst dankbar. Und ganz besonders gedankt sei an dieser Stelle auch meinen Eltern – ohne sie wäre noch viel mehr nicht möglich gewesen als nur die vorliegende Arbeit, weshalb ihnen diese gewidmet ist.

Inhalt

1 Zur Rekonstruktion von Aneignungsprozessen im Zuge der Filmrezeption von Jugendlichen

1.1 Jugend, Film, Aneignung

Die Überlegungen und Untersuchungen in dieser Arbeit berichten über Praktiken der Regelung des Verhältnisses zwischen Alltagswelten und Filmwelten. Von beachtlicher Bedeutsamkeit wird sich die Verknüpfung zwischen einer *filmisch dargestellten Praxis* und der *selbst erlebten Alltagspraxis* bzw. der diese Alltagspraxis strukturierenden Wissensbestände erweisen. Denn die Interaktion zwischen Filmen und RezipientInnen kann sich nicht nur derart gestalten, dass bestimmte Orientierungen und ein bestimmter Habitus zu spezifischen Rezeptionsweisen führen, sondern auch auf eine Weise, in der habituell verankerte Orientierungen in bedeutenden Komponenten *verändert* werden (Bohnsack 2009a: 129ff., Geimer 2009, 2010: i.E.). Ich werde dann von einer *produktiven Aneignung* sprechen. Es wird hier also nicht jede – irgendwie auf den Alltag / die Lebenswelt bezogene – Rezeption von Filmen als eine Form der Aneignung konzipiert, wie dies zumeist in der deutschsprachigen,[1] sozial- und erziehungswissenschaftlichen Medien- und Rezeptionsforschung der Fall ist (vgl. Geimer / Ehrenspeck 2009, Hepp 1998); vielmehr bestehen auch alltägliche Praktiken der Rezeption, durch welche *keine* Anschlussfähigkeit zwischen der in Filmen inszenierten Praxis und der eigenen Alltagspraxis hergestellt wird; eine Aneignung also vermieden wird. Liegt hingegen durch das entsprechende Passungsverhältnis eine Modifikation von habituellen Strukturen – bzw. konjunktiven Wissensstrukturen im Sinne Mannheims (1980) – vor, handelt es sich um eine mime-

---

[1] Im angloamerikanischen Raum wird der Begriff der „appropriation" zwar auch (vgl. Hepp, 1998: 23), aber weniger in dieser inflationären Weise genutzt – stattdessen kursiert dementsprechend „the notion of ‚active' audiences" (Schrøder et al., 2003: 124), die gleichfalls ohne Erklärungskraft verwendet wird („little explanatory value", ebd., vgl. ebenso Barker 2006). Die Rede vom ‚aktiven' oder auch ‚kreativen' Zuschauer flankiert häufig die ‚Aneignung' in deutschen Publikationen. In diesem Sinne meint auch Göttlich (1997: 109), dass der Ausgangspunkt der Analyse in den Cultural Studies „oftmals die einfache Annahme, that the audience is always active' [bildet]. Eine solche Annahme kann, abgesehen von der Hinwendung zu Mediennutzungsweisen, handlungstheoretische Ansätze wohl nur vermittelt befruchten, zumal sie im soziologischen Sinn ohnehin als trivial erscheint".

tisch-ästhetische Erfahrung (vgl. Wulf 2005), durch die spontane Bildungsprozesse ein- und angeleitet werden können (Nohl 2006b). Ich werde in dieser Arbeit also verschiedene Praktiken der Rezeption von Filmen empirisch identifizieren und in Auseinandersetzung mit aktuellen Ansätzen der Rezeptionsforschung
diskutieren, um dann insbesondere die Praxis der *produktiven Aneignung* als
ästhetische Erfahrung zu charakterisieren und in ihrer Bedeutung für die erziehungswissenschaftliche Bildungstheorie zu besprechen. Während sich letztere
darum bemüht, ästhetischen Erfahrungen überhaupt einen Platz in Theorie (und
zumindest partiell auch in der Empirie) zu verschaffen, so sind diese in der aktuellen Rezeptionsforschung kaum (explizit) berücksichtigt. Die mittlerweile überholte Rede von ‚Wirkungen' durch Filme oder allgemein Medienwirkungen, die
heute zugunsten des unscharfen Begriffs eines stets aktiven und immer kreativen
Rezipienten zu Unrecht nahezu völlig außer Mode gekommen ist (Bohnsack,
2009a: 131, Barker, 2006: 125f., Wittpoth, 2003: 74), lässt sich so auf ein neues
Fundament stellen: *Filme wirken, wenn sie Aneignungsprozesse bewirken.* Die
produktive Aneignung ist so als eine Praxis der impliziten und spontanen Bildung durch ästhetische Erfahrungen zu verstehen, die im Kontext von Habitustheorie und praxeologischer Wissenssoziologie zu diskutieren ist (vgl. Geimer
2010: i.E.).

Damit fasse ich den Begriff der Aneignung bewusst anders, als dies von
weiten Teilen der aktuellen sozial- und erziehungswissenschaftlichen Medien-
und Rezeptionsforschung – insbesondere von den die Rezeptionsforschung derzeit prägenden Cultural Studies (vgl. Hepp, 1998: 42, Göttlich / Winter, 1999:
35) – getan wird; fordere also wenigstens eine Differenzierung bzw. eine Neujus-
tierung des Aneignungsbegriffs ein. Denn zumeist wird unter Aneignung jegliche Verwendung von Filmen im Alltagsleben gefasst. Der Begriff wird so inflationär verwendet und ist von irgendeiner kontextspezifischen Interpretation und
situativ-lokalen Bedeutungsaushandlung kaum zu trennen: Wann und wie auch
immer jemand einen Film (mit anderen) sieht, so eignet er/sie sich diesen an.
Wann und wie auch immer jemand über einen Film redet, so eignet er/sie diesen
an. Der Begriff wurde mittlerweile in der neueren sozial- und erziehungswissenschaftlichen Medienforschung zu einem Allgemeinplatz, den scheinbar jeder
versteht, aber dessen konkrete Bedeutung keiner kennt, mithin zu einem Platzhalter, der ziemlich beliebig besetzt werden kann.

Vor diesem im Laufe der Arbeit detailliert zu bestimmenden Hintergrund ist
es das zentrale Anliegen meines Unternehmens, ein empirisch gesättigtes und
theoretisch fundiertes Konzept der Aneignung aufzustellen. Dabei ist mit einer
Paradoxie, auf die in den einleitenden Zitaten meiner Arbeit verwiesen wird,
umzugehen: Auf der einen Seite wiegt das „Fantomgewicht" (Derrida, 2001: 77)
des Kinos – wie des Filmes – überall; auf der anderen Seite ist gerade das Ge-

wicht jener Dinge, die uns vielfach und gleichsam selbstverständlich umgeben, wie Wittgenstein (2003[1953]: 86) feststellt, kaum und nur mit erheblichem Aufwand abzuwägen. Mit anderen Worten: Filme laufen ständig, zu fast jeder Uhrzeit, auf irgendeinem Sender, finden sich tausendfach in Privatsammlungen, Videotheken und im Internet, sind immer wieder Anlass und Thema aller möglichen Tisch-, Pausen- und überhaupt Alltagsgespräche; sind also eine der vielen Nebensachen der (Medien)Welt und können als solche in den unterschiedlichsten Formen Bedeutung gewinnen. Dabei können sie auch – in gewisser Hinsicht beiläufig – elementare Muster unserer Erfahrung und Strukturen des Wissens, also Orientierungen, prägen, ohne dass dies als eine solche Prägung und Bildungserfahrung reflexiv erfahren wird. Der empirische Kern dieser Arbeit ist eine Typologie von Praktiken der Bedeutungskonstruktion, in der sich die Aneignung als eine für das rezipierende Subjekt besonders relevante Praxis der Orientierungsbildung darstellen wird. Diese wird im Kontext der sozial- und erziehungswissenschaftlichen Medienforschung und Bildungstheorie verortet.

Wenn ich der Kürze wegen von Filmen spreche, beziehe ich mich stets auf Spielfilme. Darunter verstehe ich jene Filme, die zum Zwecke der zumeist kommerziell motivierten Distribution produziert werden und über Kino, Videotheken und Kaufhäuser, TV oder Internet rezipiert bzw. bezogen werden können. Es handelt sich dabei um narrative und fiktionale Filme, d.h. solche Filme, die Geschichten erzählen, welche eher in Ausnahmen auf wirklichen Begebenheiten beruhen, jedoch auch in diesem Falle solche 'realen Ereignisse' nicht versuchen schlicht festzuhalten und konservierend dem Strom der Zeit zu entreißen. Ich berücksichtige in dieser Arbeit keine Alltagsdokumente, wie private Hochzeitsfilme oder besser -videos, die auch Faulstich (2002: 16) vom hier interessierenden, artifiziell gestalteten Film unterscheidet. Meistens handelt es sich bei den entsprechenden Filmen um sehr aufwändig inszenierte Geschichten, die in weiten Teilen in der Auswahl ihres Stoffes sowie der Art und Weise von dessen Darbietung typisierbar sind in Gattungen (Keppler / Seel, 2002) bzw. Genres (Casetti 2001, Bordwell, 1989b: 146ff.), wie z.B. Komödien oder Westernkomödien oder Italo-Neo-Western-Dramen.

Derartige Klassifizierungen interessieren jedoch nicht im Weiteren. Überhaupt interessiert der Film nicht als solcher, nicht hinsichtlich seiner formalästhetischen Struktur, thematischen Gehalte oder gar Qualität – daher hat diese Arbeit auch nur begrenzt Anknüpfungsmöglichkeiten an die filmwissenschaftliche Theorie. Stattdessen steht im Mittelpunkt meiner Überlegungen und Untersuchungen, wie bereits hervorgehoben, wie Menschen mit Filmen umgehen; alles Weitere auf den nachstehenden Seiten dreht sich somit um Modi der Bezugnahme von Menschen auf Filme. Ich werde mich dabei auf Jugendliche in der späten Adoleszenz (zwischen 18 und 22 Jahren) beschränken. Dies vor allem deshalb, weil Jugendliche erstens einen wesentlichen Anteil an Rezipienten stellen, ob im Kino oder am TV oder Internet.[2] Zweitens sind Jugendliche stärker im Begriff zentrale Orientierungen, die für ihr weiteres Leben relevant werden, auszubilden als Erwachsene, wobei mediale Erfahrungen eine besondere Rolle spielen (vgl. bspw. Vogelsang, 1994: 467). Die Kernfragen dieser Arbeit lauten daher: Was machen Jugendliche mit Filmen? Was machen Filme mit Jugendlichen? Was lassen Jugendliche durch Filme mit sich machen?

Fragen dieser Art sind weitgehend ungeklärt. Dies obwohl bekanntlich Luhmann viel zitiert darauf hingewiesen hat, dass „was wir über unsere Gesellschaft, ja die Welt, in der wir leben, wissen, [...] durch die Massenmedien [wissen]" (Luhmann, 1996:9). Die Annahme einer tief greifenden medialen Durchdringung des Alltagslebens und das entsprechende Verständnis von Medien als „alltäglichen Instrumenten der Wirklichkeitskonstruktion" (Schmidt, 2000: 43) bzw. „Motor der Ausbildung des Realitätssinns einer Gesellschaft" (Keppler, 2006: 321) sind mittlerweile fraglos als Allgemeinplatz anzusehen. Auch dass „Jugendzeit [...] Medienzeit [ist]" (Vogelsang, 2000: 184), bedarf heute nicht eines weiteren Nachweises. Obschon der Umgang vor allem Jugendlicher mit Medien in den letzten Jahrzehnten in den Sozial- und Erziehungswissenschaften zunehmend Berücksichtigung erfuhr, blieben der Film und die Vielfalt an Rezeptionspraktiken in dieser Hinsicht weitgehend unberücksichtigt. So konnte Prommer (1999) in einer Durchsicht des äußerst umfangreichen Standardwerks zur Medienwirkungsforschung von Schenk (1987) feststellen, dass sich darin das Stichwort ,Film' lediglich mit vier Einträgen findet und das Stichwort ,Kino' gar nicht. Letzteres gilt auch für die zweite vollständig überarbeitet Auflage der „Medienwirkungsforschung" (2002), in der sich nun etwas mehr und nunmehr neun Verweise zum Stichwort ,Film' finden. Dabei handelt es sich jedoch vorrangig um historische Angaben zur Entstehung des Films oder das Auflisten von Ergebnissen quantitativ-experimenteller Wirkungsstudien. In der dritten, eben-

---

[2] Quantitative Daten zur Verbreitung und Nutzung von Kino und TV wie Spielfilmen sollen hier nicht genauer in den Blick genommen werden. Zur Übersicht hier nur einige wenige Zahlen (aus der letzten JIM-Studie von 2007, N=1204): Fast alle Jugendlichen (schon im Alter von 12-19) haben heute Zugang zu einem Fernseher im Haushalt und 63% der Mädchen und 71% der Jungen haben einen *eigenen* Fernseher, der auch zur *häufigsten* Freizeitbeschäftigung genutzt wird: 92,5 % sehen täglich oder mehrmals in der Woche fern, wie die Hälfte täglich (63%) und dies im Durchschnitt ca. 2 Stunden pro Tag (Durchschnitt der Gesamtbevölkerung: ca. 3,5 Stunden, vgl. Zubayr / Gerhard 2008). Dabei werden von den Jugendlichen insbesondere auch *Spielfilme* gesehen, was schon daraus hervorgeht, dass 46% der Jugendlichen Film / Kino als sehr interessantes bzw. interessantes Freizeit-Themengebiet bezeichnen. Zudem wird das Programmangebot des Senders Pro7, der 1989 als *Spielfilm*sender gegründet wurde und auch heute die meisten und zumeist auch die neuesten Produktionen ausstrahlt, „mit großem Abstand" (Kutteroff / Behrens / König / Schmid, 2007: 25) am stärksten nachgefragt, umso mehr mit steigendem Alter (Lieblingssender bei 43% der 18-19jährigen).

falls vollständig überarbeiteten Auflage (2007) von 847 Seiten befindet sich ein Schlagwort zum Kino noch immer nicht, aber immerhin deutlich mehr und 20 Einträge unter ‚Film', allerdings ohne dass sich an der inhaltlichen Ausrichtung der jeweiligen Passagen etwas geändert hätte. Fast die Hälfte der Schlagworte sind im Kapitel „Emotionale Wirkungen" (2007: 194-244) angesiedelt und beziehen sich auf quantitative Studien. Es bestehen folglich, obwohl die Forschungslandschaft stark auf das emotionale Erleben des Films setzt, kaum Hinweise auf Studien, die sich mit dem Film im Kontext dessen beschäftigt, wo Emotionen verwurzelt sind: im Alltag und den dort sedimentierten, inkorporierten Erfahrungs- und Wissensstrukturen. Es fehlen also (zumindest Hinweise auf) Studien, in denen qualitativ-rekonstruktiv untersucht würde, welche Bedeutung Menschen vor dem Hintergrund ihrer alltäglichen Lebenspraxis und den dort sedimentierten Wissensstrukturen Filmen zukommen lassen und wie sie das tun.

Im Weiteren dieser Arbeit wird zu zeigen sein, dass solche Fragen der Anschlussfähigkeit zwischen Film- und Alltagswelt bislang lediglich in Bezug auf einige (erheblich begrenzte) Teilaspekte geklärt sind. Dies ist durchaus in neueren Arbeiten einer (sozial)konstruktivistischen Medienforschung der Fall, welche sich zumeist von quantitativ standardisierten Ansätzen abgrenzt (dazu später mehr). Schenks Übersicht ist diesen qualitativen Ansätzen der Rezeptionsforschung gegenüber stark kommunikationswissenschaftlich ausgerichtet und die Kommunikationswissenschaften traditionsgemäß stark quantitativ orientiert, so dass diese Frage gewissermaßen im toten Winkel vieler kommunikationswissenschaftlicher Forschungsprogramme liegt – aber der diagnostizierte Mangel setzt sich auch in erheblichen Teilen der Sozial- und Erziehungswissenschaften fort. Häufig wird sich auch hier quantitativ standardisierend mit Umgangsweisen mit Filmen und Medien beschäftigt, so dass die entsprechenden Arbeiten an die Integration von Filmen und Medien in die Alltagspraxis kaum herankommen. Dazu ist ein empirischer Zugang zu den diese Praxis strukturierenden Erfahrungs- und Wissensstrukturen notwendig.

Dementsprechend muss bspw. Glogner in einer Studie über „Altersspezifische Umgehensweise mit Filmen" (2002) feststellen, dass es notwendig wäre, „qualitative Methoden einzubeziehen, um mehr über die hinter den festgestellten Umgehensweisen stehenden Motive zu erfahren" (Glogner, 2002: 111, 107). Der Rückgriff auf den Begriff des Motivs soll hier verdeutlichen, dass in einer quantitativ ausgerichteten und daher standardisierenden Untersuchung weitgehend im Dunkeln bleibt, warum und wie Menschen Filme schauen, was diese mit ihren Alltagsangelegenheiten zu tun haben. Selbst Weiß, der auch an anderer Stelle (2001a) sehr differenziert theoretisch über den „praktische[n] Sinn des Mediengebrauchs im Alltag" (2001b: 347) arbeitet, bedient sich in seiner empirischen Arbeit einer standardisierten Methodik, die er zugleich kritisieren muss: „Aber was bedeuten die gefundenen Zusammenhänge? [...] wenn die Akteure mit der Art ihres Mediengebrauch [sic] auch ihren ‚praktischen Sinn' für die Bewältigung besonderer Lebensumstände artikulieren, dann nimmt die Art der Erhebung dieser Artikulation ihre Sprache. Zugespitzt formuliert: Sie bringt die sinngebende Aneignungs- und Interpretationsleistung um Sinn und Verstand" (Weiß, 2001b: 355). Diese Probleme, die ich nun nicht an einzelnen Studien vorführen werde, sind nicht weiter verwunderlich und auch kein eigentlicher Mangel der jeweiligen Untersuchungsdesigns, sondern grundlegender und methodologischer Natur. Anhand statistischer Modelle sind lediglich vorab formulierte und von der Lebenspraxis und Erfahrungsräumen losgelöste – bestenfalls diese mitberücksichtigende und imaginierende – Zusammenhänge zu prüfen. Theorien, die sich mit diesen Zusammenhängen beschäftigen, wie andere empirische Befunde, können über Brückenannahmen zur Deutung der statistisch nachweisbaren Strukturiertheit des Datenmaterials herangezogen werden. Dieses Problem der analytischen Überbrückung der tatsächlichen Relevanzen und Orientierungen der Beobachtungseinheiten ist nicht aus der Welt zu schaffen in der quantitativ standardisierten Arbeitsweise, da diese immer nur mit zuvor festgesetzten und definierten Befragten-Merkmalen (Codewerten) zu tun haben kann und so den Wahrnehmungskategorien, Schemata, Typisierungen und Deutungs- und Orientierungsmuster erster Ordnung, die jedem Handeln im Sinne von Alfred Schütz (1971: 51) zugrunde liegen, in ihren eigenen Konstruktionen, denjenigen zweiter Ordnung, nicht Rechnung zu tragen vermag. Mit anderen Worten: Die quantitativ standardisierende Methodik „erfasst das Material der Praktiken und nicht ihre Form; sie bezieht sich auf die verwendeten Elemente und nicht auf die ‚Satzform', die sich aus der Bastelei, aus dem ‚handwerklichen' Erfindungsreichtum und aus der Diskursivität ergibt [...]. Sie [...] läßt die Ausbreitung der heterogenen Geschichten und Aktivitäten, die das Alltägliche bilden, beiseite" (de Certeau, 1988: 22). In eben diesem Sinne der Bezugnahme auf das Konkrete des Alltäglichen meint auch Mannheim – dem diese Arbeit durch ihre Orientierung an der von diesem inspirierten praxeologischen Wissenssoziologie (Bohnsack, 2006c: 137f., 2008: 187ff.) viel verdankt – dass die Grundlagen der Gesellschaftsanalyse generell nicht „rein quantitative Korrelationen sind, sondern Situationsdiagnosen darstellen, in denen wir fast die gleichen konkreten Begriffe und Denkmodelle benutzen, die im wirklichen Leben für die Zwecke der Praxis geschaffen wurden" (Mannheim, 1985: 41).

Diese Arbeit beschäftigt sich demzufolge mit jenem weitgehend vernachlässigten Aspekt der Rezeptionsforschung einer qualitativ-rekonstruktiven Untersuchung der Interaktion von Filmen mit handlungsleitenden und praxisrelevanten Wissensstrukturen von Jugendlichen. Die Auseinandersetzung ist ganz entscheidend von drei aktuellen Forschungsgebieten geprägt. *Erstens* dem rekonstruktiven Forschungsstil der praxeologischen Wissenssoziologie, der Anlage und theoretische Ausrichtung dieser Arbeit entscheidend strukturiert sowie die Analyse des empirischen Materials anleitet (dokumentarische Methode). *Zweitens* der neueren Entwicklung hin zu einer (sozial)konstruktivistischen Rezeptionsforschung in der Medienforschung (Cultural Studies, systemtheoretische Rezeptionsforschung, kognitive Filmpsychologie), die sich zumindest vorrangig jenseits der quantitativen Methodik mit der Rezeption bzw. Aneignung von Medien bzw. Filmen auseinandersetzt. *Drittens* der Bildungstheorie, insbesondere in Bezug auf Aspekte einer informellen Bildung durch mimetisch-ästhetische Erfahrungen und implizite, spontane Bildungsprozesse, wodurch sich die Reichweite der zentralen Ergebnisse dieser Arbeit für die Erziehungswissenschaft und – zumindest partiell – ihr Bezug zur pädagogischen Praxis einschätzen lässt.

Im Folgenden skizziere ich kurz die Bedeutung dieser Einflüsse auf meine Arbeit, bevor ich deren Struktur und den Ablauf der Kapitel darlege.

1.2 Theoretische und methodologische Grundlagen dieser Studie

1.2.1 Praxeologische Wissenssoziologie

Diese Arbeit ist hinsichtlich ihrer methodologischen und methodischen Ausrichtung der praxeologischen Wissenssoziologie und dokumentarischen Methode verpflichtet. Insofern leitet sich das praxeologische Erkenntnisinteresse des empirischen Teils nicht lediglich (und notwendigerweise dann nur induktiv) aus den Daten ab, sondern ist bereits vorstrukturiert durch die Entscheidung für eine dokumentarische Interpretation der Interviews. Da Methoden stets ihren Gegenstand konstituieren (Bohnsack 2009b, Flick 2004), ist dies allerdings nicht etwa eine diese Studie verzerrende Eigenschaft der Forschungspraxis – wie aus Perspektive einer rein (oder besser: naiv) explorativen Verfahrensweise kritisiert werden könnte. Stattdessen handelt es sich um eine abduktive Analysehaltung (Reichertz 2003, Bohnsack, 2008: 197ff.), die auch nicht darauf abzielt bestehendes Wissen zu testen, sondern neues zu generieren. Dies anhand der konsequenten Orientierung an den Beforschten bzw. an den Orientierungen der Beforschten wie sie sich gemäß der dokumentarischen Methode darstellen (können). Deren „*meta*-theoretische Kategorien [sind] von *gegenstandsbezogenen* zu differenzieren" (Bohnsack, 2008: 204, H.i.O.); erstere dienen dazu letztere hervorzubringen, was bedeutet: „Auf der Ebene gegenstandsbezogener Theorie bleibt die qualitative Bildungsforschung vorab der Forschung abstinent, um dann selbst Hypothesen und Theorien empirisch zu generieren" (Nohl, 2006c: 166). Aufgrund dieser qualitativ-rekonstruktiven Logik des empirischen Vorgehens und der Orientierung an den Orientierungen und Relevantsetzungen der Beforschten setzt die vorliegende Arbeit mit einem empirischen Kapitel zu einer ersten Theoriegenerierung ein (Kap. 2) und liefert zunächst keinen theoretischen Bezugsrahmen, aus dem zu testende Hypothesen abgeleitet und so eine Variablenstrukturierung des Materials eingeleitet würden.

Ausgehend von gegenstandsbezogenen, theoretischen Vorannahmen, die konkrete und zu testende Hypothesen ableiten lassen, können leichtfertig „die Relevantsetzungen der Befragten überblendet [werden]" (Kelle, 1998: 11, 2008). Daher arbeitet die qualitativ-rekonstruktive Forschung bewusst mit „Vorbegriffen" (Bergmann, 1987: 6) Die begrifflich-konzeptuell möglichst offene Vorgehensweise und der Versuch einer empirisch begründeten Theoriebildung ist allen elaborierten, qualitativen Verfahren (wie Konversationsanalyse, Grounded Theory, Objektive Hermeneutik, hermeneutische Wissenssoziologie, narratives Interview, dokumentarische Methode) eigen. Dies geht darauf zurück, dass diese Verfahren „und ihre wissenschaftlichen Kategorien, also die Konstruktionen, Typenbildungen und Begrifflichkeiten, d.h. die Erfahrungen der Forschenden, ihren Anschluss an die Erfahrungen und Konstruktionen und Typenbildungen, des Alltags, des Common Sense zu suchen [haben]. Derart gewonnene wissenschaftliche Erfahrungen der Forschenden stellen *Erfahrungen von Erfahrungen* dar (Bohnsack, 2005a: 64, H.n.i.O., 2001b).

Während in dieser Hinsicht die vorliegende Arbeit den allgemeinen „Standards nicht-standardisierter Forschung in den Erziehungs- und Sozialwissenschaften" (Bohnsack 2005a) folgt, ist die konkrete Interpretationsarbeit dieser Untersuchung der dokumentarischen Methode und den meta-theoretischen Grundlagen einer praxeologischen Wissenssoziologie verpflichtet (Bohnsack, 2008: 187ff., 2006c: 137f.). Diese Orientierung ist dem besonderen Interesse an der Verknüpfung von Filmen bzw. einer filmisch inszenierten Praxis mit der Alltagspraxis der Jugendlichen bzw. den darin entwickelten Erfahrungs- und Wissensstrukturen geschuldet. Es interessiert folglich weniger, welche Vorstellungen und Theorien Jugendliche über sich selbst und ihren Filmkonsum haben oder welche Einstellungen sie gegenüber (spezifischen) Filmen aufweisen oder was sie über ihre eigenen Motive der Filmnutzung zu sagen wissen oder gar welche Intentionen sie sich selbst oder anderen beim Filmschauen unterstellen. Diese reflexiven Aspekte des Handelns sind nur partiell mit den Organisationsprinzipien der Alltagspraxis verknüpft und müssen letztere keineswegs anleiten. Entsprechend hebt auch Bourdieu hervor: „Die Logik der Praxis besteht darin, nicht weiter als bis zu jenem Punkt logisch zu sein, ab dem die Logik nicht mehr praktisch ist" (Bourdieu, 1992: 103). Mit anderen Worten (und denen Bachelards): „Die Welt, in der man *denkt*, [ist] nicht die Welt [...], in der man *lebt*" (Bachelard zit. n. Bourdieu, 2001: 66, H.n.i.O.).

Die dokumentarische Methode hat sich insbesondere der Analyse der in die Praxis eingelassenen Tiefenstrukturen des Wissens verschrieben, also der Rekonstruktion generativer Prinzipien, die – im Sinne Bourdieus habituell verankert – die Struktur der Alltagspraxis immer wieder neu hervorbringen lassen; allerdings selbst auch Veränderungen unterliegen können, was zum entscheidenden Thema dieser Arbeit werden wird. Die Ausarbeitung einer entsprechenden Analysehaltung, ihre detaillierte methodologische Fundierung und Entwicklung eines konkreten methodischen Vorgehens anhand der Weiterentwicklung von Mannheims Wissenssoziologie – in der kritischen Auseinandersetzung insbesondere mit der Ethnomethodologie sowie dem interpretativen Paradigma der Soziologie und der Kultursoziologie Bourdieus und neuerer sozialwissenschaftlicher forschungspraktisch relevanter Ansätze (wie der Objektiven Hermeneutik nach Oevermann oder dem narrativen Interview nach Schütze) – ist dem Lebenswerk von Ralf Bohnsack geschuldet (vgl. Kap. 4 u. 5 dieser Arbeit sowie Bohnsack 2008). Die dokumentarische Methode ermöglicht die Rekonstruktion von handlungsleitenden Organisationsprinzipien und dem „modus operandi" (Bohnsack, 2006a: 132, Bourdieu, 1993a: 98) einer Praxis.[3]

Wenngleich eine möglichst offene Theoriegenerierung – hier anhand einer dokumentarischen Interpretation der Interviews – einen Hintergrund qualitativen Arbeitens generell darstellt, bedeutet dies nicht, dass ausgehend von dem gleichen Material jede/r qualitative ForscherIn die gleichen Interpretationen produzieren würde. So impliziert die Annahme des Vorhandenseins von Tiefenstrukturen des Wissens (konjunktives Wissen im Sinne Mannheims bzw. Bohnsacks: vgl. Kap. 4 u. 5) bereits eine nicht mehr hintergehbare Einschränkung des Forschens, die zugleich das Forschen erst ermöglicht (Flick, 2004: 25ff.). Das Gleiche gilt für die gegenteilige Annahme von der Abwesenheit solcher Tiefenstrukturen und bspw. die Voraussetzung von anderen, Subjektivität formierenden bzw. Sinn produzierenden Strukturen (wie ‚Diskurse', ‚Deutungsmuster' oder ‚Identitäten'). Mit anderen Worten: „Damit ist gemeint, dass bereits die Wahl der Grundbegrifflichkeiten und der methodologischen Grundlagen den Blick selektiv auf bestimmte Bereiche sozialen Handelns lenkt. Diese Art der Aspekthaftigkeit liegt, da sie paradigmatisch bedingt ist, noch vor jeglicher Empirie und vermag durch diese nicht kontrolliert zu werden" (Bohnsack, 2009b: i.E.).

---

[3] Der Modus operandi ist die Art und Weise der „subjektiven Transformation von Welt in eine sinnhafte und im Handeln bearbeitbare Wirkungssphäre" (Reckwitz, 2000: 318). In Reckwitz' Arbeiten finden sich instruktive Einsichten in neuere Praxistheorien und deren Ausarbeitung im Kontext der Kultur- und Handlungstheorien, jedoch keine Methodologie und Methodik der Interpretation jener begrifflich beleuchteten Praxis.

Diese Aspekthaftigkeit bedeutet auch, dass eine theoriefreie Analyse, die ihren Ausgangspunkt nur bei den Daten und nichts anderem nimmt, somit keine metatheoretische Basis bzw. „Grundlagentheorie" (Nohl, 2006c: 157) hat, unmöglich ist. Wie auch Reichertz festhält (2007b) geht es darum, dass die zentralen Kategorien und Konzepte dem Datenmaterial nicht übergestülpt werden, sondern in Auseinandersetzung mit ihm entwickelt werden. Zu glauben aber, das Datenmaterial könne gewissermaßen für sich selbst sprechen und ForscherInnen seien gleichsam nur die Resonanz- und Aufzeichnungskörper, welche die Sprache des Materials registrieren und verstärken, ist ein Trugschluss. Dabei sitzt man dem Mythos der Emergenz von Strukturen aus dem Material auf (wie ihn die frühe Grounded Theory bspw. propagierte, vgl. Strübing, 2008: 280). Insofern ist auch Knoblauch nicht zuzustimmen, wenn er in Bezug auf „die dokumentarischen Verfahren" kritisch feststellt: „Im Unterschied zu den dokumentarischen Verfahren gehen die qualitativen Verfahren meistens nicht von einer bestimmten theoretischen Vorannahme über die Ordnung der Vielfalt der Daten aus, sondern zeichnen sich dadurch aus, daß sie die Ordnung in und mit den Daten selbst nachweisen möchten" (Knoblauch, 2008: 224).[4]

Ohne bestimmte (meta-)theoretische Vorannahmen kann keine (sinnvolle) Analysetätigkeit stattfinden. Wie auch Bourdieu hervorhebt, müssen diese Vorannahmen insbesondere auf die Struktur der Praxis und ein praktisches Wissen abheben: „Die vom Soziologen klassifizierten sozialen Akteure sind mithin Produzenten nicht nur von klassifizierbaren, sondern von klassifizierenden Akten, die ihrerseits klassifiziert sind. Die Gesellschaftstheorie muß ein ihr *vorausliegendes praktisches Wissen* von Gesellschaft unterstellen und ihrem Gegenstand integrieren" (Bourdieu, 1987: 728, H.n.i.O.). Die Voraussetzung eines solchen praktischen Wissens meint nichts anderes als anzunehmen, dass die Praxis, die Gegenstand der Untersuchung ist, schon strukturiert ist, bevor sie als Gegenstand der Untersuchung strukturiert wird, was die Untersuchung in Rechnung zu stellen hat. Ausgehend von einer praxeologischen Perspektive müssen die theoretischen Vorannahmen also möglichst vage lediglich das Vorhandensein rekonstruierbarer Strukturen eines praktischen Wissens umfassen, ohne jedoch gegenstandsbezogene Annahmen einzuführen. Je nach methodologischer Ausrichtung des jeweiligen die Praxis fokussierenden Ansatzes unterscheiden sich allerdings die entsprechenden Vorannahmen hinsichtlich der Strukturiertheit des Handelns und Verhaltens und damit auch die empirischen Ergebnisse. Ohne solche „Basisvokabulare" (Reckwitz, 2004b: 41) und „formalsoziologischen bzw. metatheoretischen Kategorien" (Bohnsack, 2008: 15) jedoch, die eine möglichst offe-

---

[4] Knoblauch nimmt zwar nicht auf die dokumentarische Methode im Sinne der praxeologischen Wissenssoziologie Bezug, bezieht sich allerdings auf für diese bedeutsame Autoren, wie etwa Bourdieu oder Mannheim (vgl. 2008: 221).

ne Theoriegenerierung erst ermöglichen, ist Forschen schlicht nicht sinnvoll und nicht mehr als ein induktives ‚Stochern in einem Datenwust'. Eine etwaige Negierung, dass es diese (letztlich handlungstheoretischen) Ausgangspunkte geben muss, hat denn schlicht die Funktion apodiktisch seine Leser (und sich selbst) von der zu Tage geförderten Wahrheit oder den eigenen und auf nichts mehr zurückführbaren Originalitätsansprüchen zu überzeugen oder beruht auf einem naiven und wenig reflektierten Wissenschaftsverständnis.

Obschon es nicht sinnvoll ist, ohne meta-theoretische Grundlagen (Bohnsack, 2009b), „Grundlagentheorien" (Nohl 2006c) bzw. Basisvokabulare (Reckwitz 2004b) zu forschen, ist es allerdings durchaus möglich zu forschen, ohne die Grundannahmen der praxeologischen Wissenssoziologie hinsichtlich des Vorhandenseins von Tiefenstrukturen der Praxis, also die „grundlagentheoretische Kategorie des konjunktiven Erfahrungsraums" (Przyborski, 2008: 279, vgl. Kap. 4 u. 5), heranzuziehen – wie noch zu diskutieren unterscheiden sich aktuelle praxistheoretische Forschungsprogramme hinsichtlich dieser Annahme (Kap. 3 u. 4).[5] Ich skizziere die meta-theoretischen Grundlagen der praxeologischen Wissenssoziologie an dieser Stelle nur und führe sie erst später detailliert ein, weil diese Grundlagen aus der Diskussion anderer Ansätze und in Abgrenzung von diesen dargestellt werden hinsichtlich der Notwendigkeit einer praxeologisch-wissenssoziologisch informierten Rezeptionsforschung.

Wenn auch in dieser Arbeit besonders jene Theoriebestände der praxeologischen Wissenssoziologie zum Tragen kommen, die ein Vorhandensein handlungsleitender und die Alltagspraxis strukturierender Erfahrungs- und Wissensstrukturen implizieren, so wird sich in der nachstehenden Interviewanalyse (Kap. 2) auch ein Rezeptionsmodus nachweisen lassen (Film als Ressource für soziale Interaktionen), der auch gut in einem methodologisch und methodisch anders ausgerichteten Forschungsprogramm bearbeitet werden kann und wird (insbesondere von den Cultural Studies). Wir haben es hier mit der „Paradigmenabhängigkeit der Erkenntnis" zu tun (Bohnsack, 2009b: i.E., 2008: 191ff.). Zugleich wird zu zeigen sein, dass jener Zugriff auf Rezeptionsprozesse zwar seine Rechtfertigung besitzt, jedoch einerseits dazu neigt, diesen Zugriff zu verabsolutieren und andererseits den Begriff der Aneignung überzustrapazieren.

---

[5] An dieser Stelle ist gleichfalls zu vermerken, dass die Entscheidung für bestimmte Meta-Theorien wiederum im Habitus der Forschenden verankert ist: „Jeder Produzent, jeder Schriftsteller, Künstler, Wissenschaftler konstruiert sein eigenes schöpferisches Projekt in Abhängigkeit von seiner Wahrnehmung der verfügbaren Möglichkeiten – für die die Wahrnehmungs- und Bewertungskategorien sorgen, die aufgrund eines bestimmten Werdegangs im Habitus angelegt sind – und in Abhängigkeit von der Neigung, unter diesen Möglichkeiten eine bestimmte zu ergreifen und andere zu verwerfen, die selber von den Interessen bestimmt ist, die mit seiner Position im Spiel zusammenhängen" (Bourdieu, 1998: 65).

1.2.2 Entwicklung einer (sozial)konstruktivistischen Rezeptionsforschung in der Medienforschung

Die Schlagworte von der ‚Zuschaueraktivität' bzw. ‚aktiven' und ‚kreativen' Aneignung von Medien und einer entsprechenden ‚Medien-Rezipienten-Interaktion' bzw. ‚Film-Zuschauer-Interaktion' stehen heute im Mittelpunkt neuerer Diskurse zur Rezeption von Filmen (wie allgemein Medienprodukten), welche sich zumeist von quantitativ standardisierenden Ansätzen abzugrenzen suchen und bezeichnen die Eigensinnigkeit der Bedeutungskonstitution der Zuschauer im Zuge der Medienrezeption. Diese Aktivität des Zuschauers, so der Konsens einer (sozial)konstruktivistischen Medienforschung, wurde viel zu lange und wird noch immer zu wenig berücksichtigt. Es sind insbesondere qualitativ-rekonstruktive Studien (Ayaß / Bergmann 2006 oder Mikos / Wegener 2005), die helfen diesen Mangel zu überwinden und die „Suche nach dem verlorenen Zuschauer" (Ayaß, 1993: 27) anleiten. Ich möchte zunächst kurz skizzieren, wie es dazu kam, dass der Forschungsstand erst seit relativ kurzer Zeit durch eine spezifisch qualitative Rezeptionsforschung (mit)geprägt werden konnte.

Die frühe Medienforschung des 20.Jhd. war entweder beschäftigt mit der Analyse der Anwendung von Radio und Kino in den Bereichen ‚Politik' bzw. ‚Wirtschaft' oder aber der Kritik dieser Anwendung in den Handlungsfeldern der ‚Propaganda' bzw. ‚Werbung' (vgl. Schenk, 2002: 4). Man erlag in dieser sensiblen Phase der Medienforschung der 20er bis 40er Jahre des 20.Jhd. der Hoffnung bzw. Befürchtung einer Medienallmacht. Das Publikum wurde mittels Inhaltsanalysen, standardisierten Fragebogen-Interviews und Experimenten als – über Stimulus-Response-Zusammenhänge – von den Medien kontrollierte und atomisierte Masse von Einzelrezipienten konzeptionalisiert. Dieses Konzept der hyperdemic needle, das die behavioristische Instinkttheorie mit der Massensoziologie verknüpfte, ging davon aus, dass Medien auf jedes Gesellschaftsmitglied in etwa gleichartig (unheilsam) einwirken, also dass mediale „Stimuli jedes Individuum der Gesellschaft über die Massenmedien auf die gleiche Weise erreichen, jedes Gesellschaftsmitglied die Stimuli in der gleichen Art wahrnimmt und als Ergebnis eine bei allen Individuen ähnliche Reaktion erzielt wird" (Schenk, 2002: 24). In diesem Sinne meinte auch Busse 1930 anlässlich des 7. Soziologentags über den Film: „Der Filmkonsument, der Kinobesucher, ist hauptsächlich der erlösungsbedürftige Massenmensch. Er sucht im Spiegel des Films wie einst in den Religionen ein vorgetäuschtes ‚besseres Jenseits' (das aber im Diesseits liegen muß), um dorthin flüchten zu können aus dem Elend seines Alltagslebens" (Busse, zit. n. Prokop, 1982: 134).

Unter dem Gesichtspunkt der Manipulation der Masse in kapitalistischen und faschistischen Herrschaftsstrukturen beschäftigte sich auch die Frankfurter Schule mit der Wirkung von Massenmedien. Die mediale Kulturindustrie zwingt, diesen Arbeiten zufolge, dem Menschen Wahrnehmungs- und Beurteilungsmuster auf, welche die bestehenden Herrschaftsverhältnisse verschleiern und reproduzieren (Arnheim, 2002 [1932]: 163ff., Horkheimer / Adorno, 1998 [1944]: 134ff.), indem sie den Menschen von seinen eigentlichen Bedürfnissen entfremden und gewissermaßen zu einem Rad im kapitalistischen bzw. faschistischen Gesellschaftsgetriebe umfunktionieren bzw. diese Umfunktionierung unterstützen und unsichtbar machen. Die Ansätze sowohl der behavioristisch orientierten Wirkungsforschung als auch der Frankfurter Schule gründen in einer Phase der Überwältigung durch die beginnende Medialisierung der Gesellschaft und mussten sich mit der Veralltäglichung von Kino und Radio sowie der Verbreitung des TV als alarmistisches, unterkomplexes und übergeneralisierendes Bild der Massenkommunikation herausstellen – was Politik und Presse nicht daran hindert bisweilen derart ,kulturkritische' Wirkungsannahmen zu postulieren.

Eine Relativierung des Massenpublikums in Subpopulationen und Zielgruppen steckt bereits in der berühmten Lasswell-Formel „Who says what in which channel to whom with what effect" (Lasswell, 1948: 37), welche lange Zeit nach mechanistischen Wirkungsmodellen die leitenden Grundfragen in der Medienforschung strukturieren half. Bereits nach dem 2. Weltkrieg und im Laufe der 50er Jahre rückten die NutzerInnen der – mittlerweile stärker ausdifferenzierten – Massenmedien ins Zentrum des Erkenntnisinteresses. Viele Studien konnten zeigen, dass die „Wirkung der Medien eher durch die Merkmale des Publikums, als durch die Botschaft selbst bestimmt [ist]" (Schenk, 2002: 58). Die Frage Was machen die Menschen mit den Medien? löste in der Folge die Frage Was machen die Medien mit den Menschen? ab. Es waren insbesondere Studien zu politischen Kampagnen bzw. dem Scheitern dieser Kampagnen, welche diesen Wechsel in der Analyseperspektive einleiteten. Man fand heraus, dass Meinungsführer und Bezugsgruppen (Familien, Freunde, Kollegen) die Inhalte der Wahlpropaganda überlagerten oder neu rahmten. Entsprechend wurden soziale Mitgliedschaften und Netzwerkverbindungen und damit einhergehende Opportunitäten und Restriktionen sowie psychische Dispositionen und individuelle Bedürfnisse als Medienwirkungen ermöglichende bzw. verunmöglichende Einflussfaktoren konzeptioniert. Die Vorstellung einer Medienallmacht schlug mit der Elaborierung dieser neuen Ansätze gewissermaßen um in die einer Medienohnmacht bzw. in die Annahme von sehr begrenzten Verstärkungseffekten in Einstellungen und Handlungstendenzen, die von kontextspezifisch soziokulturellen oder persönlichkeitsspezifisch psychischen Einflüssen abhingen (Curran 1990). Diese Arbeiten siedeln sich insbesondere im Umfeld sozialpsychologischer Konsistenz- bzw. Dissonanztheorien, des Uses & Gratifications-Approachs aber auch neueren Studien zu Sozialisation und Gewalt an (Schenk, 2002: 61ff.).

Die Untersuchung der durch soziale Beziehungen und persönliche Merkmale begrenzten Effekte von Medien in nun differenzierteren Modellen mittlerer Reichweite wurde fortgesetzt und ausgeweitet in neueren Ansätzen, wie der Theorie des Agenda-Setting (Bonfadelli, 2001ff.), der Kultivierungsanalyse (Bonfadelli, 2001: 244ff.) und einigen Weiterentwicklungen des Uses & Gratifications-Approachs (Hugger, 2008: 176, Früh, 2008: 179ff.). Diese Ausdifferenzierung der Medien- und Rezeptionsforschung war nahezu ausschließlich quantitativ standardisierenden Ansätzen verpflichtet und ging einher mit der zunehmenden Institutionalisierung der quantitativen Medienforschung in der Kommunikationswissenschaft und Publizistik. Seit den 80er Jahren etwa gestaltet eine Interdisziplinierung das wissenschaftliche Feld der Rezeptionsforschung nachhaltig um (Charlton, 1997b: 16f., Geimer / Ehrenspeck 2009).

Vor allem Soziologie, Kulturwissenschaft, Erziehungswissenschaft, Literaturwissenschaft und Psychologie nehmen die Medien als Gegenstand ihrer Disziplin auf und erarbeiten teils eher in Annäherung, teils eher in Abgrenzung an die quantitativ verfahrende Kommunikationswissenschaft und Publizistik eigene theoretische und empirische Zugänge. In dieser Umgestaltung spielt die Entwicklung qualitativer Ansätze für die Medienforschung und vor allem die Rezeptionsanalyse eine herausragende Rolle; es handelt sich hierbei um (sozial)konstruktivistische theoretische Bezugsrahmen, welche an der Umgestaltung der Medien(rezeptions)forschung beteiligt waren und heute immer noch sind. Folge der gegenseitigen Befruchtung war – neben den unvermeidbaren Kämpfen um die Deutungshoheit und die Möglichkeit bzw. Notwendigkeit der Integration von Erkenntnissen und Ergebnissen anderer und konkurrierender Ansätze – eine (so zumindest das Selbstverständnis der jeweiligen Ansätze) grundlegend neue Perspektive, welche die Fokussierung von Wechselwirkungen zwischen Medium und Rezipient, die beide gleichermaßen als ,Interaktions'-Partner im Prozess der Bedeutungskonstitution zu verstehen sind, vornimmt.

Forschungsprogramme, die diese Perspektivisierung eingenommen und mittlerweile relativ erfolgreich vorangetrieben haben, sind bspw. in der Aneignungsforschung der Cultural Studies wie der handlungstheoretischen Rezeptionsforschung, der systemtheoretischen Rezeptionsforschung und der kognitiven Filmpsychologie zu sehen. Der gemeinsame Kern dieses recht neuen und heterogenen Diskursfelds zur Medium-Rezipienten-Interaktion sind die theoretische Durchdringung und empirische Erfassung der Wechselwirkung zwischen aktiv Bedeutung konstruierendem Zuschauer und des für diese Aktivität offenen und zugleich diese – mehr oder weniger – steuernden Medienprodukts. Die Ansätze unterscheiden sich hinsichtlich der Konzeption der (etwa sozial oder psychisch gefassten) Aktivität des Zuschauers wie der Form der Lenkung dieser Aktivität durch Filme (etwa durch Cues aktivierte Schemata oder sozial ausgehandelte, medial angebotene diskursive Subjektpositionen). Zur Übersicht über dieses Forschungsfeld werden ausgewählte Ansätze, welche eine entsprechende Perspektivierung der Film-Zuschauer-Interaktion mit deutlich unterschiedlichen disziplinären Schwerpunkten vornehmen, in Kapitel 3 dieser Arbeit vorgestellt – allerdings erst nachdem zunächst in Kapitel 2 erste Ergebnisse aus Interviews mit Jugendlichen über ihren Umgang mit Filmen präsentiert werden. Dies ist der qualitativ-rekonstruktiven und theorie-generierenden Vorgehensweise der Arbeit geschuldet. Indem diese Arbeit nach diesen einführenden Erläuterungen zu Anliegen und Aufbau der Arbeit mit empirischen Ergebnissen einsetzt, ist die qualitativ-rekonstruktive Forschungslogik ihrer Struktur eingeschrieben; in ihr dokumentiert sich eine „hermeneutische Spirale"[6] zwischen Empirie und Theorie und die abduktiv-kreisförmige Bewegung zwischen beiden Bereichen des Forschens, die dazu führt dass man den einen nach dem Verlassen des anderen neu betritt und anders strukturiert (vgl. Reichertz 2003, Bohnsack, 2008: 197ff).

1.2.3 Bildungstheorie und Theorien zur ästhetischen Erfahrung

Das zentrale Ergebnis dieser Arbeit ist die Rekonstruktion einer Rezeptionspraxis, welche ich *produktive Aneignung* bezeichnen werde und die als eine spezifische Praxis der Regelung des Verhältnisses zwischen Alltagswelt und Filmwelt zu verstehen ist. Wesentliches Kennzeichen dieser Form einer Aneignung von Filminhalten ist die Anschlussfähigkeit eigener, für die Alltagspraxis existenziell relevanter Wissensbestände an eine filmisch inszenierte und in der ästhetischen Struktur repräsentierte Praxis. Im Zuge dieses Anschlusses und der Herstellung eines Passungsverhältnisses werden ungeplante und nicht intendierte Prozesse der Modifikation von Wissens- und Erfahrungsstrukturen ein- und angeleitet, die als spontan-implizite Bildungsprozesse im Sinne der erziehungswissenschaftlichen Bildungstheorie wirksam werden können. Die produktive Aneignung wird daher vor dem Hintergrund bildungstheoretischer Arbeiten zur ästhetischen Erfahrung wie zu Prozessen ‚spontaner Bildung' diskutiert. Dabei lässt sich zeigen, dass diese Untersuchung den Erziehungs- und Bildungswissenschaften Hinweise auf die bisher kaum nachgewiesene Wirkung ästhetischer Erfahrungen auf Bildungs- und Entwicklungsprozesse zu geben vermag. Damit wird zugleich eine

---

[6] Den Ausdruck der hermeneutischen Spirale habe ich dem Literaturwissenschaftler Bolten (1985) entliehen, der damit die Unabschließbarkeit und Selbstkorrektur jeglicher Interpretationsarbeit kennzeichnen möchte. Außerdem hebt das ‚Spiralförmige' im Gegensatz zum ‚Zirkelhaften' den Fortschritt und Prozess der abduktiven Generierung neuen Wissens hervor.

Möglichkeit der Erfassung von Modifikationen eines Habitus erarbeitet, welche nicht auf die Macht der Selbstreflexion setzen muss, was im Kontext der bildungstheoretischer Arbeiten zur Entstehung von neuem Wissen und zur Transformation von Habitus zu diskutieren ist (vgl. auch Geimer 2010: i.E.).
Die Rede von der Bedeutung des Ästhetischen und Einflussmacht ästhetischer Erfahrungen ist einerseits tief in der Pädagogik verwurzelt, schließlich bis auf Herbart und Schillers Kant-Interpretation zurückzuführen und auch derzeit durch Veränderungen, die der Moderne (Bubner, 1989: 152f.) bzw. Postmoderne (Welsch, 1998: 13f., 1995) zugeschrieben werden, höchst aktuell. Andererseits sind die dem Ästhetischen zugewiesenen positiven Effekte für Erziehung und Bildung kaum empirisch untersucht (so auch Liebau, 1992: 165 u. Peez, 2004: 225ff.) und werden stets unter Rückgriff auf ihre Postulierung weiter perpetuiert: „Bei den jeweiligen Neuauflagen wird […] oftmals explizit oder auch implizit auch auf jene Konstrukte der Grundkonstellation der Entstehung der ‚Versprechungen des Ästhetischen' zurückgegriffen, wodurch die Aspirationen auf die positiven Wirkungen des Ästhetischen immer wieder relegitimiert werden" (Ehrenspeck, 1998: 281). Obschon also die „Versprechen des Ästhetischen" höchst voraussetzungsvoll und empirisch kaum nachgewiesen sind, halten sie sich als „Topoi der Moderne" (Ehrenspeck, 1998: 281). In Abgrenzung von Ansätzen aus dem Bereich der ästhetischen Bildung wie Erziehung, sucht diese Arbeit den Anschluss an bildungstheoretische Debatten zur informellen und ‚spontanen Bildung', wozu unter anderem auf Nohls Arbeit über Bildungsprozesse (2006b) Bezug genommen wird. Daneben werden Deweys Konzept der ästhetischen Erfahrung (1980) und die Arbeiten zu mimetisch-ästhetischen Erfahrungen von Gebauer und Wulf (Gebauer / Wulf 1998, 2003, Wulf 2005, 2006) aufschlussreich sein, um die Spontaneität von Bildungserfahrungen im produktiven Aneignen von Filmen konzeptuell zu fassen. Damit werden die Ergebnisse der Arbeit in einer praxeologisch informierten Bildungstheorie verortet.
Dabei gilt es allerdings vorschnelle Rückschlüsse auf die pädagogische Praxis zu vermeiden, denn ästhetische Erfahrungen eines produktiven Aneignens von Filmen (und ggf. anderen Medienprodukten) lassen sich kaum intentional induzieren und nicht standardisieren. Was hingegen pädagogisch relevant sein kann, ist eine Sensibilisierung für das Stattfinden solcher Bildungsprozesse sowie ggf. eine Hinführung zur generellen Offenheit dieser gegenüber, womit dem Subjekt verstärkt Ressourcen der Selbstbildung überlassen werden (ohne dass dies allerdings per se zu normativ gesehen positiv, im Sinne von erzieherisch erwünschten, Effekten führen muss).[7]

---

[7] Die Arbeit beschäftigt sich also bewusst nicht intensiv mit dem Normativitätsproblem der Bildungstheorie, das sich hinsichtlich einer impliziten Bildung (durch ästhetische Erfahrungen in der Aneignung von Medien) auf besondere Weise stellt (vgl. dazu Kap. 7).

1.3 Kapitelabfolge und Struktur der Arbeit

Bevor jene Ansätze einer (sozial)konstruktivistischen Medienforschung in den Sozial- und Erziehungswissenschaften, die sich jenseits einer rein quantitativ standardisierenden Rezeptions- und gegenüber der Medienwirkungsforschung positionieren, in Kapitel 3 vorgestellt werden (hinsichtlich der Möglichkeiten, sich anhand ihrer theoretischen Bezugsrahmen und methodischen Vorgehensweisen mit den Umgangsweisen Jugendlicher mit Filmen auseinanderzusetzen) sollen die Jugendlichen gewissermaßen ‚selbst' zu Wort kommen, um einschätzen zu können, inwiefern deren Praxis des Umgangs mit Filmen von der aktuellen Forschungslandschaft zur Film-Zuschauer-Interaktion berücksichtigt werden kann. Das Kapitel 2 setzt daher mit der dokumentarischen Interpretation von Interviews mit Jugendlichen über ihren Umgang mit Filmen ein. Erst vor dem Hintergrund dieser ‚vorläufigen' Untersuchungsergebnisse und einer ersten Theoriegenerierung (im Sinne der Entwicklung von Begriffen an den Erfahrungen der Beforschten) wird der aktuelle Stand der Rezeptionsforschung hinsichtlich seiner Möglichkeiten, die Ergebnisse verstehen zu lassen, untersucht (Kapitel 3). In dieser kritischen Übersicht wird sich zeigen, dass die beiden anhand der Interviews rekonstruierten zentralen Rezeptionsmodi im Umgang mit Filmen nur teilweise anhand des Forschungsstands erklärt werden können – also dass ein guter Teil des Umgangs Jugendlicher mit Filmen wenig bis nicht erforscht ist. Damit handelt es sich um jene Praktiken der Herstellung einer Anschlussfähigkeit zwischen der eigenen, selbst erlebten Alltagspraxis und einer filmisch dargestellten Praxis (Rezeptionsmodus: Film als Ressource zur Welterfahrung). Demgegenüber ist der Rezeptionsmodus, in dem Filme als Ressource sozialer Interaktionen auftreten, gut untersucht. Um die bestehende Forschungslücke weiter zu bearbeiten wird mit der praxeologischen Wissenssoziologie und in Abgrenzung von bisherigen Ansätzen ein eigener Zugang entwickelt. Dadurch kann das viel diskutierte und derzeit erheblich inflationär verwendete Konzept der Aneignung von Filmen beziehungsweise Medien präzisiert werden (Kapitel 4). In diesem Kontext gilt es besonders Varianten des Praxisbegriffs zu diskutieren und den Konzepten der praxeologischen Wissenssoziologie gegenüber zu stellen.

Kapitel 5 leitet den zweiten empirischen Schritt und damit den empirischen Hauptteil dieser Arbeit ein. Ausgehend von dem präzisierten Vorbegriff des Rezeptionsmodus und in Anschluss an die methodisch-methodologischen Überlegungen der dokumentarischen Methode bzw. die ihr zugrunde liegende praxeologische Wissenssoziologie wird das Design der weiteren Untersuchung der Rezeptionsmodi von Jugendlichen anhand der Analyse von schriftlichen Film-Nacherzählungen vorgestellt. Mittels dieser ist in einem nächsten empirischen Schritt (in Kapitel 6) der Rezeptionsmodus Film als Ressource zur Welterfahrung näher zu spezifizieren und zu validieren.[8] Dazu werden Film-Nacherzählungen der bereits interviewten Jugendlichen untersucht und die entsprechenden Interviews zum Zwecke der Rekonstruktion von Homologien (und Heterologien) interpretiert. Das Hauptergebnis des empirischen Teils ist schließlich eine Typologie von Praktiken der Rezeption von Filmen, die den Rezeptionsmodus Film als Ressource zur Welterfahrung validiert und in die Formen einer produktiven und reproduktiven Aneignung differenziert.[9] Außerdem können drei weitere Rezeptionsmodi unterschieden werden.

Diese Rezeptionsmodi (einer konjunktiven Abgrenzung, polysemen Interpretation und ästhetisierenden Formalisierung) liefern wichtige Hinweise für die Medienforschung, aber spielen im Fortgang der Arbeit keine Rolle mehr. Reproduktives Aneignen bedeutet die Spiegelung eigener Erfahrungs- und Wissensstrukturen der RezipientInnen in einem Film und damit auch eine Verdichtung und Festigung dieser. Produktives Aneignen geht darüber hinaus und geschieht in Form einer (mehr oder weniger nachhaltigen und dauerhaften) Modifikation fundamentaler Erfahrungs- und Wissensstrukturen (konjunktives Wissen im Sinne der praxeologischen Wissenssoziologie, vgl. Kap. 4). Es handelt sich dabei um eine spezifische Form der ästhetischen Erfahrung, die einen Bildungsprozess in Gang setzen kann. Im Sinne der Arbeiten zur Bildung durch (mimetisch-) ästhetische Erfahrung einerseits und impliziten, informellen und ‚spontanen Bildung' andererseits wird diese Rezeptionspraxis abschließend diskutiert (Kapitel 7). Das letzte Kapitel (8) gibt einen Überblick über die Ergebnisse und Überlegungen dieser Arbeit und einen Ausblick auf offene bzw. mit dieser Arbeit eröffnete Fragen.

---

[8] Wenn ich im Weiteren von Validierung spreche, meine ich nicht den Nachweis der objektiven Gültigkeit der Ergebnisse, sondern jenen vergleichenden Aspekt einer *methoden-internen Daten-Triangulation* (vgl. Flick, 2004: 27ff.), die unter den Bedingungen eines gegebenen methodischen Vorgehens und methodologischen Hintergrunds stattfindet und der Ergebnissicherung im Kontext der bestehenden Gegenstandkonstitution dient (vgl. auch die Bemerkungen in Kap. 5 zum Untersuchungsdesign).

[9] Erst nach der weiteren Präzisierung der Untersuchungsergebnisse (vor dem Hintergrund theoretischer Auseinandersetzungen und der Erläuterung eines zweiten empirischen Schritts, also ab Kapitel 5) spreche ich von Rezeptions*praktiken*; zunächst jedoch von Rezeptionsmodi im Sinne einer ersten Theoriegenerierung und Entwicklung eines empirisch weiter zu füllenden Vorbegriffs.

2 Rekonstruktion elementarer Rezeptionsmodi Jugendlicher im Umgang mit Filmen

2.1 Datenmaterial und Auswahl der Befragten

Die Interviews wurden im Kontext des DFG-Projekts „Kommunikatbildungsprozesse Jugendlicher zur Todesthematik und filmische Instruktionsmuster"[10] erhoben und hier mittels der dokumentarischen Methode (vgl. Kap. 5) interpretiert. Es handelt sich um *themenfokussierte, narrative Interviews*, das heißt die Jugendlichen wurden aufgefordert von ihren Erfahrungen mit bestimmten Themen zum Umgang mit und der Rezeption von Filmen zu berichten, wobei versucht wurde bei jedem Thema möglichst einen offenen Erzählstimulus zu setzen. Ein Leitfaden stellte sicher, dass im Laufe des Interviews die Themen ‚Rezeption von Filmen zuhause und im Kino', ‚Rezeption von Filmen alleine und mit verschiedenen Personen', ‚Film(genre)vorlieben und Lieblingsfilme', ‚besonders prägende Filmerlebnisse', ‚Reden über Filme während und nach der Rezeption und im Alltag', ‚Einstellungen zu und Erfahrungen mit dem Wirkpotenzial von Filmen' behandelt wurden.[11]

Die dokumentarische Interpretation der Interviews in dieser Studie stützt sich auf 14 Berliner Jugendliche, davon sind 8 weiblich und 6 männlich. 10 haben das Abitur (4 in Ausbildung, 6 im Studium), einer ist noch Gymnasiast. Ein männlicher Jugendlicher hat einen Hauptschulabschluss (und ist arbeitslos und

---

[10] Von 2005 bis 2007 war ich als Wissenschaftlicher Mitarbeiter in diesem Projekt des Arbeitsbereichs Philosophie der Erziehung der Freien Universität Berlin beschäftigt. Die Untersuchungen in der vorliegenden Arbeit sind allerdings unabhängig von der Tätigkeit in jenem – einerseits auch quantitativ und andererseits an der Systemtheorie ausgerichteten – Projekt und bedeuten das Einnehmen eines anderen Blickwinkels auf das Material (vgl. dazu die Überlegungen zur systemtheoretischen Rezeptionsforschung in Kap. 3, sowie die aus dem Projekt entstandenen Arbeiten: Geimer / Lepa / Ehrenspeck / Hackenberg 2007, Geimer / Lepa 2007, Lepa / Geimer 2007, Geimer / Lepa 2006, Lenzen / Ehrenspeck / Hackenberg 2005.) Aufgrund der zusätzlich quantitativen Ausrichtung des DFG-Projekts und des filmspezifischen Untersuchungsdesigns (Orientierungsbildung der Jugendlichen zum Thema ‚Tod') muss ein Vergleich der vorliegenden Arbeit mit den Projektergebnissen zunächst ausbleiben.

[11] Erst in einem nachfolgenden, zweiten Interview-Teil wurde über das spezifische Thema der oben genannten Studie mit den Jugendlichen gesprochen, so dass der offene, erste Teil des Interviews nicht von dem spezifischen Erkenntnisinteresse gerahmt war.

bisweilen Drogenhändler). Zwei weibliche Jugendliche haben einen Realschulabschluss (und arbeiten als Bürokauffrau bzw. Masseurin im Erotikbereich). Die Eltern eines männlichen Jugendlichen stammen beide aus dem Iran. Die 14 Jugendlichen waren zum Zeitpunkt der Befragung (bzw. der Nacherzählung eines Films, vgl. Kap. 6) in der späten Adoleszenz (genauer: zwischen 18 und 22).

Die Fallauswahl beruht einerseits auf einer Kontrastierung inhaltlicher Merkmale von Erzählpassagen (Kontraste in der Auswahl und Bearbeitung spezifischer Themen) wie Passagen detaillierter Beschreibung und Erzählung („Fokussierungsmetaphern, vgl. Kap. 5) und andererseits auf soziodemographischen Kontrastlinien. Letztere fallen bezüglich der Milieuzugehörigkeit nicht maximal aus, da Jugendliche aus bildungsfernen Milieus zwar im Sample vorhanden, aber ab einem gewissen Mangel an bildungsabhängigen Kompetenzen nicht mehr vertreten sind. Dies ist vor allem auf die Erhebungsmethode (Interviews *und* schriftliche Film-Nacherzählungen) zurückzuführen. Denn einige der Jugendlichen waren nicht in der Lage (in Deutsch) zu schreiben. Dies kann zwar zunächst problematisch erscheinen, stellt jedoch die bestehenden Ergebnisse kaum infrage, sondern schränkt deren Reichweite ein. Insofern sind die Ergebnisse nicht ‚verzerrt', sie können jedoch nicht von sich behaupten, umfassende und vor allem hinsichtlich eines Bildungsprekariats etwa milieuübergreifende Generalisierungen zuzulassen.

Das zentrale Ergebnis der Analyse der 14 Interviews mit den Berliner Jugendlichen zu ihrem Umgang mit Spielfilmen war die Unterscheidung zweier elementarer Rezeptionsmodi. Zum einen konnte ein Rezeptionsmodus rekonstruiert werden, in welchem Filme vor allem zu einer *Ressource sozialer Interaktion* werden – auch über die situative Wahrnehmung eines Films hinaus (indem ein Film nochmals zu verschiedenen interaktionellen Zwecken zum Thema wird). Dem steht eine Form des Umgangs mit Filmen gegenüber, die durch einen primären Rezeptionsmodus gekennzeichnet ist, durch den ein Film nicht nur Mittel der Gestaltung sozialer Interaktionen im Alltagsgeschehen ist, sondern durch diese Rezeptionsweise sind die eigene Alltagspraxis und diese strukturierende Orientierungen mit einer im Film inszenierten Praxis verknüpft. Im weiteren Fortgang der Arbeit wird vor allem dieser Rezeptionsmodus im Umgang mit Filmen von Bedeutung sein und man wird gegen Ende dieser Arbeit sehen, dass es sich dabei unter anderem um eine spezifische Form der *ästhetischen Erfahrung* handelt, welche spontane und implizite Bildungsprozesse auslösen kann (vgl. Kap. 7). Zunächst soll jedoch die Rekonstruktion der beiden unterschiedlichen Modi des Umgangs mit Filmen vorgestellt werden. Die nachfolgenden Ausführungen fassen dazu die umfassenderen Interpretationen zusammen.

[handschriftliche Notiz:] Warum sind das Modi? erscheint mir als Aspekte, Teile von Rezeption, aber Modi stehen u doch etwas → Modi-Begriff unklar

2.2 Film als Ressource sozialer Interaktionen

Filme gehören für die meisten Jugendlichen selbstverständlich zur alltäglichen Freizeitgestaltung. Wann immer diese thematisiert wird, liegt das Thema ‚Film' ebenfalls nahe. Anders als im Falle manch anderer Alltagsbeschäftigungen jedoch muss man das Filmschauen nicht gemeinsam betrieben haben, um über das Gleiche reden zu können. Das Wissen um Filme ist daher in besonderer Weise geeignet, Kommunikationen in Gang zu bringen und/oder in Gang zu halten, z.B. beim Small Talk „auf Arbeit" (Lara). Auf diese Weise kann in Alltagssituationen eine Kaskade von nachträglichen Rezeptionsakten in Gang kommen (vgl. Krotz, 2001: 87f.), die dem Prozess der konkreten Wahrnehmung des Films folgen:

> *wenn man irgendwie gerade zusammen steht und eine Zigarette raucht oder so und dann erst vom Wochenende erzählt oder so und dann, ach ja, ich hab am Wochenende 'nen tollen Film geguckt. Und dann fragt man natürlich die anderen, ob sie den vielleicht auch schon mal gesehen hab'n oder vielleicht schon mal was gehört hab'n und da kommt man eigentlich auch immer ganz gut ins Gespräch.* (Lara, 18)

Entsprechend äußert sich auch Eva:

> *Also, ich red relativ gern über Filme, auch wenn man Leute nicht so gut kennt und /ähm/ was zu reden braucht.* (Eva, 19)

Das Berichten über Filme ermöglicht beiden Fällen (und vielen mehr) ein „Ins-Gespräch-Kommen", indem man sich erkundigt, ob andere den Film oder die Berichterstattung über ihn kennen und was sie von Film und/oder Kritik halten.[12] Das Wissen um Filme kann so Anschlussfähigkeiten in der Alltagskommunikation herstellen, gerade „wenn man Leute nicht so gut kennt", also wenig gemeinsame Erfahrungen teilt, die thematisiert werden könnten. Die Kommunikation über Filme kann aber auch einen solchen Stellenwert annehmen, dass man sich Filme anschaut, die man selbst eigentlich gar nicht sehen möchte, nur um das entsprechende potenziell sozial relevante Wissen zur Verfügung zu haben. So meint Claudia ‚harte' Horrorfilme (in ihrer Sprache „Abschlachtfilme") nur zu schauen, um etwas zur Hand zu haben, über das sie mit anderen reden kann:

> *aber die guck ich mir auch an, weil alle die gucken, ((lachend)) weil man dann darüber reden kann.* (Claudia, 21)

---

[12] Diese Funktion des Films ähnelt jener von Haustieren und Kleinkindern als „kommunikative Ressourcen", wie sie Bergmann (1988: 299) herausarbeiten konnte, ist allerdings erheblich differenzierter, da Filme weiter reichende und vielseitige Verwendungsoptionen im Alltagshandeln bieten.

Dieses „Darüberredenkönnen" hat nicht nur die Funktion der Sicherung kommunikativen Anschlusshandelns. Peer-Groups ziehen das (Nicht)Wissen um Filme
auch als Inklusions- bzw. Exklusionsmerkmal heran. Filme bzw. vorhandenes
oder nicht vorhandenes Wissen über Filme lassen zwischen Mitgliedern und
Nichtmitgliedern unterscheiden. Diese Funktion des Film(wissen)s dokumentiert
sich bspw. in den Ausführungen von Katja. Filme werden ‚zitiert', um ein Wir-
Gefühl und eine Art „Insider"-Stimmung herzustellen:

> *einfach noch mal die Witze nacherzählen oder an bestimmte Szenen und dann wird*
> *halt noch mal den ganzen Abend drüber gelacht. Oder auch noch Tage danach. Also*
> *es gibt viele Sachen, die auch gerade aus Komödien irgendwie noch so 'ne Art In-*
> *sider sind, die halt irgendwie in 'ner Schule oder sonst wo drüber reden und dann*
> *nur ein Wort und jeder fängt an zu lachen, weil er genau weiß, was gemeint ist in*
> *der Situation.* (Katja, 22)

Die Bezeichnung „Insider" macht einerseits kenntlich, dass es sich um einen
ausgewählten Personenkreis handelt. Das „jeder", welches diejenigen kennzeichnet, die mitlachen können, bezeichnet andererseits nicht ‚alle', sondern
markiert die Grenze der Gruppe und stellt so Outsider her, (jene die nichts zu
lachen haben, weil sie den Film nicht kennen). Daneben kann man mit sich mit
Filmen auch unvermittelt „ins-Gespräch-Bringen", so zitiert David immer wieder
plötzlich aus Filmen in seinem Freundeskreis und fragt dann:

> *D: (...) „Na, was war's?" So nach dem Motto.*
> *I: Ach so, das ist wie so'n Spiel, das du da machst?*
> *D: Ja, so'n bisschen, ja.*
> *I: Mit deinen Kumpels, so dass jeder irgendwie 'n Zitat aus'n Film erzählt und*
> *dann...*
> *D: Na nee, das ist nicht so'n Spiel. Das ist einfach nur, ich werf das halt gerne mal*
> *rein und dann kommt und dann /äh/ ist es meistens so, dass es eher ein bisschen ge-*
> *nervt ankommt aber dann trotzdem überlegt wird, wo's herkommt.* (David, 19)

Für David spielt die soziale Dimension der Kommunikation über (und mittels)
Filmen eine herausragende Rolle; sie ermöglicht ihm sich selbst in Szene zu
setzen. Entsprechend pflegt er auch die Zirkulation von Filmwissen innerhalb der
jeweiligen sozialen Kreise:

> *D: Ja, der und der hat doch den und den gemacht. Und dann auch: Na, den musst*
> *du dir angucken. Und so wat und da war, das sind och, aber es ist auch mehr ober-*
> *flächlich. Also, man erkennt...*
> *I: Es ist vielleicht so was, was man, was also verbindest zwischen den Menschen,*
> *ne?*

D: Ja, genau. Also. Ja, genau, also, das Schöne daran ist, dass, die, die Information wird weitergegeben, so: Den musst du dir angucken, aber alleine das schon dieses, so gib dir das mal, indem du halt von da diese Kreativität oder diese Intention auf.
I: Also, als würdest du einen Drink empfehlen, sozusagen? ((Lacht))
D: Sozusagen. Genau. Du empfiehlst dann was Gutes, genau so. (David, 19)

Gemäß dieser inkludierenden Funktion des Filmwissens, mittels derer sich Gruppen konstituieren können (oder man sich in den Mittelpunkt einer Gruppe rücken kann), können Filme gar in der Steigerung derselben auch gemeinsame Bezugspunkte liefern, anhand derer auch „kleine soziale Lebenswelten" (Hitzler / Honer 2006, Vogelsang 1994, 2000) oder konjunktive Erfahrungsräume im Sinne Mannheims (1980) und Bohnsacks (2008, vgl. Kap. 4 u. 5) reproduziert bzw. aneinander gekoppelt werden können. In diesem Sinne unterscheidet auch David zwischen den „Denkern und Handelnden" in seinem Bekanntenkreis, mit denen er unterschiedliche Filme anschaut und so diese bestehende Differenz mittels Filmen aktualisiert. Auf die Frage, wie sich diese Unterscheidung bei der Filmwahl niederschlägt, antwortet David:

(...) das hängt einfach auch davon ab, wo ich halt wirklich schon mir denken kann bei gewissen Leuten, dass die den gar nicht gut finden würden oder dass sie den gar nicht gucken wollen, oder so was ...
I: Warum könnte das so sein, dass die den nicht gut finden?
D: /Ähm/ (2) Na, also, ganz hart gesprochen, so dass sie das halt nicht verstehen. Oder dass oder dass halt nichts ankommt, was /äh/ was halt irgendwie, es muss ja nicht mal positiv in Erscheinung treten, sondern überhaupt was zum /äh/ zu ir-gend'ner Reaktion folgt. (David, 19)

Aus dem Interviewverlauf wird deutlich, dass „irgend'ne Reaktion" sich auf die gemeinsame kommunikative Nachbearbeitung des Films bezieht. Dazu müssen gewisse Aspekte des Films bei allen „ankommen", was nicht bedeutet, dass alle diese Aspekte positiv bewerten müssen, sie müssen jedoch allen in etwa glei-chermaßen auffallen. Tun sie dies nicht, „verstehen" die anderen den Film nicht, da sie ihn nicht wie die „Denker" interpretieren können. Das heißt, die anderen (Nicht-Denker und „Handelnden") interpretieren spezifische Filme anders und zwar so, dass die Gruppe in der Kommunikation über die Filme sich nicht in ihrer Struktur reproduzieren kann – vielmehr müsste eine Differenz explizit ge-macht werden: David müsste den Nicht-Denkern und „Handelnden" den Film (bzw. seine Interpretation) erklären, eine Möglichkeit, die er im gesamten Inter-view nicht ein einziges Mal in Betracht zieht. Das Medium ‚Film' wird von Da-vid besonders zur Konstruktion der Peer-Gruppen-Beziehungen genutzt, was sich auch darin manifestiert, dass er mit den „Denkern" nicht nur Filme diskutiert und interpretiert und so die spezifische Beziehung zu diesen „Kumpels" reproduziert, sondern selbst Filme mit ihnen produziert. Er kommuniziert gewissermaßen nicht nur *über* Filme sondern auch *mittels* Filmen.

In dem Sinne der Herstellung und Erhaltung von spezifischen sozialen Beziehungen über Filme meint auch Mevlüt, dass es wichtig ist mit seinen Frauenbekanntschaften andere Filme zu sehen als bspw. mit den „Kumpels" und deshalb ein Werk, das

> *Was, was gefühlvolleres is und nich so nur Action und pure Ballerei oder so und das muss nich unbedingt romantisch sein. Das muss einfach eher etwas harmonisch sein und nich so so en Actionteil.* (Mevlüt, 21)

Filme liefern so gesehen symbolisches Material, um bestehende soziale Unterschiede zu inszenieren und zu bewältigen. Differenzen zwischen Personen lassen sich durch die geeignete Filmauswahl reproduzieren und Filme lassen dadurch (wie bei David besonders offensichtlich) daran mitwirken, Sozialwelten und Erfahrungsräume, die auf diesen sozialen Differenzen basieren, in der Kommunikation zu reproduzieren. Der Prozess der Her- und Darstellung von Differenz lässt sich anhand der Ausführungen von Mevlüt genauer beobachten:

> *I: /hm/ Jetz, ich, ich frag ma ganz doof. Warum eigentlich? /ähm/ Weil im Grunde is es ja so, können wir jetz sagen ((M: Ja?)) also kannst mir widersprechen. /ähm/ Wenn man so im Kino sitzt redet man ja meistens eh nich miteinander, oder? Also*
> *M: Ja klar. Aber der Film, den man kuckt, der der sagt auch was über einen selbst aus. ((I: Ah, OK)) Man sucht sich ja die Filme aus und wenn man in, wenn man (2) jemanden ins Kino einlädt dann sagt der Film, den man sich aussucht, auch was über über die Persönlichkeit aus.*
> *I: Ach so. Du meinst*
> *M: ((fällt ins Wort)) Das überlegt man sich dann auch. Dann überlegt man sich auch /äh/ O.K. kann der Film, ja was hält sie von mir, wenn was hält, sie denn von mir, wenn ich sie in, in den nächsten „Terminatorstreifen" oder mitnehme.*
> *I: Ja, verstehe. Also wie ne Visitenkarte so bisschen.*
> *M: Genau so is es.* (Mevlüt, 21)

Diese kommunikative Funktion von Filmen kann man mit dem gewandelte Sprichwort ‚Sag mir was du schaust und ich sage dir, wer du bist' abkürzen. Indem der Film, „den man kuckt (…) auch was über einen selbst" sagt, ist er geradezu Teil einer Kommunikationshandlung, denn: Was der Film über einen aussagt, muss man selber nicht mehr von sich sagen, es wird dem Gegenüber gezeigt. Und es ist leichter, einen Film zeigen zu lassen, dass man jemand ist, der etwa ‚gefühlvoll' oder ‚zärtlich' ist, als dies selbst zu zeigen oder gar zu sagen. Eine solche Kommunikation mittels Filmen ist stark durch Selbstentwürfe und an diesen ausgerichtete, strategische Aspekte einer Selbstinszenierung gekennzeichnet, denn man „überlegt sich auch (...) was hält sie von mir", wenn ich ihr mich durch bestimmte Filme zeige, vgl. auch die Arbeiten Goffmans zur strategischen Selbstpräsentation und „Selbstdarstellung im Alltag" (Goffman 2008 [1959]). Demnach werden Filme häufig gemäß der antizipierten Reaktion des Gegenübers ausgewählt, damit dieses einem jenes Bild von sich spiegelt, von dem man ausgeht, dass es der weiteren Beziehung zuträglich ist. Bedenkt man, dass das Gegenüber wiederum einen eigenen Selbstentwurf und entsprechende Intentionen und Motive hegt, können sich dadurch erhebliche und spannende Konflikte ergeben, die jedoch nicht das eigentliche Interesse dieser Arbeit berühren, daher in den folgenden Kapiteln weniger thematisiert werden und zudem ohnehin zu genüge behandelt werden in der Rezeptionsforschung (vgl. Kap. 3).

Jedenfalls sagen Filme etwas über die „Persönlichkeit" aus und sind entsprechend so auszuwählen, dass sie persönliche Beziehungen anbahnen oder reproduzieren lassen (oder zumindest nicht mit entsprechenden Interessen konfligieren). Mevlüt neigt deshalb auch dazu, wenn er mit Frauenbekanntschaften ins Kino geht, diesen die Auswahl zu überlassen („Also ich versuch dann immer sie auswählen zu lassen"). Damit bringt er die Bekanntschaft gewissermaßen in die Position, dass diese mit der Filmauswahl etwas über sich sagen muss und befindet sich selbst in einer, in der er nichts ‚Falsches' mit der Auswahl sagen kann. Die kommunikative Funktion von Filmen kommt in diesem Rezeptionsmodus nicht erst nachträglich zum Tragen oder nur im Vorhinein, sondern oft schon während der Wahrnehmung. Entsprechend gelten kaum Vorschriften in der Rezeptionssituation, die den Film in den Vordergrund und soziale Interaktion in den Hintergrund treten lassen. Im Gegenteil: Die Kommunikation über den Film und besser Interaktion anhand des Films während des Schauens ist erwünscht, wie Katja am Beispiel des DVD-Schauens mit ihrer „Mädchentruppe" verdeutlicht, mit der sie – *anders als die mit der Familie, siehe unten* – vor allem Komödien rezipiert. Der Film kann dabei, wie auch aus den Ausführungen von Claudia deutlich wird, lediglich zum Beiwerk einer sozialen Szenerie werden:

C: Naja, da machen wir meistens was zu essen und essen dann nebenbei schon im Wohnzimmer und gucken dann. Also je nach dem was man für en Film guckt, bei blutverschmierten Szenen muss man ja auch nich Pizza dazu essen. ((lachend))
I: Ja. Und redet ihr während der Film läuft auch miteinander über den Film.
C: Ja.
I: Ja. Und was redet ihr da?
C: Naja, manchmal fällt einem dann auch irgendwas ein, was einem grad einfällt, was gar nicht zum Film gehört, oder eben was beim Film, was einem so auffällt. Manchmal entdeckt man ja auch irgendwelche Fehler oder irgendwelche Besonderheiten. (Claudia, 21)

Insbesondere, dass Äußerungen hinsichtlich dessen was einem „*auf*fällt" und „*ein*fällt" gleichermaßen erlaubt sind, macht deutlich, dass der Film keine Priorität genießt. Man darf sich nicht nur über den Film äußern, sondern alles, was einem gerade so in den Sinn kommt, auch wenn es „gar nicht zum Film gehört". Der Film ist damit nicht nur Kommunikationsanlass, sondern Anlass des Zusammenfindens der „Mädchentruppe", die sich nur in wenigen grundlegenden Aspekten in ihrer gemeinsamen Aktivität von dem Film anleiten lassen („bei blutverschmierten Szenen muss man ja auch nich Pizza dazu essen"). Auch in weiteren Zitaten dokumentiert sich, dass die Filmrezeption in ihrer sozialen Funktion ziemlich aufgehen kann. So geht Mevlüt nicht wegen eines bestimmten Films ins Kino, sondern wegen des „soziale[n] Geschehen[s]":

> *M: Also im Kino eigentlich eher is es, Kino is für mich eher so ne Sache, wo man sich mit Freunden trifft und /äh/ na ja mehr mehr so en, so en soziales Geschehen. So wo man sich mit Freunden trifft. Mal ausgeht, und, ins Kino gehört einfach dazu denk ich.*
> *I: Und is es jetzt so, dass es drum geht einfach ins Kino zu gehen oder gehst du wegen bestimmten Filmen hin.*
> *M: Es kommt selten vor, dass ich /ähm/ wegen eines Filmes da hingehe. Es ist dann wenn wirklich, ich weiß jetz nich ob der Gruppenzwang mit reinspielt, oder nich, aber auf jeden Fall, wenn, damals in der Schulzeit war es so, wenn, wenn alle Leute über en Film geredet ham der supertoll sein soll, dann geht man da auf jeden Fall auch rein.* (Mevlüt, 21)

Da der Film zum Ausgehen „dazugehört", das Kino ein Ort der Versammlung ist wie eine Bar, spielt die Wahl eines spezifischen Films für ihn kaum eine Rolle. Daher kann er den „Gruppenzwang" als ein potenziell entscheidendes, aber zugleich unproblematisches Moment anführen, dem er sich auch ohne Unlustgefühle unterordnen kann, so dass dieser „Zwang" zwar als exterior, aber keineswegs als belastend empfunden wird. Entsprechend verortet Mevlüt auch in den folgenden Äußerungen den Kinobesuch vor allem im Rahmen „Freundschaftstreff", bei dem es ihm auf Eigenheiten (wie Geschichte, Konflikte, Charaktere) eines spezifischen Films nicht ankommt:

> */ähm/ Man stellt so meistens ist es so, dass man so zwei, drei Filme zur Auswahl stellt und dann sich dann noch kurzfristig entscheidet. ((I: Ah, OK)) Also, das war bei mir eher so. Aber /ähm/ das meistens bei mir so weil ich meine das is eher so, so en Freundschaftstreff, wo man dann zusammen hingeht und dann auch dann zusammen direkt entscheidet, was man sich ankuckt. ((I: O.K.)) Meistens kommt dabei nich was Supertolles raus aber das is och OK* (Mevlüt, 21)

Schon die Auswahl des Films ist ein kommunikatives Ereignis („zwei, drei Filme zur Wahl"), das Mevlüt allerdings nicht sonderlich versucht zu gestalten, sondern der Gruppendynamik ihren Raum lässt („auch dann zusammen direkt entscheidet") und damit weitgehend den anderen die Entscheidung überlässt. Ganz ähnlich nimmt er sich zurück hinsichtlich der Entscheidung, welche Filme er mit Freundinnen schaut („Also ich versuch dann immer sie auswählen zu lassen"), wobei hier der oben beschriebene Aspekt der Aussage über die eigene Persönlichkeit durch die Filmwahl eine herausragende Rolle spielt. Auch hierin dokumentiert sich, dass es ihm in besonderer Weise nur um das „soziale Geschehen" geht und weniger um das, was dieses auslöst und den spezifischen Film, da dieser das Geschehen nur begleitet und einen Anlass darstellt. Spezifische Eigenheiten eines Films sind dabei nachrangig. Ganz anders stellt sich die Filmauswahl zum Beispiel bei Karl dar, der auf die Frage antwortet ob Filme in der Videothek gemeinsam ausgesucht werden:

/Ähm/ ja, wobei ich da doch glaube ich sehr /äh/ derjenige bin, der versucht, den Film aufzuzwängen, was denn ein empfehlenswerter Film sei und was nicht. (Karl, 21)

Auch bei der Auswahl von Kinofilmen spricht Karl von „Überredungsarbeit", die er in seinem Freundeskreis zu leisten habe, damit anspruchsvolle Filme geschaut werden, welche vor allem in Programmkinos laufen. Karl legt folglich auf wie auch immer geartete ‚Qualitätsunterschiede' besonderen Wert und stellt diesen über jenen Wert eines Films für situativ-interaktive Zwecke. Ähnlich verhält sich auch Lars in den entsprechenden Situationen:[13]

Ik denke, dat is /äh/ ik /äh/ nörgel also wenn et en Film jibt so wie diesen /äh/ Düstere Erinnerung wie jesacht, da hab ik nach 10 Minuten, und dann bin ik och so ((nörgelnd)) ah, ne, mach dat ma aus jetz he so, also dat is ja ((lachend)). /ähm/ Ja. Kann schon schief gehen so. Kommt drauf an da wat man halt für Filme kuckt. (Lars, 20)

Im Gegensatz dazu lässt sich anhand eines weiteren Interviews zeigen, dass Filme zuhause wie auch im Kino vollends zum sozialen Event werden können, das / selbst mittels eines als „schlecht" empfundenen Films stattfinden kann – oder gar

---

[13] Vgl. auch die Bemerkungen zum gleichen Film (Düstere Erinnerung) an anderer Stelle:
also so die janze Atmosphäre von dem Film war Scheiße, die Mukke war Scheiße, allet war Scheiße und ik hab echt nach 10 Minuten jesacht na sach ma, wollt ihr den Film wirklich weiter kucken, und ja, die dachten immer da kommt noch irjendwat und ik hab gleich am Anfang jesacht /äh/ det is, die is nur schizophren, mehr nich. So, weeste. Da is keene Handlung mehr. /äh/ Passiert nischt mehr. Und also, dat fand ik escht schlimm so. (Lars, 20)

mittels dessen erst recht. So meint Steff über einen Kinobesuch in der jüngeren Vergangenheit:

> *als wir einmal im Kino waren, Vorschau gesehen haben O.K. es kommt jetzt dieser Film, und dann fanden sie den so schön schlecht, dass sie da unbedingt reingehen wollten.* (Steff, 20)

Die später stattgefundene Rezeption jenes „so schön schlecht[en]" Films im Kino fiel dann auch dem ersten Eindruck durch den Trailer entsprechend aus:

> *einer der schlechtesten oder wenn nicht der schlechteste Film ((lachend)) den ich je in meinem Leben gesehen habe und teilweise haben wir (2) dann halt uns auch irgendwie schlechten Filme angeguckt, wo wir schon gesehen haben O.K. der wird schlecht und dann haben mein Freund und ich so eine Apfelkornflasche mit ins Kino geschmuggelt und ((lachend)) haben uns dann wenigsten mit der noch so die Zeit vertrieben. Na ja.* (Steff, 20)

Zunächst erscheint es als eine sinnfreie Aktivität, sich gemeinsam mit einer Apfelkornflasche in einem schlechten Kinofilm die Zeit zu vertreiben. Auf die Nachfrage des etwas irritierten Interviewers, warum man sich Filme anschaut, von denen man zu wissen glaubt, dass sie schlecht sind, folgen dann die nachstehenden Ausführungen, in denen erkenntlich wird, dass es nicht nur um das Vertreiben der Zeit geht, sondern dass in dem Freundeskreis des Befragten geradezu eine „zerstörerische Lust" an der Belustigung an schlechten Filmen besteht:

> *Ja, ich kann ich auch nicht richtig sagen, woher das kommt. Es ist einfach vielleicht ja so en bisschen wie zerstörerische Lust daran ja was total Absurdes zu machen oder halt /ähm/ sich über den Film auch einfach zu belustigen teilweise also wir haben dann ja halt auch so nen also ein Freund ist jetzt besonders jetzt auch mit nem Powerfilm angekommen aus Spanien School Killers hieß der, na ja der war auch nur schlecht und dann, ja da die innere Logik dann auch irgendwie versuchen rauszufinden, wo eigentlich keine vorhanden ist, das ist dann teilweise auch ganz interessant. Selbst wenn der Film unter aller Sau ist.* (Steff, 20)

Die „Lust daran etwas total Absurdes zu machen" impliziert ein Aufbrechen der Normalität des Alltagsgeschehens anhand der Rezeption. Die scheinbar völlige Zweckfreiheit des Absurden wird jedoch im Weiteren des Erzählens eingeschränkt. Es geht darum, sich über einen Film „zu belustigen teilweise". Mit dieser Form der gemeinsamen Rezeption hat sich das gruppenspezifische Label des „Powerfilms" etabliert. Im Falle eines Powerfilms wird ein besonders schlechter Film zu einem besonders guten Kommunikationsanlass, indem der Film ermöglicht, gemeinsam eine „innere Logik" auszuhandeln, „wo eigentlich keine vorhanden ist". Die „Power" kommt dabei weniger aus dem Film, als vielmehr der gemeinsamen Rezeptionssituation, bei der man die fehlende „innere Logik" des Films gemeinsam herstellt. Mittels dieser „Powerfilme" lassen sich somit nicht nur Alltagsstrukturen durchbrechen, sondern zugleich Beziehungsstrukturen in der gemeinsamen Konstruktion einer Logik herstellen. Das gemeinsame Zerstören eines Films führt zu einer (Zer)Störung des Alltags, wobei jedoch neue Sinnstrukturen geschaffen werden im Rahmen der Rezeption in der Interpretationsgemeinschaft. Es ist deutlich, dass dieser Modus der gemeinsamen Rezeption nicht nur jene Funktion der Sicherung kommunikativen Anschlusshandelns, strategischen Selbstpräsentation und lokal-interaktiven Konstruktion und Inszenierung sozialer Differenz hat, sondern dass Filme hier auch in eine Wechselwirkung mit basalen Erfahrungsstrukturen und Wissensbeständen eintreten können. Ein solcher Modus der Rezeption kann anhand dieses Falles nicht weiter rekonstruiert werden, jedoch mittels weiterer. Von dem Rezeptionsmodus *Film als Ressource sozialer Interaktionen*, der Filme in erster Linie als Requisite zur Strukturierung von Interaktionen, situativen Validierung von Identitätszuschreibungen und inszenatorischen Selbstrepräsentation nutzen lässt, ist also (wie die letzten Analysen bereits anzeigten) ein weiterer Rezeptionsmodus zu unterscheiden, durch welchen Filme nicht nur in die Alltagspraxis integriert werden, sondern durch den sich die Jugendlichen mit der im Film dargestellten Praxis vor dem Hintergrund ihrer eigenen Lebenspraxis auseinandersetzen.

2.3 Film als Ressource zur Welterfahrung

Der im vorigen Kapitel beschriebene Rezeptionsmodus zeichnet sich durch die Integration von Filmen und Filmwissen in Interaktionen aus, was gefasst werden konnte unter den Aspekten der Sicherung kommunikativen Anschlusshandelns, der strategischen Selbstpräsentation und Konstruktion und Bewältigung sozialer Differenz. Überhaupt nicht in diesem Modus ist das Rezeptionsverhalten von Lars zu verstehen, vielmehr stellt dieses einen maximalen Kontrast zu der bisher herausgearbeiteten Form des Umgangs mit Filmen dar. Lars spricht möglichst wenig während der Filmrezeption mit anderen, schaut zugleich aber mit seinen Freunden, wie auch alleine, reihenweise Filme. Entsprechend kurz fällt die Anmerkung auf die Frage aus, ob bei einem Abend, bei dem vier Filme nacheinander geschaut wurden, zwischen den Filmen auch über einen geredet wurde:

I: Und dann wird dann auch über den Film, habt ihr dann auch diskutiert oder...
L: Ja. Also wir ham /äh/ auf jeden Fall festgestellt, dass wir den alle jut fanden.
Dann ham wer noch en Film jekuckt /äh/ Stumme Zeugin. (Lars, 20)

Nach der allgemeinen Übereinkunft, dass es sich um einen guten Film handelte, wendet man sich schon dem nächsten zu. Während die Kommunikation über Filme offensichtlich kaum eine Rolle spielt, ist Lars wichtig, dass man sich auf den Film und „wirklich nur darauf konzentriert" und „die Stimmung" nicht durch andere Aktivitäten „zerstört".[14] Seine Konzentration möchte er auch dann nicht gestört wissen, wenn er besucht wird und gerade einen Film schaut. Der Besuch muss entweder (möglichst stillschweigend) mitschauen oder eben wieder gehen. Wenn er mit seiner Familie oder mit Freunden ins Kino geht, schaut er mit der Begleitung auch nur den gleichen Film, wenn er sich ebenfalls dafür begeistern kann; andernfalls schaut er gleichzeitig einen anderen. Diese Form einer primären Fokussierung des Films, weitgehend losgelöst von dem sozialen Kontext seiner Rezeption, teilt Lars mit anderen Jugendlichen. So meint auch Katja (22), dass ihr Freund „viel zu viel dazwischenquatscht". In diesem Sinne äußert sich auch Hanna auf die Nachfrage, wie sie es mit dem Reden während Filmen hält:

> *H: Nein. Nein, das, neeeneee, eigentlich überhaupt nich. Also, wir sind, wenn wir halt'n Film gucken, dann is, nein, dann reden wir eigentlich, kommentier'n eigentlich nich, sondern, weil wir ham den Film dann ja bewusst ausgewählt, weil wir halt'n Film gucken woll'n und dann is'es auch nich so, dass dann irgendwie einer ständig dazwischen labert.*
> *I: Das, das würdet ihr auch, wenn ihr Gäste habt, würdet ihr das auch blöd finden, nehm ich an? Oder gut?*
> *H: Ja, jo, weil ja, weil, also, man guckt ja'n Film, um den Film zu seh'n und nich, um sich zu unterhalten. (Hanna, 20)*

Auch David, anhand dessen neben anderen der Rezeptionsmodus *Film als Ressource sozialer Interaktionen* rekonstruiert werden konnte, legt zugleich gesteigerten Wert auf Ruhe während der Rezeption und grenzt sich von Störenfrieden als „Werbungsquatscher" ab. Weiter macht er an anderer Stelle deutlich, dass es ihm bei der Filmrezeption geradezu um eine spezifische Differenz zum sonstigen Alltagsgeschehen geht und um

> *das Eintauchen sozusagen, in 'ne Welt, wie man's auch immer nennen will /äh/ was, ich bin's einfach sehr gewöhnt, so 'ne, so 'ne Kunstwelt zu erleben. (David, 19)*

---

[14] Daher zieht Lars den Kinobesuch dem Zuhauseschauen vor, denn zuhause
ist ja immer das Doofe mit den Werbungen, wenn man dann ((lachend)) /hm. ((I: /Hm/?)) /Ähm/, ja dann geht man dazwischen ja, dann ist der Film immer unterbrochen, dann geht man dazwischen mal aufs Klo oder man holt sich mal was zu essen, das ist natürlich schon ne andere Stimmung im Kino, wenn man dann da sitzt und sich wirklich nur darauf konzentriert, ja und während dem Film im Fernsehen, da unterhält man sich ja auch dann noch zu Hause, wenn man zu mehrt hier vor 'm Fernseher sitzt. ((I: /Hm/)) Das ((Lachend)) zerstört die Stimmung natürlich auch noch 'n bisschen. Ja. (Lars, 20)

Später im Interview mit David wird deutlicher, was diesen anderen Rezeptionsmodus auszeichnet. Zwar handelt es sich auch hier um einen Moment des kommunikativen Austauschs über Filme, von dem David auf die Frage, bei welchen Gelegenheiten er über Filme redet, erzählt, allerdings ist schnell zu erkennen, dass der Film dabei eben nicht nur zur lokalen Selbstpräsentation / situativen Identitätskonstruktion oder Inszenierung von Differenz genutzt wird, sondern existenziell mit seiner Erfahrungswelt verknüpft ist:

> *Dat kommt, dat taucht dann einfach so auf. Wenn irgendeiner raushaut "Hast du den Film gesehen?" und so, und dann, wenn ick ihn gesehen hab, dann können wir uns drüber unterhalten, dann werden aber auch nur einzelne Szenen besprochen, vielleicht die Problematik davon noch, wie letztens zum Beispiel, da kamen "Die Verurteilten" irgendwo im Fernsehen, das auch so'n Krassfilm gewesen, der war auch ziemlich beeindruckend und so, weil so'n Typ sich zwanzig Jahre lang durch so'ne Mauer geboxt hat da, mit so'nem kleinen Hämmerchen und, na ja, das hab ick nem Kumpel erzählt, und dann haben wir uns ziemlich lange darüber unterhalten, dass es ziemlich krass is und so. [...] Dat war auf jeden Fall krass, wir haben uns lange darüber unterhalten, sagen wir dat mal so, bestimmt ne halbe Stunde drüber.*
> *I: Also so über (.) die Art und Weise...*
> *D: ((Unterbrechend)) Wie er rausgekommen is, ja, wat er da für Probleme in den Film hatte, und dis, ja. Wie wir damit umgehen würden und so. Auf jeden Fall krass. Ick hab mir überlegt, also wenn ick im Knast wär, also ich glaube, ick bin so'n krasser Denker, ick glaub, ick würd da nich klarkommen. Ick würd wahrscheinlich kaputtgehen da, weil ick da nich, mein Potential ausleben kann, weil, ick brauch zum Beispiel auch mal wat zum Malen und wenn ick weiß, ich kann da nich malen, dann werd ick da irre, glaub ick. Ick weiß es nich, ich müsste auch überhaupt gar nich in' n Knast. Das is, war'n Thema, wo ick gar nich hin möchte, weil es zu krass is. Darüber kann ick gar nichts erzählen, eigentlich. ((Lachen))* (David, 19)

Zu Beginn der Ausführungen klingt zunächst die Funktion von Filmwissen zur Sicherung kommunikativen Anschlusshandelns an, wenn David feststellt dass Filme „einfach so auf[tauchen]" im Alltag. Es ist jederzeit möglich Filme zum Thema der Kommunikation zu machen; stets kann die Frage gestellt werden: „Hast du den Film gesehen?". Wenn dies der Fall ist kann man sich „drüber unterhalten". Dann können Details und „einzelne Szenen" aber auch die gesamte „Problematik" des Films thematisiert werden. Dieser Umgang mit Filmen unterscheidet sich jedoch erheblich von dem Umgang mit „Krassfilmen". Bei der beispielhaften Erzählung von einem solchen „Krassfilm" offenbart sich ein anderer Zugang zum Film, der sich dadurch auszeichnet, dass der Film nicht lediglich für die Zwecke des situationalen Managements der Interaktion herangezogen wird, sondern die Bezugnahme auf den Film durch die Herstellung einer Beziehung zwischen der eigenen Alltagspraxis zu der im Film dargestellten Praxis gekennzeichnet ist. Dies ist hier konkret auf den Ausbruch eines Gefängnisinsassen in dem Film THE SHAWSHANK REDEMPTION (1994, dt.: DIE VERURTEILTEN) zu beziehen.

Zunächst meint David, er könne nicht im Detail wiedergeben, worüber er sich mit einem „Kumpel" eine halbe Stunde lang unterhalten hätte. Die erneute Erzählaufforderung des Interviewers dann („Also, so über (.) die Art und Weise...") unterbricht er jedoch sogar, um als entscheidendes Thema der damaligen Konversation – die Flucht eines Gefängnisinsassen – zu erinnern: „wie er rausgekommen ist" und „wat er da für Probleme hatte" und vor allem: „Wie wir damit umgehen würden und so...". Daran schließt eine gesteigerte Übernahme der Situation des Helden an („Ick hab mir überlegt, also wenn ick im Knast wär"), die besonders von der Totalisierung des eigenen Selbst geprägt ist: „ick bin so ein krasser Denker". Diese sich selbst zugeschriebene Wesensart lässt offenbar ein Gefängnis zu einem ungünstigen Ort werden, weil sich dort das eigene „Potential [nich] ausleben" lässt. Das verwundert zunächst, denn die Gedanken sind bekanntlich frei und das Denken lässt sich auch im Gefängnis zumindest nicht verbieten.[15] David bezieht sich mit dieser Kategorie auf seine eigene Typisierung von „Denkern" und „Handelnden", in welche er seinen Freundeskreis aufteilt (vgl. Kap. 2.2). Zugleich wird damit auch jene Typisierung deutlicher: Die „Denker", mit denen er auch selbst Filme dreht, sind vor allem die Kreativen in seinem Freundeskreis, zu denen er sich hier rechnet, indem er das Problem des Auslebens des eigenen Potenzials im Gefängnis benennt, das sich zum Beispiel in der Tätigkeit des Malens manifestieren kann („und wenn ick weiß, ich kann da nich malen, dann werd ick da irre, glaub ick"). Das für uns Bedeutsame an diesen Ausführungen liegt in der Herstellung einer spezifischen Beziehung zwischen der im Film inszenierten Praxis und der eigenen Alltagspraxis. Vor dem Hintergrund des fiktiven, filmisch dargestellten Erfahrungsraums können sich Strukturen des eigenen Erfahrungsraums konturiert abheben. Und obwohl David durchaus Worte für diese Erfahrung der existenziellen Abgrenzung von der filmisch inszenierten Praxis findet, betont er gegen Ende seines Erzählens, dass er darüber eigentlich „gar nichts erzählen" kann.[16] Dies

---

[15] Deswegen ist es geradezu ein filmischer Topos, dass Personen im Gefängnis einsitzen und danach gebildet (und meistens auch körperlich trainiert) dieses wieder verlassen, vgl. z.B. AMERICAN HISTORY X (1998, dt. ebenso).

[16] Die Einschränkungen eines Daseins im Gefängnis scheinen David (19) besonders zu beschäftigen, denn gefragt nach einem Film, der ihn besonders beeindruckt hat, antwortet er mit THE GREEN MILE (1999, dt. ebenso) erneut mit – gleich THE SHAWSHANK REDEMPTION (1994, dt.: DIE VERURTEILTEN) – einer Literaturverfilmung auf der Grundlage einer Gefängnis-Geschichte von Stephen King: *Also The Blue [eigentlich Green, A.G.] Mile, das war zu krass, weil'n Unschuldiger aus'm Knast gekommen und da, dann gibt es da diese zwei Mädels da gekillt und vergewaltigt und so, das ist einfach zu krass so. Welche, die irgendwelche, weiß ick nich,*

spricht ganz erheblich dafür, dass diese Erfahrung weitgehend nicht auf der Ebene eines expliziten, kommunikativen Austauschs angesiedelt ist. Diese beredte ‚Sprachlosigkeit' reproduziert sich in dem Label „Krassfilm", das er im Zuge des Interviews nutzt, um Filme zu kennzeichnen, die ihm besonders gefallen (und zum ersten Mal verwendet, als er feststellt, dass er im Begleitfragebogen nicht angeben kann, welches Filmgenre ihm besonders gefällt). „Krasse" Filme bzw. „Krassfilme" entziehen sich einer Common Sense-Kategorisierung in Genres, sie sprechen nicht explizite Strukturen des (Film-)Wissens an, sondern implizite Erfahrungs- und Wissensstrukturen. Was die besondere Faszination bei der Rezeption mancher Filme ausmacht, ist auch vielen anderen Jugendlichen nicht so recht zu benennen – so meint Hans über einen der letzten „tollen" Filme, die er gesehen hat:

> *und das war irgendwie (3) komplett sinnloser, schwachsinniger Film, irgendwie, aber trotzdem so, einfach so /hm/ schön einfach, ich weiß auch nich. Hatte irgendwas Schönes, Ästhetisches, ich weiß es nich. Und war witzig einfach. Aber war keine Komödie im eigentlichen Sinn, also, keine platte Komödie.* (Hans, 22)

Derartige Erfahrungen, die sich deutlich von dem Alltagshandeln und sonstigen Umgang mit Filmen abheben und sich kaum mit den alltagssprachlichen Mitteln verbalisieren lassen, kennen sehr viele Jugendliche. Dies gilt insbesondere für Lieblingsfilme, die man sich immer wieder (meist zuhause) anschaut, die aber durch die Wiederholung nichts von ihrer vereinnahmenden Qualität einbüßen. Auch Maria kommt schnell an die Grenze des vermittelbaren, als sie von einem besonders eindrucksvollen Film berichtet, den sie meint etwa zwanzig Mal gesehen zu haben:

> *M: Perfect World /mhm/ mit /ähm/ Kevin Coster.*
> *I: Das ist der, wo er diesen Jungen entführt, ne?*
> *M: ((zustimmend)) /mhm/ Genau.*
> *I: Den fandst du besonders intensiv? Warum?*
> *M: Ich weiß es selbst nich! ((I. lacht)) Ich glaub, ich hab ihn zigmal gesehn, zwanzigmal. Keine Ahnung*
> *I: Waaa, so viel?*
> *M: Ja. Und immer dieselben Gefühle. /Ähm/*
> *I: Was für Gefühle?*

Vergewaltigungen sind überkrass und dann hier, ick weiß gar nich, wie der Typ hieß oder so. Der hat die dann vergewaltigt und der Kollege, ich weiß gar nich mehr, wie die alle hießen, na die sind, er is dann auf jeden Fall gestorben und zum Schluss. Also halt unschuldig umgebracht so, und alle dachten, es wär der, und dabei hat der nur Gutes gewollt und so und war auch ein bisschen, ja ich weiß nich, vielleicht zurückgeblieben, weil er halt ziemlich kindisch gedacht hat, also so kam 's mir rüber. Das is halt, ja, traurig.

> *M: Wahrscheinlich, weil man irgendwie Mitleid oder irgendwie ne Verbundenheit zu dem Kevin Coster hat in der Rolle Butch, die er spielt, hat, bekommt. /Ähm/ (2) Und der Sohn, der kleene Junge, der hat ja keinen Vater und dann die Beziehung, die die beiden aufbau'n, und da ist Kevin Coster, der will ja sein eigenen Vater wiederseh'n und ((holt tief Luft)) Ich weiß nicht, das ist so. Und dann die Musik. Die hab'n da, glaub ich, noch schottische Musik.* (Maria, 21)

Maria vermag nicht zu sagen, warum sie den Film PERFECT WORLD (1993, dt. ebenso) so oft gesehen hat, weiß nicht was sie an diesem eigentlich besonders anspricht und „immer dieselben Gefühle" hervorruft. Nach diesen gefragt bezieht sie sich zunächst auf „Mitleid" und „Verbundenheit" zu Kevin Costner und bezieht sich dann auf Teile des Plots und die spezielle Situation, dass Kevin Costner (als Butch) einen Jungen entführt, der keinen Vater hat, während Kevin Costner (als Butch) selbst auf der Suche nach seinem Vater ist und sich dabei mit dem entführten Jungen anfreundet: Ein Vaterloser ist also gewissermaßen einem Vaterlosen so etwas wie ein Vater. Weshalb aber sie diese Konstellation so besonders fesselt, wird an dieser Stelle nicht klar, entsprechend meint sie nach der Wiedergabe der Plotteile und einem Seufzen „Ich weiß nicht, das ist so...". Sie schließt dann auch die begonnene Ausführung der Geschichte gar nicht ab, sondern bezieht sich auf die Musik.

Wenn man nicht anzugeben vermag, was an einem Film überhaupt besonders ansprechend ist, ist es gewissermaßen eine notwendige Konsequenz, dass der Film und seine Wirkung auf einen selbst kaum in Kommunikationen eingebracht werden können. Eine solche, zumindest nicht primär kommunikativ gerahmte, Rezeption ist daher relativ typisch für das Auftreten dieses hier rekonstruierten Rezeptionsmodus im Umgang mit Filmen. So berichtet auch Arnia über die wieder einsetzende Kommunikation nach einem guten Film:

> *Ich rede nich so gerne über Filme, wenn ich ihn, wenn ich sie gerade angeschaut hab. Meine Mutter lässt dann immer direkt so'n paar Kommentare fallen. Ich brauch immer so'n bisschen, also entweder bin ich gerade so verzaubert, dass ich dieses verzauberte Gefühl noch so'n bisschen anhalten oder dabehalten möchte, so dass ich es nicht zerreden möchte. Oft kann man, find ich, auch über Sachen nich sprechen, weil sie einfach für sich schon sprechen.* (Arnia, 20)

Einem stark auf die Strukturierung alltäglicher Interaktionen ausgerichteten Rezeptionsmodus (*Film als Ressource für soziale Interaktionen*) steht an dieser Stelle die Befürchtung des Zerredens der Erfahrung gegenüber. Es gilt umgekehrt, den Eindruck („dieses verzauberte Gefühl") möglichst lange zu bewahren, was bedeutet, dass man möglicherweise besser gar nicht darüber spricht, weil manche Sachen „einfach für sich schon sprechen". Anders als in jenem Rezeptionsmodus *Film als Ressource für soziale Interaktionen*, in dem der Film bspw. etwas über die eigene Persönlichkeit aussagen kann, die den anderen so nahe gebracht und dabei ausgehandelt werden kann, steht das, was „für sich schon sprechen" kann nicht in unmittelbarem Bezug zu anderen, sondern zu existenziellen eigenen Erfahrungs- und Wissensstrukturen. Später im Interview mit Arnia wird deutlich, dass Filme gerade dann besonders „für sich sprechen" können, wenn sie dabei sie selbst „ansprechen", sie auf eine Weise persönlich adressieren:

> *Ich glaube, dass du, je nachdem, in was für ner persönlichen Lage du bist, dich Filme auch anders ansprechen, bestimmte Themen auch anders ansprechen. Ich meine, ähm, was auch immer, hmm, wenn ich gerade, hm, ich meine, wenn mich gerade mein Freund verlassen hat, oder ich meinen Freund verlassen hab, und dann irgendeine kleine Sequenz des Films da irgendwie drauf anspielt, oder ich da was wiedererkenne, dann is es natürlich auch besonders ansprechend für mich. Oder wenn Sachen aus meiner Vergangenheit in nem Film aufgerollt werden, oder wenn wenn da Parallelen existieren.* (Arnia, 20)

Auch den Äußerungen anderer Jugendlicher ist zu entnehmen, dass solche ,ansprechenden Parallelen' zwischen eigener Erfahrungswelt und der inszenierten Filmwelt von besonderer Bedeutung für sie sind – und geradezu gesucht werden; insbesondere von Lars, was sich in seiner Beschreibung des Films MILLION DOLLAR HOTEL (2000, dt. ebenso) äußerst markant manifestiert:

> *Dat is /äh/ och en amerikanischer Film /äh/, wo diese Medaillon Witsch [Milla Jovovich, A.G.] mitspielt, die /äh/ wo geh ich /äh/ teilweise schlechte Filme jemacht hat und teilweise wirklich sehr jute Filme Jeanne d'Arc z.B. und dann diese Million Dollar [Hotel, A.G.] dat spielt in nem Assiheim in San Francisco und der janze Look von dem Film is ((betonend)) total dreckich und ik liebe det wenn ja och so im wirklichen Leben, weißte so /äh/ dat Kiez, wo ik wohne, weeste, allet ja Szenebezirk, weeste allet dreckisch, aber ja man muss einfach jenau hinkucken, weeste und in dem Film is et wirklich so, dass das provoziert is, also man muss jenauer hinkucken um den Film schön zufinden. Is einfach so [...] sie hat irjend so ne Stretchjeans an, so en, irjend so en Pullover, so en 80, Jahre Style Pullover und so ne komische Casio Uhr, weeste. Total schlimme Frisur. Augenringe so aber einfach wunderschön. So und ja (2) keene Ahnung also ob die Leute nu großartig /äh/ /äh/ gebildet sind oder nich, weeste jeder kann glücklich sein, jeder und ob Penner oder meinetwegen Verschiss oder wat wees ike. Weeste.* (Lars, 20)

Ohne an dieser Stelle auf eine Feininterpretation[17] einzugehen, sollte deutlich sein: Lars schätzt es besonders, wenn Filme der eigenen Lebenswirklichkeit nahe

---

[17] Diese Passage wie die obige von Arnia werden in Kap. 6 ausführlicher diskutiert.

kommen, wenn er diese in dem Film wieder entdecken kann. Wie in seinem „Kiez" ist auch in dem Film „Million Dollar [Hotel, A.G.]" alles „dreckisch". Und man muss „jenau hingucken", um sowohl Film wie Kiez doch „schön" zu finden. Es folgt eine detailgenaue Beschreibung einer Hauptdarstellerin des Films (und ihrer Begegnung mit der Figur TomTom), in welcher der Prozess des „jenau hingucken[s]", das dazu führt, dass die „feddich[e]" Filmfigur doch als „wunderschön" wahrgenommen wird, ausbuchstabiert wird. Detailliert beschreibt er das erinnerte Aussehen der Figur, die trotz und gerade wegen ihrer Abweichung vom (Schönheits)Ideal als „einfach wunderschön" empfunden wird. An die lange Passage schließt die Aussage an, dass jeder unabhängig von den Lebensumständen, in denen er sich befindet, „glücklich" sein kann – offensichtlich eine Art ‚Quintessenz', die Lars aus dem Film MILLION DOLLAR HOTEL zieht. Im weiteren Verlauf des Interviews wird deutlich, dass eine solches Extrahieren von zentralen Aussagen eines Films, bzw. das Finden von „Metaphern", wie Lars dies (neun Mal im Interview) nennt, von maßgeblicher Bedeutung für ihn ist:

> *Wie jesacht, manche Filme sind och echt extrem jut, sodass ik /äh/ ja mich dadrin wiedererkenne. So. Ja einfach so, ja Metaphern so, von wegen /äh/ ach keene Ahnung. Besser arm dran als Arm ab. Wege trenne sich im Leben, also so so Sprüche, die man sich merkt, so was, wo man einfach /ähm/ ja.* (Lars, 20)

Der primäre Modus der Bezugnahme auf Filme ist generell für Lars betontermaßen nicht die Nutzung von Filmen als kommunikative Ressource für das Management von Interaktionen oder als soziales Event, das der lokalen Aushandlung situativer Identitäten und Konstruktion von Differenz dient, sondern liegt zunächst in der intensiven Erfahrung des Werkes („jenau hingucken") sowie weiter dem Herstellen eines Bezugs zu sich selbst („mich dadrin wiedererkenne") und der Entwicklung einer neuen Perspektive („Metaphern").

Gemäß dieses Rückbezugs der im Film dargestellten Praxis auf die eigene Alltagspraxis kann es – *unabhängig von der oben rekonstruierten interaktiven Funktion des Filmkonsums* – dennoch von erheblicher Bedeutung sein, mit *wem* man einen Film rezipiert – wie anhand der Äußerungen von Katja deutlich wird:

> *I: Ehem. Jetzt hast Du gesagt, Du gehst also mit verschiedenen Leuten in verschiedene Filme. Kannst Du mir dis verraten so, wie das so ist, so von 'ner Verteilung, also mit den Leuten gehst Du eher in solchen Film.*
> *K: Ja. Mit meiner Mutter und mit meiner Schwester gehe ich mehr so halt in Filme, (2) ja, also mehr Liebesfilme vielleicht auch mal, aber mehr so'ne, ich weiß jetzt gar kein Beispiel, aber, was heißt schon, so'n bisschen auch. Also meine Schwester hat*

Psychologie studiert und /ähm/ meine Familie hat sowieso ihre Erfahrung damit gemacht.
I: Wie meinst Du das?
K: /Ähm/ mit Therapien.
I: Ach so. Okay.
K: Deswegen ist dis hier auch halt für uns alle so'n bisschen interessant und deswegen gehen wir halt gerne auch in so'ne Filme, die halt so nachdenklich machen oder wo man halt /äh/ hinterher auch so'n bisschen, ja, daraus Schlüsse ziehen kann oder auch nicht. Und so was gucke ich halt mehr mit meiner Familie als irgendwelche Actionfilme.
I: Und die guckst Du dann mit Deinen Freundinnen oder mit Deinem Freund.
K: Ja. (Katja, 22)

Der primäre Rezeptionsmodus ist hier geprägt von der Fokussierung auf die Anschlussfähigkeit der inszenierten Filmwelt an den spezifischen – im Sinne der praxeologischen Wissenssoziologie: konjunktiven (vgl. Kap. 4 u. 5) – Erfahrungsraum der Familie. Dies verlangt der filmischen Dramaturgie ab, dass anhand des Plots eine Aushandlung psychologischer Aspekte des Zusammenlebens möglich ist, weil dies die Familie aufgrund ihrer Geschichte „so'n bisschen interessiert" und diese Filme „dann halt so nachdenklich machen". Interessanterweise hat Katja gerade für Filme dieser Art keinen Namen, was erneut dafür spricht, dass diese weniger *expliziter* Bestandteil der Kommunikation in der Familie sind. Katja führt sie ein als Filme, die meistens keine Liebesfilme sind („also mehr Liebesfilme vielleicht auch mal"), aber das sie spezifisch Kennzeichnende kann sie nicht benennen („aber mehr so'ne"). Sie findet dann auch kein „Beispiel". Stattdessen beschreibt sie diese Filme schlicht über ihre Anschlussfähigkeit an den familiären Erfahrungsraum, indem sie sich recht unvermittelt auf das Psychologiestudium der Schwester und unspezifisch auf einschlägige Erfahrungen der Familie mit Therapien bezieht. Wenig später im Interview wird deutlich, dass es sich erstens um Beziehungsdramen wie ENOUGH (2002, dt.: Genug) oder SLEEPING WITH THE ENEMY (1991, dt.: Der Feind in meinem Bett) handelt, die sie immer wieder mit ihrer Familie schaut und dass diese zweitens ihre eigene Beziehungsvergangenheit thematisieren („Und also genau das gleiche habe ich letztendlich auch erlebt"), in welche ebenfalls die Familie stark involviert ist:

I: Okay. Ehem. Hast Du denn schon mal 'n Spielfilm gesehen, der Dir richtig nahe ging. Also, wo Du Dich auch immer dran erinnerst, weil er besonders starke Gefühle hergerufen hat?
K: Ja. Aber dis war, is 'ne gute Frage, wie der hieß. Ja, der hieß Genug. ((I: Genug?)) Und, mit leider Jennifer Lopez, die ich nicht, also nicht, als tolle, tolle Schauspielerin , aber die halt auch oder Der Feind in meinem Bett mit Julia Roberts.

((I: Ehem.)) Dis sind halt alles so'ne Filme, wo ja die Frau erst super glücklich ver-
liebt war und der Mann sich dann als Tyrann herausgestellt hat und die halt alles
probiert haben, von dem Mann wegzukommen.
I: Und das ging nicht. Oder es war schwierig zumindest...
K: Ja. Also der hat sie wirklich, der wollte die dann auch umbringen und alles und
/äh/ sie durfte kein einziges Wort sagen, wurde von der Familie weggebracht und al-
les. Und also genau das gleiche habe ich letztendlich auch erlebt. ((I: Ach so.)) Und
deswegen geht dis mir halt ziemlich nahe, wenn ich so was sehe oder dadurch teil-
weise aber weiß im Film, die haben es auch geschafft. (Katja, 22)

Entsprechend gestrickte Dramen, wie die beiden angeführten, in denen eine „super glücklich verliebt[e]" Frau (wie die Befragte anfänglich selbst in einer vergangenen Beziehung) feststellen muss, dass ihr Mann ein „Tyrann" ist von dem
sie nicht mehr wegkommt, werden hier zweifelsohne nicht vorrangig als *Res-*
source für soziale Interaktionen herangezogen, sondern dienen der Reproduktion
eines familiären Erfahrungsraums, wie zugleich der Bewältigung eines Traumas:
der wohl erheblichen Unterdrückung von Katja in einer unglücklichen Partner-
schaft und der in dieser erzwungenen Distanz zur eigenen Familie. Indem diese
Geschichte gerade *mit* der Familie im Film nochmals gemeinsam rezipiert wird,
lässt sich die Erfahrung *als* Familie ‚verkraften', das Trauma bearbeiten – denn:
„die [im Film, A.G.] haben es ja auch geschafft".

Eine Anschlussfähigkeit zwischen filmisch inszenierter Praxis und eigener
Alltagspraxis erfordert nun aber keineswegs einen derart konkret bestimmbaren
Überschneidungspunkt. So knüpft Claudia (anders als Katja) auch gar nicht an
genau zu bestimmende Aspekte ihrer Erfahrungswelt an, sondern an für sie bedeutsame Orientierungen hinsichtlich bestimmter Aspekte des Familiären wie
insbesondere den Zusammenhalt von Familienmitgliedern. Entsprechend antwortet sie auf die Frage, ob sie sich an einen Film erinnern kann, der sie besonders
beeindruckt hat:

C: Ja, da gibt's viele. ((lachend)) Also zum Beispiel hab ich da auch geschrieben [in
einem Begleitfragebogen, A.G] Betty und ihre Schwestern, der war sehr rührend.
Da hatt ich auch das Buch gelesen und hab ich bestimmt auch schon hundert Mal
gesehen. ((lachend))
I: Und /ähm/ du sagst rührend, und inwieweit, kannst du diese Emotionen noch en
bisschen näher beschreiben, was, was hat dich daran so berührt?
C: Na das iss eben auch ne Familie, die immer zusammenhält und dann iss halt eine
Schwester von denen, die krank is, und dann, na, das berührt mich dann einfach. Al-
so wenn ich mir dann vorstelle, wenn es in meiner Familie so wäre, wenn man dann
zusammenhält und das meistert. (Claudia, 21)

LITTLE WOMAN (1994, dt.: Betty und ihre Schwestern) beschreibt das Schicksal einer Großfamilie Ende des 19.Jhds. aus der Perspektive von vier Schwestern. Eine von ihnen (Betty) erkrankt an Scharlach und stirbt nach einer langen und zermürbenden Pflegephase. Es ist vor allem der langsame und tödliche Krankheitsverlauf und die Reaktion der Familie darauf, was Claudia so berührt, dass sie nicht nur das Buch gelesen sondern den Film „hundert Mal" gesehen hat (womit sie mit aller Wahrscheinlichkeit übertreibt, dabei aber die Bedeutung des Films für sie hervorhebt). Bei der Beschreibung des Films unterbricht sie sich selbst, als sie die Krankheit Bettys – das die Familie und ihre Unversehrtheit bedrohende Element – erwähnt, um einen Bezug zur ihrer eigenen Alltagspraxis herzustellen („und dann, na, das berührt mich dann einfach"). Sie bezieht sich im Anschluss auf die Vorstellung, selbst in eine solche Situation zu kommen, also dass es in ihrer „Familie so wäre, wenn man dann zusammenhält und das meistert". Die Herstellung einer solchen Anschlussfähigkeit nach dem Prinzip „was-würde-ich-tun-wenn" und das Finden und Empfinden von „Parallelen" zum eigenen Leben ist vielen Jugendlichen möglich, allerdings in teils erheblich unterschiedlichem Ausmaß. Dies lässt sich hervorragend an Mevlüt verdeutlichen, an dem zugleich deutlich wird, dass die hier rekonstruierten Rezeptionsmodi zwar häufig nach einem primären und sekundären Modus hierarchisiert sind, jedoch keineswegs etwa exklusiv habitualisiert sind.

2.4 Zur habituellen Verankerung der Rezeptionsmodi

In weiten Teilen des Interviews mit Mevlüt dokumentiert sich sehr deutlich jener Rezeptionsmodus, in dem Filme als *Ressource für soziale Interaktionen* erscheinen. Mevlüt verortet den Kinobesuch und „Kinoabend" zuhause primär im Rahmen von „Freundschaftstreffs" und vorrangig als „soziales Geschehen". Auch mit der Frage danach, ob bestimmte Filme mit seinem Leben „was zu tun haben", kann er zunächst gar nichts anfangen:

Also ich hab /ähm/ ich hab en Kumpel der kennt sich mit Film und /äh/ soll ich's mit mit den Schauspielern und den Ganzen also er kennt die Filme wirklich in und auswendig und auch die Filmmusik meistens dazu. ((I: /hm/ Ja.)) Das find ich dann auch manchmal lustig. Also fängt an die Filmmusik zu summen bevor er die überhaupt auftritt im Film. ((Beide Lachen)) Aber, aber nein /ähm/ wenn mit mit solchen Leuten kann, wenn man Ahnung hat, sich über Film oder über die Herstellung und über die Schauspieler und so gut unterhalten und ((I: Ja)) vielleicht /ähm/ aber ich, mir fehlt dann einfach das Wissen dazu. ((I: OK) Also ich kenn, kenn weder die ganzen Schauspieler so gut und neuesten Kl- den neusten Klatsch und Tratsch. Das

*is ja manchmal auch lustich, wenn man sich über über so was unterhält, aber es in-
teressiert mich eigentlich eher weniger.* (Mevlüt, 21)

Mevlüt könnte kaum deutlicher machen, dass er zu der in Filmen dargestellten
Praxis wenig Zugang findet, denn er nimmt in seiner Antwort zunächst gar nicht
Bezug auf sich und sein eigenes Wissen, sondern das eines „Kumpel[s]". Dessen
Wissen bezieht sich zudem nicht auf eine im Film dargestellte Praxis, sondern
auf „Schauspieler" und die „Filmmusik", die der Freund pfeifen kann. Mit „solchen Leuten" (wie seinem Freund) kann „*man*" sich dann über „Film oder über
die Herstellung und über die Schauspieler" reden, aber nicht *er*, denn ihm selbst
fehlt „dann einfach das Wissen", das er als „Klatsch und Tratsch" näher qualifiziert. Durch die Aussage „mir fehlt dann einfach das Wissen dazu" ist nachzuvollziehen, dass er sein Wissen eben nicht mit einer im Film dargestellten Praxis
verknüpft, sondern auf jenes Wissen über die Produktion eines Films, anhand
dessen sich Alltagsgespräche führen lassen, bezieht. Mevlüt beantwortet damit
eine Frage, die tendenziell auf die Herstellung der Anschlussfähigkeit der eigenen Alltagspraxis an die filmisch inszenierte Alltagspraxis abzielt – jene Frage,
ob Filme etwas mit dem Leben zu tun haben – gerade in Bezug auf jenen Rezeptionsmodus, in welchem Filme als *Ressource sozialer Interaktionen* funktionieren. Mevlüt schließt somit in seiner Antwort mit einem neuen und anderen Rahmen an die Frage an, verleiht seinen eigenen Orientierungen unmittelbar Ausdruck, und bezieht sich dabei auf jenen Modus der Rezeption zur Strukturierung
von Alltagsinteraktionen (der in Kap. 2.2 herausgearbeitet wurde).

Dass Filme etwas mit dem Leben zu tun haben, hält Mevlüt denn auch lediglich theoretisch für möglich. Und auch dies nur hinsichtlich anderer Zuschauer und nicht in Bezug auf ihn selbst. Entsprechend geht er an anderer Stelle und
etwas später davon aus, dass eine Wirkung des „Lebensstil[s] der Schauspieler"
auf einen generalisierten Zuschauer besteht, der diesen Lebensstil kopieren kann.
Das Wie der Inszenierung eines Films („wie die ganzen Schauspieler spielen und
handeln im Film, wie sie sich aufführen, wie sie sich sozial unterhalten, wie sie
sich benehmen und wo sie einkaufen gehen und was sie anziehen, wie sie sich
stylen und so") findet er auf einer theoretisierend, reflexiven Ebene, die er erst
auf eine verstärkte Nachfrage hin einnimmt, doch als anschlussfähig an die Alltagspraxis der (anderen) Zuschauer. Allerdings handelt es sich nur um den „Lebensstil", der übernommen werden kann und keine tief greifenderen Erfahrungsstrukturen:

*So vom Lebensstil is es glaub ich was anderes. Die Identität holt man sich nich aus
em Film. ((I: OK)) hier die, die Identität die entsteht einfach /ähm/ aus der Erziehung und aus dem sozialen Zusammenleben. ((I: /hm/)) Also, ich glaub des es viel
gravierender als so en Film.* (Mevlüt, 21)

Wenngleich er anhand dieser subjektiven Theorie und in einer durchdachten Auseinandersetzung zwar eine Beeinflussung des Lebensstils der Zuschauer durch den in Filmen inszenierten Lebensstil anerkennt, weigert er sich anzunehmen, dass tief greifendere Erfahrungsstrukturen – „Identität" in seinen Worten – ebenfalls beeinflussbar sind und verortet deren Entstehen und Entwicklung vollkommen unabhängig von Filmen. Indem er jedoch später von einer besonders intensiven Filmerfahrung berichtet, weist er selbst anhand seiner eigenen Rezeption auf, dass eine Anschlussfähigkeit von elementaren Erfahrungsstrukturen und ästhetischen Strukturen besteht, die über Aspekte der Stilisierung des Lebens hinausgeht. Diese Anschlussfähigkeit führt hier jedoch nicht zum Entstehen neuer Erfahrungs- und Wissensstrukturen (wie im Fall der Metaphernbildung von Lars), aber zur Reproduktion und Festigung der bestehenden. Wie schon Claudia bezieht er sich dabei auf den Bereich des Familiären.

Mevlüt beschreibt eine der Schlussszenen aus dem Film GLADIATOR (2000, dt. ebenso), in welcher der Held in der Arena stirbt und „seine Frau und seine Kinder wieder[sieht]", jedoch bereits tot und „wahrscheinlich wieder im Jenseits" ist – an dieser Stelle unterbricht Mevlüt seine Erzählung („keine Ahnung") und stellt fest, dass ihn diese Sequenz stark beeindruckt: „aber jedenfalls so was nimmt denn dann auch schon wieder mit". Der Interviewer fragt daraufhin:

> I: Was, was kannst du dir denken, warum dich das so berührt. Wegen diesem ja schicksalhaft oder diesem Familiending was da drin is oder, oder was.
> M: Das Familiending auf jeden Fall. Also is, is bei mir so, also ich in ner Guten, also in ner Familie aufgewachsen mit ziemlich guten Eltern und ((I: /hm/)) /ähm/ also ich mein, so ne gute Familie, familiäre Situation bei mir und /ähm/ und wenn man sieht, dass so was sehr leicht kaputt gehen kann ((I: Ja.)) und man so was, nie mitbekommen hat, dass so was kaputt geht oder also selbst direkt mitbekommen hat oder erlitten hat, dann is dieses Mitleidgefühl ziemlich groß glaube ich.
> I: Ja. Ja, ich glaub, was du meinst.
> M: Wenn man, wenn man versteht, was man verlieren kann oder was man hat und was man verlieren könnte. (Mevlüt, 21)

Zwar bietet der Interviewer mit der Nachfrage, was denn Mevlüt berührt, zugleich zwei Antwortmöglichkeiten – das „Schicksalhaft[e]" und das „Familiending" – von denen Mevlüt auch eine aufgreift, jedoch lässt sich den folgenden Äußerungen nicht entnehmen, dass er sich lediglich auf eine suggestive Frage einlässt. Durch die Beschreibung der Situation des Heimkehrens des toten Kriegers „auf seinen Hof" und die Begegnung mit Frau und Kindern hatte Mevlüt selbst zuvor bereits das „Familiending" eröffnet, auf welches sich die immanente Nachfrage des Interviewers bezieht. Im Weiteren berichtet er von seinen eigenen familiären Erfahrungen, die er explizit positiv wertet und die er in Beziehung zu dem „kaputt gehen" einer solchen Struktur (wie es der Film in seinen Augen zeigt) setzt. Wenn man ein solches „kaputt gehen" familiärer Strukturen nicht „selbst direkt mitbekommen hat oder erlitten hat" ist das „Mitleidgefühl" für den Helden besonders ausgeprägt. Dadurch wird die eigene Lebenssituation durch den Film gespiegelt, denn „man versteht, was man verlieren könnte oder was man hat und was man verlieren könnte". Der entscheidende Aspekt besteht hier nun nicht in der Bildsamkeit von Lebensstilen, was Mevlüt zuvor für andere als plausibel annimmt, sondern der Aktualisierung von grundlegenden Orientierungen (hinsichtlich der familiären Einheit). Auch Mevlüt also, der deutlich den Rezeptionsmodus *Film als Ressource sozialer Interaktionen* primär aufweist, ist in der Lage fundamentale Erfahrungs- und Wissensstrukturen in Filmen wiederzuerkennen, wodurch sich diese verfestigen können, indem man „versteht" was diese auszeichnet und wie bedeutsam sie einem sind, so dass man sie nicht verlieren möchte.

Es ist an dieser Stelle zu betonen, dass das in Anschlagbringen eines der beiden rekonstruierten Rezeptionsmodi, in denen Filme entweder als *Ressource sozialer Interaktionen* bzw. *Ressource zur Welterfahrung* genutzt werden, nicht durch Exklusivität gekennzeichnet sein muss. Im Gegenteil: Bei den meisten Jugendlichen ist nicht von einer ausschließlichen Anwendung eines der beiden Modi (hinsichtlich etwa eines *einzigen* Zugangs zu und exklusiven Umgangs mit Filmen) auszugehen. Die meisten Jugendlichen des Samples scheinen vielmehr beide Rezeptionsmodi zu kennen und kontextsensitiv wie filmspezifisch zu nutzen, haben aber teils (ähnlich Mevlüt) einen *primären* Rezeptionsmodus. Besonders deutlich wird die Möglichkeit des Wechsels zwischen beiden Rezeptionsmodi bei Katja. Diese sucht einerseits die intensive Erfahrung von Liebes- und Beziehungsdramen in der Familie zur Bewältigung ihres Beziehungstraumas gemeinsam mit der Familie, kennt und pflegt aber andererseits auch die kommunikativ geprägte Rezeption von insbesondere Komödien mit ihrer „Mädchentruppe" wie auch das Cliquen konstituierende Plaudern über Filme („nur ein Wort und jeder fängt an zu lachen, weil er genau weiß, was gemeint ist in der Situation"). In ihrem Falle lassen sich die Rezeptionsmodi auch nicht hierarchisieren.

Daraus folgt, dass es sich bei den vorliegenden (und im Sinne von Vorbegriffen noch ‚vorläufigen') Ergebnissen also um eine Typik zweier Modi, die das Anwenden eines bestimmten Rezeptionsmodus bedeutet, handelt und nicht vorrangig um eine Typik von Personen, die eine sozial verteilte, habituell exklusive Verankerung von Rezeptionsmodi bedeutete. Der Modus der Bezugnahme auf Filme, in dem diese Ressource der Welterfahrung sind, ist daher ‚lediglich' eine noch näher zu bestimmende Praxis des Umgangs mit Filmen, die nicht an spezifische Orientierungen (bestimmter Personen) gekoppelt ist. Ob diese Praxis im konkreten Fall der Rezeption stattfindet, ist eine empirische Frage, die von der Produkt-Person-Relation abhängt, somit von den jeweiligen Orientierungen der Rezipienten und den einem Film bzw. allgemein einem Medienprodukt eingeschriebenen Orientierungen (und eine Frage die hier zugunsten der Rezipientenfokussierung ausgeblendet wird). Dennoch bestehen Fälle, die sich nahezu ausschließlich des einen oder anderen Modus bedienen, so dass dieser als ein weitgehend exklusiver, zumindest stark primärer, Umgang mit Filmen verinnerlicht ist. Bspw. kennt und sucht Lars nahezu ausschließlich einen Zugang zu Filmen in jenem Rezeptionsmodus, der sie zu einer Ressource zur Welterfahrung werden lässt. Filme, welche das nicht erlauben, erscheinen ihm kaum attraktiv und er versucht diese zu meiden. Ich komme darauf später zurück (siehe Kap. 6).

Die bisherigen Analysen können weiter aufweisen, dass eine Anschlussfähigkeit existenzieller Erfahrungs- und Wissensstrukturen an filmische Strukturen einerseits eine Aktualisierung (und dadurch wie auch immer starke Verfestigung) bestehender Erfahrungs- und Wissensstrukturen bedeuten kann. Sowie dass andererseits neben dieser Möglichkeit der Aktualisierung auch jene der Modifikation von Orientierungen besteht, wie dies bei Lars (Metaphern-Findung für sich) oder Katja (Trauma-Bewältigung mit der Familie) der Fall ist. Es ist an dieser Stelle also bereits festzuhalten, dass der Rezeptionsmodus, in welchem Filme als *Ressource zur Welterfahrung* in Erscheinung treten, in zwei Formen zu differenzieren ist. Diese Unterscheidung wird später in dieser Arbeit im Zuge einer Rekonstruktion spezifischer Rezeptionspraktiken wieder aufgegriffen und weiter ausgearbeitet (vgl. Kap. 6). Zunächst gilt es, die bisherigen Ergebnisse an die Theorie rückzubinden, nachdem ein kurzer Blick auf einen weiteren potenziellen, aber anhand des Materials nicht valide herauszuarbeitenden, Rezeptionsmodus geworfen wird.

2.5 Rezeption ohne Rezipieren? Aspekte einer Kritik der Rezeptionsforschung

Es ist offensichtlich, dass weitere Rezeptionsmodi bestehen *müssen*, die bisher nicht herausgearbeitet werden *konnten*. Dies ist der Tatsache geschuldet, dass sich die Interviews zwar auf die Rezeption von Filmen *beziehen*, aber diese Interviews nicht die Rezeption von Filmen *sind*. Modi der Bezugnahme auf Filme, die Jugendlichen weniger bedeutsam sind, von ihnen deshalb nicht im Interview fokussiert werden, oder die sich nicht in sprachlichen Beschreibungen und Erzählungen *über* die Rezeption manifestieren, können bisher auch nicht rekonstruiert werden. Allerdings war es nicht die Absicht der Interviewanalyse, alle

Rezeptionsmodi, die hinsichtlich einer spezifischen Situation der Wahrnehmung und Verarbeitung von Filmen bestehen, zu rekonstruieren, sondern jene Rezeptionsmuster einander gegenüberzustellen, die sich als dominant und elementar für den Umgang mit Filmen erweisen und die Handlungspraxis der Jugendlichen in besonderer Weise anleiten. Dabei erwies sich die Nutzung von Filmen als *Ressource sozialer Interaktionen* und als *Ressource zur Welterfahrung* als zwei Rezeptionsmodi von besonderer Relevanz. Weitere lassen sich später durch die Untersuchung der Rezeption eines spezifischen Films mittels des Erhebungsinstruments von Film-Nacherzählungen unterscheiden.

Ein potenzieller Rezeptionsmodus jedoch, der sich *weder* anhand der Film-Nacherzählungen *noch* anhand des Interview-Materials valide herausarbeiten lässt, obschon er sich in einigen Umrissen abzeichnet, ist möglicherweise in einer *Anästhetisierung durch* Filme zu sehen. Dafür bestehen zumindest einige Hinweise, denen im Folgenden nachgegangen wird. Mit Anästhetisierung[18] meine ich eine Form der ‚Betäubung' durch Filme, bspw. im Sinne der umgangssprachlichen ‚Berieselung' oder ‚Ablenkung' oder des „Abschaltens" wie z.B. aus der folgenden Interviewpassage deutlich wird:

> *I: Wie kannst du dich denn an den Film erinnern? Fandst den gut?*
> *M: Den Film, also, es war ein guter Platzhalter, wenn man abends vom, von der Arbeit oder irgendwie herkommt und en sich hinsitzt und nichts zu tun hat und wirklich abschalten will, dann kann man sich so en Action-Komödien-Film so en bisschen reinziehn.*
> *I: /hm/ /hm/ Und /ähm/ Sind das auch so die Art von Filmen, wo du normalerweise gern ins Kino gehst, so, wenn du...*
> *M: /ähm/ Fürs Kino find ich die ganz gut, weil die /ähm/ weil die Kinoatmosphäre meiner Meinung nach mehr so dieses Action und dieses die Größe einfach dazu verleitet, dass man mehr auf Explosion steht. (Mevlüt, 21)*

Das „wirklich Abschalten" (von der „Arbeit" wie auch dem sonstigen Alltag) lässt sich mit dem Einschalten eines Films bewerkstelligen. Interessant und aufschlussreich ist die Bezeichnung und Metapher „Platzhalter" für einen Film. Auf der einen Seite handelt es sich in diesem Kontext um etwas, das einen wörtlich an seinem Platz ‚hält', gewissermaßen an ‚den Sessel fesselt'. Andererseits ist ein Platzhalter etwas, das für etwas anderes steht. Dies ist im Kontext des „Abschaltens" so zu verstehen, dass man mittels des Einschaltens eines Films das eigene ‚Leben' (bzw. die Arbeit oder den Alltag) für die Dauer eines Films abschaltet. Damit steht gewissermaßen das Filmerleben am Platz des eigenen nicht-

---

[18] Ich beziehe mich mit dem Begriff auf Welsch, der in verschiedenen, auch medialen, Erfahrungswelten eine zunehmende Ästhetisierung diagnostiziert, die in eine Anästhetisierung umschlägt (vgl. Welsch, 1998: 16).

filmischen, alltäglichen Erlebens. Mevlüt nutzt „Action-Komödien-Film[e]" als solche Platzhalter, die sich auch im Kino besonders gut rezipieren lassen, da sich hier das Spektakel hervorragend genießen lässt. Ein zumindest ähnlicher Umgang mit Filmen klingt auch bei Arnia an, wenn sie feststellt:

> *Also ich meine, weißt du, genauso wie beim Theater oder beim Film, ich möchte, also weißt du, ich muss in meinem Studienfach viele Sachen zerlegen, und ich glaube, dass ich in meiner Freizeit nicht unbedingt Filme oder Theaterstücke zerlegen möchte. Auch Romane. Also ich hab, natürlich sag ich hinterher, okay, der hat mir gut gefallen, der weniger. Aber ich möchte nich im einzelnen analysieren weswegen. Weil das schon irgendwo ne Freizeitbeschäftigung is. Und irgendwie mich so'n bisschen von den Sachen, wo ich wirklich sehr analytisch sein muss, ablenken soll, schätz ich.*
> *I: Und das Gegenteil zum Zerlegen ist dann den Film*
> *A: einfach so aufzunehmen und anzunehmen auch, ob er jetzt, ich meine, es is auch okay, wenn ein Film mich nich absolut hinweghaut oder umhaut, das is in Ordnung. Also dann war's trotzdem cool, ihn gesehen zu haben meistens.* (Arnia, 20)

Insbesondere die relativ geringen Erwartungen an einen Film zusammengenommen mit der Funktion des „Ablenkens" lassen hier einen ähnlichen Rezeptionsmodus vermuten. Deutlich wird in dieser Passage, dass Arnia das geringe kognitive Engagement, das bei Mevlüt im „Abschalten" mithilfe des „Platzhalters" ebenfalls impliziert war, außerordentlich wichtig ist. Im Kontrast zum analytischen „Zerlegen" von „Sachen" im Studium, möchte Arnia gewissermaßen Filme so lassen ,wie sie sind' – das bedeutet: sie „einfach so aufzunehmen und anzunehmen auch". Das Rezipieren geht somit über die schlichte Aufnahme des Gesehenen kaum hinaus, ein Film wird des *Sehens* willen gesehen und wegen der Differenz dieser Erfahrung zu anderen Erfahrungen. Weitere Prozesse einer Nutzung für interaktive Zwecke oder des Interpretierens, Verstehens, Dekodierens, Sich-Positionierens usw. finden in diesem Modus der ,Aufnahme' als einem der lediglichen ,Annahme' nicht statt. Bourdieu (1991: 177) spricht diesbezüglich von einer „naiven Anteilnahme der naiven aisthesis" in der Rezeption von Kunstwerken, die er dem Entschlüsseln von Werken gegenüberstellt. Jüngst hat auch Morley auf diese bisher wissenschaftlich unterschätzte Dimension des Medienhandelns hingewiesen. Morley (2006) hält in diesem Sinne den Rezeptionsstudien der Cultural Studies – nach dem Coding/Encoding-Modell von Stuart Hall (vgl. Kap. 3) – vor, dass keineswegs davon auszugehen ist, dass das Publikum überhaupt Medieninhalte stets in irgendeiner Weise dekodiert; bei gegebener „irrelevance to its concerns" (ebd.: 110) ist viel eher davon auszugehen, dass das Publikum zwar nicht unbedingt *nicht* rezipiert, sondern dies beiläufig und ohne jedes Interesse oder gar Identifikation und mit reduzierter Aufmerksamkeitsleistung tut. Entsprechend könnte die Konzeption und Untersuchung eines „indifferenten Publikums" („indifferent audience", ebd.: 111) ein wichtiges Anliegen der zeitgenössischen Publikums- und Rezeptionsforschung sein. Morley bezieht sich in seinen Ausführungen auf die Rezeption von Medienprodukten im Allgemeinen. Und obwohl auch Filme eine derartige anästhetisierende Konsum-Funktion haben können, finden sich eher wenige Anhaltspunkte, dass dies ein entscheidender Rezeptionsmodus im Umgang mit Filmen ist. Dies ist wohl auch auf das Format von Spielfilmen zurückzuführen. Aufgrund ihrer (zumeist) wenigstens 90minütigen Dauer und der Entwicklung einer Narration – nach dem Prinzip „Exposition-Konflikt-Lösung" (Eder, 2000: 36) – und Einführung von Charakteren und ihrer Geschichte, so rudimentär diese auch angelegt sein mag, verlangen sie doch tendenziell ein gewisses Maß an Aufmerksamkeit und dauerhafter Zuwendung. Anders ist dies etwa bei Serien, die erstens kürzer sind, zweitens – zumindest häufig, keineswegs jedoch stets – weniger komplex und drittens bereits an Vorwissen über Charaktere und den Plot (aus den Folgen zuvor) anschließen können, so dass sich die kognitive Tätigkeit weiter reduzieren lässt als bei Filmen. Möglicherweise noch besser geeignet zum „Abschalten" oder „Ablenken" sind TV-Shows (etwa über Stars im Dschungel oder Stars / Models in spe), die keine narrative Geschlossenheit aufweisen und thematisch sprunghaft angelegt sind, aus denen man folglich immer wieder ein- oder aussteigen kann, um bei gegebenem Anlass Aufmerksamkeit aufzubringen oder dies zu lassen. Tatsächlich sprechen auch manche Jugendliche von *„Sachen, die man nebenbei einfach laufen lassen kann, ohne dass man sich großartig drauf konzentrieren muss"* (Hanna, 20), allerdings handelt es sich dabei kaum um Filme im Sinne von Spielfilmen, sondern vorrangig um Daily Soaps und (Talk) Shows. Auf letztere bezieht sich auch Anna in ihren folgenden Bemerkungen auf die Frage „Aber du wolltest ja gerade erklären, was vielleicht die Faszination [der Talkshows, A.G.] ausgemacht hat?".

Und dann dieses, dieses sich, sich nich' reinversetzen müssen in irgendwas, sich einfach berieseln lassen, das wahrscheinlich der Reiz eines jeden Fernsehabends is', eines jeden Menschen, keinerlei Energie investieren zu müssen, sondern nur bespaßt und beschallt und /äh/, ja, unterhalten zu werden. (Anna, 20)

Die Beispiele führen vor Augen, dass mglw. ein weiterer Rezeptionsmodus besteht, der jedoch nur ansatzweise anhand des Interviewmaterials zu rekonstruieren ist und an den auch kaum mittels der Analyse der Rezeption eines spezifischen Films zu kommen ist, da dessen Funktionalität in der selbst ‚funktionslosen' Aushebelung des Alltagsgeschehens gründen kann. Es ist insofern selbstverständlich, dass dieser Rezeptionsmodus hier nicht valide zu beobachten ist, sowie auch dass weitere Rezeptionsmodi bestehen, welche erst durch die Rekonstruktion der *Rezeption spezifischer Filme* erkennbar werden und weniger durch das Erzählen über Erfahrungen mit Filmen. Diese Arbeit enthält auch deshalb einen weiteren empirischen Schritt der Analyse von Film-Nacherzählungen, in dem es einerseits ganz wesentlich um die Konkretisierung, Spezifizierung und Validierung jenes Rezeptionsmodus geht, in dem Filme als *Ressource der Welterfahrung* genutzt werden sowie andererseits aber auch weitere Rezeptionspraktiken rekonstruiert werden sollen.

Zunächst ist es jedoch daran, Forschungsperspektiven der sozial- und erziehungswissenschaftlichen Medienforschung auf ihre Sensibilität für die hier rekonstruierten, empirischen Rezeptionsmodi zu befragen, wobei die Suche nach Erfassungs- und Beschreibungsmöglichkeiten des Rezeptionsmodus *Film als Ressource zur Welterfahrung* im Vordergrund steht. Im Weiteren nenne ich dieses Interesse ein praxeologisches Interesse an der Film-Zuschauer-Interaktion und wenn ich mich auf ein solches beziehe, meine ich also das Interesse an der Verknüpfung der Filmerfahrung der Jugendlichen mit den wissensmäßigen Grundlagen ihrer eigenen Alltagserfahrung (konjunktivem Wissen im Sinne der dokumentarischen Methode, vgl. Kap. 4 und 5). Der weiteren begrifflichen und empirischen Schärfung jenes Rezeptionsmodus *Film als Ressource zur Welterfahrung* als eine spezifische Praxis des Umgangs mit Filmen (bzw. des Umgangs mit der in Filmen dargestellten Praxis) wird sich diese Arbeit insbesondere zuwenden.

3 Forschungsstand: Konzepte der Zuschaueraktivität in der Filmrezeption

3.1 Zur Auswahl der Forschungsprogramme

Ich möchte dem Nachstehenden vorausschicken, dass der Vergleich theoretischer Ansätze und empirischer Forschungsprogramme zu einem nicht unwesentlichen Teil immer etwas problematisch ist. Da die entsprechenden Ansätze und Positionen nicht ineinander überführbar sind, sondern gemäß dem bekannten Grundsatz, dass das jeweilige theoriebezogene Beschreibungsvokabular und die entsprechenden Methoden ihren eigenen Gegenstand konstituieren, haben sie auch ihre je eigene Daseinsberechtigung. Insofern kann im Weiteren nur vergleichend untersucht werden, inwieweit die Gegenstandskonstitution der jeweiligen Ansätze dem *praxeologischen Erkenntnisinteresse an dem Film als Ressource zur Welterfahrung*, wie es sich anhand der Interviewanalyse abzeichnete, dieser Arbeit dienlich ist.

Während das Interesse an Filmen in den Sozial- und Bildungs- und Erziehungswissenschaften recht jung ist, so hat es eine vergleichsweise lange Geschichte in der Filmwissenschaft (Hickethier 2001, Faulstich 2002, Korte 2004). Insbesondere für die Strukturanalyse von Filmen wurde ein feingliedriges Beschreibungsvokabular ausgearbeitet, welches Phänomene auf unterschiedlichen Beobachtungsebenen kennzeichnen lässt (z.B. Montage, Einstellung, Mise en scène / Bildkomposition, Kadrierung, Ton, usw.). Wenngleich ein solches Beschreibungsvokabular sozial- und erziehungswissenschaftlichen Analysen dienlich sein kann, um den Erkenntnisgegenstand ‚Film' eingrenzen zu können (Ehrenspeck / Lenzen 2003), so unterscheidet sich das Erkenntnisinteresse filmwissenschaftlicher Theorien (wie z.B. marxistischer, psychoanalytischer, semiotischer oder poststrukturalistischer Prägung) derart von jenem der Sozial- und Erziehungswissenschaften, dass letztere kaum anschlussfähig sind an den Theoriehintergrund filmwissenschaftlicher Arbeiten. Der Film existiert für die Sozial- und Erziehungswissenschaft derzeit in erster Linie als rezipierter Film, denn wie Keppler feststellt: jegliches „mediale Produkt ist nichts ohne seinen sozialen Gebrauch" (Keppler, 2001: 126). Eine filmanalytische Beschreibung und Interpretation, die den Film unabhängig von seinem sozialen Gebrauch im Alltagshandeln als ästhetisches (Kunst)Werk versteht, ist so gesehen das Produkt einer bestimmten Rezeption und eine Gebrauchsweise, welche prinzipiell gleichberechtigt ist zu jeder anderen eines x-beliebigen Mitglieds der Gesellschaft. Diese alltäglichen Praktiken des Umgangs mit Filmen spielen für die Filmwissenschaft, die zumeist von einem ‚idealen' oder zumindest ‚impliziten' – sich der Theorie entsprechend verhaltenden Zuschauer ausgeht[19] – kaum eine Rolle; ein Umstand, der mittlerweile von der filmwissenschaftlichen Disziplin selbst kritisiert wird. So ist auch Janet Staiger der Ansicht, dass die Zuschauer nicht ausreichend berücksichtigt werden in der filmwissenschaftlichen Interpretationspraxis, welche sie durch ihre eigene Arbeiten (Bordwell / Staiger / Thompson 1985) stark mitgeprägt hat, und merkt in diesem Kontext (selbst)kritisch an: „we […] placed too much emphasis on texts creating effects" (Staiger, 2000: 30). Stattdessen plädiert Staiger für eine stärkere Berücksichtigung der soziokulturellen Kontexte und hebt hervor, „that context is more significant than textual features in explaining interpretative events. This context most certainly includes the sense data of the film, but it also includes the interpretative strategies used by a spectator" (Staiger, 2000: 30f.).[20] In diesem Sinne einer eingeschränkten Perspektivierung des Films meint auch der Filmwissenschaftler Martin Barker in einem Interview mit Janet Staiger: „I am tempted to issue a challenge to those of my colleagues who invest great energy into yet more forms of textual analysis. I want to challenge them to show me one single case where a claim arrived at on the basis of analysis of film form has been substantiated by a serious piece of audience research" (Barker, 2003).

---

[19] Livingstone hebt hervor, dass derart Vorstellungen eines impliziten Rezipienten auch andere Diskurse, die auf Medien und ihr Publikum sich beziehen, erheblich prägen, wie z.B. „political / social theory" (Livingstone, 1998: 198) oder auch „policy debates" (ebd.: 199). Es handelt sich also um eine Common Sense-Form der Interpretation, die methodisch bisher nicht ausreichend unter Kontrolle gebracht worden ist. Entsprechend ist es ein wichtiges Anliegen der dokumentarischen Filminterpretation, ohne den Rekurs auf einen impliziten Zuschauer und potenzielle Rezeptionen auszukommen, dabei das spezifisch Visuelle des Mediums zu berücksichtigen, um konsequent die *Orientierungen der ProduzentInnen* (unabhängig von den RezipientInnen) zu rekonstruieren (vgl. vor allem: Bohnsack 2009a: 117ff. Und zur Verortung dieses Ansatzes: Geimer / Ehrenspeck 2009).

[20] Allerdings fasst auch Staiger nicht die Zuschauer als konkrete Subjekte, sondern gewinnt ihre Einsichten über die „practices of film reception" neben gedankenexperimenteller Zuschauerkonstruktion und Sekundäranalysen anderer Rezeptionsstudien vor allem anhand der Untersuchung von „discourses around a culture event in which a film might participate" (ebd.: 43), wie z.B. Filmkritiken und Zeitungsberichten. In einer solchen Suche nach „traces of the meaning circulating around films" (Kemper, 2003) erweist sich Staiger als innovativ und kreativ. Aber die daraus gewonnenen psychoanalytischen, kulturpsychologischen und soziologischen Einsichten sind nicht in intersubjektiv überprüfbarer Arbeit an empirischem Material tatsächlicher Verhaltensweisen konkreter Zuschauer-Subjekte verankert.

Aus dem Grund dieser Beschränkungen können weniger genuin filmwissenschaftliche Positionen berücksichtigt werden. Stattdessen sollen aktuelle Ansätze vorgestellt werden, die sich explizit mit Strukturen und Dynamiken der *Interaktion von Film und Zuschauer* (weitgehend abseits der quantitativ standardisierenden Medienforschung) beschäftigten, um sie auf ihre Nützlichkeit zur theoretischen Beschreibung und empirischen Erfassung von Prozessen der Herstellung einer Anschlussfähigkeit der selbst erlebten Alltagspraxis und darin entwickelter Erfahrungs- und Wissensstrukturen an die in Filmen dargestellte Praxis zu befragen (*Film als Ressource zur Welterfahrung*). Dabei werden (aus Gründen des Überblicks über die konträren Positionen im wissenschaftlichen Feld) vorrangig die folgenden Ansätze einbezogen: Kognitive Filmpsychologie, systemtheoretische Rezeptionsforschung, Diskurs- und Aneignungsforschung der Cultural Studies. Ausgehend von einer kritischen Würdigung eines jeden dieser Ansätze wird in Anlehnung und Abgrenzung eine eigene wissenssoziologisch informierte Konzeption der Film-Zuschauer-Interaktion vorgelegt, sowie in einem weiteren empirischen Schritt neues Material (Film-Nacherzählungen) und das bereits bearbeitete (Interviews zum Umgang mit Filmen) nochmals vor dem Hintergrund der neuen Ergebnisse zur wechselseitigen Validierung herangezogen (i.S.d. Rekonstruktion von Homologien, wie auch Heterologien zur Differenzierung der Ergebnisse, vgl. zum Untersuchungsdesign: Kap. 5).

Die Auswahl von Positionen zur Analyse der Filmrezeption spannt zur übersichtlichen Gegenüberstellung unterschiedliche Pole auf, zwischen denen sich andere Studien und Ansätze zur Rezeption von Medien bewegen. Es handelt sich somit um ein Spannungsfeld aus drei Perspektiven, denen sich andere Arbeiten aus dem Umfeld der sozial- und erziehungswissenschaftlichen Medienforschung je mehr und weniger zurechnen lassen. Auf der einen Seite wird (wie in der systemtheoretischen Rezeptionsforschung) der individuelle Aspekt der Interpretation eines Medienprodukts durch ein Bewusstseinssystem bzw. psychisches System oder eine singuläre Persönlichkeit betont, auf der anderen Seite (der Cultural Studies) wird das Interaktionssystem und der situative Kontext in seiner Bedeutung für Dekodierungspraktiken stark gemacht. Beiden Polen ist gemein, dass sie ausgehend von sozialwissenschaftlichen Großtheorien argumentieren und daraus weit reichende methodologische wie methodische Konsequenzen ziehen. Gegen eine solche Überformung ästhetischer Filmstrukturen wehren sich in besonderem Maße die kognitive Filmpsychologie bzw. kognitive Filmtheorie bzw. der Neoformalismus in den Filmwissenschaften. Dieser teils eher diskursiv, teils auch institutionell am stärksten in der Filmwissenschaft verankerte Ansatz, der in einigen Varianten auch quantitativ standardisierende Forschung am Zuschauer betreibt, bildet damit wiederum einen Gegenpol zu eher systemisch-individualistischen wie eher interaktionistisch-kulturalistischen Ansätzen.

Im Folgenden skizziere ich diese Ansätze und diskutiere die jeweiligen theoretischen und methodologischen Grundannahmen vor dem Hintergrund des praxeologischen Erkenntnisinteresses dieser Arbeit. Die Intensität der Auseinandersetzung nimmt dabei von Kapitel zu Kapitel zu und verdichtet sich schließlich in der Diskussion des Praxisbegriffs der Cultural Studies, womit zugleich die Notwendigkeit einer wissenssoziologisch-praxeologisch fundierten Rezeptionsforschung deutlich wird.

3.2 Kognitive Ansätze zur Film-Zuschauer-Interaktion

3.2.1 Schematheorie und individuelle Rezeptionsstrategie

Die Theorie-Labels ,kognitive Filmpsychologie' bzw. ,kognitive Filmtheorie' bzw. ,Neoformalismus' sind ziemlich austauschbar in der Forschungsliteratur anzutreffen, also ohne dass sich klare Grenzziehungen markieren ließen. Ich werde im Weiteren stets von der kognitiven Filmpsychologie sprechen. Dies geschieht im Bewusstsein Differenzen einzuebnen, denn Arbeiten, die sich eindeutig der kognitiven Filmpsychologie zuordnen lassen, legen zumeist einen größeren Wert auf einen sozialwissenschaftlich empirischen Zugriff auf ihren Gegenstandsbereich als Arbeiten aus der kognitiven Filmtheorie oder dem Neoformalismus in der Filmtheorie. Das gemeinsame Anliegen aller dieser drei Ansätze, das ihre gemeinsame Behandlung rechtfertigt, ist jedoch die Beleuchtung der Prozesse des Filmverstehens ausgehend von grundlegenden psychischen und invariablen Merkmalen der menschlichen Wahrnehmung und Informationsverarbeitung (Schwan / Hesse 1997). Aufgrund der teils eher filmwissenschaftlich werkzentrierten und teils eher medienpsychologisch empirisch-fokussierten Tendenzen ist allerdings „die Konzeption des Zuschauers ein ungeklärter Punkt kognitiver Filmtheorie [...]. Zum einen wird der Zuschauer gefasst als Textstruktur im Sinne des impliziten, bisweilen gar ,idealen' Lesers aus der Rezeptionsästhetik, zum anderen ist er als empirischer Zuschauer benannt [wie in der kognitiven Filmpsychologie, A.G.]" (Hartmann / Wulff, 2003: 204).

Auch wenn sich die Methoden der Zuschauerkonstitution nur in manchen Arbeiten dieses Diskursfelds überschneiden, so ist betontermaßen allen Ansätzen die Konzentration auf psychische Prozesse des Filmverstehens gemeinsam. Die kognitive Filmpsychologie versteht ihre Disziplin maßgeblich anhand der Abgrenzung zu Studien der Cultural Studies, des Poststrukturalismus und jenen der Psychoanalyse. Diese Ansätze, so die bisweilen äußerst polemisch geführte Kritik,[21] arbeiten als sozialwissenschaftliche Großtheorien, die nicht zur Anwendung auf filmische Phänomene entwickelt wurden, schlicht an den grundlegenden Prozessen des Filmverstehens vorbei und überschätzen so ihre Reichweite und ihr Erklärungspotenzial bei weitem: „Subject-position theory and culturalism are both 'Grand Theories' in that their discussions of cinema are framed within schemes which seek to describe or explain very broad features of society, history, language, and psyche" (Bordwell, 1996: 3).

Im Gegensatz zur Aneignungsforschung der Cultural Studies oder Analyse von individuellen Lesarten der systemtheoretischen Rezeptionsforschung konzentriert sich die kognitive Filmpsychologie wesentlich auf die unmittelbare Erfahrung des Filmerlebens und darin angelagerte Prozesse des Filmverstehens (Charlton et al., 1997b: 17ff.). Als Spielart der Kunstwahrnehmung wird auch die Filmrezeption verstanden als „ein von anderen Artefakten abgetrennter Bereich, weil sie einzigartige Anforderungen an unsere Wahrnehmung stellt. Kunst wird vom Alltag getrennt, in dem wir unsere Wahrnehmung allein für praktische Zwecke nutzen" (Thompson, 1995: 28).

Die kognitive Filmpsychologie sucht die personeninvarianten Prozesse des vom Alltag gesonderten Verstehens von Filmen mittels der Berücksichtigung der kognitiven Voraussetzungen des Filmerlebens, sozialer wie biologischer Natur, zu beschreiben und zu erklären. Dabei knüpft sie an die Kernannahme der kognitiven Psychologie an, welche die Grundlagen der menschlichen Wahrnehmung in der schemagesteuerten Informationsverarbeitung sieht: „Schemata sind abstrakte Repräsentationen von Regularitäten der Umgebung. [...] Wir verstehen Ereignisse durch Schemata, die sie aktivieren" (Mandler zit. nach Wuss, 1993: 51). Schemata sind so einerseits abhängig von der Umwelt, die sie aktiviert, andererseits konstruieren sie diese Umwelt; sie sind damit nicht statische, sondern dynamische und „aktive Strukturen, die im Rahmen einer aktiven Auseinandersetzung mit der Welt Komplexität reduzieren und Sinn stiften" (Waldmann, zit. n. Ohler, 1996, vgl. Schrøder et al., 2003: 132ff.). Die Rezeptionsästhetik der kognitiven Filmpsychologie geht davon aus, dass Filme durch Schemata, die das Filmmaterial aktiviert, sinnvoll strukturiert werden: „In watching a representational film, we draw on schemata derived from our transactions with the everyday world, with other artworks, and with other films. On the basis of these schemata, we make assumptions, erect expectations, and confirm or disconfirm hypotheses" (Bordwell, 1985: 32).

---

[21] „Das neoformalistische Projekt hat damit nicht unerheblich zur Polarisierung der Filmwissenschaft beigetragen, und zwar nicht nur innerhalb der angloamerikanischen" (Hartmann / Wulff, 2003: 192). Ein integrativer und den Dialog der VertreterInnen fordernder Vorschlag kommt von Lowry (1992).

Indem auch anhand der Analyse von Filmen auf (personeninvariante) Schemata geschlossen wird, welche jegliche Sinnbildungsstrukturen in der Rezeption anleiten, kann aus einer filmpsychologischen Perspektive die Film- und Rezipientenanalyse gewissermaßen zusammenfallen: „Insofern modelliert dann jedes Werkmodell, das schematheoretisch ausgelegt werden kann [...] implizit auch den Rezipienten" (Kaczmarek, 1996: 104). Von besonderer Bedeutung sind für den Sinnbildungsprozess im Rahmen eines derart kognitivistischen Zugriffs solche Schemata und Wissensbestände, die das Subjekt aus der Erfahrung mit anderen Medien bzw. speziell Filmen sich angeeignet hat.

Ohler unterscheidet deswegen zwischen zwei Klassen von Schemata, die für die Filmrezeption relevant sind, solchen die dem generellen Weltwissen entstammen und solche die in dem narrativen Wissen über typische Filmverläufe gründen. Daneben kommt dem nicht schematisch organisierten Wissensbestand über filmische Darstellungsformen eine Schlüsselfunktion zu, denn konventionalisierte Form-Inhalts-Korrespondenzen führen dazu, dass bestimmte Stilmittel der Darstellung (Cues) spezifische, das Filmgeschehen rahmende, Schemata des narrativen Wissens bzw. des Weltwissens aktivieren (Ohler, 1996: 208ff.). Solche zu Stilen konventionalisierte Darstellungsformen resultieren bspw. aus der Anwendung von Schnitt und Montage, Kameraachsen, Kameraperspektiven, Zooms, Fahrten, Schwenks, Farbgebung, Toneffekten, usw. Abweichungen von Schemata wie von stilistischen Darbietungsformen sind wiederum sehr häufig als ‚Suspense- und ‚Surprise-Schemata' bzw. entsprechende Darstellungsstile konventionalisiert.

Der Zuschauer weiß z.B. in einem Krimi, dass der in höchstem Maße sich verdächtig gebende Täter nur scheinbar zu Recht vom Kommissar verhaftet wird (der Fall also nur gelöst scheint) oder dass der allzu unschuldig inszenierte Verdächtige zu Unrecht entlassen wird (der Fall also nur ungelöst scheint) oder dass das Monster nach langem Kampf nur besiegt erscheint, während filmische Gestaltungsmerkmale einen zweiten Teil ankündigen oder eine weitere Kampfesrunde einläuten. Der Zuschauer hat demnach nicht nur Erwartungen an einen Film, sondern auch Erwartungen über das Spiel mit seinen eigenen Erwartungen (vgl. Ohler, 1996: 213), das heißt: Annahmen über die Erwartungserwartungen der Filmschaffenden, die sich auch auf ästhetische Gestaltungsmittel und deren Funktion erstrecken und die Rezeption prägen. Insbesondere dadurch entstehende variable Verwicklungs- und Auflösungsmöglichkeiten, also „die Spannung zwischen ästhetischer Norm und Abweichung liefert die Grundlage für das Verständnis der affektiven und kognitiven Erfahrungen des Zuschauers sowie der Regeln, Codes und Konventionen, welche die Filmkunst regulieren" (Hartmann / Wulff, 2003: 203).

Praktisch gesehen ist zwar dieses ästhetische Wissen ein Element des Weltwissens, wie der Film ein Element der Alltagswirklichkeit ist, aber die vorgestellten Unterscheidungen betonen besonders die ästhetische Haltung und Erwartungen des Rezipienten bei der Filmrezeption: „Das filmisch Dargestellte ist anderen Bewertungskriterien unterworfen als das real erlebte" (Ohler, 1996: 205). Die Erforschung dieses ästhetischen Wissens und entsprechender Kompetenzen des Filmverstehens (und teils deren Ausbildung) ist das Hauptinteresse der kognitiven Filmpsychologie, die in dieser Hinsicht eng mit der Filmwissenschaft verwandt ist und diese in den letzten beiden Jahrzehnten stark beeinflusst hat (vgl. Bordwell / Thompson / Staiger 1985, Bordwell 1989b sowie Branigan 1992). Man geht davon aus, dass ein Rezipient in der Mediensozialisation die zur Filmverarbeitung relevanten Schemata erwirbt und stilistisch-ästhetische Darstellungsmittel zu dekodieren lernt (Ohler, 1996: 211), allerdings nicht davon, dass sie ihm stets bewusst sind oder überhaupt bewusst zu machen sind – vielmehr ist dies eben die Aufgabe der kognitiven Filmpsychologie (Bordwell, 1985: 48).

Hinsichtlich der Frage, wie Zuschauer eine kognitive Repräsentation einer Narration (so genanntes situational model / Situationsmodell) anlegen, also die Geschichte eines Film konstruieren, kann die kognitionswissenschaftlich ausgerichtete Rezeptionsforschung auch an Ergebnisse aus der Forschung zur Text-Leser-Interaktion anknüpfen. In entsprechenden Arbeiten werden Dimensionen eines Situationsmodells – wie „time, space, protagonist, causality, and intentionality" (Zwaan / Langston / Graesser, 1995: 292) – unterschieden und der Einfluss von ästhetischen Gestaltungsmerkmalen auf die Bildung jener Dimensionen von Situationsmodellen untersucht (Töpper / Schwan, 2008: 132, Magliano / Miller / Zwaan 2001). Die Bedeutung von schematisch organisierten Wissensstrukturen auf die Interpretationsleistung konnte z.B. Schwan (1995, ebenfalls Visch / Tan, 2008: 302) experimentell aufweisen: Personen, die vor einer Filmexposition Informationen über das Genre des Films erhielten (welche als überindividuelle, schematische Wissensstrukturen konzipiert sind), wiesen Personen gegenüber, die keine Genre-Informationen bekamen, eine Homogenisierung hinsichtlich der Beurteilung der Bedeutung von einzelnen Szenen für den gesamten Filmverlauf auf. Es wurden „von den Zuschauern übereinstimmend solche Szenen als wichtig beurteilt, die mit dem Genre-Schema im Einklang stehen" (Schwan 1995: 35). Personen ohne genre-spezifische Informationen dagegen unterschieden sich erheblich stärker in ihrer Bedeutungszuschreibung der Szenen. Der Einfluss schematischer Wissensstrukturen spielt Schwan zufolge eine umso herausragendere Rolle in der Rezeption je ambivalenter ein Film sich darstellt. Der Zuschauer muss dann ohnehin einen höheren „Eigenbeitrag" (ebd.: 37) in der Rezeption erbringen, wobei auf im Laufe der Mediensozialisation internalisiertes Genre-Wissen zurückgegriffen werden kann.

3.2.2   Die kognitive Filmpsychologie vor dem Hintergrund
        eines praxeologischen Erkenntnisinteresses

Das Filmverstehen ist in der kognitiven Filmpsychologie verstanden als Wahrnehmungstätigkeit des problemlösenden Menschen, der aufgrund seines kultur- und sozialisations-spezifischen Wissens unter den biologischen Bedingungen der schematisch geregelten Informationsverarbeitung mentale Repräsentationen von Filmen erstellen kann. Diese Bedeutungskonstruktion ist angeleitet von den in der Filmrezeption aktivierten und über die Mediensozialisation erworbenen Schemata – allerdings kann diese Interpretationsleistung nicht ausschließlich abhängig von diesen Schemata (und dem nicht-schematisch organisierten Wissen um Darstellungsstile) zu konzipieren sein, denn: „Bedeutung bestimmt sich über den Gebrauch. Bedeutungen und Symbole sind daher nicht (nur) Repräsentationen" (Zielke, 2004: 146). Wie Zielke in ihrer Arbeit über „Kognition und soziale Praxis" (2004) und ihrer differenzierten Kritik des Kognitivismus in der Psychologie betont, führen kognitive Operationen generell nicht (nur) zu Repräsentationen der Umwelt, sondern zu Konstruktionen einer solchen. Diese Konstruktionen sind in besonderem Maße subjekt- wie auch kontextabhängig. Dies in einem solchen Sinne, dass „Kognitionen […] grundsätzlich als kontextgebundene, interpretative Konstrukte zu verstehen sind, die das, was sie wiedergeben, stets in einer an die eigenen Schemata und Kontextinterpretationen gebundenen Weise konstruieren, und zwar so, dass es – in Bezug auf die soziokulturelle Vorstrukturierung seitens der kognizierenden Subjekte und nicht allein aufgrund der Beschaffenheit seines Wahrnehmungs- und Kognitionssystems – einen Sinn ergibt" (Zielke, 2004: 198).

Jener soziokulturellen Vorstrukturierung und Kontextgebundenheit der Rezeptionsleistung des Subjekts können die kognitivistisch-mentalistischen Ansätze, die sich unter dem Label einer kognitiven Filmpsychologie sammeln lassen, kaum gerecht werden, indem sie voraussetzen, dass in einem Kulturraum (und in seinen milieuspezifischen Verästelungen) kognitive Strukturen personeninvariant bestehen. Entsprechend haben sie ihren ‚blinden Fleck' bei erstens erfahrungsspezifischen, eigensinnigen Formen des Filmverstehens sowie zweitens der Weiterverarbeitung des Filmerlebens im Alltag. Es ist damit weder ein milieubezogener oder biografischer Kontext der Rezipienten, noch ein lokal sozial-situativer Kontext der Rezeption berücksichtigt. Zwar wird von Seiten der Filmpsychologie eingestanden, dass die Aktivierung von Schemata durch die Film-Komposition mit der Mitgliedschaft zu bestimmten sozialen Kategorien variieren kann: „the search for shared knowledge structures and skills ought not to ignore how different schemata and sense making strategies can divide audiences along lines of race or class or gender or education" (Bordwell, 1989a, vgl. auch

Schrøder et al, 2003: 133, Barker, 2006). Aber die wesentlichen Rezeptions- und Aneignungsprozesse steuernden, soziokulturellen Größen, wie Orientierungsmuster, Deutungsmuster, Wissensbestände und kulturellen Praktiken, interessieren die kognitiven Ansätze schlicht nicht, sie nehmen mit anderen Worten „keine Modellierung der sozialpsychologisch beschreibbaren Einstellungen, Präferenzen, Motivlagen und Bedürfnisse des Rezipienten vor, sondern lediglich Beschreibung und Vorhersage seiner Kognitionen" (Ohler, 1996: 200). Daraus folgt, dass „wesentliche Aspekte der alltäglichen Nutzung des Films [...] so von vornherein ausgeklammert [bleiben]" (Hartmann / Wulff, 2003: 201). Mit dieser Ausblendung situations- und erfahrungsspezifischer Dimensionen wird die kognitionswissenschaftliche Analyse von Filmen zwar ihrem Anspruch gerecht, eine Filmanalyse nicht durch filmfremde Theoriebestände zu überformen, aber es werden gerade jene Einflüsse nicht berücksichtigt, die Kognitionen erst Bedeutung geben und sie im Rahmen spezifischer sozialer Situationen und biografischer Erfahrungen erst interpretierbar werden lassen, damit werden jene Aspekte „ausgegrenzt, die mentalen Zuständen und Empfindungen kontextspezifische, soziokulturell spezifische Bedeutung verleihen" (Zielke, 2004: 208).

Entsprechend werfen kulturalistisch-praxistheoretische Ansätze wie die Cultural Studies den kognitiven Ansätzen vor, im Lehnstuhl oder anhand des Experiments (jedenfalls entfernt von der Praxis der Rezeption) in intellektualistischer Manier einen so im Alltag nie anzutreffenden Zuschauer zu halluzinieren, einen „in scholastischer Abgeschlossenheit konstruierte[n] Idealzuschauer, der jedoch nicht in einer sozialen Welt lebt, ohne Fleisch und Blut existiert" (Winter, 2006: 88).[22] Während die Cultural Studies und andere handlungstheoretische Ansätze die Filmrezeption nur als kulturelles und soziales Ereignis verstehen, erfasst die Filmpsychologie nur ein ästhetisches und kognitives Ereignis.[23] Besonders illustrativ ist dieser Unterschied im Umgang der beiden Ansätze mit der Tatsache, dass Filme ‚funktionieren' und ‚beim Publikum ankommen'. Die wesentliche Ursache für diesen Erfolg sehen sowohl Cultural Studies wie Filmpsychologie in der Existenz von weit geteilten Meta-Strukturen begründet, die Rezipienten als Interpretationsressource nutzen und die im Vokabular der beiden Disziplinen „canonic story"[24] bzw. „dominante Lesart" / „Vorzugslesart"[25] ge-

---

[22] Dieser Kritik steht „das Postulat entgegen, die Arbeit der Analyse habe nicht von diesen Kontextfaktoren, sondern vom Werk aus zu beginnen. Das Werk bilde den Fokus der Untersuchung [...]" (Hartmann / Wulff, 2003: 203).

[23] „Während der Neoformalismus Filme daraufhin untersucht, auf welche Art sie Wahrnehmungsprozesse anleiten, untersuchen die Cultural Studies Filme auf ihr Wechselverhältnis mit soziokulturellen Prozessen" (Stauff, 1999).

[24] Definition nach Bordwell „structured set of expectations into which the data of a given story can be factored" (Bordwell, 1989a). „Perceivers do tend to presuppose a particular master schema, an abstraction of narrative structure which embodies typical expectations about how to classify

nannt werden. Filmschaffende wie weite Teile ihres Publikums nutzen diese konventionalisierten Heuristiken, um das Filmmaterial zu kodieren bzw. zu dekodieren. Allerdings ist dieser Gemeinsamkeit auch der zentrale Unterschied der beiden Disziplinen inhärent: Die Filmpsychologie versteht die canonic story als kognitives Konstrukt (set of expectations, master schema), die Diskursanalyse der Cultural Studies die Vorzugslesart als soziokulturelles Konstrukt (Muster, dem eine ideologische Ordnung innewohnt). Die Aktivität ist also, wie beschrieben, auf der einen Seite kognitiv und auf der anderen Seite diskursiv gefasst. Dadurch ist es der Filmpsychologie möglich, ästhetische Vereinnahmung auf kognitive Prozesse zurückzuführen, nicht aber zu erklären wie 'eigensinnige' Positionierungen gegenüber Filmen stattfinden können, also warum widerständige Interpretationsweisen existieren, die sich der Vorzugslesart (und hegemonialen Ideologie) widersetzen und es erlauben, eine „Botschaft anders zu lesen als sie von den Produzenten gemeint war" (Winter, 1992: 70), was wiederum ein Hauptanliegen der Medienforschung der Cultural Studies ist (vgl. Kap. 3.4).

Auch systemtheoretische Ansätze – und ähnlich subjektzentrierte Arbeiten – setzen auf konkrete Rezeptionsprozesse, die allerdings weniger hinsichtlich einer durch die ästhetische Konfiguration des Filmmaterials bedingten Steuerung der Rezeption interessieren, sondern vor allem hinsichtlich der Verschiedenheit von Rezeptionsformen bedingt durch individuelle Dispositionen. Diese Arbeiten gehen insbesondere zurück auf S.J. Schmidt, der im Rahmen der Ausarbeitung einer empirischen Literaturwissenschaft (1980) zunächst kognitionspsychologische, schematheoretische Ansätze, wie die hier vorgestellten, zur Erklärung der Verstehensprozesse von literarischen Texten heranzog (Meutsch / Schmidt 1985) und später – mit der Systemtheorie Luhmanns als Grundlage – eine umfassende Theorie der Medien und ihrer Rezeption vorstellte (Schmidt 1994, 2000). Im Unterschied allerdings zu Arbeiten aus dem Umfeld der Cultural Studies, die auf soziale Interaktions- und Organisationsprinzipien setzen, steht in dieser systemtheoretischen Rezeptionsforschung, wie ähnlich subjektzentrierten Ansätzen, die Persönlichkeit bzw. das Bewusstseinssystem oder psychische System des Rezipienten im Vordergrund.

---

events and relate parts to the whole. Perceivers tend to use this master schema as a framework for understanding, recalling and summarizing a particular narrative" (ebd.).

[25] Definition nach Hall: „Wir sprechen von 'dominant', weil es ein Muster 'bevorzugter Lesarten' gibt, und diesen ist die institutionelle, politische und ideologische Ordnung eingeschrieben, und sie sind selbst schon institutionalisiert worden" (Hall, 1999: 103).

3.3 Systemtheoretische Ansätze zur Film-Zuschauer-Interaktion

3.3.1 Das Kommunikat als individuelle Filmlesart eines Bewusstseinssystems

Die Systemtheorie ist für die Medienforschung, insbesondere erziehungswissenschaftlicher Prägung, interessant, weil sie Möglichkeiten und Grenzen kommunikativer Beeinflussung sehr abstrakt und dadurch auf unterschiedlichem Konkretisierungsniveau beschreiben lässt. Eine spezifische Variante der Rezeptionsforschung wird allerdings erst in jüngerer Zeit ausgearbeitet; so weist auch Sutter (2008: 164) darauf hin, dass Luhmann diesen Aspekt nur am Rande behandeln konnte. Die allgemeine Systemtheorie nach Luhmann stellt zwar die logische Matrix für eine systemtheoretische Rezeptionsforschung, nicht ohne jedoch einige Veränderungen erfahren zu haben. Insbesondere Schmidt hat sich – Luhmann revidierend wie weiterführend – um die Klärung der grundlegenden Vorgänge bei der Rezeption eines Medienangebots aus systemtheoretischer Perspektive bemüht (Schmidt 1994). Daran knüpfte Hackenberg an, um das kognitiv-emotionale Filmverstehen zu beschreiben und für die Erziehungswissenschaft empirisch zugänglich zu machen (Hackenberg 2004, 2007).

Schmidt wie Hackenberg beziehen sich auf die zentrale Luhmann'sche Leit-Unterscheidung von System und Umwelt, beziehungsweise insbesondere: von psychischem System (Bewusstsein/Kognition) und sozialem System (Kommunikation) bei Luhmann. Beide werden verstanden als je operativ geschlossene Systeme, das heißt: „Bewußtseinssysteme und Kommunikationssysteme existieren getrennt" (Luhmann, 1990: 32). Bewusstsein und Kommunikation reproduzieren sich zwar selbst und prozessieren autopoietisch, sind jedoch aufeinander angewiesen und prägen sich im Prozess einer Ko-Evolution durch Anpassungsleistungen an die jeweilige Umwelt gegenseitig: „Zwischen Bewusstsein und Kommunikation gibt es natürlich tiefgreifende Abhängigkeiten. Dies sind aber nur, wenn man so sagen darf, ökologische Beziehungen. Der Fortgang von Gedanke zu Gedanke und der Fortgang von Kommunikation zu Kommunikation laufen nicht im selben System ab" (Luhmann, 1986: 53). Das heißt, die Systeme sind insofern geschlossen als dass in ihnen nur die eigenen (und keine systemübergreifenden) Operationen stattfinden – sie sind jedoch nicht hermetisch voneinander abgeriegelt, sondern prägen sich wechselseitig. Wie diese Prägung verläuft, vermag keines der Systeme zu determinieren, da die Umweltirritation anhand eigener Operationen systemintern verarbeitet wird, also nach den „Gesetzmäßigkeiten der autonomen Operationsweise des Systems" (Willke, 1994: 193). Oder in den Worten Luhmanns bezogen auf das Bewusstseinssystem: Die „primäre Realität liegt [...] nicht ‚in der Welt draußen', sondern in den kognitiven Operationen selbst." (Luhmann, 1995: 17).

Knoblauch und viele andere Autoren (bspw. Reckwitz 2004a) kritisieren an diesem operativen Konstruktivismus, dass sich „Psychisches und Soziales so unterscheiden lassen" (Knoblauch, 1999: 224) und betonen stattdessen die verbindenden Elemente und „den Zusammenhang zwischen den Systemen" (ebd.). Schmidt war bereits einer ähnlichen Auffassung und der Ansicht, dass in einem Konstruktivismus nach Luhmann „weithin ungelöst [ist], wie die theoretisch scharf voneinander getrennten Dimensionen Kognition und Kommunikation in eine operative Beziehung zueinander gebracht werden können" (Schmidt, 1994: 89). Dabei stellt sich in Bezug auf die Medienforschung die Aufgabe, die „Sozialität individueller Kognitionen sowie die kognitiven wie kommunikativen Aspekte von Medienhandeln gleichermaßen zu berücksichtigen" (Schmidt, 1994: 87). Diese Frage ist für eine Medienrezeptionsforschung geradezu zentral, da eine ‚Wirkung' von Medienangeboten nur dann angenommen werden kann, wenn Medien strukturelle Kopplungen zwischen psychischen und sozialen Systemen anregen können (Schmidt, 1994:125ff.).

Hinsichtlich der Rezeptionsforschung plädiert Schmidt für eine strikte Unterscheidung von Medienrezeption und -verarbeitung, um jene Prozesse der Wechselwirkung beschreiben zu können: Während sich die Rezeption im Bewusstseinssystem ereignet, findet die Verarbeitung im System der Kommunikation statt. Ausgehend von der Systemreferenz ‚Bewusstsein' und ‚Kognition' läuft im Zuge der Medienrezeption der Prozess der Kommunikatbildung an (Schmidt, 1994: 126): Im Verlaufe der Rezeption findet im Kopf des Rezipienten, also im Bewusstseinssystem, ein aktiver Interpretationsprozess und die intraindividuelle Konstruktion eines Medientextes statt. Dieser Prozess, den Schmidt Kommunikatbildung nennt, ist in höchstem Maße subjektabhängig, in dem Sinne, dass er in einem operativ geschlossenen Bewusstseinssystem stattfindet. Aber es handelt sich dabei nicht um einen bloß subjektiven Prozess, etwa im Sinne von ‚rein individuell' und ‚willkürlich'. „Da Kommunikatbildung keine intentionale Handlung, sondern eher eine routinisierte Ereignisfolge ist, wirken sich Sozialisationsmuster und symbolische Ordnungen aus" (ebd.: 139, siehe auch 79ff.).[26]

Sozialisationsmuster und symbolische Ordnungen sind somit verantwortlich für die „Formung kognitiver (individueller) Prozesse durch konventionelle Strukturen der sozialen Umgebung" (Schmidt, 1994: 96). Diese symbolischen

---

[26] Oder an anderer Stelle: „Wirklichkeitskonstruktionen von Aktanten sind subjektgebunden, aber nicht subjektiv im Sinne von willkürlich, intentional, oder relativistisch. [...] Alles was bewusst wird, setzt vom Bewusstsein unerreichbare neuronale Aktivitäten voraus, alles was gesagt wird, setzt bereits das unbewusst erworbene Beherrschen einer Sprache voraus, worüber in welcher Zeit und mit welchen Effekten gesprochen wird, all das setzt gesellschaftlich geregelte und kulturell programmierte Diskurse im sozialen System voraus" (Schmidt, 2000: 47f.).

Ordnungen sind „in einer sozialen Gruppe, einem Sozialsystem oder der Gesamtgesellschaft überindividuell verbindlich" (Schmidt, 1994: 104). Damit präzisiert Schmidt das Konzept der Interpenetration bzw. strukturellen Kopplung hinsichtlich seiner Bedeutung für eine Rezeptionsforschung: „Irritiert die Umwelt ein kognitives System etwa mit sprachlichen Medienangeboten dann verläuft die Wahrnehmung und Verarbeitung solcher Angebote zwar notwendigerweise im System und allein nach dessen Operationsmodi. Aber eben diese Operationsmodi sind durch Sozialisation und Handlungserfahrung signifikant sozial habitualisiert" (ebd.: 103). Die Ausprägung, Auswahl und der Einsatz der die Kommunikatbildung prägenden Faktoren sind dementsprechend „von Individuum zu Individuum je nach Sozialisation, Schichtzugehörigkeit, biographischer Situation verschieden und nur bis zu einem gewissen Grade bewusstseinsfähig und bewusstseinspflichtig" (Schmidt, 1994: 130). Daraus folgt auch, dass Medienangebote kognitive Operationen grundsätzlich nicht dirigieren können, sondern lediglich ‚instruieren', ohne dass die ProduzentInnen die Folgen dieser Instruktion voraussehen können. Denn zu den Bedingungen „unter denen kognitive Prozesse ablaufen gehören die biologischen Möglichkeiten des Aktanten als Individuum einer bestimmten Spezies, seine psychischen Kapazitäten an einer bestimmten Stelle seiner Biografie sowie die sozialen und kulturellen Bedingungen, die sich aus der Zugehörigkeit zu einer bestimmten Gesellschaft ergeben" (Schmidt, 2000: 46).

Wenngleich Schmidt hier auf komplexe Gesellschaften organisierende Strukturierungsmerkmale Bezug nimmt, so ist es vor allem das Konzept des Common Sense, das er in seiner Öffnung der Systemtheorie „in Richtung Kultur- und Medienwissenschaften" (Schmidt, 1994: 19) stark macht und für die Prägung des Bewusstseinssystems (und dessen Medienrezeption bzw. Kommunikatbildung) verantwortlich macht (dazu auch: Großmann 1997: 21ff.). Schmidt versteht – in Anschluss an Feilke (1992) – das Common Sense-Wissen unter Bezugnahme auf Berger / Luckmann (1980): „Als Institutionen bezeichnen Berger & Luckmann solche sozialen Strukturen, die – abgelöst von individuellen Intentionen – als gemeinsames intersubjektives Produkt der Kommunikation soziale Vorgaben für Kommunikation und Handeln liefern. Dieses Wissen, das zu sozialem und institutionellem Handeln erforderlich ist, kann als Common Sense Wissen oder Alltagswissen bezeichnet werden" (Schmidt, 1994: 100). Der Common Sense ist Schmidt zufolge „als soziokulturelles Instrument struktureller Kopplung" (ebd.: 94) zu sehen und für die „Formung kognitiver (individueller) Prozesse durch konventionelle Strukturen der sozialen Umgebung" (ebd.: 96) verantwortlich. Die Regelung der Anschlussprozesse in den Systemen Kommunikation und Kognition konzipiert Schmidt also über allgemein geteilte, kollektive Wissensbestände und in diesen angelagerten symbolischen Ordnungen, die allen Gesellschaftsmitgliedern verfügbar sind (Großmann, 1997: 21). Die von Schmidt aufgeführten sozialen Organisationsprinzipien („Sozialisation, Schichtzugehörigkeit, biographische Situation", siehe oben) sind daher nur insoweit für die Kommunikatbildung von Bedeutung als sie Teil des Common Sense sind. Darüber hinaus sind Kommunikate auch erst durch den Common Sense zu versprachlichen, denn an die eigentliche Realität von Kommunikatbildungsprozessen ist nicht zu kommen: „Empirisch erforscht werden nicht Interna kognitiver Systeme" (Schmidt, 1994: 135).

Während der Kommunikatbildungsprozess höchst subjektabhängig – aber wie beschrieben eben nicht rein ‚subjektiv' – ist, ist dies der Prozess der Kommunikation des Rezipierten nicht. Schmidt unterscheidet zwischen dem Kommunikat als intraindividuell konstruierte, persönliche Lesart eines Medientextes und der Bedeutung als intersubjektiv ausgehandelter Lesart, welche erst im sozialen System der Kommunikation konstituiert wird und daher von „sozialen Gebrauchsregeln" und „diskursspezifischen Kriterien" bestimmt ist (z.B.: Inhaltsangaben, Zusammenfassungen, Kritiken, Bewertungen, Übersetzungen, Klatsch usw.). Das Kommunikat selbst kann gar nicht kommuniziert werden (ebd.: 150). Wie auch Gedanken im wörtlichen Sinne eines Gedanken-Austauschs eben nicht austauschbar sind, so sind es auch Kommunikate nicht. Kommunikate selbst sind letztlich nicht zu untersuchen. Stattdessen handelt es sich stets um „kommunikative Konstrukte von Kognitionsprozessen" (ebd.). Dieses „Kommunikation-Bewußtsein [ist] mit dem Gehirn-/ Kognition-Bewußtsein überschneidungsfrei" (ebd.), was jedoch nicht bedeutet, dass sich die Forschung zu Kommunikatbildungsprozessen lediglich im Bereich des Fiktiven abspielte. So sollte Schmidt zufolge die Kommunikation über die Kognition und die Medienrezeptionsprozesse möglichst zeitnah zu den abgelaufenen Kognitionsprozessen stattfinden, um deren Flüchtigkeit entgegenzuwirken (z.B. über die Protokollierung von lautem Denken im Zuge von Rezeptionen). Obschon diese Einschränkungen bedeuten, dass sich die systemtheoretische Rezeptionsforschung nicht auf Bewusstseinsinhalte selbst konzentriert, besteht jedoch eine erhebliche Fokussierung auf das Individuelle, das in seiner Eigenart vorrangig durch den Einfluss allgemein konventionalisierter Wissensstrukturen des Common Sense konzipiert ist. Auch Großmann hebt hervor, dass dieser Ansatz sich zwar „nicht auf interpersonelle oder psychische Prozesse [beschränkt]. Er räumt jedoch der Wirklichkeitskonstruktion durch das Individuum eine herausragende Stellung ein" (Großmann, 1997: 14).

Diese Fokussierung ist auch in der Weiterentwicklung Schmidts durch Hackenberg zu finden. Hackenberg greift zum Entwurf seiner „Film-Zuschauer-Interaktion" (2004) auf das Kommunikat-Konzept von Schmidt zurück und verknüpft dieses mit Willkes systemtheoretischem Ansatz zur Intervenierbarkeit von Bewusstseinssystemen (Willke 1996). Aus erziehungswissenschaftlicher Perspektive interessiert sich Hackenberg insbesondere für Veränderungen im Bewusstseinssystem, welche durch Medienangebote ausgelöst wurden. Willke sieht die Möglichkeit einer nachhaltigen Beeinflussung eines Bewusstseinssystems grundsätzlich gegeben, wenn „die empfindlichen und kritischen Parameter und Prozesse eines Systems" (Willke, 1996: 75) bedient werden. Die (mediale) Irritation kann zu einer gelungenen Intervention und Neuausdifferenzierung des Bewusstseinsystems führen, wenn dessen empfindliche „Druckpunkte" (ebd.: 72), im Sinne von das System erhaltenden und dieses organisierenden Leitdifferenzen, so berührt werden, dass eine Aufrechterhaltung des Systems nur unter deren Veränderung möglich ist (Hackenberg, 2004: 25). Hackenberg fasst dies folgendermaßen bezogen auf den Rezeptionsprozess: „Der Rezipient muss persönlich-plausibel verstehen, dass er etwas [...] neu verstehen muss" (Hackenberg, 2004: 15).[27] Kommunikate werden daher insbesondere dann beobachtbar, wenn sie dem Bewusstseinssystem selbst bemerkenswert erscheinen, weil sie Änderungen seiner Konfiguration (Leitdifferenzen) anleiten. Um dieses „‚kleine Fenster' für Interventionen" (ebd.: 25f.) in spezifischen Film-Zuschauer-Interaktionen beobachten zu können, sind demnach die „persönlichen Druckpunkte der Rezipienten einerseits und die filmischen Aspekte, welche solche Druckpunkte bedienen können andererseits" zu berücksichtigen (Hackenberg, 2004: 26). Welche Druckpunkte bei Individuen vorhanden sind, und gegebenenfalls durch den Film bedient werden können, ist bspw. durch die Analyse von Film-Nacherzählungen zu rekonstruieren (Drinck et al. 2001, Hackenberg / Hajok 2002, Hackenberg / Hajok / Richter 2003, Ehrenspeck / Hackenberg / Lenzen 2006).

Die starke rezipientenseitige Orientierung der Systemtheorie in der Rezeptionsforschung führt in methodischer Hinsicht dazu, dass kaum der Film als solcher (etwa in einer Diskursanalyse oder Inhaltsanalyse) untersucht wird, sondern man ihn ‚lediglich' so zu verstehen sucht, wie die Rezipienten ihn verstehen. Zugleich versucht man zu verstehen, wieso sie einen Film so und nicht anders verstehen und anhand der Äußerungen auf Merkmale des Films zu schließen, die einen bestimmten Instruktionscharakter aufweisen. Dazu wurden Verfahren der qualitativen und quantitativen Analyse von mündlichen und schriftlichen Film-

---

[27] „Intervention möchte ich deshalb definieren als das Bewirken eines bedeutsamen Unterschieds in der Operationsweise eines Systems (Willke, 1996: 125): „Jede Beeinflussung eines psychischen oder sozialen Systems setzt voraus, daß Umweltereignisse als perzipierte Differenzen auf den Bahnen des Regelwerks der Selbststeuerung dieses Systems prozessiert werden. Um bleibende Änderungen zu bewirken, müssen die aus diesen Differenzen gewonnenen, also im strengen Sinne selbstproduzierten Informationen Veränderungen dieses Regelwerks induzieren, ohne dabei den Zusammenhang des Regelwerks als Netzwerk der Autopoiesis des Systems zu zerstören" (Willke, 1996: 116).

Nacherzählungen (so genannten Refilmings) in Triangulation mit Filmthemen-fokussierten Interviews entwickelt (vgl. Ehrenspeck / Hackenberg / Lenzen 2006, Geimer / Lepa / Hackenberg / Ehrenspeck 2007, Geimer / Lepa 2006, 2007, Lepa / Geimer 2007), wobei sich die Themenfokussierung in den Inter-views aus den Zuschauer-Relevanzen, wie sie (anhand einer quantitativen Analy-se) in den Film-Nacherzählungen deutlich wird, ableitet.

Ähnliche und sich erheblich auf ein rezipierendes Subjekt konzentrierende Ansätze – und in diesem Sinne gleichfalls individualistische Perspektiven – fin-den sich auch in anderen Arbeiten, wie bspw. bei Wegener (2008) oder bspw. Charlton (1993). Die Studie von Wegener untersucht die Aneignung von „,Stars' im Alltag jugendlicher Fans" (2008) und bringt ein „subjektorientiertes Konzept von Medienaneignung" (2008: 52) in Anschlag, um ebenfalls „Aspekte individu-eller Dispositionen in den Vordergrund [zu] stellen" (ebd.). Dies aus den folgen-den Gründen: „Eine solche Perspektive ist vor allem dann relevant, wenn man unterstellt, dass die Pluralisierung von Lebenslagen und Lebensstilen immer stärker individualistische anstelle kollektiver Formen der Identitätsbildung her-vorbringt und somit auch Bedeutungszuweisung nicht nur durch gesellschaftli-che Positionierung, sondern zunehmend individuelle Bedürfnis-, Interessens- und Lebenslagen bestimmt ist" (Wegener, 2008: 52f., siehe auch S. 74).

Auch Charlton differenziert in drei Formen von Aneignungsprozessen, von denen zwei nur auf individuelle Prozesse der Rezeption verweisen: „Zusammen-fassend lässt sich festhalten, daß eine Medienaneignung auf mindestens drei verschiedene Weisen [...] erfolgen kann: Erstens in der sozialen Interaktion mit anderen, indem man zum Beispiel über Medien spricht, zweitens in der inneren Auseinandersetzung, indem man sozusagen mit dem Autor über seinen Entwurf von Wirklichkeit kommuniziert. Drittens in Form der identitätsstiftenden Intra-kommunikation, indem man mit sich selbst über die Möglichkeit zur Zustim-mung zum eigenen Handeln und der Anerkennung der eigenen Person verstän-digt" (Charlton, 1993: 13, vgl. Sutter / Charlton 1997). Und ebenso bezieht sich Krotz in seinem Modell der Rezeptionskaskade (2001) auf in frühen Stufen der Rezeption intrapsychisch ablaufende Aushandlungsprozesse, welche in Form eines inneren Dialogs (Krotz, 2001: 74) ablaufen. Bei allen gegebenen Unter-schieden zu einer systemtheoretischen Rezeptionsforschung, so gleichen sich die Positionen hinsichtlich ihrer Fokussierung auch auf individuelle Interpretations-leistungen und intrapsychische Prozesse der Aushandlung von Bedeutung, für welche die Systemtheorie durch die fundamentale Unterscheidung von Sozial- und Bewusstseinssystem besonders sensibel ist.

3.3.2 Die systemtheoretische Rezeptionsforschung vor dem Hintergrund eines praxeologischen Erkenntnisinteresses

Die Rezeptionsforschung nach Schmidt bemüht sich um die Konzeptualisierung eines aktiv Bedeutung konstruierenden Rezipienten und es ist in Anschluss daran eine Leistung der erziehungswissenschaftlichen, systemtheoretischen Rezeptionsforschung, ein Modell zur Film-Zuschauer-Interaktion entwickelt zu haben, in dem sowohl kognitiv-emotionale Interpretationsleistungen des Zuschauers als auch (davon abgeleitet) Eigenschaften des Medienangebots in ihrer Bedeutung für die Kommunikatbildung berücksichtigt werden (‚Druckpunkte-Konzept'). Diesem systemtheoretischen Konzept der Rezeption stehen viele andere individualistische Ansätze nahe, die ebenfalls stark auf intrapsychische Prozesse der Bedeutungsaushandlung setzen. Allerdings liegt der strikten Voraussetzung eines subjektabhängigen Sinn-Konstrukts eines Kommunikats eine Perspektivisierung zugrunde, welche zur Folge hat, dass das Rezeptionsgeschehen weniger als Herstellungsleistung und Sinnkonstruktion eines kulturell konstituierten und Kultur konstituierenden Subjekts in Erscheinung tritt, sondern das Kommunikat erscheint vielmehr als Ausdruck einer abgegrenzten und gewissermaßen ‚quasiprivaten' Identität oder Persönlichkeit, die sich vor allem anhand des Common Sense anderen wie auch den wissenschaftlichen Beobachtern verständlich machen kann. Die jener Konzeption zugrunde gelegte Differenzierung von „zwei Arten der Bedeutungskonstruktion" (Hackenberg, 2004: 29) – „persönliches Verstehen [...] und soziales Verstehen" (ebd.) – ist einem praxeologischen Erkenntnisinteresse hinderlich. Denn es wird so unterschieden in „mehr intersubjektiv vorstrukturierte symbolische (z.B. kommunikativ generalisierte) Systeme als Zeichensysteme und persönliche, vom einzelnen Rezipienten abhängige, symbolische Systeme als persönliche Sinnsysteme" (Hackenberg, 2007: 175). Ganz ähnlich betont auch Willke, bewusst in Abgrenzung von Bourdieu, dass Personen nie „‚mit Haut und Haaren', sondern nur in bestimmten Hinsichten, mit bestimmten Rollen, Motiven und Aufmerksamkeiten dem System zu[gehören]" (Willke, 1996: 53).

Im Gegensatz dazu gehen Praxis- und Kulturtheorien, wie die Kultursoziologie Bourdieus bspw., davon aus, dass noch der Körper und der Habitus ein Produkt institutioneller Arrangements, gemeinschaftlicher Gruppierungen und kultureller Alltagspraktiken sind: „Der Körper ist in der sozialen Welt, aber die soziale Welt steckt auch im Körper" (Bourdieu, 2001: 194). In den Habitus sind somit „die Denk- und Sichtweisen, die Wahrnehmungsschemata, die Prinzipien des Urteilens und Bewertens eingegangen, die in einer Gesellschaft am Werk sind; er ist das Körper gewordene Soziale" (Krais / Gebauer, 2002: 5, vgl. Reckwitz, 2000: 323ff.). Und auch Vogd hebt dementsprechend hervor: „Während die Systemtheorie im Sinne eines sauberen Theoriedesigns die operationale Schließung der Einzelsysteme in den Vordergrund stellt, charakterisiert Bourdieu mit dem Habitus ein integratives Phänomen, das verschiedene Systeme zu einer Einheit zusammenfasst" (Vogd, 2005: 102). Noch der Geschmack im grundlegenden Sinne des Schmeckens – wie erst recht im Sinne der Vorliebe für kulturelle (Medien)Produkte bestimmter Art – ist keine über Interaktionssysteme lediglich durch den Common Sense geprägte und operativ abgegrenzte Sinnesleistung, sondern ein Produkt vielfältiger soziokultureller Organisationsprinzipien, die sich über die Sozialisation im Habitus niederschlagen (Bourdieu, 1987: 362). Die Ausprägung eines Habitus ist daher nicht mit der von Schmidt festgestellten Prägung des Bewusstseinssystems durch Common Sense-Wissen im Sinne von Berger / Luckmann (Schmidt, 1994: 100) zu vergleichen.[28] Diese Prägung vermag zu erklären, dass Bewusstseinssysteme ähnliche Codes verwenden und so über Sprache aneinander überhaupt anschlussfähig bleiben hinsichtlich des institutionalisierten (Rollen-)Handelns. Über die Anschlussfähigkeit einer spezifischen in einem soziokulturellen Raum verwurzelten habituellen Alltagspraxis an andere Praktiken – bzw. an eine in einem Film inszenierte Alltagspraxis – ist damit jedoch eher wenig auszusagen. Eine tiefer greifende soziokulturelle Konstruktion des Subjekts ist daher ausgehend von der Schmidt'schen Interpretation der systemtheoretischen Annahme der operativen Geschlossenheit von Bewusstseinssystem und Gesellschaftssystem nicht zu beschreiben. Das Kommunikat bleibt als Produkt von Common Sense-Wissensbeständen geprägten kognitiven Operationen nicht weit genug rückführbar auf die vielfältigen und divergenten kulturellen Prozesse und Praktiken, welche das Subjekt und seine Praxis (des Umgangs mit Filmen bzw. generell Medien) erst konstituieren.

Eben dies sieht auch Sieprath als erheblichen Kritikpunkt an einer systemtheoretischen Rezeptionsforschung, wenn er die „Medienaneignung als blinde[n] Fleck der Systemtheorie" (Sieprath, 2004) versteht und dabei insbesondere auf Prozesse der Identitätskonstruktion durch Gruppenzugehörigkeiten und Mitgliedschaften abhebt: „Der Prozess der Identitätsbildung durch Medienrezeption ist bei Luhmann zu individuell gedacht. [...] Identitätsbildung durch Medienaneignung ist gewöhnlich keine isolierte Angelegenheit. Vielmehr steht die perso-

---

[28] Vogd löst in seiner Zusammenführung von Systemtheorie und rekonstruktiver Sozialforschung diese Unterschiede zwischen Luhmann und Bourdieu zum einen darin auf, dass die Begriffe ‚Habitus' oder auch ‚strukturelle Kopplung' eben immer noch empirisch zu füllende Kategorien sind und letztlich beide theoretisch unscharf bleiben (müssen), damit sie ihre empirische Funktion erfüllen. Zum anderen kann der Habitus systemtheoretisch umschrieben werden „als verkörpertes Gedächtnis, in dem sich die sozialen Semantiken in die rekursiven Beziehungen des Körpers mit sich selbst eingewoben haben. Der Habitus erschien nun im wahrsten Sinne des Wortes als verkörperte Geschichte der vergangenen Interaktionen" (Vogd, 2005: 108).

nale Identität in Zusammenhang mit der Identität einer Gruppe, in der sich die Medienaneignung vollzieht (Sieprath, 2004: 208).

Sieprath bezieht sich mit solchen für Prozesse der Medienrezeption und Aneignung relevanten sozialen Gruppierungen insbesondere auf Interpretationsgemeinschaften, welche zurückgehen auf soziale Bindungen in „familiären Beziehungen, subkulturellen Gruppen und Fankulturen" (ebd.: 209): „Durch gemeinsame Raster und Codes nehmen die Interpretationsgemeinschaften sowohl auf die Auswahl aus dem Medienangebot als auch auf die Interpretation von Inhalten Einfluss" (ebd.). Sieprath kommt ausgehend von seinen kritischen Überlegungen zu dem Schluss, dass die Systemtheorie in der Medienforschung Prozesse einer kulturellen Differenzierung in den Blick zu nehmen hätte (vgl. auch Bohnsack 2009c), welche mit dem auf die funktionale Differenzierung ausgerichteten Theorievokabular nicht zu erkennen sind. Demzufolge wäre die systemtheoretische Begriffstrias zur Erfassung von sozialen Systemtypen (Interaktion, Organisation, Institution) um einen Typus zu erweitern, der zwischen „der Flüchtigkeit der Interaktion und der festen formalen Einbindung der Organisation liegt (Sieprath, 2004: 210). Während Siepraths Anmerkungen eher auf eine Modifikation der Systemtheorie und Synthese mit kultur- und praxistheoretischen Positionen abzielen, geht Reckwitz' Kritik weiter und stellt grundsätzlich jene Theoriearchitektur der Systemtheorie infrage, nach der kognitive Operationen des Subjekts in erster Linie der Eigenlogik eines Bewusstsein zurechenbar sind, welches sich dem Zugriff der sozialen und kulturellen Sphäre teilweise entzieht bzw. sich nur insoweit öffnet, als dies für das autopoietische Weiterprozessieren als System notwendig ist: „Trotz aller tiefgreifenden oder subtilen Differenzen, die zwischen den einzelnen kulturtheoretischen Autoren ansonsten bestehen, bleibt für ihre grundsätzliche Perspektive größtenteils kennzeichnend, daß sie von vornherein die ‚operative' Trennung des Sozial-Kulturellen vom Individuell-Psychischen, vom Körperlich-Organischen und möglicherweise auch vom Technisch-Mechanischen, so wie Luhmann sie voraussetzt, unterlaufen" (Reckwitz, 2004a: 220).

Das ‚Individuelle' des Subjekts, das aus der strikten Trennung von Bewusstsein und Kommunikation rührt, erweist sich aus dieser Perspektive als eine psychologisierende Idealisierung, die bis auf die „Semantik der bürgerlich-antibürgerlichen Romantik" (ebd.) zurückzuführen ist.[29] Aus Sicht einer strikt praxeologischen Kulturtheorie muss diese Theorie-Architektur geradezu als ein solipsistischer Spuk der Innerlichkeit erscheinen: Psyche, Körper, Identität, Selbst oder Bewusstsein werden als „diskursiv-reale Produkte symbolischer

---

[29] „Die Innenwelt gilt den Romantikern als reiche Quelle mentaler, affektiver und unbewußter Akte, die eine eigenständige, individuell zu entwickelnde Binnensphäre gegenüber der Welt der sozialen Interaktionen und Kommunikationen entfalten" (Reckwitz, 2004a: 220).

Ordnungen aufgedeckt" (ebd.). Ähnlich kritisiert auch Srubar an Luhmanns strikter Unterscheidung, dass die „sinnfundierende Einheit der Lebensweltkonstitution so hinter die Partikularität der subjektiven und systembezogenen Perspektive zurück[tritt]" (1997: 54). Es ist allerdings an dieser Kritik zu kritisieren, dass bei Luhmann eigentlich keine Hierarchisierung von Systemebenen erfolgt (Vogd, 2005: 109), so dass diese Kritik an Luhmanns Systemtheorie teilweise erheblich überzogen ist, indem sie in der Rezeption Luhmanns hierarchische Systemdifferenzierungen einführt, um dann zu kritisieren, dass diese bestünden. Bei Schmidt und der systemtheoretischen Rezeptionsforschung findet sich allerdings eine solche hierarchische Ordnung: Das Kommunikat findet im Bewusstseinssystem statt und ist die unhintergehbare Grundlage jeder weiteren sozialen Bedeutungsaushandlung in Kommunikationssystemen.[30]

    Wenngleich ich der radikalen Zurückweisung der Systemtheorie durch Reckwitz nicht ohne Weiteres zustimme, sondern die von Sieprath (2004) eingeforderte Modifikation der Systemtheorie und Vogds (2005) Einschätzung hinsichtlich des Synthesepotenzials von Systemtheorie und rekonstruktiver Sozialforschung und Habituskonzept teile, sollte deutlich geworden sein, dass dem hier vorrangig interessierenden Aspekt der Filmrezeption – den Praktiken der Herstellung einer Anschlussfähigkeit der eigenen Alltagspraxis an die in einem Film inszenierte Praxis – in der bestehenden Theoriearchitektur der systemtheoretischen Rezeptionsforschung kaum ein Platz zu verschaffen ist. Dies lässt sich abschließend nochmals an der Analogie zwischen intervenierendem und interveniertem System und einer AutorIn-LeserIn-Beziehung verdeutlichen, die Willke heranzieht um seine Interventionstheorie zu illustrieren: „Die Autorin schreibt einen Text in ihrer eigenen Sprache, nach ihren eigenen Beobachtungen, Vorstellungen und Möglichkeiten. Sie will zwar gelesen und verstanden werden, aber sie hat nur eine marginale Kontrolle über das, was der Text bei der Leserin anrichten wird [...]. Der Intervenierende ist zwar Autor des Veränderungsimpulses; aber es ist das System, welches den Input liest und verarbeitet – und zwar nach seinen eigenen Kriterien und Operationsbedingungen" (Willke, 1996: 89). Ebenso mag nach der Schmidt'schen Systemtheorie und Rezeptionsforschung die Autorin in ihrem eigenen Kopf denken, aber sie schreibt ihren Text nicht nur „in ihrer eigenen Sprache", sondern drückt sich auch in dem logischen Universum intersubjektiv (im Sinne von Mead, 1998 [1934]: 122ff.) geteilten Sinnes aus, nutzt das sprachlich verfügbare Common Sense-Wissen. Ausgehend von einer wissenssoziologisch-praxeologischen Perspektive schreibt die Autorin darüber hinaus nicht nur in den Begriffen des allgemeinen Weltwissens und kommunikativ-generalisierten Wissens, sondern drückt sich auch (im Sinne von Mannheims

---

[30] Auch andere Arbeiten einer subjektzentrierten Medienforschung betonen, dass nicht rein individuelle Aspekte der Rezeption zu berücksichtigen sind, so bspw. Wegener (2008: 71).

konjunktivem Wissen, 1980b [1922]: 219, vgl. Kap. 4) in einer erfahrungsgebundenen Sinnschicht aus. Auch diese ist nicht schlicht ihre eigene, sondern z.b. milieu-, geschlecht- oder generationsbezogen oder auch zeitgeschichtlich bedingt. Ihre Sprache ist daher immer auch die eines/r anderen, die diesen Erfahrungsraum teilen oder an diesen mehr oder weniger anschlussfähig sind in spezifischen Aspekten. Dies ist von erheblicher Bedeutung für die Praktiken der Rezeption eines medialen Produkts, wie sich im Weiteren dieser Arbeit noch zeigen wird. Die systemtheoretische Rezeptionsforschung überpointiert also – insbesondere angesichts des hier relevanten praxeologischen Aspekts der Filmrezeption – die intraindividuelle Interpretationsleistung von Bewusstseinssystemen und vermag deren Prägung hauptsächlich durch den Common Sense zu erklären.

Wenn auch unter vollständig anderen Bedingungen, so teilt doch ein weiterer bedeutender Ansatz der Film-Zuschauer-Interaktion den von Willke an der zitierten Stelle beschriebenen generellen Sinnüberschuss jeglicher medialer Angebote. Die Cultural Studies verstehen diesen Sinnüberschuss jedoch vielmehr als ein Produkt sozialer Diskurse, die Autor wie Leser in unterschiedliche Sprachspiele einbinden und den Text so perspektivisieren wie unterschiedlichen Verwendungsweisen gegenüber offen lassen. In eben diesem Sinne diagnostizierte bereits Roland Barthes den „Tod des Autors" (Barthes, 2000: 192) und versteht dessen Text aufgelöst in „ein Gewebe aus Zitaten aus unzähligen Stätten der Kultur" (ebd.); als eine dezentrierte, zum Leser geöffnete und polyseme Struktur mit entsprechend variablen Anknüpfungsmöglichkeiten. Diese Ansicht ist auch Kern des einerseits poststrukturalistisch und andererseits interpretativ-interaktionistisch geprägten Forschungs- und Theorieprogramms der Cultural Studies: „Die Dekonstruktion zeigt, dass Bedeutungen in Texten nie fixiert oder stabil sein können, was letztlich auf die dezentrierte Natur des sprachlichen Systems zurückzuführen ist" (Winter, 2003a: 437). Demnach kann es „beständige Bedeutungen in Texten nicht geben, allenfalls durch die von Ideologien und Machtverhältnissen geprägte Bedeutungsaushandlung der LeserInnen kann es zu einem kontextuell beschränkten Stillstand der ‚differance' [Bedeutungsverschiebungen im Sinne Derridas, A.G.] kommen" (ebd.: 438). Das ‚Fest-Stellen' von Bedeutung ist demzufolge eine kulturelle Praxis, die selbst weder eine Eigenschaft (oder Wirkung) des Medientextes sein kann noch schlicht Ausdruck eines Bewusstseinssystems des Rezipienten ist, sondern Ergebnis der Interaktion von beidem unter situativen Bedingungen. Bedeutung und Sinn werden nach der leitenden Annahme der Cultural Studies nicht im Raum des Psychischen konstituiert, sondern vor allem in alltäglichen Kommunikationen und deren diversen Formenbildungen, welche systemtheoretisch kaum zu fassen sind, wie bspw. Interpretationsgemeinschaften (Sieprath 2004). Entsprechend „lassen sich die

Cultural Studies als konstruktivistisch begreifen, aber nicht als systemisch, sondern als handlungstheoretisch-konstruktivistisch" (Krotz, 1995: 247).

3.4 Cultural Studies als kulturalistisch-praxistheoretischer Ansatz zur Film-Zuschauer-Interaktion

3.4.1 Diskurse und Praktiken der Aneignung

Unter den Cultural Studies nahe stehenden, gleichsam ebenfalls kulturalistischen Ansätzen der Film-Zuschauer-Interaktion wären genau genommen mehrere zu führen (vgl. Geimer / Ehrenspeck 2009). Ich beschränke mich hier weitgehend auf die Theorie und Empirie der Cultural Studies aus drei Gründen. Erstens spannen die Cultural Studies den Gegenpol zur systemtheoretischen Rezeptionsforschung und deren Fokussierung auf Bewusstseinssysteme auf, indem sie vor allem auf Interaktionssysteme und die dort stattfindende Bedeutungsaushandlung sowie Diskurse, die diese Bedeutungsgebung prägen, abstellen. Diesem Pol stehen andere, hier nur am Rande erwähnte Ansätze, wie z.B. die handlungstheoretische Rezeptionsforschung, sehr nahe. Zweitens stellen die Cultural Studies – im angloamerikanischen wie mittlerweile auch im deutschsprachigen Raum – derzeit den wohl ohne Zweifel populärsten qualitativen Ansatz zur Analyse von Medienrezeptionen in den Sozial- und Erziehungswissenschaften dar.[31] Zum Dritten insistieren die Cultural Studies äußerst nachdrücklich auf die Konzeption eines aktiven Zuschauers, fordern eine „Aneignungsforschung" (Hepp, 1999: 164ff.) ein und haben den – vor allem in der deutschsprachigen Forschungslandschaft inflationär verwendeten – Begriff der Aneignung in der sozial- und erziehungswissenschaftlichen Medienforschung entscheidend (mit)geprägt. Aus diesen Gründen fällt die Auseinandersetzung mit den Cultural Studies intensiver als die Beschäftigung mit den bisher diskutierten Ansätzen aus und muss stärker ins Detail gehen als dies bisher notwendig war.

---

[31] Genau genommen sind die Cultural Studies, die hier interessieren, auch ein Teil der angloamerikanischen Audience und Media Studies, welche sie jedoch in den letzten Jahrzehnten dominieren (vgl. Barker 2006). Auch Krotz sieht die Cultural Studies vor allem in den angelsächsischen Ländern als „erfolgreich" (1997: 117) an. Schenk (2007: 660) zufolge setzte ein verstärktes Aufgreifen der Cultural Studies in der deutschen Medienforschung seit Anfang der 90er ein. Zur „Karriere" (Mikos, 1997: 159ff.) der Cultural Studies im deutschsprachigen Raum bis etwa Mitte der 90er äußern sich Mikos (ebd.) und Göttlich / Winter (1999: 35) teils etwas widersprüchlich. Es ist jedoch anzumerken, dass sich im neuen Jahrtausend die Publikationsdichte an Arbeiten, die sich der Rezeptionsforschung im Sinne der Cultural Studies zurechnen, noch erhöht hat und der Ansatz heute gesteigerte Berücksichtigung erfährt (vgl. Hepp, 2008: 142).

Die Untersuchung der Mediennutzung haben die Cultural Studies zusammen mit und neben den Forschungsbereichen Jugend, Gender, Rasse, Identität und Pop- und Fankultur als weiteren Schwerpunkt ihrer vielfältigen und heterogenen Disziplin etabliert (Hepp, 1999: 118ff. / Bromley, 1999: 22 / Göttlich/Winter, 1999: 26). Auch Denzin (1999: 118) hebt die Heterogenität der Cultural Studies hervor und unterscheidet „konkurrierende Definitionen". Allerdings ist allen diesen Versionen gemeinsam: „ein Interesse an kulturellen Texten, an gelebter Erfahrung und an der artikulierten Beziehung zwischen Texten[32] und Alltagsleben" (ebd.). Eine weitere Gemeinsamkeit, die hier jedoch eine untergeordnete Rolle spielt, ist in der ideologiekritischen Ausrichtung zu sehen. Das Projekt der Cultural Studies war und ist stets „politisch motiviert [...]. Es hat sich der Produktion von Wissen verschrieben, welches helfen soll, zu verstehen, daß man die Welt verändern kann, und gibt Hinweise, wie sie zu verändern ist" (Grossberg, 1999: 72). Das bedeutet für die Analyse und konkrete Interpretationstätigkeit: „Sinnverstehen mutiert damit von einem hermeneutischen zu einem politischen Projekt, denn der Forscher bezieht Stellung im Kampf um Bedeutungen" (Mikos, 2005: 91).[33] Diese politische Dimension der Cultural Studies und ihre „kritische Pädagogik" (Winter 2004) interessieren hier im Weiteren nicht und sind nur insoweit relevant, als sie methodologische Prinzipien und methodische Vorgehensweisen bedingen (und mitunter nicht unerheblich einschränken).

Hinsichtlich des grundlegenden Forschungsinteresses der Cultural Studies an der „Beziehung zwischen Texten und Alltagsleben" (Denzin, 1999: 118) haben sich zwei methodologische Strategien ausgebildet (Fiske, 2001a: 45, Denzin, 1999: 119): die zumeist ethnografische Untersuchung der Rezeption bzw. Aneignung von Medienprodukten in konkreten, lebensweltlichen Kontexten und die semiotisch-strukturalistische bzw. diskursanalytische Textanalyse der Produkte. Wie Fiske und Denzin unterscheiden auch Ang und Nightingale diese beiden methodologischen Strategien innerhalb der Cultural Studies hinsichtlich ihrer „semiologischen" bzw. „soziologischen" (Ang, 1996b: 20ff.) bzw. „diskursanalytischen" und „ethnomethodologischen" Ausrichtung (Nightingale, 1993: 165ff.). Dementsprechend können in spezifischen Untersuchungsvorhaben unterschiedliche Schwerpunktsetzungen stattfinden (vgl. auch Krotz, 2005: 45). Condit (1989: 104) wies darauf hin, dass die amerikanischen Cultural Studies

---

[32] Der Textbegriff der Cultural Studies ist äußerst weit gefasst und bezieht sich nicht lediglich auf schriftliche Texte, sondern auf jegliche narrativen Medienprodukte und zumeist alle ihre Formen der Repräsentation. Dennoch dokumentiert sich darin jene Marginalisierung des Bildes, die generell in der qualitativen Medienforschung vorherrscht (vgl. Bohnsack 2009a).

[33] Fiske fasst den Kampf um Bedeutung bezogen auf die Produktanalyse folgendermaßen: „Die Bedeutungsstruktur eines Textes ist eine Miniaturisierung der Struktur der Subkulturen in der Gesellschaft – beide bestehen in einem Netzwerk von Machtbeziehungen, und der textuelle Kampf um Bedeutung ist das exakte Gegenstück zum sozialen Kampf um Macht" (Fiske, 2001b: 87).

lange eher auf die Diskursanalyse (und die Feststellung verschiedener diskursiv angebotener Lesarten und Subjektpositionen) setzten, während die englischen Cultural Studies stärker auf Dekodierungsprozesse in der Rezeption (in denen sich die polyseme Struktur des Medienprodukts angeeignet wird) abstellten.

Die stark soziologisch ausgerichtete und weitgehend ethnografisch verfahrende Aneignungsforschung interpretiert „Kultur als eine Folge von fortlaufenden Interaktionspraktiken, Unterhaltungen, Gesprächen und Möglichkeiten des Inszenierens und Darstellens der Bedeutung von Erfahrung" (Denzin, 1999: 120). Diese Forschungstradition ist je nach ihren VertreterInnen teils vom interpretativen Paradigma der Soziologie geprägt (Winter, 1995: 116), wie etwa dem Symbolischen Interaktionismus (Mead 1998, Blumer 1973) und der Ethnomethodologie (Garfinkel 1967), auch Goffmans Arbeiten zur Selbstpräsentation (2008, vgl. Denzin 1992: 86), oder zeichnet sich teils eher durch entsprechende Parallelen in den handlungstheoretischen Grundlagen aus.[34] Daher schildert auch Winter die methodologischen Grundannahmen der Cultural Studies in folgender, ganz erheblich an die Ethnomethodologie – und ihr Konzept der „accountability" (1967: 4, 181) – erinnernden Art und Weise: „Zentrale Bedeutung bei der Analyse gewinnt der Kontext, der nicht einfach ein Rahmen ist, in dem ein Objekt situiert ist, oder der sozialen Praktiken, die sich innerhalb seiner Grenzen ereignen, lediglich beeinflusst und bestimmt. Vielmehr konstituieren die Praktiken und Identitäten den Kontext, in dem sie Praktiken und Identitäten sind" (Winter, 1999b: 181). Ausgehend von dieser Perspektive wird an der traditionellen Wirkungs- und Rezeptionsforschung kritisiert, dass der Zuschauer hier nicht als aktiv Bedeutung konstruierendes und intersubjektiv aushandelndes Subjekt auftritt – mit anderen Worten „die kulturellen und sozialen Kontexte, die deren Aktivitäten und so auch deren Medienrezeption erst einen Sinn geben, [werden] in den Hintergrund gedrängt" (Winter/Eckert, 1990: 12).

Insbesondere David Morleys Weiterentwicklung von Stuart Halls ‚Encoding/Decoding'-Modell, das die Medienanalysen der Cultural Studies erst begründet hatte (Winter 1999a, Barker 2006), war für die Rezeptions- und Aneignungsforschung richtungweisend. Hall glaubte, das Verstehen einer Medienbotschaft sei durch verschiedene Dekodierungs- bzw. Lesartenpositionen vermittelt. Diese Positionen variierten für ihn mit sozialen Klassenzugehörigkeiten (Hall, 1999: 104ff.). Er unterschied drei Dekodierungspositionen (oder Lesarten): do-

---

[34]   Dazu auch Keller, 2008: 171. Krotz sieht hier eher eine Verwandtschaft und fordert eine stärkere Orientierung der Cultural Studies an dem interpretativen Paradigma, vor allem dem Symbolischen Interaktionismus, ein (1999: 123, 1997: 74ff.). Diese Verwandtschaft zeigt sich auch darin, dass schon einer der Begründer des Symbolischen Interaktionismus, Herbert Blumer (1933), auf ähnliche Weise wie später Denzin (1995, 2008) – unter Bezugnahme auf ersteren – die Filmnutzung unter dem Gesichtspunkt der Selbstinszenierung in Interaktionen konzipierte.

minant-hegemonial, ausgehandelt, oppositionell. In der dominant-hegemonialen Vorzugslesart werden die in einem Text angelegten ideologiekonformen Sinnstrukturen in der Rezeption reproduziert (Hall 1994b). Als oppositionelle Lesart kann man jene fassen, die im Gegensatz zur dominant-hegemonialen den Medientext ‚gegen den Strich' liest, also entgegen der diskursiven, kulturellen Ordnung, in welcher der Text produziert wurde und die sich in ihn eingeschrieben hat. Andere Lesarten, die den Medientext unterschiedlich perspektivisieren, ohne ihn pro oder contra den hegemonialen Diskurs zu lesen, nennt Hall ausgehandelte. Das relativ starre Schema des Encoding/Decoding-Modells auf Grundlage einer soziokulturellen Klassentheorie konnte von David Morley weiterentwickelt werden. Morley hob die Notwendigkeit einer umfassenderen Analyse von Kontexten der Medienrezeption hervor, die nicht nur Klassen, sondern überhaupt soziale Einheiten zu berücksichtigen hat, deren Mitglieder kulturelle Orientierungen teilen: „To understand the potential meanings of a given message, we need a ‚cultural map' of the audience […] − a map showing the various cultural repertoires and symbolic resources available to differently placed subgroups within that audience. The ‘meaning' of a text or message must be understood as being produced through the interaction of the codes embedded in the text with the codes inhabited by the different sections of the audience" (Morley, 1992: 283). Anstatt nur die Klassenzugehörigkeit für die Lesartenbildung zu berücksichtigen, stellte sich in der Folge die Frage, „wie soziale Positionen plus bestimmte diskursive Positionen spezifische Lesarten produzieren, wobei diese Lesarten deshalb strukturiert sind, weil die Zugangsstrukturen zu unterschiedlichen Diskursen durch soziale Positionen bestimmt sind" (Morley, zit. n. Hepp, 1999: 170).

In der so gefassten „Film-Zuschauer-Interaktion" (Winter, 2003a: 435) ist der „Zuschauer sowohl Objekt als auch Subjekt von sozialen, politischen und ökonomischen Praktiken" (ebd.). Als Subjekt[35] trägt er selbst Diskurse an das Medienangebot heran, als Objekt nutzt er die vom Film zur Verfügung gestellten Diskurse. Die Bedeutungskonstruktionen des Zuschauers sind aus einer solchen Perspektive weder beliebig und völlig offen, noch wird der Zuschauer vom Medientext in einer spezifischen Zuschauer- und Subjektposition verortet; in den Worten von Fiske (2001a: 35): „Die strukturierte Heterogenität des Publikums erfordert eine strukturierte Heterogenität von Bedeutungen im Text". Das heißt: Jeder Medientext ist demnach − ebenso wie das im poststrukturalistischen Sinne dezentrierte sprachliche Universum generell (Winter, 2003a: 438) − durch Poly-

---

[35] In Anlehnung an Hall unterscheidet Winter zwei idealtypische Ausprägungen: „Zum einen kann sich der Rezipient als ein dem Regisseur ‚kongenialer Interpret' erweisen. […] Zum anderen kann sie [die Medium-Rezipienten-Interaktion, Verf.] dazu führen, daß der Rezipient den Film umfunktioniert und zu seiner eigenen Fabrikation macht" (Winter, 1992: 69).

semie gekennzeichnet. Die ideologiekritische Analyse des Bedeutungspotenzials ist Gegenstand der diskursanalytischen Tradition der Medienanalysen der Cultural Studies.

Die Vorannahmen der Cultural Studies ähneln diesbezüglich jenen der frühen, ideologiekritischen Kino- und Apparatustheorie (Baudry 1975) wie auch der Screen-Theory (Wren-Lewis, 1983: 184) und der frühen Diskursanalyse Foucaults (Keller, 2008: 266ff.), ohne jedoch deren Determinismus hinsichtlich der Wirkung ideologisch gefärbter Wissensstrukturen und Diskurse auf rezipierende Subjekte zu übernehmen. Ideologie und Film haben demnach eines gemeinsam: Sie geben vor die Realität abzubilden, sie wiederzuspiegeln, wie sie ‚wirklich' und ‚normalerweise' ist und eigentlich sein sollte, wollen den Zuschauer überzeugen, also „einheitlich und kohärent" erscheinen (Lowry, 1992: 118), wodurch sie die „Illusion [unterstützen], die Welt begreifen zu können" (ebd.: 119).[36] Das trifft vor allem auf das klassische Hollywoodkino und daran orientierte Produktionen zu (vgl. Denzin 2008). Diese versuchen ihre Produktionsweise zu verschleiern, damit der Blick der Kamera möglichst zu dem eines sich identifizierenden Zuschauers wird: „In diesem Sinne lassen sich die Erzählungen von Spielfilmen als Teil umfassender Mythologien begreifen, denen die Funktion zukommt, bestehende lebenspraktische Widersprüche vereinbar zu machen" (Hepp, 1999: 131). Gemäß einem deterministischen Modell von Medienrezeption soll dies auch zumeist funktionieren. Die Herstellung einer solchen ideologischen Einheit im Film geht jedoch für die Diskursanalyse der Cultural Studies nicht ohne Unterdrückung und Auslassung von widerständigen, sich nicht so einfach fügenden Elementen vonstatten, was Rezipienten auch registrieren können, denn „es [gibt] in der modernen Gesellschaft keine Ordnung der Dinge [...], die das Subjekt fest positioniert und soziale Auseinandersetzungen determiniert" (Winter, 2008b: 308, vgl. Hepp, 1999: 132). In eben diesem Sinne meint Winter (in Anlehnung an Fiske und de Certeau), dass „einer Theorie der ideologischen Inkorporation [...] gerade die kulturelle Vielfalt im Umgang mit dem gemeinsamen kulturellen System [entgeht], die Finten, Schachzüge und Tricks, die nicht strategisch geplant, jedoch fester Bestandteil der ‚people' in ihrer Opposition zum ‚power bloc' sind" (Winter, 2008b: 309).[37]

---

[36] Roland Barthes (1975: 107) zufolge gilt eben dies für das Bild generell: „Actually, has not the image, statutorily, all the characteristics of the ideological?"

[37] Ähnliche Einschränkungen räumt auch Keller (2008: 221) ein, etwa wenn er herausstellt, dass die Diskursanalyse „nicht vorschnell die diskursiv vorgestellten Subjektpositionen mit den tatsächlichen Deutungs- und Handlungspraktiken der Akteure des Alltags [verwechselt]. Soziale Akteure sind Adressaten von Wissensbeständen und darin eingelassenen Wertungen, aber auch nach Maßgabe der soziohistorischen und situativen Bedingungen selbstreflexive Subjekte, die in ihrer alltäglichen Be-Deutungsleistung soziale Wissensbestände als Regelbestände mehr oder weniger eigensinnig interpretieren".

Die Aufgabe der (kritischen) Diskursanalyse der Cultural Studies ist daher einerseits neben dominanten ideologischen Rahmungen auch jene Lücken und Brüche aufzuspüren, die sich der Rahmung entziehen und diese unterlaufen sowie dadurch andererseits festzustellen, inwiefern andere Lesarten möglich sind, denn: „there will always be multiple subversive […] interpretations" (Denzin, 1991b: 11). Mit dieser Perspektive schließen die Cultural Studies insbesondere an die Kritik de Certeaus an Foucault an (vgl. Hepp, 1998: 34ff). De Certeau wandte sich gegen den in seinen Augen verabsolutierenden Charakter der (frühen) Foucaultschen Diskurstheorie: „Das Endprodukt (die observierende und disziplinierende gegenwärtige Technologie), das Foucault als Ausgangspunkt seiner rückblickenden Geschichtsschreibung dient, erklärt die Kohärenz der Praktiken, die er auswählt und untersucht. Aber gilt für die Gesamtheit der Prozeduren dieselbe Kohärenz?" (de Certeau, 1988: 110). Dem Autor zufolge ist die Frage zu verneinen und Foucault zu korrigieren. De Certeau geht von „klein[en] und minoritär[en] Praktiken" (ebd.) der Akteure aus, die sich der Macht von Diskursformationen (bzw. dem Dispositiv) entziehen und die vor allem im alltäglichen Konsum zu finden sind. Demzufolge hat ein „'Polytheismus' von verstreuten Praktiken überlebt, die zwar von dem triumphalen Erfolg der einen Praktik gegenüber den anderen dominiert aber nicht beseitigt werden können" (ebd.). De Certeau nennt diese kleinen, eigensinnigen Praktiken „Taktiken" (ebd.: 23f. und 89f.); er meint damit Formen des Konsums, die er als Gebrauchsformen versteht, die sich der diskursiven Ordnung, in welcher die Produkte, mit denen gehandelt wird, produziert wurden, entziehen: „Das Gegenstück zur rationalisierten, expansiven, aber auch zentralisierten, lautstarken und spektakulären Produktion ist eine andere Produktion, die als ‚Konsum' bezeichnet wird: diese ist listenreich und verstreut, denn sie äußert sich nicht durch eigene Produkte, sondern die Umgangsweise mit den Produkten, die von einer herrschenden ökonomischen Ordnung aufgezwungen werden" (de Certeau, 1988: 13).

An derart gefasste Taktiken des Konsums knüpfen die Cultural Studies an, um einen Akteur einzuführen, der in einer ‚reinen' Diskursperspektive nicht auftaucht und der sich diskursiv bereitgestellten Subjektpositionen in einer Aneignung widersetzen kann. Die alltägliche Konsumkultur wird so zu einem Platz der eigensinnigen Aneignung und „Ort des Widerstands" (Winter, 2007: 30), wobei Konsum- und Medienhandeln als ein Umfunktionieren von Produkten – entgegen der in ihnen angelegten Rezeptionsoptionen gemäß der diskursiv-ideologischen Strukturen ihrer Fertigung – verstanden wird (Winter, 1995: 121, 2007, Hepp, 2004: 357ff.). Ein solches Konzept der Aneignung ist kaum mehr mit der Foucaultschen Diskursanalyse zu vereinbaren (so auch Andresen, 2004:

171[38]) und gewinnt gerade in der Absetzbewegung von einem auf den konkreten Alltags-Akteur übergreifenden Diskurs-Determinismus seinen Sinn (dazu unten mehr).

Die semiotisch-diskursanalytische Strategie der Cultural Studies hat sich also zum Ziel gesetzt, die von hegemonialen Diskursen geprägte aber zugleich nicht determinierte Bedeutungsvielfalt und relative Deutungsoffenheit von Medientexten ideologiekritisch zu explizieren. Zugleich ist es die Aufgabe der Aneignungsforschung die konkrete Praxis der situativen und kontextspezifischen Ausnutzung des entsprechend eröffneten Bedeutungspotenzials zu rekonstruieren. Es handelt sich daher (idealerweise) um ein komplementäres Verhältnis der beiden methodischen Zugriffe: „Die Kulturanalyse kommt dann zu einem befriedigenden Schluss, wenn sich die ethnografischen Untersuchungen von historisch und sozial verorteten Bedeutungen, die erzeugt werden, auf die semiotische Analyse des Textes beziehen" (Fiske, 2001a: 46).[39] Der ethnografische Ansatz beabsichtigt – gemäß der „performativen, interpretativ-interaktionistischen" (Denzin, 1999: 117) Grundannahmen[40] – zu beobachten, wie „interacting individuals connect their lives to these [...] texts and make sense of their experiences in terms of the texts' meanings" (Denzin, 1992: 82). Die entsprechenden, empirischen Methoden sind dabei erheblich von der Prämisse eines "radical contextualism" (Ang, 1996a/b, 1997, vgl. auch Grossberg 1999, Morley 1996, 1999b) geprägt. Es handelt sich um einen „'methodologischen Situationalismus', der die von Grund auf situierte, immer kontextgebundene Art und Weise unterstreicht, in der Menschen im Alltag dem Fernsehen und anderen Medien begegnen, in der sie es nutzen, interpretieren, genießen und der sie darüber nachdenken und reden" (Ang, 1997: 90).

Rezeption ist so vorrangig verstanden als situational-lokale, intersubjektive Bedeutungsaushandlung, die sich in den „cultural repertoires",, cultural formations" (Morley, 1992: 87), „socio-cultural contexts" (ebd.: 89) und „cultural frameworks" (ebd.: 88) vollzieht. Daher werden diese Kontexte notwendigerweise

---

[38] Andresen stellt die Diskurs- und Aneignungsforschung allerdings nicht im Kontext der Medien- sondern der Kindheitsforschung einander gegenüber; das Argument ist jedoch strukturell analog.

[39] Einigen Cultural Studies Vertretern erscheint diese Position politisch fragwürdig, da die Umstände der ideologisch geprägten Produktion zu wenig Berücksichtigung erfahren. So merkt Kellner zur zitierten Passage von Fiske an: „This focus on text/audience, however, leaves out many mediations that should be part of cultural studies, including analyses how texts are produced within the context of the political economy and system of production of culture" (Kellner, 1995: 37). Weil die politische Ausrichtung hier weniger interessiert, nehme ich auf diese auch von anderen Vertretern der Disziplin geäußerte Kritik nicht Bezug.

[40] Die spezifische Position von Denzin wird hier nicht im Detail erläutert (vgl. Denzin 1991b, 1995). Seine These einer "cinematization of American society" (Denzin, 1992: 138) unter Bezugnahme auf Blumer (1933) ist auch nicht Konsens unter allen Cultural Studies VertreterInnen und zudem höchst voraussetzungsvoll (vgl. dazu die Bemerkungen in Kap. 7 dieser Arbeit).

empirisch als konkrete Lebenswirklichkeit gefasst, was statistische Kalkulationen einer quantitative standardisierenden Methodik weitgehend ausschließt: „These people are, of course, singular and subjective and all located in particular circumstances – but inclusion of the details of their singularity world, of course, make the production of ratings impossible – hence the individual and subjective differences have to be suppressed in order to create calculable categories of ratings, emphasizing averages, regularities and generalizable patterns rather than idiosyncratic differences" (Morley, 1993: 175).

Der festgestellte „trouble with numbers" (Morley, 1993: 174), den Morley allerdings in seiner Schärfe später erheblich korrigiert[41], gründet in der Annahme der Herstellung der Bedeutung jeglicher sozialer Objekte und Beziehungen in Formen der Interaktion und in entsprechend spezifischen Situationen. Angela Keppler, die eine Weiterentwicklung der ethnomethodologischen Konversationsanalyse zur Untersuchung der alltäglichen Aneignungspraxis von Medien formulierte und dabei ihre Arbeiten in die Nähe der Cultural Studies rückt (Keppler, 2001a: 4), betont entsprechend ebenso die Notwendigkeit der Beobachtung des „konkreten Umgangs" (ebd.) mit Medien in jeweiligen Kontexten und des qualitativen Forschens: „Wenn es zutrifft, dass eine Rezeptionsforschung die Kontextbedingungen der Verarbeitung medialer Produkte berücksichtigen muss, [...], sind qualitative Untersuchungen ein unentbehrliches Mittel der medienwissenschaftlichen Forschung" (Keppler, 2001b: 125).

Eine derart herausragende Betonung der Benutzung eines Films im Alltagshandeln und die Fokussierung auf konkrete „Medienumgebungen" (Baacke / Ferchhoff / Vollbrecht, 1997: 47) teilen auch der sozialökologische Ansatz der Medienforschung und Ansätze einer Mediensozialisationsforschung (Ganguin 2008, Vollbrecht 2007, Sander / Ganguin 2005, Baacke / Sander / Vollbrecht 1988, Bachmair 2007a/b) sowie die handlungstheoretische Rezeptionsforschung (Charlton / Neumann-Braun 1992, Neumann-Braun 2005), die hier jedoch nur partiell und am Rande vorgestellt werden sollen, da sie in ihren Grundannahmen wie dem methodischen Vorgehen erstens den Cultural Studies teilweise ähneln (Fritzsche, 2001: 37) und zweitens den Diskurs weniger stark prägen.

---

[41] An anderer Stelle und 13 Jahre später ist Morley der Ansicht, dass es verwunderlich sei, wie wenig ForscherInnen mit statistischen Kalkulationen arbeiten: „I would argue here for a greater pragmatism in our methodological choices – which requires an awareness of the ‚opportunity costs' of any method, ethnography included. For some purposes only statistics will help – and to my mind it is a real puzzle as to why so few people ever use numbers in contemporary audience research [...]" (Morley, 2006: 106). Die Korrektur ist schon insofern berechtigt, als dass nicht jede Arbeit im Bereich der Medienforschung an der Schnittstelle ‚Alltagserfahrung – Medienerfahrung' zu arbeiten hat.

Nach einem von Bachmair und Mitarbeitern entwickelten Verfahren wird bspw. in teilnehmenden Beobachtungen nach „Medienspuren" (Bachmair, 2007: 132) in der alltäglichen Lebenswelt gesucht und dann der Film, auf den im Alltag Bezug genommen wurde, als „Interpretationsfolie zum Verständnis von Handlungssituation und Aussagen einer Rezipientin" (ebd.) herangezogen. Es wird damit untersucht, wie RezipientInnen (nachträglich) Filme als symbolische Ressource im Alltagshandeln zur Gestaltung des Alltagshandelns nutzen. Dabei ist die Analyse jener Filmsequenzen, auf die sich der Rezipient bezogen hat, von besonderer Relevanz: „Von der filmanalytisch erschlossenen Bedeutung der Filmstellen lässt sich dann auf mögliche Bedeutungen der Aussagen der Rezipienten in der Handlungssituation schließen" (ebd.). Das Ziel ist die Rekonstruktion der Bedeutung eines Films in der Alltagspraxis der Rezipienten, sowie die Suche nach aufschlussreichen „Widersprüchen" (ebd.) oder „Entsprechungen" (ebd.) zwischen der Funktion der Filmstellen im Werk und der Bezugnahme auf diese im Handlungskontext (Bachmair, 1996: 202f.).

Auch die handlungstheoretische Rezeptionsforschung untersucht in vergleichbarer Weise Interaktionsprotokolle zumeist ‚natürlich' abgelaufener sozialer Situationen, in denen Filme bzw. generell Medien von Relevanz sind, und rekonstruiert anhand der Strukturanalyse nach Oevermann (1979) die Bedeutung und Funktion, die Filmen / Medien in einer spezifischen Situation zukommt. Es ist das „Ziel der strukturanalytischen Rezeptionsforschung, die Regeln zu untersuchen, nach denen Menschen mit Medien umgehen" (Charlton / Neumann-Braun, 1992: 82). Dabei wird in drei „Ebenen der Handlungskoordination" (ebd.: 83) unterschieden: „der Rezeptionsprozess […], der situative und kulturelle Kontext, […] der weitere Zusammenhang mit Aufgaben der Lebensbewältigung und Identitätsbewahrung, denen sich der Rezipient gegenübersieht" (ebd.).

Alle hier diskutierten AutorInnen teilen die Auffassung, dass eine Untersuchung der konkreten, alltäglichen Kontextbedingungen der Benutzung von Medien im Alltagshandeln unerlässlich ist, da die „in Prozessen der Massenkommunikation aufgebaute Textoffenheit in sozialen Interaktionen reduziert wird" (Sutter / Charlton, 1997: 83). Diese Eingebundenheit von Medien in alltägliche Handlungs- und Interaktionszusammenhänge bleibt einer quantitativ standardisierenden Forschung notwendigerweise verschlossen. Insofern teilen alle in diesem Kapitel zitierten AutorInnen auch die Auffassung, dass ein empirisch qualitativer (und häufig ethnografischer) Zugang zur Wirklichkeit des Handelns erforderlich ist.

3.4.2 Aneignungsforschung der Cultural Studies vor dem Hintergrund eines praxeologischen Erkenntnisinteresses

In der qualitativen Rekonstruktion von Rezeptions- und Aneignungsprozessen der Cultural Studies (und verwandter Ansätze) steht der sozial-interaktive, kulturell-diskursive Aspekt der Aushandlung der kontextspezifischen Bedeutung von Medienprodukten im Zentrum der Aufmerksamkeit: Filme und Medien generell treffen nicht auf isolierte und atomisierte Einzel-Zuschauer, sondern auf divers sozial organisierte und kulturell fragmentierte Publika und Interpretationsgemeinschaften, die sich unterschiedlicher Praktiken zur Dekodierung von als polysem verstandenen Medienprodukten bedienen. Medienaneignung ist demnach ein „process of negotiation between the text and its variously social situated reader" (Fiske, 1987a: 64). Daraus resultiert die methodische Prämisse des „radikalen Kontextualismus" (Ang 1997), die dazu führt, dass die Cultural Studies auf Interpretationsstrategien und Dekodierungspraktiken von Filmen und anderen Medienprodukten fokussieren, die nicht in Habitus (im Sinne Bourdieus) oder konjunktiven Erfahrungsräumen (im Sinne Mannheims) verankert sind, sondern in Diskursen[42] und dem Common Sense (zu bspw. Geschlechter-, Rassen-, Klassenunterschieden) und Praktiken der Regelung des Alltags vor dem Hintergrund dieser. Diese Ausrichtung eher an einer sozialen Identität anstatt eines sozialen Habitus (vgl. Bohnsack, 2003b: 143) geht, wie geschildert, zurück auf die Nähe zu dem interpretativen Paradigma, insbesondere der interaktionistischen VertreterInnen (Denzin 1992, 1999, Winter 2003a: 443), wie bspw. des Symbolischen Interaktionismus (Becker / McCall 1990)[43] oder der Ethnomethodologie (Miller / McHoul 1990).[44] Dadurch werden die „(mehr oder weniger stereotypen) Erwartungen, Entwürfe, die Fremdidentifizierungen oder Fremdbilder, mit denen der Handelnde sich auseinandersetzt, die er übernimmt oder von denen er sich distanziert" (Bohnsack, 2003b: 144) fokussiert; nicht jedoch habituelle Tiefenstrukturen des Wissens (im Sinne von Bourdieus Habitus oder Mannheims konjunktivem Wissen, vgl. Kap. 4).

Zudem bezweifeln zumindest viele Cultural Studies VertreterInnen, dass stabile Erfahrungsstrukturen, mit denen ein Medienprodukt interagieren könnte, überhaupt (noch) existieren. So meint Fiske, dass die Postmoderne zu einer sozialen Diversität geführt hat, welche die Rede von stabilen sozialen Gruppen oder

---

[42] Eine Kritik an dem äußerst schillernden, häufig wechselnden Diskursbegriff der Cultural Studies findet sich in Müller / Wulff (1997).

[43] Entsprechend schreibt Denzin (1992: 118) über Hall, eine der entscheidenden Gründungsfiguren der Medienforschung der Cultural Studies: „Hall's cultural subject, then, is in part symbolic interactionist, for his social actors define for themselves the conditions in which they live".

[44] Wobei Miller / McHoul kritisieren, dass im Sinne methodischer Validität der Analysen diese vorhandene Nähe noch weiter ausgearbeitet werden sollte.

Kategorien verunmöglicht. Stattdessen ist demzufolge von „sozialen Formationen" (Fiske 1997) bzw. „popular formations" (Fiske 1989) auszugehen, die sich beständig verändern, deren Mitglieder also wechseln (vgl. auch Müller 1993). Medienprodukte sind Anlass und symbolische Ressource für solche lokal und situativ sich vollziehende Bedeutungsaushandlungsprozesse innerhalb wechselnder ‚popular formations'. Ein übergreifender Konsens findet demnach ebenso wenig wie gruppenspezifisch stabile Erfahrungsstrukturen statt (Fiske, 2001c: 301, Fiske 1996 oder Winter, 1999b: 181ff.). Fiske fasst die so (un)strukturierte Sozialität in seinem Begriff „der Leute": „The people [...] are a shifting set of allegiances that cross all social categories; various individuals belong to different popular formations at different times, often shifting between them quite fluidly" (Fiske, 1989: 23).

Unter diesen Voraussetzungen muss „Subjektivität in einem poststrukturalistischen Sinn als eine *nomadische* Gestalt" (Winter, 2008b: 308, H.n.i.O.) begriffen werden, „die Allianzen je nach Problemlage und Situation eingeht, wechselt und neu knüpft" (ebd.).[45] Auch die Wissenssoziologische Diskursanalyse nach Keller, die sich vorrangig auf das interpretative Paradigma beruft, um das Konzept eines Akteurs in eine Diskursforschung einzuführen, kommt zu ähnlichen Schlussfolgerungen; bspw. wenn Keller (2008: 223) – mit Bezugnahme auf die Cultural Studies – darauf hinweist, dass „diskursiv erzeugte, massenmedial zirkulierende Subjektpositionen und Identitätsangebote, die mehr oder weniger hegemoniale Stellungen einnehmen, an die Stelle der Tradition treten und zu wechselnden Identifikationen und Artikulationen" führen.

Insbesondere dergleichen Annahmen – mal als postmodern, mal als poststrukturalistisch ausgewiesen – zur Instabilität sozialer Ordnung führen zu der Dauerbeschäftigung der Cultural Studies mit der Herstellung und Bewältigung von Differenz (vgl. Hall 1994a, 2004) und der Vorstellung eines beständig in der Interaktion sich inszenierenden, Bedeutung aushandelnden bzw. um Bedeutung kämpfenden Subjekts (zum „Kampf um Bedeutung": Winter 1995 oder Fiske 2001b). Das gilt besonders für die Rezeption und Aneignung von Medienprodukten, denn: „Media culture is also the site where battles are fought for the control of society. Feminists and antifeminists, liberals and conservatives, radicals and defenders of the status quo, struggle for political power not only in the medium of news and information, but also in the domain of entertainment" (Kellner,

---

[45] Vorsichtiger drückt sich Hepp in dieser Hinsicht aus, der zwar ebenfalls davon ausgeht, dass „Identität von einer ständig diskursiven Neupositionierung abhängig [ist]", zugleich jedoch in Rechnung stellt: „Spezifische Diskurse und Repräsentationen stellen nicht nur unterschiedliche Möglichkeiten der Positionierung zur Verfügung, sondern schreiben diese über die Biografie des bzw. der Einzelnen auch in das Selbst ein. Hierdurch sind umfassende Neupositionierungen von Identität zwar nicht unmöglich, jedoch ein schmerzlicher Vorgang, was gerade bei persönlichen Identitätskrisen deutlich wird" (Hepp, 2004: 384).

1995: 35). Differenz ist so gesehen, auch und vor allem in der Medienforschung der Cultural Studies, stets der Ausgangspunkt theoretischer Anstrengungen wie empirischer Unternehmungen schlechthin, also die Grundlage des Subjekt- und Praxisbegriffs der Cultural Studies. „This is always a socially defined individual, constituted by its location within already inscribed systems of difference. It begins with the giveness of sociological difference, around which articulations are organized (Grossberg, 1993: 51, zit. n. Winter, 1999b: 182).

Dass Cultural Studies-VertreterInnen in interpretativ-interaktionistischer bzw. poststrukturalistischer bzw. postmodern ‚anti-essentialistischer' Manier (vgl. Grossberg 1999) fundamentale Strukturen der Erfahrung und des Wissens radikal infrage stellen, muss zu erheblichen methodischen Beschränkungen führen:„The empirical procedures for the analysis of [...] *deeper meaning patterns* have only been approximately worked out in the methodology of Cultural Studies" (Bohnsack, 2004: 216, H.n.i.O.). Entsprechend liegt die Interaktion stabiler Wissensstrukturen mit ästhetischen Strukturen unter dem Radar dessen, was die Cultural Studies in der Lage sind zu erfassen und „die Analyse setzt hier erst auf jener Ebene ein, auf der Verständigung sich nach dem Modell des wechselseitigen Interpretierens und der kommunikativen Verständigung einander (grundlegend) fremder Subjekte vollzieht" (Bohnsack, 2007: 184).

Die Cultural Studies können so zwar durchaus zeigen, wie Filme (und andere Medienprodukte) abhängig von ihrem Gebrauch in unterschiedlichen sozialen Settings dekodiert und benutzt werden. Aber Filme treten so vorrangig als Produkte in Erscheinung, die der kommunikativen Her- und Darstellung wie Bewältigung von Differenz im Alltag dienen. Es ist dies die „Ebene der sozialen Identität" (Bohnsack, 2003b: 143), die von der „Ebene des sozialen Habitus" (ebd.) zu unterscheiden ist. Im Sinne Garfinkels geht es damit um die Herstellung von „accountability" (1967: 4, 181) anhand von Filmen. Diese werden genutzt, um sich als eine Kategorie von Personen in einer bestimmten Situation wahrnehmbar zu machen und gemeinsam die soziale Situation unter den Bedingungen konstitutiver Differenzen hervorzubringen, oft auch in einem inszenatorisch-strategischen Sinne wie dies vor allem Goffman (1959) – teils im Gegensatz zu Garfinkel (1967: 174ff.)[46] – herausgearbeitet –. Bohnsack hat bereits, in Bezug

---

[46] Garfinkel unterscheidet bspw. zwischen zwei grundlegenden Alltagssituationen, in denen die Mann-zu-Frau-Transsexuelle Agnes sich als Frau bewähren muss („passing"): solchen, die einem Spiel ähneln und solchen, die das nicht tun. Die spielähnlichen Situationen kennzeichnen sich dadurch, dass Agnes sehr genau weiß, was sie in bestimmten Situationen erwartet. Solche episodischen Passing-Situationen sind, so Garfinkel, auch mit Goffmans Überlegungen zur „Presentation of Self in Everyday Life" zu beschreiben. Er betont allerdings, dass diese Situationen nur einen Bruchteil von Agnes' Passing-Verhalten ausmachen. Die große Mehrheit der alltäglichen Interaktionsarbeit des ‚Sich-als-Frau-Darstellens' – das ‚Wahrnehmbarmachen' als Person dieses Geschlechts – lässt sich demzufolge nicht als „management of impressions" (Garfinkel, 1967: 174)

auf das interaktionistisch-interpretative Paradigma generell, diese Formen eines Sozialkonstruktivismus als situationalen Konsenskonstruktionismus kritisiert, welcher Aspekte der Bedeutungsaushandlung erheblich überbetont: „The process character of interactions and conversations was reduced to the single aspect of local and situational negotiation, that is, to the emergence of meanings" (Bohnsack, 2004: 215, dazu auch Michel 2004 oder Meuser 1999).

Filme und andere Medienprodukte werden durch den „radikalen Kontextualismus" (Ang 1997) der Cultural Studies gewissermaßen zu einem Requisit sozialer Interaktionen, dienen einem beständigen „Doing Difference" (West / Fenstermaker 1995, Geimer 2005) und der Aktualisierung oder auch Infragestellung sozialer Kategorien in der Interaktion. Durch diesen Kontextualismus, der auch wesentlich vor dem Hintergrund der für die Medienforschung der Cultural Studies konstitutiven Abgrenzung von der Publikumsforschung der Medien- und Kommunikationswissenschaft (vgl. Hall 1999, Morley 1996, 1999b, Ang 1996a/b) zu sehen ist, fokussieren die Cultural Studies vor allem spezifische Situationen der Rezeptionspraxis. Insofern scheint es auch gerechtfertigt, dass sich die Cultural Studies stark auf spektakuläre Ereignisse konzentrieren (Keller, 2008: 173). Auch Keppler konstatiert diese „Fixierung auf spektakuläre Ereignisse und Entwicklungen der populären Kultur, darüber kommt es zu einer Vernachlässigung der alltäglichen Lebensformen, die das soziale Handeln in den untersuchten Gesellschaften dominieren" (Keppler, 2000: 148). Die spektakulären Sendungsformate treffen entweder zumeist auf in Interpretationsgemeinschaften organisierte „sprechende Zuschauer" (Holly/Püschel 2001) und „Szenen-Veteranen" (Vogelsang, 2000: 187), die in einem „kollektive[n] Happening" (ebd.: 189) sich schon während der Rezeption über die Einstellungen zum und Deutungen des Gesehenen intensiv austauschen; also bspw. auf Genre-Fans von Kultfilmen (vgl. Winter, 1995: 126), die in speziellen Subkulturen (vgl. Hepp, 1999: 186ff., Winter 1991) äußerst intensiv das Filmmaterial zur Selbstpräsentation bzw. zur Konstruktion von Differenz und Identitätsaushandlung im Sinne des interaktionistisch-interpretativen Paradigmas nutzen[47] (was von der traditio-

---

im Sinne von Goffman fassen, weil in den meisten Situationen Agnes als Frau handelt und zugleich in diesen Situationen erst lernt – in einer Art ‚geheimen Ausbildung' („secret apprenticeship") – was es bedeutet, sich wie eine Frau zu verhalten, d.h.: Sie hat die geschlechtsbezogene Adäquatheit ihres Verhaltens je lokal herzustellen und kontextspezifisch auszuhandeln. In dieser Lage sind Garfinkel zufolge alle Menschen– sie lässt sich lediglich besonders gut an Transsexuellen beobachten.

[47] Schon Blumer, auf den Denzin (1995, 2008) entscheidend Bezug nimmt, hatte vor allem auf den strategisch-inszenatorischen Aspekt der Übernahme („copying") von filmisch repräsentierten Eigenarten und Verhaltensweisen ("mannerisms") hingewiesen: „The accounts which have been given illustrate the copying of gestures and mannerisms by older girls and boys. [...] Whether in mirror-posing, or in association with one's companions, mannerisms are tried out as a means of *gauging their personal effectiveness*" (ebd.: 36, H.n.i.O.).

nellen, quantitativen Publikumsforschung kaum untersucht wurde). Und insofern ist die unmittelbar registrierende Beobachtung der alltäglichen Praktiken der Rezeption mittels registrierender Datenaufzeichnungsverfahren, also Video- und/oder Tonbandgerät, eine brauchbare methodische Anweisung (vgl. Bergmann, 1985: 305). Aber dieser „performative, interpretativ-interaktionistische Ansatz" (Denzin, 1999: 117) und „die ethnographische Untersuchung der Aneignung in verschiedenen kulturellen Kontexten im Alltag" (Winter, 2003b: 162) lassen jedoch auch einige bedeutsame Aspekte des Medien- und Filmkonsums unberücksichtigt. Mittels der registrierenden Beobachtung der Praxis der Filmrezeption ist kaum der Tatsache adäquat gerecht zu werden, dass das Filmerleben nicht etwa nur aus einer interaktiven sozialen Validierung und Nutzung in bestimmten Kontexten besteht. Darauf weist auch Goffmans folgende Überlegung zur Gemeinsamkeiten des Theaterbesuchs und des Lesens eines Buchs hin. „Die Zuschauerseite bleibt etwa die gleiche; das Sehen eines Theaterstücks und das Lesen eines Textes vermitteln einigermaßen ähnliche Erlebnisse. Die andere Seite der Publikumsrolle dagegen ist deutlich verschieden. Ein Theaterbesuch und das Lesen eines Buches haben wenig gemeinsam" (Goffman, 1980 [1974]: 151).

Der entscheidende Punkt ist, dass die Rezeption eines medialen Produkts nicht gänzlich in ihrer sozialen Funktion („Publikumsrolle") aufgeht; gerade diese „Zuschauerseite" wird von den Cultural Studies nicht in ihrem Umfang berücksichtigt. Die Unterscheidung der beiden Rezeptionsmodi, in denen Filme zum einen als Ressource für soziale Interaktion und zum anderen als Ressource zur Welterfahrung herangezogen werden, konnte gerade dies verdeutlichen. Filme werden – ohne Zweifel auch – zur Bewältigung der Ansprüche unterschiedlichster Interaktionssysteme im Kontext des Umgangs mit Differenzen und der Selbstpräsentation genutzt und dieser – von den Cultural Studies und verwandten Ansätzen (vgl. auch Vogelsang 1994, 2000) detailliert untersuchte – Rezeptionsmodus ist von einiger Bedeutung; es ist jedoch nicht der ausschließlich relevante. Auch die einzige, relativ aktuelle Studie speziell zum „Kinobesuch im Lebenslauf" (Prommer 1999) kann lediglich diesen Aspekt der Rezeption erfassen. Dort kommt man zu dem Ergebnis, dass die „wesentlichen Gründe für den Kino-Besuch im sozialen Bereich [liegen]" (Prommer, 1999: 275). Das Kino stellt sich so nur als ein Raum dar, „den man mit Freunden besucht, um auszugehen, etwas zu unternehmen und gemeinsamen Gesprächsstoff zu haben" (ebd.), als eine „Medienumgebung und ein Medienerlebnis der ‚puerilen Geselligkeit'", wie Sander (1989: 123) 10 Jahre vor Prommer bereits resümierte. Es tritt so lediglich jener Rezeptionsmodus, in dem Filme als Ressource sozialer Interaktionen (vgl. Kap. 2.2) genutzt werden in Erscheinung. Der grundlagentheoretische Rahmen, d.h. der hier zugrunde gelegte Praxisbegriff, ermöglicht lediglich diesen Zugang zum Film als Ressource sozialer Interaktion (analog zu weiten Teilen der Cultural Studies). Hinsichtlich ggf. stattfindender Einflüsse auf Orientierungen der Beforschten durch Filme kann Prommer in ihrer Studie (1999: 275) daher auch lediglich festhalten: „Anzunehmen ist, daß die sinnstiftende Komponente des Kinos durch diese sozialen Aspekte konstituiert wird" (ebd.). Dies soll auf sämtliche in der Studie herausgearbeiteten Typen zutreffen: Cineasten, spätberufene Kinofans, normale Kinogänger (ebd.: 276). Warum die TeilnehmerInnen der Studie aber in „bestimmte Filme gingen und andere nicht" (ebd.) war entsprechend nicht zu ermitteln, da lediglich die Praxis des Kinogangs fokussiert wurde, nicht jedoch der Bezug der Alltagspraxis (bzw. den diese strukturierenden Wissensbeständen) zu einer filmisch inszenierten Praxis.

Die Dauerthematisierung der kommunikativen, kontextspezifischen Rezeption und demgemäß gefassten Aneignung von Filmen bzw. Medien allgemein, die hauptsächlich auf einen situationistischen Praxisbegriff zurückzuführen ist, hinterlässt jedoch nicht nur einen blinden Fleck, sondern führt auch dazu, dass der Aneignungsbegriff kaum differenzierungsfähig ist und schließlich inflationär verwendet wird. Gemäß der unspezifischen Prämisse, dass „erst die Zuschauer […] die Texte im Prozess der Aneignung [schaffen]" (Winter, 1995: 108) wird jegliche „Benutzung" (Mikos, 2003: 142) und „Übernahme des Gesehenen in den Alltag" (Mikos, 2004: 27, Mikos 2006: 96) zur „Aneignung". Auch Hepp zufolge ist schließlich jegliche Bedeutungskonstruktion eine Aneignung:: „Der Ausdruck ‚Aneignen' bildet also einen Gegenbegriff zu ‚Assimilation': Der alltägliche Konsum kann nicht als ein Vorgang des Sich-Anpassens beschrieben werden. Der Mensch ist nicht nur bei der Produktion von Gütern ein aktiv handelndes Wesen, sondern auch bei dem Konsum dieser Güter, denn Konsum ist das aktive Erzeugen von Bedeutungen" (Hepp, 2004: 357). Der Tatsache, dass menschliches Verhalten generell, ebenso wie darin angelagerte Formen des Konsums, nicht schlicht ein „Anpassen" (an welche der vielen bestehenden Ordnungen und sozialen Differenzierungen auch immer) ist, ist freilich nicht zu widersprechen, wohl aber dass jegliches (kommunikative) Erzeugen von Bedeutungen anhand von Medienprodukten ein ‚Aneignen' sein soll, wie dies auch aus den folgenden Ausführungen hervorgeht: „Bereits die Rezeption stellt keine ‚Übernahme' von Inhalten dar, sondern ist ein umfassend alltagsweltlich lokalisierter Prozess des ‚Sich-Zu-Eigen-Machens' von Medienprodukten" (ebd.: 359). Ganz ähnlich fallen auch bei Keppler Aneignung und Rezeption unspezifisch zusammen; eine Rezeption, die keine Aneignung ist, scheint geradezu undenkbar und beide Begriffe könnten letztlich durch den der Interpretation oder Deutung weitgehend verlustfrei ersetzt werden: „Die Situation der medialen Wahrnehmung ist also immer eine Situation der *Aneignung* der medialen Präsentationen. Durch diese Aneignung sind mediale und reale Situation miteinander verzahnt. Diese

Aneignung verleiht dem Wahrgenommenen eine Bedeutung im Kontext der übrigen Lebenssituationen. Sie vollzieht sich als interpretative und kommunikative Handlung innerhalb der alltäglichen Situation" (Keppler, 2006: 34, H.i.O.). Einem solchen Konzept der Aneignung liegt letztlich ein zu gering differenzierter Praxisbegriff zugrunde. Bohnsack (2009a: 129ff.) hat in kritischer Bezugnahme auf Keppler wie die Cultural Studies auf die erheblichen Schwierigkeiten eines solch weiten und daher unpräzisen Aneignungskonzepts hingewiesen und einige zentrale Unterscheidungen eingeführt: „Eine in den Medien, in Bild und Film, *vermittelte* Praxis, also eine Praxis, die *Gegenstand* medialer Darstellung (und als solche ggf. Homologien zu anderen Situationen der Alltagspraxis der Rezipient(inn)en aufzuweisen vermag) ist nicht zu verwechseln mit der Praxis des *Umgangs mit den Medien* in der Situation der Rezeption" (Bohnsack, 2009a: 131, H.i.O.). Mit dem entscheidenden Hinweis auf die in Medienprodukten sich dokumentierenden Strukturen einer Alltagspraxis, die von der Praxis des Umgangs mit Medien wie ebenso weiteren Situationen der Alltagspraxis zu trennen sind, kann der Aneignungsbegriff einen anderen und spezifischeren Bezugspunkt gewinnen und die aktivistische Komponente, durch die jegliches Verständnis von und Umgehen mit einem Medienprodukt ein Aneignen ist, hinter sich lassen. Auch Faber problematisiert die inflationäre Nutzung der Aneignung als „Schlagwort der Medienrezeptionsforschung" (2001: 26) und plädiert in einer begriffsgeschichtlichen Auseinandersetzung, für eine deutlich engere und präziser gefasste Konzeption, die weder die kontextspezifische Aushandlung während der Rezeption (primäre Thematisierungen) noch die Aushandlungsformen danach (sekundäre Thematisierungen) als Kern einer Aneignung begreift. „Wer einen solchen engen Begriff von Aneignung favorisiert, hätte sich außerdem von der Idee frei zu machen, daß Folgekommunikationen im Sinne der primären und sekundären Thematisierungen das eigentliche Vehikel der Aneignung seien. Solche verbalen Aktivitäten bieten uns lediglich einen methodischen Zugang zu Schritten, die uns verborgen bleiben" (Faber, 2001: 28).

Ausgehend von dieser Überlegung wäre nun gerade nicht mehr jedweder Konsum im Sinne de Certeaus oder jedwede (interaktive) Benutzung von Filmen und Medienprodukten im Alltag unter Aneignung zu führen – was aber stattdessen? Faber votiert dafür, lediglich jene Formen der konkret stattfindenden Rezeption und nachträglichen Thematisierung in alltäglichen Kontexten als Aneignung zu bezeichnen, in denen der Rezipient „zwischen dem Text und seiner Erfahrungswelt einen Zusammenhang herstellt" (2001: 34). Sie differenziert dann aber in vier Formen der Aneignung, die erneut so offen sind, das alles Mögliche darunter zu fassen ist: „explizite Aneignung" (ebd.: 34), „implizite Aneignung" (ebd.: 35), „assoziative Aneignung" (ebd.: 36), „intellektuell-spielerische Aneignung" (ebd.: 37). Faber möchte damit zwar über den situationistischen Praxisbegriff der Cultural Studies hinaus, kann die Offenheit des Begriffs der Aneignung durch den unspezifischen Begriff von der Erfahrungswelt aber auch nicht reduzieren.[48] Obwohl Fabers Kritik richtig und bedeutsam ist, ihre Problemdiagnose zweifellos zutrifft, findet sie nicht die Mittel dieses Problem zu beseitigen. Faber entgeht allerdings mit ihrer Bezugnahme auf die Erfahrungswelt einem weiteren fundamentalen Problem, welches dem unspezifischen Begriff von der Aneignung in den Cultural Studies auch zugrunde liegt. Denn die Überstrapazierung des Aneignungsbegriffs geht nicht nur auf den Praxisbegriff der Cultural Studies, sondern auch auf das – durch den Anspruch der ideologiekritischen Diskursanalyse geprägte –Verhältnis von Produkt- und Rezeptionsanalyse in den Cultural Studies zurück.

Die von den Cultural Studies weit geteilte Annahme der Existenz einer Vorzugslesart, strukturiert vom hegemonialen Code, als objektive Eigenschaft eines Medienprodukts, welche diskursanalytisch geborgen werden soll, führt letztlich dazu, dass jedwede Form einer mangelnden Übernahme dieser Vorzugslesart und eigensinnigeren Interpretation oder eigenwilligen Benutzung von Medienprodukten im Alltagshandeln schon unter einer (oft als subversiv konzipierten) Aneignung geführt wird. Die Kritik an der Idee einer Vorzugslesart („preferred reading") wurde in ähnlicher Weise auch schon von Wren-Lewis formuliert, der hier zu Recht das implizite Fortschreiben einer mechanistischen Wirkungsforschung („,effects' research") vermutet. „Just as ‚effects' research inscribes the text with a meaning in order to categorize responses to that meaning, so the ‚preferred reading' ignores 'the level at which decoding operates' in order to measure a response to the 'preferred' meaning (I use the term 'meaning' rather that 'reading' because meaning is inscribed before the act of reading)" (Wren-Lewis, 1983: 186). Wenngleich immer wieder von VertreterInnen der Cultural Studies betont wird, dass die Bedeutung eines Medientextes nicht objektiv festgestellt werden kann („meaning can never be totally fixed or closed", Morley, 1980: 10), so basiert die ideologiekritische Diskursanalyse eben unhintergehbar auf der Prämisse, dass „all meaning do not exist equally in the message; it has been structured in dominance" (ebd.).

Die Vorzugslesart („preferred reading") ist schon bei Hall nicht nur eine Interpretationsleistung eines Rezipienten, sondern eine zu enthüllende Eigenschaft des Medienprodukts. Das ideologisch gefärbte Medienprodukt kann in der dominanten Lesart so von Rezipienten dekodiert werden, dass die ideologische Färbung (der hegemoniale Code) unbewusst und unhinterfragt übernommen wird.

---

[48] Dass auch den Medienanalysen der Cultural Studies ein entsprechendes Konzept von der Erfahrungswelt bereits fehlt, ist ein Kritikpunkt den Weiß (2001b: 284).an den entsprechenden Arbeiten anbringt; ihm zufolge „mangelt es an einer Vergewisserung über die spezifischen Formen, in denen sich Akteure ihre Orientierungen im Medienerleben vergegenwärtigen."

Aber bereits Schrøder (2000: 235ff.) hat anhand einer Gruppendiskussion über eine Werbungssendung vorgeführt, dass die einer solchen Position zugrunde liegende Objektivierung der dominanten Lesart als definitorische Eigenschaft des Medienproduktes nicht aufrecht zu erhalten ist und letztlich ein auf Konnotationen verkürztes Polysemie-Konzept impliziert (so auch Bohnsack, 2009a: 126), also die Rezeptionsprozesse kennzeichnende Vieldeutigkeit auf einer grundlegenden, denotativen Ebene ignoriert. Und auch Morley stellt die zentrale, heute noch immer offene und von den Cultural Studies schlicht nicht ausreichend bearbeitete Frage: „Is the preferred reading a property of the text per se? Or is it something that can be generated from the text (by a 'skilled' reading) via certain specifiable procedures? Or is the preferred reading that reading which the analyst is predicting that most members of the audience will produce from the text? In short, is the preferred reading a property of the text, the analyst or the audience?" (Morley, 1981: 6, siehe auch Morley 2006: 1o9ff.).

Ausgehend von einer (in der Produktanalyse zu identifizierenden) Dominanz hegemonialer Diskurse in der Bedeutungsstruktur medialer Produkte gerät jedwede empirisch festzustellende Form der Rezeption, welche nicht ausschließlich mit den rekonstruierten hegemonialen Codes arbeitet, zu einer eigensinnigen Form einer oft als subversiv charakterisierten Aneignung (so auch die Kritik von Weiß, 2001b: 294). Zwar kritisiert auch Morley in einer jüngeren Arbeit über „Unanswered questions in audience research" (2006), dass „some recent audience work has exaggerated, and wrongly romanticized the supposed power and freedoms of media consumers" (Morley, 2006: 102). Allerdings ist der Aneignungsbegriff der Cultural Studies grundlegend von jenem Aspekt der (gegenüber hegemonialen Diskursen) eigensinnigen Verwendung von Medienprodukten gekennzeichnet, weshalb (vor)schnell jedwede Form dieser alltäglichen Benutzung von Medienprodukten als Aneignung aufgefasst wird. Aus diesen Gründen ist der Begriff der Aneignung zwar mittlerweile zu einem Schlüsselbegriff der (vor allem deutschsprachigen) Medienforschung avanciert, aber wie auch Wegener (2008: 50) hervorhebt „medientheoretisch doch nach wie vor wenig ausgearbeitet und bislang nur auf einzelne Aspekte des Mediengebrauchs und seine Folgen bezogen worden".

Dieses Problem mit dem Begriff der Aneignung ist zumindest auch darauf zurückzuführen, dass sich die qualitative Rezeptionsforschung zumeist äußerst kritisch gegenüber (der lange Zeit erheblich dominierenden) quantitativ standardisierten Rezeptions- und Wirkungsforschung positioniert (vgl. Schrøder et al, 2003: 28) und die Aneignung in diesem Kontext mithin das Schlagwort wenn nicht gar ein wissenschaftspolitischer Kampfbegriff in dem Diskurs über die ‚richtige' Rezeptionsforschung ist, und so derart in Beschlag genommen wurde, dass er in der qualitativen Rezeptionsforschung selbst und hinsichtlich konkreter

Rezeptionsprozesse kaum konkretisiert werden konnte. Insofern ist für den Begriff der Aneignung demzufolge auch die Abgrenzung von einer zumeist quantitativ ausgerichteten „effect tradition" (Barker, 2006: 126) konstitutiv; was dazu führt, dass er innerhalb einer qualitativ verfahrenden Rezeptionsforschung ebenso inhaltsleer blieb wie die Propagierung einer generellen Aktivität des Zuschauers – analog zur inflationären Rede über „'active' audiences" (Schrøder et al., 2003: 124) im angloamerikanischen Sprachraum. In diesem Sinne meint auch Barker: „This tradition [effect research, A.G.] has been dominant for so long [...] that for a time our own tradition has made obeisance to it by setting our own conceptual framework simply as its negation" (Barker, 2006: 125).

Eine mangelnde Ausarbeitung des Aneignungsbegriffs trifft allerdings nicht nur auf die Film- und Medienanalyse der Cultural Studies zu, sondern ebenso auf die Sozial- und Erziehungswissenschaften im Allgemeinen, die den Begriff nicht nur unterschiedlich, sondern auch je ohne eine fest umrissene Bedeutung verwenden. Entsprechend konstatiert Winkler, dass dem Begriff kein eigener theoretischer Ort, ja nicht eine spezifische Disziplin zuzuweisen ist, was ein gewisses „Paradox" (Winkler, 2004: 74) bedeutet, denn „der Ausdruck [wird] regelmäßig, eben fast alltagssprachlich, aber nicht terminologisch verwendet" (ebd.: 74). Mit Aneignung sind – je nach AutorIn und Disziplin – so unterschiedliche und teils widersprüchliche Aspekte verknüpft wie: Inkorporierung, Verinnerlichung, Aushandlung, mehr oder weniger reflexive Deutung und kreative Interpretation, eigensinnige Verwendung, persönliche Nutzung, mehr oder weniger zielgerichtetes Lernen und Erarbeiten von Fähigkeiten usw. Eine ähnliche Bedeutung wie in den Cultural Studies hat, trotz aller Unterschiede (dazu Hepp, 1998: 24ff.), das Konzept der Aneignung allerdings in der kritischen Psychologie nach Leontjew (1982); so skizziert Winkler dass in dieser damit begriffen wird, „wie sich Subjektivität in gesellschaftlichen Kontexten konstituiert, die ihr nicht förderlich sein müssen" (Winkler, 2004: 71). Der Begriff der Aneignung hat so gesehen eine „nicht-affirmative" (ebd.) Färbung, welche durch den Entwurf eines bewusst kritischen oder sich Dominanzverhältnissen implizit entziehenden Selbst geprägt ist. Dies geht auf die (marxistische und ideologiekritische) Voraussetzung eines generell problematischen Verhältnisses „zwischen Bedeutungen und persönlichem Sinn unter den Bedingungen des Kapitalismus" (Oehme, 2004: 210) bzw. zwischen „subjektivem Leben und sozialem Sein" (ebd.: 211) zurück, das auch die Cultural Studies teilen. Gibt man diese kritisch-normative Haltung auf – die konsequenterweise auch Rezeptionsweisen nach ihrer kritisch-emanzipativen und in diesem Sinne moralischen Richtigkeit und wie alltagspolitischen Korrektheit hierarchisieren müsste – verliert ein derart gelagertes Aneignungskonzept seinen Sinn.

Zusammenfassend lässt sich hinsichtlich der Medienforschung festhalten, dass (auch) der Aneignungsbegriff der Cultural Studies kaum konturiert ausfällt, schließlich inflationär jedwede Benutzung eines Mediums im Alltag umfasst; dies vor allem aufgrund des verkürzten Praxisbegriffs der Cultural Studies; aber auch wegen des zuletzt diskutierten Verhältnisses einer ideologiekritischen Diskursanalyse zur Analyse konkreter Rezeptionsprozesse und der wissenschaftspolitischen Beschlagnahmung des Begriffs. Das nächste Kapitel sucht durch den Anschluss an die praxeologische Wissenssoziologie eine Neukonzeption des Begriffs der Aneignung und lässt damit den in der Interviewanalyse rekonstruierten Rezeptionsmodus Film als Ressource zur Welterfahrung adäquater fassen als dies bisher möglich war.

4 Aneignung aus Perspektive der praxeologischen Wissenssoziologie

4.1 Bemerkungen zum weiteren Vorgehen

In der Übersicht zu unterschiedlichen Konzepten zur Film-Zuschauer- bzw. Medien-Rezipienten-Interaktion sollte auch deutlich werden, dass je nach Erkenntnisinteresse ein kognitivistischer, systemtheoretisch-individualistischer oder ein kulturalistisch-praxistheoretischer Ansatz das jeweils adäquate theoretische Beschreibungsvokabular, methodologische Basisannahmen und entsprechende methodische Erfassungsmöglichkeiten bieten können, um spezifische Phänomene und Prozesse der Film-Zuschauer-Interaktion zu beobachten (Geimer / Ehrenspeck 2009, Ayaß / Bergmann 2006, Mikos / Wegener 2005).

Möchte man bspw. wissen, wie in weitgehend instabilen, mit der Medienlandschaft schnell wechselnden Trends von (insbesondere jugendlichen Szene-Gängern Kult-)Filme herangezogen werden, um soziale Differenz zu bewältigen und zu inszenieren (Film als Ressource für soziale Interaktion) und welche politischen und ethisch-moralischen Dimensionen dieses Verhalten haben kann, so empfiehlt sich durchaus ein Zugriff gemäß der Cultural Studies. Interessiert hingegen die individuelle Persönlichkeit des Zuschauers und folglich die Interaktion eines psychischen Systems mit bestimmten Medienprodukten, liegt die systemtheoretische Rezeptionsforschung oder auch modifizierte Spielarten eines kulturalistischen Ansatzes (vgl. Wegener, 2008: 74) am nächsten. Will man nachvollziehen, wie Filme als eine ästhetische Struktur überhaupt verstanden werden (können), warum z.b. manche Filme (z.B. eines spezifischen Genres) durchschnittlich anders verstanden werden als andere Filme (eines anderen Genres), bietet die kognitive Filmpsychologie die passende Analyseperspektive.

Eine praxeologische Perspektive auf die Film-Zuschauer-Interaktion, wie sie sich aus der Analyse der Interviews in Kapitel 2 dieser Arbeit (und anhand des Modus Film als Ressource zur Welterfahrung) ergibt, lässt sich im Rahmen der vorgestellten Ansätze jedoch kaum einnehmen. Im Folgenden soll daher ein alternatives Konzept der Film-Zuschauer-Interaktion – vor allem ausgehend von der Wissenssoziologie nach Mannheim (1964, 1980a/b) bzw. Bohnsack (2008) – entworfen werden. Freilich bestehen auch Berührungspunkte der vorgestellten

Ansätze mit einer praxeologischen Wissenssoziologie, die hier zugunsten der Unterscheidbarkeit der Positionen weniger ausgearbeitet wurden. Reicherte man etwa das Aneignungskonzept der Cultural Studies mit einem elaborierteren und weniger interpretativ-interaktionistisch bzw. poststrukturalistisch verkürzten Praxisbegriff an (und ließe die kritisch-emanzipative und ethisch-moralische Komponente des Ansatzes beiseite) oder korrigierte die in der systemtheoretischen Rezeptionsforschung strikt vorgenommene Unterscheidung zwischen Bewusstseins- und Sozialsystem zugunsten eines praxistheoretisch informierten Konzepts der strukturellen Kopplung (Vogd, 2005: 108), ließen sich theoretische Anschlüsse finden. Zum einen geht es mir hier jedoch nicht um die Modifikation der Architektur bestehender Theoriegebäude und einen ‚korrigierenden' Eingriff in Theorietraditionen und bestehende Forschungsprogramme. Zum anderen bietet die praxeologische Wissenssoziologie mit der dokumentarischen Methode auch eine ihrem theoretischen Fundament aufruhende Methodologie sowie eine daraus entwickelte Methode der Interpretation von Datenmaterial, auf welche in dieser Arbeit zurückgegriffen wird.

Anhand der weiteren Überlegungen zur Film-Zuschauer-Interaktion aus Perspektive einer praxeologischen Wissenssoziologie lässt sich ein alternatives Konzept der Rezeption und Aneignung von Filmen entwerfen. Dabei handelt es sich allerdings lediglich um einen Bezugsrahmen, welcher die bisher rekonstruierten Rezeptionsmodi adäquater erfassen und präzisieren kann. Eine empirische Konkretisierung und Spezifizierung ist jedoch erst mit und nach weiterer empirischer Arbeit möglich, die in dem Kapitel 6 erfolgt und in Kapitel 5 hinsichtlich ihres Vorgehens dargelegt ist.

4.2 Varianten des Praxisbegriffs und die Trägheit des praktischen Bewusstseins

Der Begriff der Praxis hat in den letzten Jahren freilich nicht nur in der Rezeptionsforschung[49] (und hier entscheidend durch die Cultural Studies) erhebliche Beachtung erfahren, sondern generell in den Sozial- und Erziehungswissenschaften. Hörning und Reuter sammeln die empirische wie theoretische Neufassung von Sozialität und Kultur unter „praxistheoretischer Prämisse" (Hörning / Reu-

---

[49] Göttlich spricht von praxistheoretischen Ansätzen, die in der letzten Zeit besonders die Medienforschung anregen konnten und bezieht sich damit auf die Cultural Studies: „Als praxistheoretisch fasse ich zunächst relativ unspezifisch jene theoretischen Überlegungen in den Medien- und Kommunikationswissenschaften auf, die sich selbst als interpretativ, pragmatisch, konstruktivistisch oder kulturwissenschaftlich bezeichnen und im letzten Jahrzehnt im unterschiedlichen Ausmaß eine handlungstheoretische Fundierung der Medienrezeption und -aneignung mitangestoßen haben" (Göttlich, 2004: 170).

ter, 2004: 10) in Anlehnung an die interaktionstheoretischen Ansätze der Soziologie unter dem Label „Doing culture" (ebd.), womit erneut der situationistische Aspekt der Herstellung einer gemeinsamen Ordnung und entsprechend lokalen Produktion von Intersubjektivität pointiert wird. „Doing culture sieht Kultur in ihrem praktischen Vollzug. Es bezeichnet ein Programm, das den praktischen Einsatz statt die vorgefertigten kognitiven Bedeutung- und Sinnstrukturen von Kultur analysiert. Es zielt auf die Pragmatik von Kultur; auf Praxiszusammenhänge, in die das Kulturelle unweigerlich verwickelt ist, in denen es zum Ausdruck kommt, seine Verfestigung und seinen Wandel erfährt" (Hörning / Reuter, 2004: 10).

Neuere Praxistheorien dieser Ausrichtung versuchen einen in der Wissenschaftsgeschichte verankerten Dualismus aufzusprengen, die Unterscheidung von ‚Individuum' und ‚Gesellschaft' bzw. ‚Subjekt' und ‚Struktur' (vgl. Keller, 2008: 63). Die Konstitution des Sozialen wurde lange Zeit stets von der einen oder anderen Seite der Unterscheidung gedacht und es standen individualistische bzw. subjektivistische Theorien holistischen bzw. objektivistischen gegenüber (Bohnsack 2003a, Meuser 2001, Bongaerts 2008 und insbesondere Bourdieu, 1993a: 49ff.). Bei so unterschiedlichen Autoren wie Emile Durkheim[50] oder Levi-Strauss interessierte vorrangig die Ebene der sozialen Tatbestände und symbolischen Ordnungen / Codes, die unabhängig vom Einzelnen existieren. Auf der anderen Seite interessierte, etwa bei Max Weber[51] oder Alfred Schütz, vorrangig der Nachvollzug des subjektiven Sinns des Einzelnen. Die Herstellung sozialer Strukturen und der Vollzug von Gesellschaft, also das sich zueinander Verhalten und miteinander Handeln, ist demnach eine sinnstiftende Leistung der Individuen, die zu beschreiben ist, oder ein Effekt sinnstiftender überindividueller Strukturen, die zu beschreiben sind. Reckwitz hat in seiner Arbeit zur „Transformation der Kulturtheorien" (2000) die Annäherung dieser objektivistischen Perspektive (der strukturalistisch-semiotischen Tradition) und subjektivistischen Perspektive (der phänomenologisch-interpretativen Tradition) vorgestellt. Diese konvergierende Theoriebewegung führt, so Reckwitz, zur Herausbildung einer Praxistheorie bzw. „Theorie sozialer Praktiken" (Reckwitz 2003), in deren Beschreibungsvokabular sowohl individualistische als auch holistische Perspektiven auf die Sozialität aufgehoben sind: „Die Theorien sozialer Praktiken thematisieren die

---

[50] „Wir finden also besondere Arten des Handelns, Denkens, Fühlens, deren wesentliche Eigentümlichkeit darin besteht, daß sie außerhalb des individuellen Bewußtseins existieren" (Durkheim, 1999 [1950]: 106).

[51] „Soziologie (im hier verstandenen Sinne dieses sehr vieldeutig gebrauchten Wortes) soll heißen: eine Wissenschaft, welche soziales Handeln deutend verstehen und dadurch in seinem Ablauf und in seinen Wirkungen ursächlich erklären will" (Weber, 1980 [1922]: 1).

Verarbeitung und Umsetzung von übersubjektiven Sinnmustern in subjektiven Sinnzuschreibungen" (Reckwitz, 2000: 558).

Wenngleich mit diesem Selbstverständnis der Praxistheorien einige (teils erhebliche) Vereinseitigungen in der Rezeption der Klassiker der Soziologie einhergehen, auf die insbesondere Bongaerts hinweisen konnte (2007, 2008), so besteht doch eine gemeinsame Fokussierung auf ein implizit handlungsleitendes Wissen, welche zwar angesichts bestehender theoretischer (Vor)Arbeiten nicht die Rede von einem turn rechtfertigt, jedoch eine „Erweiterung des soziologischen Gegenstandbereichs" (Bongaerts, 2007: 258) auf insbesondere vorreflexive Praktiken und die Grundlagen des Gewohnheitshandelns impliziert. In unterschiedlichen Varianten aktueller Praxistheorien besteht daher zumindest eine vage Übereinstimmung: „Praktiken sind als typisierte Handlungsmuster Bestandteil der kollektiven Wissensvorräte. Von den Individuen werden sie in Prozessen der Sozialisation und des Lernens als Routinekompetenzen des Handelns und Be-deutens zugleich inkorporiert, ohne dass dies notwendig eine im starken Sinne bewusst-reflexive Zuwendung zum jeweiligen Handlungsakt erfordert" (Keller, 2008: 63). Obschon diese Annahmen hinsichtlich der Eigenschaften und des Ursprungs sozialer Praktiken als vages, gemeinsames Fundament aktueller Praxistheorien gelten können, so baut die jeweilige Theoriearchitektur doch sehr unterschiedlich darauf auf. Beispielsweise hinsichtlich der konkreten Form des Erwerbs dieser Praktiken, ihrer körperlichen Verankerung, zudem Stabilität und Dauerhaftigkeit, sowie der Konzeption der sozialen Einheiten, in denen diese Praktiken erworben werden, außerdem hinsichtlich ihres Bezugs zu anderen Wissensstrukturen wie Diskursen, Common Sense-Wissen oder Theorien der Gesellschaftsmitglieder über sich selbst oder motivationale Antriebsstrukturen, die dem Subjekt zugänglich sind (Intentionen) oder reflexiv verfügbare Selbstentwürfe und Identitätskonstruktionen. Diese Unterschiede können hier nicht gänzlich und ausführlich diskutiert werden. Ein entscheidender Aspekt, den auch Reckwitz anführt, liegt in der Konzeption von Praktiken als Mittel der Reproduktion oder Auflösung sozialer Strukturen: „Vor allem in einer Hinsicht bieten praxeologische Autoren sehr verschiedenartige, ja konträre Basisvokabulare: in der Frage nach der Routinisiertheit oder der Unberechenbarkeit sozialer Praktiken" (Reckwitz, 2004b: 41).

Das zentrale Argument, warum die Medien- und Aneignungsforschung der Cultural Studies aufgrund ihres Praxisbegriffs dieser Arbeit eher wenig zu geben vermag, möchte ich an dieser Stelle nochmals aufgreifen, um die eigene Position näher zu bestimmen: In aller Kürze vorgetragen meint es, dass die Cultural Studies durch ihre Orientierung am interaktionistisch-interpretativen Paradigma und dem Poststrukturalismus vor allem auf die „Widerständigkeit, ‚Subversion' und Veränderungsoffenheit" des Handelns, so auch Reckwitz (2004b: 42), abheben, somit dazu tendieren, die „Unberechenbarkeit" (ebd.) sozialer Praktiken zu überschätzen und deren Routinisiertheit zu unterschätzen: „Es gibt keine universellen oder stabilen Identitäten, auch wenn manche versuchen, an Traditionen der Vergangenheit anzuknüpfen. Vielmehr bedeutet die Suche nach Identität, sich auf einen permanenten und erst durch den individuellen Tod zu Ende kommenden Prozess der Identifizierung einzulassen. Hierbei kommt medialen Repräsentationen von Subjektivität eine wichtige Bedeutung zu, denn sie können zum Wechsel von Identifikationen beitragen" (Mikos / Winter / Hoffmann 2007: 13).

Den AutorInnen ist freilich insofern zuzustimmen, als dass Theorien, die von einer wie und wann auch immer schließlich ‚fertigen' Identität ausgehen, kaum mehr von Relevanz sind (Keupp et al. 1999, Lenzen 1991). Vielmehr ist es geradezu ein Allgemeinplatz, dass „die Eigenleistungen des Menschen bei der Gestaltung seines eigenen Lebenslaufs höher als in früheren gesellschaftlichen Formationen sind" (Hurrelmann, 2003: 115) und man daher von einem „Modell des produktiv Realität verarbeitenden Subjekts" (Hurrelmann 2002: 21) auszugehen hat. Dem Menschen stehen heute zweifelsohne viele verschiedene (medial repräsentierte) Optionen zum Selbstentwurf und Möglichkeiten sich selbst zu begreifen offen. Mikos et al. (2007) – bzw. weite Teile der Cultural Studies generell – bekommen jedoch durch ihre Kritik am traditionellen Sozialisations- und Identitätsmodell keine anderen, durchaus stabilen Erfahrungs- und Wissensstrukturen in den Blick. Freilich stehen dieser Entwicklung der Cultural Studies einige Autoren auch kritisch gegenüber; dennoch ist sie zweifelsohne mehr als ein kurzlebiger Trend, wie auch Morley in Bezug auf die sozialtheoretischen Grundlagen der Cultural Studies feststellt (und bedauert): „The recent swing away from theories of social determination, towards the now widely held presumption of the ‚undecidability' of these influences, has thus given rise to what may be among the most pernicious of the myths that have come to dominate our field" (Morley, 2006: 108).[52]

Die von den Cultural Studies in ihrem Praxisbegriff unterbeleuchtete Stabilität sozialer Erfahrungs- und Wissensstrukturen äußert sich in elementaren Homologien in der Struktur der alltäglichen Lebenspraxis, das heißt: es besteht (auch unabhängig von Selbstentwürfen und wechselseitigen Identitätszuschreibungen) eine ähnliche Art und Weise auf bestimmte Aspekte der Lebenswirklichkeit zu reagieren, diese (weitestgehend vorreflexiv) zu strukturieren. Schon Luhmann hat bekanntlich hervorgehoben, dass jegliche Unterscheidungen, die unser Wissen ermöglicht, nicht symmetrisch aufgebaut sind. Die beiden Seiten

---

[52] Diese Entwicklung wird auch unter dem Begriff eines „new revisionismus" (vgl. Curran, 1990: 146), in den Cultural Studies diskutiert; dies besonders unter dem Bezug auf die kritisch-emanzipative und politisch-moralische Komponente des Ansatzes hinsichtlich der Identifikation und Beseitigung sozialer Ungleichheiten.

einer Unterscheidung werden nicht gleichermaßen favorisiert, sondern es erfordern „anschlußfähige Unterscheidungen eine (wie auch immer minimale, wie immer reversible) Asymmetrisierung" (Luhmann, zit. n. Meuser, 2001: 207). Die Stabilität der Asymmetrisierung von Unterscheidungen, also die wiederholt selbstverständliche Favorisierung einer Seite einer binären Opposition, ist Ursache des Trägheitsmoments[53] von Situationsdefinitionen. Wenngleich also die situationsspezifische Bedeutung jeglicher Unterscheidungen erst durch ihren sozialen Gebrauch in der Praxis konstituiert wird, so sind gewisse Unterscheidungsweisen (von bestimmten Personen eines bestimmten Milieus bspw.) in einem solchen Maße habitualisiert, dass geradezu kein anderer Vollzug des Gebrauchs als auf die gewohnte Weise denkbar erscheint und die Bedeutung selbstverständlich (und keine Angelegenheit einer wiederholten, lokalen Aushandlung) ist. Taylors Konzept der ‚starken Wertungen', nach dem stets eine Seite der Unterscheidung stärker gewichtet ist (vgl. Taylor 1996: 303), so dass die Unterscheidung nicht nur situationsbezogen kognitive Orientierung bietet, sondern durch ihre dauerhafte evaluative Besetzung eine stabile soziale Orientierungsfunktion hat, basiert auf dieser Annahme. Diese Wertungen gehen zwar auch in die Selbstreflexion ein (vgl. Liebau, 2001: 124), aber sind ebenso „auf eine vorreflexive Weise im körperlichen Selbstverhältnis der Akteure verankert" (Kalupner, 2003: 200), was Taylor unter anderem in Bezug auf Bourdieus Habitus-Konzept ausführt. Und auch Schmidt (2000: 35) betont dass „Dichotomien in Wirklichkeitsmodellen [...] ausnahmslos affektiv, normativ und empraktisch besetzt [sind]. Die für eine Gemeinschaft oder Gesellschaft relevanten Unterscheidungen sind hinsichtlich ihrer Bedeutsamkeit gewichtet". Diese empraktischen, das heißt impliziten Gewichtungen kehren sich nicht einfach um, vielmehr sind sie in Routinen eines „praktischen Bewusstseins" (Giddens, 1995: 56ff.) und „praktischen Verstehens" (Reckwitz, 2000: 324) relativ stabil installiert. So stellt auch Meuser fest, dass der Handelnde „einerseits nicht nur in der Lage, sondern auch gezwungen ist, seine Welt zu interpretieren, [...] aber andererseits dies in habituell geformter Weise tut" (Meuser, 1999: 135).

Solche Unterscheidungen, die nicht mehr explizit in einem gemeinsamen Prozess des Unterscheidens in der Interaktion in Erscheinung treten, sind in sozialen Praktiken verkörpert wie ebenso in impliziten Erfahrungs- und Wissensstrukturen, die sich durch Dauerhaftigkeit auszeichnen und zur Reproduktion gesellschaftlicher Strukturen (und Ungleichheiten) anreizen. Insbesondere der Ethnomethodologie und dem Symbolischen Interaktionismus wurde oft vorgeworfen, dass sie dieses Trägheitsmoment des Sozialen (die „Hysteresis" des Habitus, Bourdieu / Wacquant, 1996: 164) kaum zu erfassen vermögen und Aus-

---

[53] Bourdieu hat insbesondere anhand seiner Kritik von Sartre auf die „Illusion eines trägheitslosen Bewußtseins" (Bourdieu, 1993a: 86) hingewiesen.

handlungsprozesse in sozialen Interaktionen überbetonen – so bspw. von Wacquant, wenn er feststellt, dass man nicht „wie manche Interaktionisten und Ethnomethodologen nicht vergessen [darf], dass die Kategorien die sie [Gesellschaftsmitglieder, A.G.] bei dieser Konstruktionsarbeit ins Spiel bringen, nicht von ihnen konstruiert wurden (Wacquant, 1996: 28).

Die Cultural Studies schließen hinsichtlich ihrer Annahme eines aktiven Zuschauers und in ihrem Aneignungskonzept im Rahmen eines radikalen Kontextualismus insbesondere an jenen Aspekt der lokalen Konstruktion von Differenz und der Aushandlung von Bedeutung an. Dies, wie oben gezeigt, zumeist im Zusammenhang mit Annahmen über die postmoderne Auflösung tradierter sozialer Ordnungssysteme. So meint auch Liebau: dass „der ‚Postmoderne‘-Diskurs […] die Frage nach der gesellschaftlichen Reproduktion, nach der Stabilität von Strukturen und Bedingungen auch unter veränderten Umständen, nach der bleibenden Bedeutung von Tradition, Selbstverständlichkeit und Habitus im ganzen ausgespart [hat]; er hat nur die dynamisch-entwickelnde, nicht aber die statisch-reproduzierende Seite von Gesellschaft thematisiert" (Liebau, 1992: 102) Medienprodukte werden unter diesen Voraussetzungen vorrangig als Mittel für die situationale Konstruktion von Differenz und inszenatorische Selbstpräsentation erkennbar. Prozesse der Identifizierung im Zuge der Realisierung von diskursiv vermittelten Subjektpositionen anhand von „medialen Repräsentationen von Subjektivität" (Mikos et al., 2007: 13) werden so weitgehend auf die Hervorbringung interaktiver Wirklichkeit bezogen und weniger auf die habituellen und erfahrungsgebundenen Wissensstrukturen, auf denen alle lokale Hervorbringung noch beruht. Freilich ist diese Perspektive auf die soziale Konstruktion der Wirklichkeit, in der „nicht das Filmbetrachten […] das zentrale Erlebnis [ist]" (Vogelsang, 1994: 471), sondern das soziale Event im Vordergrund steht, auch von erheblicher Bedeutung und soll hier nicht diskreditiert werden. Der in der Interviewanalyse rekonstruierte Rezeptionsmodus, in welchem Filme als Ressource für soziale Interaktionen genutzt werden (vgl. Kap. 2.2), ist dafür teilweise ein guter Beleg. Zugleich jedoch ist dies nicht der einzige hier zu rekonstruierende Rezeptionsmodus und entsprechend können Ansätze, die Handeln hauptsächlich als Praktiken der situational-lokalen Aushandlung von Bedeutung und Zuweisung und Konstruktion von Identität fassen, nicht die einzige Perspektive auf die soziale Konstruktion der Wirklichkeit anhand medialer Repräsentationen bieten.

Ich werde im folgenden Kapitel zeigen, dass vor allem die praxeologische Wissenssoziologie nach Bohnsack in Anschluss an Mannheims Wissenssoziologie wie die Kultursoziologie Bourdieus hier weitergehende Beschreibungsmöglichkeiten und empirische Erfassungsmöglichkeiten bieten, denen sich eine Film-Zuschauer-Analyse gerade dann nicht verschließen darf, wenn es ihr Anliegen ist, fundamentale und stabile Erfahrungs- und Wissensstrukturen in ihrem Zusammenspiel mit ästhetischen Werkstrukturen im Allgemeinen bzw. Filmen im Besonderen zu rekonstruieren. Dabei muss keineswegs die Vision eines vereinheitlichten und in sich harmonisch strukturierten Subjekts die Folge einer solchen Perspektivierung sein.

4.3 Der Praxisbegriff der praxeologischen Wissenssoziologie

4.3.1 Pluralität, Differenz und konjunktive Erfahrungsräume

Die in weiten Teilen der Cultural Studies stattfindende Allianz zwischen interpretativem Paradigma und Poststrukturalismus bzw. Postmodernismus gründet vor allem in dem Versuch, einen idealistischen Subjektbegriff zu überwinden. Praxistheoretische und interaktionistische Ansätze des interpretativen Paradigmas lösen das Subjekt im ‚Doing' von sozialen Kategorien und situativen Settings auf (Garfinkel 1967, West / Fenstermaker 1995), während poststrukturalistische Ansätze auf diskursive Effekte der Subjektivierung setzen (wie z.B. Butler, 1991: 37ff., Stäheli 2000, Keller, 2008: 179ff.) und der Postmodernismus die Annahme des Fehlens letzter Gewissheiten vertritt, welche es vormals erlaubten sowohl die Geschichte der Menschheit wie die alltäglichen, biografischen Geschichten der Menschen nach einem zentralen Prinzip zu ordnen (vgl. Welsch, 1997). Diese Annahmen, die von den Cultural Studies zumeist zusammen gedacht werden in Konzepten einer Dezentrierung des Subjekts, sind – zumindest im Sinne von dessen Fragmentierung – durchaus mit Grundannahmen der praxeologischen Wissenssoziologie zu verknüpfen, allerdings ohne dass stabile Strukturen des Wissens und der Erfahrung etwa gänzlich aufgegeben werden müssen, was im Folgenden kurz skizziert sein soll.

Trotz aller Unterschiede zwischen Poststrukturalismus und Postmodernismus, die in den Cultural Studies ebenso wie in der Pädagogik gerne verwischt werden (Ehrenspeck, 2001: 28), gleichen sich die beiden Paradigmen zuzuordnenden Ansätze in der genannten Postulierung der Auflösung stabiler Strukturen des Wissens. In Bezug auf Lyotard (1982, 1994a) versteht Welsch als „allgemeine Grundthese des postmodernen Wissens" die „Verabschiedung der Metaerzählungen" (Welsch, 1997: 79). Er konzipiert damit als die entscheidende Gemeinsamkeit aller postmodernen Ansätze die Annahme des Fehlens letzter Gewissheiten: „Die Neuzeit bzw. Moderne hatte drei solcher Meta-Erzählungen hervorgebracht: Die Emanzipation der Menschheit (in der Aufklärung), die Teleologie des Geistes (im Idealismus) und die Hermeneutik des Sinns (im Historismus)" (Welsch, 1997: 32). Der Grundgedanke einer daraus folgenden unhintergehbaren

Pluralität und Differenz (vgl. Srubar, 1996: 357) ist ebenso poststrukturalistischen Ansätzen eigen. Letztere fokussieren wesentlich die Abwesenheit einer Sinnkonstitutionsprozesse regelnden Instanz, woraus sich der Kampf um die Fixierung von Bedeutung und unterschiedliche, konkurrierende Subjektivierungsformen ergeben (Stäheli, 2000: 43ff.). Beide, Postmodernismus und Poststrukturalismus, propagieren so den „Tod des Subjekts" (Reckwitz, 2008a: 78 bzw. ebenso Welsch, 1997: 315). Schon früh hat sich diesen radikalen Auflösungsbedürfnissen kritisch die Wissenssoziologie in der Tradition von Berger und Luckmann gegenübergestellt. In ihrem Sinne kann nicht der lange Zeit beliebte ‚Nachweis' der Auflösung des Subjekts Sinn sozialwissenschaftlicher Forschung sein, sondern die Rekonstruktion seiner Fragmentierung, welche diesen Diagnosen letztlich zugrunde liegt, aber allzu oft unbeobachtet bleibt. Luckmann fordert daher anstatt der viel bemühten Abschaffung des Subjekts eine konsequente Soziologisierung desselben und wendet sich damit gegen „postmoderne Spekulationen" (Luckmann, 1990: 205) und die „verfrühte Beerdigung des Selbst" (ebd.), wie sie neben den Cultural Studies unter anderem auch der Sozialkonstruktionismus Gergens vorträgt (Gergen 1996: 230, 2001), welcher von Winter in die Nähe der Cultural Studies gerückt wird, indem er eben diese als „sozialkonstruktionistisch" (2007: 25, 27) im Sinne Gergens bezeichnet.

Der Wissenssoziologie nach Schütz (2003) und Berger / Luckmann (1980) gelingt eine Soziologisierung eines fragmentierten Subjekts; allerdings hauptsächlich auf der Ebene von Vergesellschaftungsprozessen, wobei Prozesse der Vergemeinschaftung und Milieubildung unterhalb institutioneller Arrangements weitgehend ausgeblendet werden (dazu Bohnsack 2003a, 2007, 2008: 111f. sowie zur Gemeinschaft nach Mannheim, 1980b: 226). Partiell anschlussfähig an das Konzept des konjunktiven Erfahrungsraums sind die Ausführungen zu „kleinen sozialen Lebenswelten" (Hitzler / Honer, 2006: 99f., Luckmann 1978), mit denen ebenfalls Aspekte der Gemeinschaftsbildung gefasst sind. Allerdings sind diese kleinen Sozialwelten „gegenüber den Milieus [...] sozialisationsgeschichtlich weniger fundiert" (Bohnsack, 2008: 112).[54] Die Soziologisierung des Subjekts in dieser Form der Wissenssoziologie befindet sich (zumindest vorrangig) auf der Ebene der Typisierung eines am Common Sense ausgerichteten subjektiven Sinns (so auch Oevermann 1979). Dabei sind die Selbsttheorien und Selbstentwürfe, das heißt die Vorstellungen der Akteure über sich selbst (vgl. Reckwitz, 2000: 246) von besonderer Bedeutung. Dies gilt letztlich auch noch für Habitualisierungsprozesse, weil diese ehemals geplantes und entwurfsorientiertes Handeln betreffen (vgl. Bongaerts, 2008: 227). Knoblauch (2008: 230) rechtfer-

---

[54] Zudem erfassen diese kleinen Sozialwelten nicht jene Gemeinsamkeiten, die in einem „strukturidentischen Erleben" (Bohnsack, 2008: 111, H.n.i.O.) gründen, welches nicht an eine konkrete Gruppe gebunden ist, wie bspw. generationsspezifische Erfahrungsräume.

tigt das vorrangige Interesse an Interpretationen und Entwürfen mit dem Reflexiv-Werden der sozialen Welt, in der „das Interpretieren des subjektiven Sinns, den die anderen mit ihrem Tun verbinden, zu einer Daueraufgabe [wird]." Dies ist sicher nicht völlig von der Hand zu weisen. Aber die Interpretationen von sich selbst und anderen müssen als explizite Deutungen dennoch nicht mit den impliziten Orientierungen des Handelns übereinstimmen. Dies meint auch Bourdieu, wenn er konstatiert: „Schon weil er über Begründung und Daseinsgrund seiner Praxis befragt wird und sich selbst befragt, ist das Wesentliche nicht mehr zu vermitteln: das Eigentümliche der Praxis ist gerade, daß sie diese Frage gar nicht zuläßt" (Bourdieu, 1993a: 165). Dieser atheoretischen[55], „stillschweigenden und praktischen Relevanz" (ebd.) ist besondere Aufmerksamkeit zu schenken. Denn zumeist prägen diskursiv weit verbreitete Normalitätshorizonte des Common Sense eher die Interpretationen des eigenen Handelns als dieses selbst, worauf Bohnsack im Kontext seiner praxeologischen Wissenssoziologie nachdrücklich hinweist.[56]

Anders als die Wissenssoziologie nach Berger / Luckmann bzw. die Fortführung dieser in der hermeneutischen Wissenssoziologie (Hitzler / Reichertz / Schröer 1999, Reichertz 2006) bzw. sozialwissenschaftliche Hermeneutik (Soeffner 2000) setzt die Mannheimsche Wissenssoziologie und ihre Fortführung in der praxeologischen Wissenssoziologie (Bohnsack 2003a, 2007) erstens auf Prozesse der Milieubildung und Vergemeinschaftung und zweitens auf dabei erworbenes und inkorporiertes bzw. implizites, die Alltagspraxis prägendes Wissen, das nicht im subjektiven Sinn und Entwürfen von Handlungen bzw. Selbstentwürfen gemäß stereotypisierten Normalitätshorizonten und wechselseitigen Typisierungen aufgeht. So lässt sich durchaus ein fragmentiertes und nicht vereinheitlichtes Subjekt konzipieren; nämlich in jenem Sinne der (ggf. prekären) Eingebundenheit in unterschiedliche Prozesse der Vergemeinschaftung und der

---

[55] Entsprechend heißt es bei Mannheim in seiner Arbeit zur Theorie der Weltanschauungs-Interpretationen schon: „Jenes zunächst unbestimmte Etwas – die Weltanschauung – liegt aber noch in einem gesteigerten Sinn im Atheoretischen. Nicht nur, daß sie keineswegs als eine logisch-theoretische zu fassen ist, nicht nur, daß sie sich in keiner philosophischen These restlos ausspricht – : sogar alle übrigen Gebilde, wie die der Kunst, Sitte und Religion sind demgegenüber noch sinnmäßig-rational geformt, mit einem Wort Sinngebilde, wogegen jene Einheit noch tiefer als sie, im völlig Ungeformten, im Keimhaften liegt" (Mannheim, 1964: 100f.).

[56] Generelle Fragen des Verhältnisses zwischen Selbstentwürfen und Fremdzuschreibungen und habituellen Strukturen des Wissens (vgl. allerdings Bohnsack 2003b) sind heute noch weitgehend ungeklärt (wie etwa das Verhältnis zwischen Habitus und Identität). Vielmehr entscheiden sich ForscherInnen für die eine oder andere theoretische Perspektive. In der Vermittlungsarbeit zwischen beiden, die auch ein integratives Theoriedesign erfordert, das die unterschiedlichen methodologischen Ausgangspunkte zusammen denken lässt, liegt meines Erachtens ein wichtiges Entwicklungspotenzial der qualitativen Verfahren und ihrer Handlungstheorien.

Mitgliedschaft zu erheblich verschiedenen Milieus bzw. konjunktiven Erfahrungsräumen (Bohnsack, 2003b: 137).

Eine so gefasste Fragmentierung und der „Zerfall einheitlicher Semantik und somit einer einheitlichen Wissenslegitimierung in die Vielzahl heteromorpher Diskurse, deren Regeln in Kontexten partikulärer Sozialität fundiert sind" (Srubar, 1996: 353, 2007), ist schon bereits bei Mannheim durch die Postulierung einer „Pluralität der Denkstile" (ebd.: 353) und der „relative[n] Geltung von Gruppendenkstilen" (ebd.: 359) expliziert. Diese nicht ineinander übersetzbaren, gruppenspezifischen Denkstile sind infolge ihrer „Seinsverbundenheit" (Mannheim, 1985: 229) durch eine jeweils eigene „Aspektsstruktur" (ebd.: 234) gekennzeichnet, diese „bezeichnet [...] die Art, wie einer eine Sache sieht, was er an ihr faßt und wie er sich einen Sachverhalt im Denken konstruiert" (ebd.). Es geht folglich darum, dass „die Blickintention und die Fassungskraft der verschiedenen Sichten bedingt sind durch den Lebensraum, in dem sie entstanden sind und für den sie gelten" (ebd.: 243). Der entscheidende, und methodologisch relevante, Unterschied zur Auflösung des Subjekts (in Interaktionen oder Diskursen) besteht nun darin, nicht den theoretischen und empirischen Ausgangspunkt stets und vorrangig an Vorstellungen von Differenz auszurichten. Organisationsprinzipien des Sozialen werden so gesehen „nicht primär (negativ) im Medium der *Distinktion* analysiert, sondern [...] im Medium der *Konjunktion* (Bohnsack, 1997a: 208, H.i.O., vgl. 2008: 68). Dies bedeutet jedoch nicht, dass Differenz kein Stellenwert eingeräumt würde; wie gezeigt, hat bereits Mannheim immer wieder darauf und die Pluralität des Sozialen hingewiesen. Aber „erst die Betrachtung der Erfahrungsräume von ihren Grenzen wie auch von der konstitutiven Kraft konjunktiver Erfahrung her ermöglicht ein umfassenderes Verständnis der Aspekthaftigkeit des Wissens und Denkens" (Bohnsack, 2008: 174). Bei der Herausarbeitung des Gemeinsamen und sozial ‚Verbindenden' (und in diesem Sinne ‚Konjunktivem') anstatt des Unterscheidenden und sozial ‚Trennenden' greift die praxeologische Wissenssoziologie auf Mannheims Konzept des konjunktiven Erkennens und des konjunktiven Erfahrungsraums (Mannheim 1980b: 214) zurück. Mannheim zufolge ist jedes (alltägliche wie auch wissenschaftliche) Erkennen an den Standort des Erkennenden und eine damit einhergehende Perspektivität gebunden; diese Aspekthaftigkeit des Daseins ist grundsätzlich unhintergehbar, womit aber nicht gesagt ist, dass es sich um eine völlig einheitliche und harmonische Perspektive handelt.

Mannheim erläutert jene unhintergehbare Aspekthaftigkeit anhand der Wahrnehmung einer Landschaft, die notwendigerweise nur in der Landschaft selbst und von einem bestimmten Aussichtspunkt möglich ist (vgl. Mannheim 1980b: 212). Die Landschaft als solche ist nicht zu erkennen. Das Auflösen der Perspektivität zugunsten einer Objektivität bedeutet das Anfertigen einer Landkarte, die gelesen und nicht erfahren werden kann. In diesem Sinne prägte auch Korzybski den berühmten Satz: „the map is not the territory" (1958 [1933]: 58). Wie Landschaften nur perspektivisch erfahren werden können, so gilt das auch für die soziale Wirklichkeit. Die Perspektiven, die wir als in dieser Wirklichkeit Handelnde und diese Wirklichkeit Hervorbringende dabei einnehmen können, sind jedoch nicht derart flexibel wie beim Betrachten einer Landschaft, durch die wir uns relativ frei bewegen können. Eine solche ‚soziale Mobilität' mag sich in manchen Diskursen herbeireden und begründen lassen, sie findet jedoch nicht ohne Weiteres faktisch statt. Tatsächlich bewegen wir uns in unterschiedlichen Erfahrungsräumen, die für die „Aspekthaftigkeit" (Bohnsack, 2008: Kap. 10 und 11) des Daseins von erheblicher Relevanz sind. Es handelt sich im Sinne Mannheims um konjunktive Erfahrungsräume, die sich dadurch auszeichnen, dass ihre Mitglieder wesentliche Aspekte einer gemeinsamen Weltanschauung und einen ähnlichen Denkstil, das heißt gemeinsame Erfahrungs- und Wissensstrukturen, teilen. Damit geht auch eine gemeinsame Sprache einher, deren Indexikalität (im Sinne des Sinnüberschusses von Zeichen) auf eine erfahrungsraumspezifische Weise reduziert wird, so dass „für die engere Gemeinschaft eine konjunktiv bedingte Bedeutung" (Mannheim, 1980b: 218) entsteht, die sich vom „Allgemeinbegriff in definitorischer Charakterisiertheit" (ebd.: 220) unterscheidet.

Die Konjunktivität der Sprache hat eine doppelte Wirkung: Zum einen lassen sich Erfahrungen in der Sprache „bannen" (ebd.: 222) und „fixieren" (ebd.: 229), so dass eine gemeinsam geteilte Bedeutungswelt entsteht und Wissensstrukturen sedimentieren. Andererseits lassen sich durch die Benennung Ereignisse, Verhältnisse und Sachverhalte in den gemeinsamen Erfahrungsraum ziehen, auf diesen beziehen. Insbesondere über die Sprache entstehen so erfahrungsraumspezifische Kollektivvorstellungen (die nicht mit Durkheims Kollektivbewusstsein zu verwechseln sind):[57] „Die Kollektivvorstellungen sind also der Niederschlag der perspektivischen, jedoch stereotypisierten, d.h. auf einen bestimmten Erfahrungsraum bezogenen konjunktiven Erfahrung" (Mannheim, 1980b: 231). In diesen konjunktiven Erfahrungsräumen ist einerseits eine explizite Konstruktion von Differenz nicht notwendig wie andererseits eine Artikulation des Gemeinsamen größtenteils gar nicht machbar, weil den Menschen kaum reflexiv-kognitiv verfügbar ist, was denn das einander Verbindende ist. Indem Gesellschaftsmitglieder allerdings stets an unterschiedlichen und oft nicht widerspruchsfreien Erfahrungsräumen teilhaben, sich diese auch nicht in einfacher und umfassender, sondern komplex-verschachtelter Form in Gesellschaften heraus-

---

[57] Mannheim (1980b: 232f.) grenzt sich auch explizit von Durkheims verdinglichendem Konzept des Kollektivbewusstseins ab. In seiner Darstellung der Entstehung von Kollektivvorstellungen verfährt er allerdings an einigen Stellen kognitivistisch verkürzend und berücksichtigt kaum die Bedeutung einer körperlich erlebten und gestalteten Praxis.

bilden, was Vogd (2005) mit dem Begriff der „Polykontexturalität" kennzeichnet, und zudem durch Veränderungsprozesse (Migration, Erosion von Tradition, Schnelllebigkeit von Jugendszenen, Globalisierung, etc.) auch dem Wandel unterliegen,[58] ist das Konzept des Erfahrungsraums anschlussfähig an die Annahmen hinsichtlich der Fragmentierung des Subjekts. Während demgemäß Instabilität und Dezentralität wie auch Widerstreit von Erfahrungs- und Wissensstrukturen durchaus einen theoretischen Ort in der praxeologischen Wissenssoziologie im Sinne einer konsequenten Soziologisierung des Subjekts haben, ist im Kontext dieser Theoriearchitektur allerdings eine Auflösung des Subjekts zwischen lokal-situativen Praktiken der Herstellung von Differenz und der Effektivität von Subjektivität produzierenden Diskursen nicht zu haben. Es ist damit ein empirisches Problem, inwiefern implizite bzw. inkorporierte Erfahrungs- und Wissensstrukturen (widerspruchsfrei) bestehen und Praktiken eher zur Reproduktion dieser sozialer Ordnung beitragen oder zur Transformation sozialer Ordnung führen; die Theoriearchitektur bleibt demgegenüber offen und das theoretische Basisvokabular fällt keine Entscheidung über die Möglichkeit der empirischen Erfassung.

4.3.2 Konjunktion und die Modifikation habitueller Strukturen

Handlungsleitende Erfahrungs- und Wissensstrukturen finden sich, wie bereits hervorgehoben, auf einer vorreflexiven Ebene des Wissens. Hier unterscheidet sich denn auch ein an Mannheim orientierter Begriff der Praxis von einem interaktionistisch-interpretativ ausgerichteten Praxisbegriff. Auch die „interpretative und definitorische Herstellung einer Wirklichkeit" (Bohnsack, 2007: 183) und ein entsprechendes Her- und Darstellen (bzw. ‚Doing') von sozialen Zugehörigkeiten und Mitgliedschaften, etwa im Sinne eines Doing Difference (West / Fenstermaker 1995, Geimer 2005, Gildemeister 2008: 192), ist noch von einer „habituellen Konstruktion von Differenz" (Kubisch 2008) geprägt. Die habituellen Strukturen, die der Differenzkonstruktion auch zugrunde liegen, gehen dabei nicht primär auf Prozesse der Distinktion zwischen Erfahrungsräumen, sondern Konjunktion in Erfahrungsräumen zurück. In diesen konjunktiven Erfahrungsräumen können sich Menschen auch auf eine andere Art – bzw. um die Unterscheidung von Mannheim aufzugreifen: überhaupt erst – verstehen. Mannheim differenziert zwischen Verstehen und Interpretieren (vgl. Mannheim 1980b: 272). Verstehen meint so gefasst ein weitgehend vorreflexives Erfassen des An-

---

[58] In diesem Sinne stellt auch Bohnsack fest, dass „die Konstitution konjunktiver Erfahrungsräume […] also nicht an das Vorhandensein traditionsfester Wissensbestände gebunden [ist]" (Bohnsack, 2009c, H.i.O.).

deren, das gewissermaßen ‚automatisiert' stattfindet, ohne dass eine explizite Bedeutungsaushandlung und Definition der gemeinsamen Situation geleistet werden muss. Zugleich setzt es voraus, dass der Kontext, aus dem die Äußerung oder Handlung entstammt nicht nur vage bekannt, sondern vertraut ist; was insofern entscheidende methodologische Auswirkungen hat, als dass die Forschenden suchen, an den alltäglich stattfindenden wechselseitigen Verstehensprozessen der Beforschten teil zu haben: „Ein Verstehen von Äußerungen oder Handlungen bzw. das Verstehen der in ihnen implizierten Haltungen oder Orientierungen setzt voraus, dass wir die Alltagspraxis, den erlebnismäßigen Kontext, den Erlebniszusammenhang oder Erfahrungsraum kennengelernt haben, in den diese Äußerung hineingehört. Diejenigen, die durch gemeinsame Erlebniszusammenhänge miteinander verbunden sind, die zu einem bestimmten ‚Erfahrungsraum' gehören, verstehen einander unmittelbar. Sie müssen einander nicht erst interpretieren" (Bohnsack, 2008: 59).[59]

Ein solches (konjunktives) Verstehen findet nicht nur in einem, sondern mehreren Erfahrungsräumen statt, weil der Mensch nie schlicht einem Erfahrungsraum (und einem Kollektivbewusstsein etwa) zugehörig ist. Typischerweise können geschlechts-, milieu-, generationsbezogene bzw. zeitgeschichtliche Erfahrungsräume und entsprechende konjunktive Wissensbestände unterschieden werden. Es ist jedoch nachdrücklich ebenso eine ausschließlich empirische Frage, welche Zugehörigkeiten zu welchen Erfahrungsräumen bestehen, wie auch inwiefern sich darin dauerhafte, rudimentäre oder instabile (bzw. in sich widersprüchliche und zerrissene) konjunktive Wissensstrukturen ausbilden. So können sich bspw. auch Fach- oder Organisationskulturen bzw. genauer Organisationsmilieus als konjunktive Erfahrungsräume erweisen (Mensching 2008). Zudem können konjunktive Erfahrungsräume bestehen, in denen sich nicht nur gemeinsame Orientierungen ausbilden, sondern auch Praktiken des Umgangs mit widersprüchlichen Orientierungen, die wiederum aus anderen Erfahrungsräumen stammen (bspw. in Schulkulturen).

Anders als in solchen Kontexten, in denen Menschen auf eine existentielle Art und Weise miteinander verbunden sind und sich daher in wesentlichen Aspekten unmittelbar verstehen können, sind sie in anderen Kontexten genötigt, einander gegenseitig zu interpretieren, wozu weitgehend auf theoretisch explizierbares Wissensbestände („kommunikatives Wissen" nach Mannheim, 1980b)

---

[59]   Reichertz beschäftigt sich in den Grundrissen seiner Kommunikationstheorie bewusst nicht mit dem Problem des Verstehens und der Differenz zwischen Verstehen und Interpretieren. Im Gegenteil: „Verstehen ist nicht das Problem" (Reichertz, 2007a: 293). Zugleich hält er fest: „Das mag sich ändern wenn die Gesellschaft ernsthaft interkulturell wird" und impliziert damit, dass erst dann Grenzen zwischen sozialen Kontexten bestehen können, die dazu führen, dass Verstehen doch nicht so selbstverständlich ist.

zurückzugreifen ist, um beispielsweise: Probleme der Definition der Situation, Zuschreibung von Identitäten und der inszenatorischen Selbstpräsentation zu bewältigen. Diese Dimension des Wissens ist freilich gleichfalls relevant, ist jedoch nicht dergleichen existenziell die Handlungspraxis anleitend wie konjunktive, atheoretische und implizite bzw. inkorporierte Wissensbestände.

Die Unterscheidung zwischen Verstehen und Interpretieren findet sich in ähnlicher Weise auch bei (dem Vertreter der Cultural Studies, vgl. Kap. 3) John Fiske, der in Anlehnung an Roland Barthes das Lesen und das Entziffern von Texten einander gegenüberstellt. Die Unterschiede in seiner Fassung lassen jedoch einige hier zentrale Aspekte nochmals kennzeichnen: „Entziffern heißt zu lernen, wie man die Sprache eines anderen zu dessen Bedingungen liest. Lesen hingegen ist ein Vorgang, bei dem die eigene, orale, umgangssprachliche Kultur an den geschriebenen Text herangetragen wird. Das Lesen [...] hat mit dem alltäglichen Gebrauch der Sprache zu tun [...]. Das Lesen betont Kontextualität, [...] ist so mit dem Unbeständigen und Vergänglichen verbunden, denn Relevanz *muss* vergänglich sein, da sich soziale Formationen ändern und zu unterschiedlichen Zwecken anders gestaltet werden" (Fiske, 1997: 69, H.n.i.O.).

Fiske geht an dieser Stelle von einem Mannheims Konzeption durchaus ähnlich unmittelbaren Verstehen aus, das einem Interpretieren im Sinne des dechiffrierenden Deutens entgegengesetzt ist. Im Unterschied zu Mannheim ist das Verstehen als „Lesen" hier aber strikt eindimensional konzipiert, das heißt der Leser versteht nicht potenziell in einem konjunktiven Sinne zusammen mit dem Autoren, zumindest jedoch im konjunktiven Sinne seiner „orale[n], umgangssprachliche[n] Alltagskultur". Dies könnte man denn als eine Vereinnahmung verstehen, also dass der Rezipient den Text in einen seiner Erfahrungsräume hineinzieht. Fiske verankert aber weiter dieses eindimensionale ‚Lesen-Verstehen' gerade nicht in inkorporierten bzw. impliziten und stabilen Erfahrungs- und Wissensstrukturen; im Gegenteil: Aufgrund seiner grundlegenden Konzeption von Sozialität in der losen Kopplung von Allianzen, welche „the people" immer wieder neu eingehen, muss dieses Verstehen unbeständig und vergänglich sein, kann gar nicht systematisch stattfinden. Ganz anders bei Mannheim: Das konjunktive Wissen, das verschiedenen existenziell bedeutsamen Erfahrungsräumen entspringt, ist die soziale Erfahrungsgrundlage schlechthin. Eine Art atheoretische ‚zweite Natur'[60] (vgl. Mannheim, 1980b: 207), die größtenteils in (Sprach)Bildern und Metaphern sedimentiert und in Praktiken inkorporiert ist, die nicht ohne Weiteres reflexiv und im explizierbaren, kommu-

---

[60] In diesem Sinn fasst auch Bourdieu den „praktische[n] Sinn als Natur gewordene, in motorische Schemata und automatische Körperreaktionen verwandelte Notwendigkeit" (Bourdieu, 1993a: 127) oder den Habitus als das „Körper gewordene Soziale" (Bourdieu / Wacquant, 1996: 161, vgl. auch Bourdieu 2001).

nikativen Wissen und Theorien über sich selbst und die eigene Identität begrifflich zu fassen ist, und die mit dem „knowing how" im Sinne Ryles (1969) umschrieben werden kann, das dieser von einem „knowing that" abgrenzt. Eine solche Dimension des Wissens, die erst durch stabile Wissensstrukturen entstehen kann, blenden Fiske wie weite Teile der Cultural Studies nahezu völlig aus.

Es handelt sich um fraglos gegebenes und selbstverständliches Wissen, gleich dem, das notwendig ist einen Knoten zu bilden (Mannheim, 1980a: 73) oder Auto zu fahren oder mit Menschen aus seiner/m Familie / Milieu / Generation anders als mit Menschen einer/s fremden Familie / Milieus / Generation zu sprechen. In diesem atheoretischen Wissen sind Formen des Wahrnehmens, Fühlens, Denkens angelagert, welche die Praxis unmittelbar anleiten. Bohnsack spricht hier von Orientierungsrahmen als einer speziellen Form von Orientierungsmustern (Bohnsack 1997b, 2006a) die konjunktive Erfahrungsräume strukturieren. Es bilden sich folglich „Orientierungsrahmen im Sinne habitualisierter Wissensbestände dort heraus, wo diese (grundlegend kollektiven) Wissensbestände [...] in den modus operandi der körperlichen und sprachlichen Praktiken eingeschrieben sind" (Bohnsack, 2006a: 132).

Orientierungsrahmen können auch als Kernelemente des Habitus im Sinne Bourdieus verstanden werden, weswegen die beiden Begriffe in der praxeologischen Wissenssoziologie oft synonym verwendet werden (Bohnsack 2006a). Es handelt sich also bei einem Orientierungsrahmen um eine „strukturierte strukturierende Struktur" (Bourdieu, 1997: 170). In den „Feinen Unterschieden" (1987) illustriert Bourdieu diese Funktionsweise des Habitus als strukturierte und strukturierende Struktur anhand des Beispiels der Schrift: Innerhalb eines Kulturkreises erlernen und verwenden alle Personen dieselben Schriftzeichen, vollführen diese aber in unterschiedlichen und spezifischen Formen (wie an unterschiedlichen Schriftbildern erkennbar). Während die Schrift im digitalen Zeitalter hinsichtlich des Wie ihres Vollzugs möglicherweise weniger an soziale Einheiten und unterschiedliche Erfahrungsräume (wie Milieus) gebunden ist, so führt der Habitus als ein verinnerlichtes bzw. inkorporiertes soziales Organisationsprinzip dazu, dass Menschen nach jener kulturellen Ordnung (bzw. konjunktivem Erfahrungsraum) fühlen, denken und handeln, in der sich dieses Organisationsprinzip ausgebildet hat; die entsprechenden modi operandi tendieren somit zur Reproduktion und sozialen Fortpflanzung: „Die Konditionierungen, die mit einer bestimmten Klasse von Existenzbedingungen verknüpft sind, erzeugen die Habitusformen als Systeme dauerhafter und übertragbarer Dispositionen, als strukturierte Strukturen, die wie geschaffen sind, als strukturierende Strukturen zu fungieren, d.h. als Erzeugungsprinzipien und Ordnungsgrundlagen für Praktiken und Vorstellungen, die objektiv an ihr Ziel angepaßt sein können, ohne jedoch bewusstes Anstreben von Zwecken und ausdrückliche Beherrschung der zu deren

Erreichung erforderlichen Operationen vorauszusetzen, die objektiv ‚geregelt' sind, ohne irgendwie das Ergebnis der Einhaltung von Regeln zu sein" (Bourdieu, 1993a: 98f.). In diesem Sinne eröffnen habituelle Strukturen und Orientierungsrahmen einen Möglichkeitsraum des Handelns (und Verhaltens[61]), innerhalb dessen die Welt auf gewisse Weise gestaltbar wird, die Komplexität der Welt reduzierbar wird. Es ist an dieser Stelle hervorzuheben, dass habituelle Strukturen im Sinne Bourdieus wie auch Orientierungsrahmen im Sinne der praxeologischen Wissenssoziologie allerdings nicht intentional das Handeln anleiten. Habituelles Handeln ist daher unabhängig von Intentionen und subjektiven Motiv-Gemengelagen, gerade darin und in dem präreflexiven Charakter des Habitus liegt dessen Einflussmacht: „Ihre besondere Wirksamkeit verdanken die Schemata des Habitus, Urformen der Klassifikation, dem Faktum, dass sie jenseits des Bewußtseins wie des diskursiven Denkens, folglich außerhalb absichtlicher Kontrolle agieren" (Bourdieu, 1987: 727).

Dieser grundlegende „gesellschaftliche Orientierungssinn" (ebd.: 728), der in Habitus bzw. Orientierungsrahmen verinnerlicht bzw. verkörpert ist, ist auch unabhängig von gemeinsamer Bedeutungsaushandlung (wenngleich er durch diese entscheidend auch entsteht), das heißt: habituelle Übereinstimmungen führen auch dazu, dass Alltagspraktiken „ohne jede direkte Interaktion und damit erst recht ohne ausdrückliche Abstimmung aneinander angepasst werden können" (Bourdieu, 1993a: 108). Vielmehr ist es so, dass habituelle Strukturen und Orientierungsrahmen „Bedingung nicht nur der Abstimmung der Praktiken, sondern auch der Praktiken der Abstimmung [sind]" (Bourdieu, 1993a: 111). Mit anderen Worten gehen habituelle Strukturen also situativen Praktiken der Herstellung von Bedeutung voraus; letztere konstituieren nicht einfach Sinnprozesse und stets neue Selbstentwürfe, sondern dies unter den Bedingungen eines Habitus, der selbst nicht kontextspezifisch und immer wieder situationsspezifisch hergestellt wird. Habituelle Strukturen sind demnach (obschon auch transformierbar) durch eine gewisse Trägheit (Hysteresis) gekennzeichnet, da in ihnen sich die Geschichte dem Subjekt und seinem Körper einschreibt: „Als Produkt der Geschichte produziert der Habitus individuelle und kollektive Praktiken [...]; er gewährleistet die aktive Präsenz früherer Erfahrungen, die sich in jedem Organismus in Gestalt von Wahrnehmungs-, Denk- und Handlungsschemata niederschlagen" (Bourdieu, 1993a: 101).

---

[61] Die Differenzierung zwischen Handeln und Verhalten, der hier nicht gefolgt werden soll, geht auf Schütz zurück, demzufolge Verhalten nicht der wissenschaftlichen Analyse zugänglich ist, weil es nicht mit einem Handlungsentwurf und entsprechenden subjektiven Motiven verknüpft ist. Er folgt und korrigiert dabei den methodologischen Individualismus Webers (vgl. bspw. Abels, 1998: 61ff.).

Die eigene Geschichte lässt sich nicht ohne Weiteres umschreiben, biografisch gewachsene Orientierungen unterliegen nicht einfach dem Zugriff des Willens und der Reichweite eines Selbstentwurfs. Unter entsprechenden Bedingungen wird vielmehr durch den Habitus – als Schnittstelle zwischen Struktur und Praxis – jene kulturelle Ordnung reproduziert, in der sich ein Habitus ausbildete: „Vereinfacht ist der Reproduktionsprozess so vorzustellen, daß eine Struktur (Verwandtschaft oder Klasse) bestimmte Dispositionen (bei Individuen oder Gruppen) ausprägt, die zu praktischen Handlungen und einer strategischen Praxis führen, so dass die ursprüngliche Struktur wieder hergestellt und der Zirkel geschlossen wird" (Müller, 1986: 163).

Auf den häufigen Vorwurf, dass schon Bourdieu lediglich eine Reproduktionstheorie des Sozialen verfasst hätte und sozialen Wandel (wie postmoderne Umwälzungen) nicht erklären könne, soll hier nur am Rande eingegangen werden (vgl. Geimer 2010: i.E.). Bourdieu selbst hat sich an verschiedenen Stellen seines Lebenswerks immer wieder diesem Vorwurf gestellt, wie bspw. an der folgenden: „Die antizipierende Anpassung des Habitus an die objektiven Verhältnisse ist da nur ein besonderer (wenn auch sicher der häufigste Fall), und man muß sich vor der Verallgemeinerung des Modells des fast geschlossenen Kreislaufs einer fast perfekten Reproduktion hüten, das nur auf jenen Grenzfall anwendbar ist, in dem die Bedingungen der Produktion des Habitus und die Bedingungen seines Funktionierens identisch oder homothetisch sind" (Bourdieu / Wacquant, 1996: 164).[62]

Dem beliebten Reproduktionsvorwurf ist bei der Durchsicht auch der älteren Arbeiten Bourdieus einerseits schon seine nicht-deterministische Konzeption der Primärsozialisation entgegenzuhalten wie andererseits seine Vorstellung von Habitusveränderungen durch spätere Transformationsprozesse. Eine reine Reproduktionstheorie müsste frühkindliche Einflüsse weitaus stärker gewichten, damit sich nicht durch spätere sozialisatorische Einflüsse in unterschiedlichen Kontexten vielfältige und neue Habituskonfigurationen ergeben können. Bourdieu und Passeron warnen hingegen geradezu davor, die Bedeutung der frühen Erziehung und Kindheit zu überschätzen, wenn sie beispielsweise schreiben, dass man „sich [...] hüten [muss], die soziale Herkunft und die mit ihr verbundene ursprüngliche Erziehung und Kindheitserfahrung als den entscheidensten Faktor anzusehen, der auf allen Stufen einer Biografie direkt Verhalten, Einstellung und Ansichten determiniert, oder sie als erstes Glied einer Kausalkette zu deuten" (Bourdieu / Passeron, 1971: 146). Zudem ist, wie dargestellt, das Ver-

---

[62] Ebenso später im gleichen Text: „Der Habitus ist nicht das Schicksal, als das er manchmal hingestellt wurde. Als ein Produkt der Geschichte ist er ein offenes Dispositionssystem, das ständig mit neuen Erfahrungen konfrontiert und damit unentwegt von ihnen beeinflusst wird" (Bourdieu / Wacquant, 1996: 167).

halten gemäß eines Habitus nicht als schlichte Befolgung einer Norm zu sehen, daher ist dieses handlungstheoretische Konzept auch offen für die begriffliche Fassung von Änderungen im Verhalten, das also nicht nur auf den Schienen einer inneren und äußeren sozialen Kontrolle abläuft: „die vom Habitus erzeugten Verhaltensweisen [weisen] nicht die bestechende Regelmäßigkeit des von einem normativen Prinzip geleiteten Verhaltens aus: der Habitus ist aufs engste mit dem Unscharfen und Verschwommenen verbunden. Als eine schöpferische Spontaneität, die sich in der unvorhergesehenen Konfrontation mit unaufhörlich neuen Situationen geltend macht, gehorcht er einer Logik des Unscharfen, Ungefähren, die das normale Verhältnis zur Welt bestimmt" (Bourdieu, 1992: 101). Solche Konfrontationssituationen, die in gesteigertem Maße die Spontaneität eines Habitus anreizen und Transformationsprozesse bewirken können, entstehen Bourdieu zufolge bspw. durch Klassen- oder Milieuverschiebungen. So lässt sich bspw. auch Bourdieus Analyse des neuen Kleinbürgertums in den „feinen Unterschieden" (1987) dem Reproduktionsvorwurf entgegenhalten.

Jene Fraktion des Kleinbürgertums der neuen Kleinbürger wird neben aufstiegsgewillten Kleinbürgern von unfreiwilligen Absteigern aus der Bourgeoisie gestellt; d.h. von Personen, deren primäre Sozialisation in einer anderen Klasse (oder besser Milieu[63]) liegt als jener, in der sie bestehen müssen (vgl. Bourdieu, 1987: 561). Der Habitus im Schnittpunkt zweier Milieus ist entsprechend nicht derselbe wie ein einheitlicher einer der beiden und daher Transformationsprozessen ausgesetzt; wodurch Prozesse sozialen Wandels auch auf der Mikro-Ebene der Akteure mithilfe Bourdieus' Habitus-Konzept sehr detailliert zu beschreiben sind (Wigger, 2006: 107, Rieger-Ladich, 2005: 191, Ebrecht, 2001: 230, Meuser, 1999: 141).[64] In diesem Sinne weist auch von Rosenberg (2009: 59ff.) auf das Transformationspotenzial eines Habitus durch dessen „Mehrdimensionalität" und „Prozesshaftigkeit" hin. Zudem verweist er ebenso auf die Relation zwischen Habitus und Feld, die durch den Kontakt etwa mit „neuen Feldlogiken" oder infolge der „Wandlung einer Feldlogik" zu Habitustransformationen führen kann. Eine solche feldspezifische „Formgebung von Wandlungs- und Bildungsprozessen" (ebd.: 233) war auch qualitativ-rekonstruktiv anhand der Analyse biographischer Interviews mittels der dokumentarischen Methode nachzuweisen.

---

[63] Weitere solche Überschneidungen sind in den folgenden Ausführungen Bourdieus angezeigt, die ebenso verdeutlichen, dass nicht *lediglich* durch Klassenspannungen soziale Reproduktionsmechanismen unterbrochen werden können: „Vor allem aufgrund struktureller Veränderungen, die bestimmte Positionen abschaffen, oder umwandeln, und auch aufgrund der Mobilität zwischen den Generationen oder innerhalb ein und derselben Generation, ist die Homologie zwischen dem Raum der Positionen und dem der Dispositionen indes nie vollständig, es gibt stets Akteure, die sich in einer schiefen deplazierten Situation befinden" (Bourdieu, 2001: 202).

[64] Zudem hinaus kennt Bourdieu nicht nur einen einheitlichen sondern gleichfalls einen „zerrissenen Habitus" (Bourdieu / Wacquant, 1996: 161).

Die häufige Weigerung das Transformationspotenzial des Habitus anzuerkennen könnte daran liegen, dass Bourdieu eine *intendierte* Transformation des Habitus durch *Reflexion* ausschließt (vgl. Kapp. 7[65]) und damit Aufklärungs- und Bildungsprojekte, die lediglich oder vorrangig auf diese Komponente setzen, nicht unerheblich kränkt. Wie sich aber anhand Bourdieu ein Transformationspotenzial des Habitus herausarbeiten lässt, besteht (wie oben bereits hervorgehoben) auch im theoretischen Rahmen der praxeologischen Wissenssoziologie die Möglichkeit der für Orientierungsfiguren bedeutsamen Widersprüche, Überlagerungen, Verschachtelungen, Transformationen von Erfahrungsräumen und entsprechenden Orientierungen. Schon Mannheim selbst systematisierte eine Reihe von Bedingungen für eine „Distanzierung" (1985: 241) von eigenen Erfahrungs- und Wissensstrukturen, was zu Konflikten wie zu Modifikationen dieser führen kann. Solche können erfolgen dadurch, dass

„a) [...] einer der Gruppenträger (Mitglied der Gruppe) im historisch sozialen Raum abwandert (sozialer Aufstieg, Emigration usf.);
b) daß die Seinsbasis einer ganzen Gruppe im Verhältnis zu ihren hervorgebrachten Normen und Institutionen sich verschiebt [...]
c) daß im gleichen sozialen Raume zwei oder mehrere sozial gebundene Weltauslegungsarten miteinander ringen [...]" (Mannheim, 1985: 242f.).

Wenngleich vielfältige Möglichkeiten zur Transformation eines Habitus bestehen, so stehen diese betontermaßen kaum dem Subjekt zur freien Disposition, da es selbst keinen unmittelbaren Zugang zu diesen elementaren Erfahrungs- und Wissensstrukturen hat. Bohnsack hat hinsichtlich des Sitzes des habituellen Orientierungswissens im Subjekt folgendermaßen begrifflich systematisiert (Bohnsack, 2009b: 16): Er unterscheidet zwischen dem impliziten Wissen, in dem milieu- und erfahrungsraumspezifische Orientierungen in Form von Metaphern und inneren Bildern verinnerlicht sind und die Handlungspraxis anleiten, sowie dem inkorporierten Wissen, das unmittelbar in die Handlungspraxis selbst und körperliche Routinen und Verhaltensweisen eingelassen ist – letzteres ist von Mannheim, der bspw. in frühen Arbeiten von der „Weltanschauung" oder in späten von „(Gruppen) Denkstilen" spricht, was vorrangig auf ein implizites Wissen verweist, weniger systematisch ausgearbeitet:

„Der Habitus ist im Falle der bildhaften, der imaginativen Vergegenwärtigung das Produkt eines modus operandi, welcher auf impliziten Wissensbeständen basiert. In diesem Falle führt die empirische Analyse über die empirische Rekonstruktion von metaphorischen Darstellungen, von Erzählungen und Be-

---

[65] Im Verlauf dieser Arbeit wird zu zeigen sein, dass auch (mimetisch-ästhetische) Erfahrungen einer produktiven Aneignung von Filmen bzw. Medien habituelle Strukturen modifizieren können.

schreibungen der Handlungspraktiken durch die Akteure, also über die Rekonstruktion ihrer eigenen mentalen Bilder. Der Habitus kann aber auch das Produkt inkorporierter – gleichsam automatisierter – Praktiken sein. In diesem Falle ist der Habitus auf dem Wege der direkten Beobachtung der Performanz von Interaktionen und Gesprächen und in der Vergegenwärtigung von körperlichen Gebärden im Medium materialer Bilder, wie u.a. Fotografien, in methodisch kontrollierter Weise zugänglich [...] Das atheoretische Wissen umfasst also sowohl das inkorporierte Wissen, welches in Form materialer (Ab-)Bilder methodisch zugänglich ist, wie auch das metaphorische Wissen im Medium von mentalen Bildern" (Bohnsack, 2009b: 16, auch Bohnsack, 2009c: i.E.).

Beides, metaphorisch-implizites und inkorporiertes Wissen, sind Bestandteile des atheoretischen Wissens und als solches nicht unmittelbar zu explizieren und auf einer präreflexiven Ebene angesiedelt. Während jedoch das implizite Wissen anhand verbaler Aussagegestalten, z.B. in Interviews oder Gruppendiskussionen (vgl. Kap. 5), rekonstruiert werden kann, muss das inkorporierte Wissen an der Abbildung, z.B. in Fotos und Videos, der Praxis untersucht werden. Bei dieser Untersuchung von implizitem oder inkorporiertem Wissen kann es nicht darum gehen, geheime Gesetzmäßigkeiten aufzuspüren, die hinter dem Rücken der Subjekte diese konstruieren, sondern darum jenes verinnerlichte Mehr an Wissen, das den Subjekten nicht reflexiv verfügbar ist, einzuholen, also implizites Wissen explizit zu machen. Entsprechend weist Bourdieu darauf hin, dass dadurch, dass „die Handelnden nie ganz genau wissen, was sie tun, hat ihr Tun mehr Sinn, als sie selber wissen" (Bourdieu, 1993a: 127). Und auch Bohnsack schreibt, dass die ForscherInnen nicht „mehr wissen als die Erforschten, sondern dass die Erforschten selbst nicht wissen, was sie da alles wissen" (Bohnsack, 2001c: 337, vgl. 2008: 198ff.).

Es ist angesichts dieser Ausführungen offensichtlich, dass der von einem radikalen Kontextualismus angeleitete und stark differenz-lastige Praxisbegriff der Cultural Studies und teilweise des interpretativen Paradigmas zu kurz greift und jene „transsituativen Kontexte" (Meuser, 1999: 140) der Alltagspraxis und habituellen Tiefenstrukturen des Wissens nicht zu fassen vermag. Das äußert sich auch in entsprechenden Arbeiten, wenn beispielsweise gerade auf Bourdieu und dessen Konzept des sense pratique Bezug genommen wird, dann aber von Oberflächenstrukturen der Alltags- und Rezeptionspraxis berichtet wird – wie bei Mikos, der die Bedeutung des praktischen Wissens in Anlehnung an Bourdieu und andere praxistheoretische Autoren ausgerechnet im Kontext der „Aushandlung von Situationsdefinitionen" (Mikos, 2004: 36) hervorhebt, also gerade jenem Aspekt der sozialen Konstruktion einer gemeinsamen Wirklichkeit, der (wie oben dargelegt) für Bourdieu von erheblich nachrangiger Bedeutung ist und die Sichtweise der interaktionistisch-interpretativen Ansätze kennzeichnet (vgl. zu diesem grundlegenden Missverständnis auch Bohnsack 2009a: 132). Vor dem Hintergrund einer wissenssoziologisch informierten praxeologischen Konzeption des handlungsrelevanten bzw. praxisstrukturierenden Wissens lässt sich nun das Zusammenspiel von ästhetischen Strukturen und Erfahrungsstrukturen hinsichtlich der Interaktion einer filmisch inszenierten Praxis mit der selbst erlebten Alltagspraxis der Jugendlichen begrifflich adäquater fassen.

4.4 Präzisierung des Aneignungsbegriffs

Ausgehend von dem praxeologischen Erkenntnisinteresse dieser Arbeit, das sich entscheidend aus der Entdeckung des Rezeptionsmodus Film als Ressource zur Welterfahrung ableitet, ist insbesondere die Interaktion konjunktiver Erfahrungs- und Wissensstrukturen mit Filmen von Relevanz. Zentral ist demzufolge die Herstellung eines Passungsverhältnisses zwischen einer filmisch dargestellten Praxis und der eigenen Praxis bzw. der darin entwickelten Orientierungen (Bohnsack 2009a, Geimer 2009, 2010: i.E.). Ein solcher Modus wurde in Bezug auf die Rezeption von Fotografien bereits von Michel herausgearbeitet, der zwischen einer „Medienrezeption im kommunikativen Modus" (Michel, 2005: 110) und einer solchen im „konjunktiven Modus" (ebd.: 113) unterscheidet: „Medienrezeption im konjunktiven Modus, d.h. auf Basis des vor-begrifflichen und prä- reflexiven und konjunktiven Wissens, vollzieht sich dann als vor-begriffliche und präreflexive Praxis" (Michel, 2005: 116, vgl. auch 2006: 394 und 2001).

Ausgehend von dieser Unterscheidung und der Beobachtung, dass jener konjunktive Modus der Rezeption „in der herkömmlichen Rezeptionsforschung unberücksichtigt [bleibt]" (Michel, 2006: 393) fordert Michel eine „praxeologi- sche Rezeptionsforschung" (ebd.: 394). In eben diesem Sinne weist auch Schäf- fer darauf hin, dass Medien generell so genutzt werden können, dass eine „kon- junktive Dekodierung" (2001: 104) und eine „Einbindung in die gelebte Praxis" (ebd.: 105) stattfindet (vgl. auch Schäffer, 2003: 401).[66] In Anschluss an Michel (2006) präzisiert Schäffer den Prozess der konjunktiven Kodierung im Zuge der Rezeption von Fotografien weiter als Prozess einer „verstehenden Sinnaktuali- sierung" (Schäffer, 2009: i.E.), die er von einer „interpretierenden Sinnbildung"

---

[66] Schäffer weist auch auf den umgekehrten Weg einer „transkonjunktiven Codierung" (Schäffer, 2000: 104, vgl. auch 2003: 400) hin, auf den konjunktive Wissensbestände über Prozesse der „Metaphorisierung, Kondensierung, Stereotypisierung" sich medialen Produkten einschreiben. Dieser Prozess ist Voraussetzung für eine Anschlussfähigkeit konjunktiver Erfahrungs- und Wis- sensstrukturen der RezipientInnen an die der ProduzentInnen, die nicht auf einer Vereinnah- mung und Hereinnahme in den eigenen Erfahrungsraum beruht. Da in dieser Arbeit keine Pro- duktanalyse stattfindet, gehe ich auf diesen Aspekt nicht weiter ein.

(ebd.), die im Medium des kommunikativen Sinnes abläuft, abgrenzt. Aktualisiert werden dann in der Rezeption die bereits bestehenden konjunktiven Erfahrungs- und Wissensstrukturen, es handelt sich um eine Form der Vereinnahmung, „also eine Angleichung an [...] Bekanntes, die nur vor dem Hintergrund ihres spezifischen kollektiven Habitus Sinn macht" (Schäffer, 2009: i.E.). Wie sich in den weiteren Analysen zeigen wird, ist bei der Rezeption von Filmen ebenso eine verstehende Sinnbildung anzutreffen (vgl. dazu Kap. 6), in der nicht nur Orientierungen aktualisiert und reproduziert, sondern auch restrukturiert und modifiziert werden. Auch Krischke-Ramaswamy (2008) hat in einer empirischen Studie – allerdings bezogen auf die Rezeption populärer Musik – darauf hinweisen können, dass in der spezifisch ästhetischen Erfahrung von Rezeptionsgegenständen ein „Verstehen" (2008: 229) stattfinden kann, das tendenziell zu einer Horizonterweiterung führt und über die – derzeit viel untersuchte – Integration des Rezeptionsgegenstands in das Alltagsgeschehen (ebd.) wie auch das Befriedigen „soziale[r] und psychische[r] Bedürfnisse" (ebd.) hinausgeht. Ähnlich stellt auch Michel in Bezug auf die Bildrezeption die Frage, inwiefern Bilder „nicht mehr nur *auf Basis* eines Habitus rezipiert, sondern *zur Basis* des Habitus werden – der Habitus läge dann der Rezeption von Bildern nicht mehr *voraus*, sondern ‚bildet' sich in der Auseinandersetzung mit den unterschiedlichen Bildwelten" (Michel, 2006: 398, H.i.O.)

Die entsprechende grundlagentheoretische Arbeit wurde vor allem von Ralf Bohnsack geleistet, der das Konzept der Aneignung aus Perspektive der praxeologischen Wissenssoziologie folgendermaßen fasst: „Aneignung basiert also auf der Chance von Kongruenzen zwischen den konjunktiven Erfahrungsräumen der Medienproduzent(inn)en einerseits und der Rezipient(in)en andererseits. Diese Kongruenzen bewegen sich auf der Ebene eines handlungsleitenden, also die Praxis orientierenden (Erfahrungs-)Wissens, welches weitgehend implizit oder atheoretisch bleibt. Eine Aneignung setzt ein Verstehen voraus, d.h. Aneignung ist dann möglich, wenn es den Rezipient(inn)en gelingt, mit ihrem eigenen konjunktiven Erfahrungswissen an das medial vermittelte Wissen anzuschließen – wenn also beispielsweise in einem Film Situationen einer Handlungspraxis inszeniert werden, in denen sich Handlungsprobleme und Handlungsorientierungen einer Praxis dokumentieren, die Homologien, also strukturelle Ähnlichkeiten, zu selbst erfahrenen Situationen der eigenen Praxis der Rezipient(in)en aufweisen" (Bohnsack, 2009a: 130, Geimer 2009, 2010: i.E.).

Michel (2009: i.E.) spricht auch von dem Habitus als „Recipiens" und „Recipiendum" um begrifflich den Unterschied zwischen einer durch den Habitus geprägten Form der Medienrezeption und einer den Habitus prägenden Form der Medienrezeption (im Sinne einer Aneignung) zu markieren. Hinsichtlich des Gegenstandsbereichs dieser Arbeit und der Rezeption von Filmen wird zu zeigen sein, dass entsprechende Praktiken der Herstellung einer Anschlussfähigkeit zwischen der eigenen Alltagspraxis und einer filmisch inszenierten Alltagspraxis bestehen, die eine praxisleitende Erfahrungs- und Wissensstrukturen modifizierende also habitus-bildende Wirkung entfalten. Davon wird im weiteren empirischen Teil (Kap. 6) und in der Diskussion desselben die Rede sein. Hier wird sich zeigen, dass in der produktiven Aneignung von Filmen im Zuge einer spezifisch ästhetischen Erfahrung eine weitere Möglichkeit der Modifikation habitueller Wissensstrukturen zu sehen ist.

Gemäß der Logik und Terminologie der praxeologischen Wissenssoziologie kann in diesem Kapitel der Begriff der Rezeptionsmodi von Filmen zunächst weiter präzisiert werden und sich ein konturierteres Bild davon gemacht werden. Dazu ist auch die terminologische Unterscheidung unterschiedlicher Formen von Orientierungsfiguren, die das praxisrelevante und handlungsleitende konjunktive oder das kommunikativ-generalisierte, allgemeine Weltwissen (Common Sense) strukturieren nützlich: Bohnsack unterscheidet zwischen Orientierungsschemata und Orientierungsrahmen als Unterformen von Orientierungsmustern bzw. Orientierungsfiguren (Bohnsack 2006a). Orientierungsschema sind solche in die Alltagspraxis eingelassenen sozialen Organisationsprinzipien, die vor allem das kommunikative Wissen nach Mannheim organisieren. Das heißt, sie sind auf der begrifflich-theoretischen Durchdringung der Welt angesiedelt, den Menschen weitestgehend kognitiv-reflexiv verfügbar und dienen der interpretativ-definitorischen Herstellung der Wirklichkeit und Definition gemeinsamer Situationen. Im Sinne der praxeologischen Wissenssoziologie werden in der formalen Rezeptionsweise, in welcher ein Film als Ressource zur Welterfahrung erscheint, vor allem Orientierungsrahmen des konjunktiven Wissens an das Filmmaterial angelegt. Im Unterschied zu den in Kap. 4 diskutierten Ansätzen, und vor allem den Cultural Studies, möchte ich, auch um der inflationären Verwendung des Begriffs entgegen zu wirken, mit Bohnsack (2009a: 130) erst dann von einer Aneignung sprechen, wenn sich die Rezeption nicht auf der Ebene des Interpretierens, sondern eines solchen Verstehens (im Sinne Mannheims) bewegt. Insbesondere diesen Rezeptionsmodus gilt es in den weiteren Analyen als eine spezifische Praktik der Rezeption empirisch zu validieren und zu spezifizieren. Er lässt sich auch anhand einer Gegenüberstellung mit dem Konzept einer subjektiven Aneignung im Sinne der parasozialen Interaktion (Hippel 1992, 1993), bspw. von Charlton (1996) und Charlton / Neumann-Braun (1992), schärfen.

Die Autoren greifen auf Mead und dessen Kommunikations- und Identitätstheorie (1998) zurück, um das Konzept der parasozialen Interaktion auszuarbeiten. Kommunikation ist nach Mead ein Prozess, der auf der Übernahme der Perspektive bzw. Rolle des anderen beruht. Diese Rollen- bzw. Perspektivübernahme ist also die Fähigkeit, sich selbst aus dem Blickwinkel eines anderen zu sehen und daran sein eigenes Handeln auszurichten (vgl. Mead, 1998: 107ff.). Charlton und Neumann-Braun zufolge geschieht in jeder Rezeption eben eine solche Rollenübernahme bezogen auf „Medien-Charaktere" (1992: 87). Dies ist allerdings nicht im Sinne einer empathischen Identifikation zu verstehen (Hippel, 1992: 136): „Der Begriff der Perspektivenübernahme enthält diese Implikation nicht. Aber ohne sich in den sozialen Kontext hineinzuversetzen, hätte der Zuschauer keine Möglichkeit, die soziale Bedeutung der Handlung zu verstehen" (Charlton, 1996: 88).

Das Verstehen eines Films setzt demnach stets ein ‚Sich-in-die-Lage-des-Anderen-Versetzen' voraus. Dabei setzt allerdings das in der Kommunikation mitlaufende Selbstbewusstsein nicht aus. Der Zuschauer hat „die Differenz zwischen der beobachteten Episode und seinem eigenen Leben, zwischen den dargestellten Charakteren und sich vor Augen" (Charlton / Neumann-Braun, 1992: 89). Das heißt die Perspektivenübernahme erfolgt bei zeitgleicher Distanzierung, welche durch die Selbstbeobachtung und die Aufmerksamkeit auf die eigenen Reaktionen, ein Selbstbewusstsein des Zuschauers, gegeben ist. Die Autoren sprechen in diesem Sinne von einer reflexiven Spiegelung: Im „Prozess der reflexiven Spiegelung kommt der Spannung von Teilhabe und Distanz, von Identifikation und reflexiver Distanzierung eine wichtige Rolle zu" (ebd.: 87). Oder an anderer Stelle zu jenem „Aspekt der Spiegelung: Ein Rezipient nimmt an dem wahrgenommenen Mediengeschehen teil, lebt mit, übernimmt Rollen von Medien-Charakteren. […]" (ebd.: 85). Damit muss der Rezipient, um das Handeln der Medienfiguren zu verstehen, sich in ihre Lage versetzen. Zugleich kann er so, deren Lage und ihr Handeln darin mit seiner Lage vergleichen. Dadurch kommt es zu jenem „Looking-Glass-Effekt" (nach Cooley 1902): „Der Rezipient reflektiert sich selbst im Spiegel des parasozialen Anderen" (Charlton / Neumann-Braun, 1992: 87). Die Film-Zuschauer-Interaktion hat so eine dialogische Struktur: Der Rezipient reagiert gewissermaßen auf sich selbst als ein anderer, dessen Perspektiven er übernommen hat. Während die Rollenübernahme das Verstehen ermöglicht, so macht jene Intrakommunikation der Reaktion auf sich selbst (als ein anderer) den weiteren Deutungsprozess aus, in welchem „man mit sich selbst über die Möglichkeit der Zustimmung zum eigenen Handeln und zur Anerkennung der eigenen Person verständigt" (Charlton,1993: 13).

Wenn man davon ausgeht, dass das Subjekt im Prozess der Rezeption in einen derartigen Dialog mit sich selbst tritt, in dem eine Filmlesart intraindividuell ausgehandelt wird, kann man „keine scharf umrissene Grenze zwischen der Medienaneignung durch innere und äußere Dialoge ziehen" (Charlton, 1996: 90). Erneut wird nun aber auch hier jegliche Perspektivübernahme zur Aneignung. Jenes ‚Verstehen' der sozialen Bedeutsamkeit der Handlung, für das eine generelle Perspektivübernahme notwendig ist, findet eben nicht vor dem Hintergrund existenzieller und konjunktiv-gebundener Wissensstrukturen statt, es handelt sich im Sinne Mannheims und der praxeologischen Wissenssoziologie eher um ein Interpretieren, das auf dem kommunikativ-generalisierten allgemeinen Weltwissen beruht und das notwendig ist, der Logik eines Filmes überhaupt folgen zu können (was hier nicht interessiert und vor allem ein Forschungsanliegen kognitionswissenschaftlicher Ansätze ist, vgl. Kap. 3). Genau das ist dieser Arbeit zufolge nicht die Ebene, auf der Aneignungsprozesse stattfinden. Dieser Unterschied wird auch deutlich in der Bedeutsamkeit des Dialogs eines Zuschauers mit sich selbst, die Charlton Rezeptionsprozessen zuschreibt. Nach Mead ist bekanntlich jedes Denken ein „nach Innen verlegtes Gespräch" (Mead, 1998: 86) – vgl. auch die Bemerkungen Meads (ebd.: 131) zum „Wesen der reflektiven Intelligenz" –; gerade ein derart kognitiv-reflexiver Zugang zum Film anhand eines kommunikativ-generalisierten Weltwissens entspricht nicht jenem Verstehen auf einer impliziten und atheoretischen Ebene des Wissens, die in dieser Arbeit vorrangig interessiert und auf der Aneignungsprozesse konzipiert werden.

5 Dokumentarische Interpretation von Film-Nacherzählungen

5.1 Methodisches Vorgehen: Rekonstruktion des Dokumentsinns

Im Weiteren ist es daran, jene Aspekte des Umgangs mit Filmen hinsichtlich der Anschlussfähigkeit der selbst erlebten Alltagspraxis (und diese strukturierende Orientierungen) an die filmisch inszenierte Praxis im Rezeptionsmodus Film als Ressource zur Welterfahrung weiter zu konkretisieren und die bisherigen Ergebnisse zu validieren, um bisher unterbelichtete Aspekte des Umgangs mit Filmen in den Blick zu nehmen. Im Zuge der Validierung ist es notwendig, den Beforschten Äußerungsspielräume über Filme zu schaffen, in denen sich der bisher rekonstruierte Rezeptionsmodus erneut rekonstruieren lässt, sich die entsprechende Struktur der Praxis erneut dokumentieren kann (und durch das Auffinden von Heterologien auch weitere Praktiken ggf. entdecken lassen können). Es muss also die Möglichkeit bestehen, dass sich die nämlichen Homologien der Äußerungsgestalt der Beforschten, die bereits zur Rekonstruktion jenes Rezeptionsmodus führten, erneut abbilden. Da von allen InterviewpartnerInnen gleichfalls schriftliche Nacherzählungen eines spezifischen Films vorliegen, besteht eine solche Möglichkeit der Konkretisierung und Validierung jenes Rezeptionsmodus im Umgang mit Filmen als eine Rezeptionspraxis (und teilweise die beispielhafte Untersuchung der Orientierungsrahmen, die in dieser Form der Bezugnahme auf Filme in Anwendung kommen). Das Vorgehen entspricht einer methodeninternen Daten-Triangulation (Flick, 2004: 27ff.), die nicht auf eine erweiterte Gegenstandkonstitution (methoden-externe Triangulation) oder etwa den Nachweis objektiver Gültigkeit der Ergebnisse zielt.

Sowohl Interviews wie auch die Film-Nacherzählungen wurden mittels der dokumentarischen Methode analysiert. Es ist die Aufgabe dieser Interpretationsweise der qualitativ-rekonstruktiven Sozialforschung im Sinne einer praxeologischen Wissenssoziologie die Organisationsprinzipien von konjunktiven Erfahrungsräumen herauszuarbeiten.[67] Für ein solches kontrolliertes Fremdverstehen

---

[67] Die dokumentarische Methode wurde zunächst anhand der Analyse von Gruppendiskussionen (mit Real-Gruppen) entwickelt, was insofern nahe liegt, als dass in der gemeinsamen Interaktion kollektive Sinnbildungsprozesse stattfinden, in denen sich die gemeinsamen Erfahrung- und Wis-

ist ein systematischer „Bruch mit den Vorannahmen des Common Sense" (Bour-dieu, 1996: 278) notwendig, um nicht bei der lokalen Bedeutungsaushandlung und auf einer expliziten Ebene des Wissens zu verbleiben[68] und stattdessen die Strukturierung der Alltagspraxis auf der impliziten Ebene des Wissens rekon-struieren zu können. Bohnsack unterscheidet dieses praktische Wissen auch in Anlehnung an Heidegger von einem „theoretischem ‚Welt'-Erkennen" (Heideg-ger, zitiert nach Bohnsack, 2007: 181). Auf der Ebene eines solchen theoreti-schen Welterkennens ist uns jegliche Um-Welt nicht unmittelbar gegeben, son-dern durch das Medium der Reflexion vermittelt. Erhebliche Teile unseres All-tagslebens sind von dieser Wissensform dominiert: wir müssen uns verständlich machen gegenüber Personen, die uns nicht oder kaum kennen, wir müssen dann Sachverhalte erläutern, die uns selbstverständlich scheinen und die anderen sich zunächst nicht erschließen. Die dokumentarische Methode setzt mit ihrer Analy-se eben nicht auf dieser Ebene des Wissens an. Mannheim zufolge „erfassen wir […] beim Verstehen der geistigen Realitäten, die zu einem gewissen Erfahrungs-raum gehören, die besonderen existentiell gebundenen Perspektiven nur, wenn wir uns den hinter ihnen stehenden Erlebniszusammenhang irgendwie erarbeiten (Mannheim, 1980b: 272). Es geht hierbei um die Rekonstruktion des dokumenta-rischen Sinns von Äußerungen. Diesen Dokumentsinn grenzt Mannheim ab vom „intendierten Ausdruckssinn" und „objektiven Sinn" (Mannheim, 1964: 104). Den Unterschied erläutert er an folgendem Beispiel: „Ich gehe mit einem Freun-de auf der Straße, ein Bettler steht an der Ecke, er gibt ihm ein Almosen" (ebd.: 105).

Der objektive Sinn dieser Handlung, der unabhängig von Intentionen oder Motiven oder der Art und Weise wie sie ausgeführt wird (bspw. gleichgültig, genervt, freigiebig), ist Mannheim zufolge die ‚Hilfe'. Daneben verbindet der Freund auch eine Absicht mit seiner Handlung, es besteht somit eine „zweite Sinnschicht: die des Ausdruckssinns. Diese zweite Art des Sinns ist im Unter-schiede von der ersten dadurch charakterisiert, daß sie keineswegs jene Ablös-barkeit vom Subjekt und dessen realen Erlebnisstrom besitzt, sondern nur darauf bezogen, nur aus diesen ‚Innenweltbezug' heraus ihren völlig individualisierten Sinn erhält" (ebd.: 107). Diese Sinnschicht besteht aus der Intention oder dem Motiv, das der Handelnde mit seinem Tun und Lassen verknüpft und jenem Sinn wie „er vom ihn ausdrückenden Subjekt gemeint, im bewusstseinsmäßigen Da-

---

sensstrukturen niederschlagen (vgl. Bohnsack 2008). Sie ist jedoch ebenso zur Interviewanalyse geeignet (vgl. Nohl 2006), wie zur Analyse von Bildern, Videos und Filmen (vgl. Bohnsack 2009a) sowie von Beforschten selbst produzierten Texten (wie im weiteren dieser Arbeit deutlich wird).

[68] „Eine Beobachterhaltung, welche ihre Wissenschaftlichkeit unter Beweis stellen will, kann nicht lediglich die Common Sense Theorien nachzeichnen" (Bohnsack, 2007: 182).

raufgerichtetsein intendiert war" (ebd.). Dies kann gleichgesetzt werden mit der „Motivationsrelevanz" (Schütz / Luckmann, 2003: 286ff.) im Sinne der Schütz'schen Wissenssoziologie. Anders als für Schütz jedoch, ist für Mannheim diese Sinnschicht kein zentraler Gegenstand wissenssoziologischer Analysen. Vielmehr gibt es eine dritte Sinnschicht, in der nicht das (intendierte) Was der Handlung, sondern das Wie, der „modus operandi" (Bohnsack, 2008: 60), interessiert: „In diesem Falle kommt es mir gar nicht darauf an, was der Freund objektiv getan, geleistet hatte, auch nicht darauf, was er durch seine Tat ausdrücken ‚wollte', sondern das was durch seine Tat, auch von ihm unbeabsichtigt, sich für mich über ihn *dokumentiert*" (Mannheim, 1964: 108, H.i.O.). Der Dokumentsinn der Handlung des Hilfeleistens, die mit dem subjektiven Motiv „Mitleid kundzugeben" (ebd. 107) verknüpft gewesen sein mag, ist der „Beleg für ein substantielles Wesen" (ebd. 108). Das heißt in dem Dokumentsinn spiegeln sich grundlegende Erfahrungs- und Wissensstrukturen, also (das in Kap. 4 erläuterte) konjunktiv gebundene Wissen im Sinne Mannheims bzw. der Habitus im Sinne Bourdieus. So kann sich die Hilfe des Freundes auf dieser Sinnebene als Heuchelei entpuppen, wie Mannheim dies in seinem Beispiel ausführt.[69] Eine solche Analysehaltung lässt sich auf alle Handlungsweisen des Freunds (bzw. generell die Handlungspraxis der Beforschten) ausdehnen: „In dieser Richtung kann ich alle seine Objektivationen auffassen, seine Miene, sein Gebärdenspiel, sein Lebenstempo, sein Sprachrhythmus, verharre ich in dieser interpretativen Einstellung, so bekommt jede seiner Regungen und Handlungen eine neue ‚Deutung'" (Mannheim, 1964: 108).

Eben diese Sinnschicht des Dokumentarischen zu bergen, ist das Hauptanliegen der dokumentarischen Methode. Rekonstruiert werden dann handlungsleitende und praxisrelevante Orientierungen, die in spezifischen konjunktiven Erfahrungsräumen wurzeln. Anders als in vielen anderen Studien auf der Basis der dokumentarischen Methode geht es mir im Weiteren nicht lediglich darum, spezifische Orientierungen auf der Ebene des konjunktiven Wissens zu rekonstruieren. Vielmehr zielt die Rekonstruktion auf den modus operandi, also darauf, wie spezifische Orientierungen durch die ProbandInnen mit den von diesen im Film identifizierten Sinnmustern in Relation gesetzt werden. Es handelt sich folglich um Modi der Sinnkonstitution, die von spezifischen Orientierungen ebenso ablösbar sind wie von spezifischen Filmen (also in unterschiedlichen Varianten

---

[69] Panofsky, von dessen Habitus-Konzept auch Bourdieu beeinflusst war, und der sich wiederum an Mannheim orientiert hat, führt eben diese dokumentarische Sinnschicht anhand der Analyse des alltäglichen Hutziehens vor (1975: 36ff). In der ikonologischen Interpretation interessiert er sich für die Spezifik des ‚Wie' des Hutziehens (als Erläuterung für das Interesse an der Spezifik der Herstellung der Darstellungen in der Bildenden Kunst). Zum Zusammenhang zwischen Mannheim, Panofsky und der dokumentarische Methode vgl. ausführlicher Bohnsack (2005b).

einer Film-Zuschauer-Interaktion bzw. allgemein Produkt-Person-Relation auftreten können). Mit dem in Kap. 2 rekonstruierten Rezeptionsmodus Film als Ressource zur Welterfahrung handelt es sich um eine habitualisierte Praxis, welche das Anlegen unterschiedlicher (persönlichkeits- oder milieu-, geschlechts- bzw. generationsspezifischer) Orientierungsrahmen an ästhetische Strukturen und das Herstellen eines Passungsverhältnisses zwischen selbst erlebter Alltagspraxis und filmisch inszenierter Praxis bedeutet.

5.2 Interpretationspraxis der dokumentarischen Methode

Die Analysearbeit mittels der dokumentarischen Methode[70] ist gekennzeichnet von einer zentralen Leitunterscheidung, die jener zwischen kommunikativ-generalisiertem Wissen und konjunktiv gebundenem Wissen (Mannheim 1980b und Kap. 4) entspricht: Einer formulierenden Interpretation von Sinngehalten sowie einer reflektierenden Interpretation von Sinngehalten. Auf Ebene der formulierenden Interpretation ist es daran, den thematischen Gehalt eines Textes (Gruppendiskussion, Interview, Alltagskommunikation oder auch von den Beforschten erstelltes schriftliches Dokument) festzustellen. Dazu werden thematische Verläufe und Reformulierungen des Inhalts angestellt, wobei der Text zunächst in Oberbegriffe, Überschriften oder Themen gegliedert wird. In diesem Analyseschritt bewegt sich die Interpretation konsequent innerhalb des Relevanzrahmens der Beforschten, das heißt es werden (noch) keine Deutungen angestrebt. Die Auswahl von Passagen für die reflektierende Interpretation folgt anhand dreier Kriterien: Thematische Relevanz im Kontext der Forschungsfrage, den Relevanzen der Befragten sowie der Vergleichbarkeit der Passage mit weiteren (fallinternen und fallübergreifenden) Passagen des Materials.

Während die thematische Relevanz als das eigene Forschungsinteresse zunächst gegeben ist – allerdings ändert es sich im Laufe der Analysearbeit und den Interpretationsdurchgängen –, können die Relevanzen der Beforschten anhand der sequentiellen Struktur des Datenmaterials herausgearbeitet werden und als Fokussierungsmetaphern identifiziert werden. In Gruppendiskussionen sind dies vor allem Passagen, die sich durch eine „besondere interaktive Dichte und besonderes Engagement auszeichne[n]" (Bohnsack, 2008: 135). In Interviews

---

[70] Es bestehen viele sehr gute und ausführliche Darstellungen zum konkreten Vorgehens der dokumentarischen Methode, ihren erkenntnistheoretischen Grundlagen und methodologischen Vorannahmen, so dass ich hier keine weitere Gesamtdarstellung hinzufügen möchte (vgl. vor allem Bohnsack 2008, Nohl 2006, Przyborski 2004, Przyborski / Wohlrab-Sahr 2008 oder die Arbeiten in Bohnsack / Nohl / Nentwig-Gesemann 2001). Ich beziehe mich im Weiteren lediglich auf die Textinterpretation; zur Bild- und Filminterpretation siehe Bohnsack (2009a).

handelt es sich um dichte Erzählungen und Beschreibungen, die ebenfalls „dramaturgische Höhepunkte" (Bohnsack, 2006b: 67) und so Erlebniszentren der Beforschten anzeigen können. „Fokussierungsmetaphern" (ebd.) sind damit Passagen einer gesteigerten „metaphorischen Dichte" (ebd.). Indikator für diese Verdichtung sind nicht nur das Auftreten „starker *begrifflicher* Metaphern, sondern vor allem die Verwendung *szenischer* Metaphern, das sind Beschreibungen und Erzählungen von (relativ) hohem Detaillierungsgrad, in denen zentrale Orientierungen ihren metaphorischen Ausdruck finden" (Bohnsack, 2006b: 67, H.i.O.). Die Suche nach Fokussierungsmetaphern ist in erster Linie aus forschungspragmatischen Gründen anzuraten. Gemäß der (ebenso konversationsanalytischen) Prämisse „Order at all Points" (Sacks, 1984: 22) können anhand des gesamten Materials Homologien aufgespürt werden, anhand denen sich die Aussagengestalten strukturierende Orientierungen rekonstruieren lassen; sie sind jedoch erheblich schneller und verlässlicher mittels Fokussierungsmetaphern, in denen sie sich verdichten, zu finden.

In der formulierenden Interpretation wird also das Thema, das Was dieser Passagen herausgearbeitet. In der reflektierenden Interpretation geht es hingegen (insbesondere anhand der Analyse von Fokussierungen) um das Wie dieser Passagen, die Art und Weise wie ein Thema von den Beforschten behandelt wird. Dieser Wechsel der Beobachterhaltung, – den Bohnsack mit Luhmann als Wechsel von der Beobachtung erster Ordnung zu einer Beobachtung zweiter Ordnung bezeichnet[71] – entspricht einer Methodisierung der Mannheim'schen Analyse des dokumentarischen Sinngehalts. Ziel dieser Analyse ist die Rekonstruktion von Organisationsprinzipien konjunktiver Erfahrungsräume und der dadurch bedingte spezifische modus operandi einer Praxis sowie die Orientierungen, die dabei zur Anwendung kommen und die Praxis strukturieren.[72] Diese Orientierungen werden dann besonders kenntlich, wenn die Befragten selbst implizit Vergleichshorizonte aufspannen, vor denen sich in positiver oder negativer Weise das behandelte Thema abhebt: „Der Rahmen ist zunächst durch die Gegenhorizonte identifizierbar, innerhalb dessen das Thema abgehandelt wird. […] Nega-

---

[71] Der Beobachter zweiter Ordnung beobachtet *wie* der Beobachter erster Ordnung beobachtet (vgl. Luhmann (1990: 86, und im Kontext der dokumentarischen Methode: Bohnsack, 2008: 201).

[72] Zumeist handelt es sich hier um Orientierungsrahmen des konjunktiven Wissens anstatt Orientierungsschemata, die das kommunikative Wissen strukturieren (vgl. Bohnsack, 2006: 132). Aus gegebenem Anlass können aber ebenso Strukturen des Common Sense-Wissens untersucht werden, also die Art und Weise wie bspw. Akteure ihre Praxis legitimieren, diese selbst interpretieren und explizite Entwürfe von sich und ihren Handlungen einander präsentieren. Wenngleich sich die dokumentarische Methode vor allem für die praxisrelevanten und handlungsleitenden Tiefenstrukturen des Wissens interessiert, so ist sie für andere Aspekte des Common Sense nicht blind; zumeist aus Gründen des Forschungsinteresses wie der Relevanzen der Beforschten, die sich vor allem in Orientierungen des konjunktiven Wissen bilden, allerdings weniger daran interessiert.

tive und positive Gegenhorizonte sind wesentliche Komponenten des Erfahrungsraums einer Gruppe. Sie konstituieren den Rahmen dieses Erfahrungsraums" (Bohnsack, 2008: 136).

Diese Orientierungen gemäß konjunktiven Erfahrungsräumen sind, wie bereits mehrfach betont, nicht singulär, sondern im Plural zu denken. Da Menschen unterschiedlichen Erfahrungsräumen angehören, sind daher stets auch verschiedene soziale Organisationsprinzipien zu rekonstruieren, welche die Alltagspraxis strukturieren. Diese Orientierungsfiguren können auch je nach Thema unterschiedlich dominant sein. So kann die Behandlung eines Themas von einem milieuspezifischen Orientierungsrahmen geprägt sein, die Behandlung eines anderen von einem generationsspezifischen. Eine Überlagerung kann ebenfalls dazu führen, dass eine Verschachtelung an Erfahrungsräumen vorliegt und je milieu- und zugleich generationsspezifische Erfahrungsräume für das Vorhandensein von bestimmten Orientierungsrahmen verantwortlich sind. Beispielweise kann das Thema ,Zweiter Weltkrieg' von Männern der am Krieg beteiligten Generation anders verstanden und verarbeitet werden als von Frauen der beteiligten Generation. Nicht betroffene spätere Generationen können sich gemeinschaftlich von der beteiligten Generation unterscheiden, zugleich aber können sie auch in sich wiederum erhebliche Unterschiede aufspannen, bspw. hinsichtlich (bildungs-)milieubezogener Erfahrungsräume. Es ist leicht nachzuvollziehen, dass solche Verschachtelungen / Überlagerungen erhebliche Komplexität annehmen können. Dennoch ist es zumeist so, dass bestimmte Orientierungen primäre handlungsleitende Funktion annehmen und in der Alltagspraxis keine stetige Neukonstitution der täglich auftretenden Gegenstände, Sachverhalte und Beziehungen durch unterschiedliche (etwa von verschiedenen Erfahrungsraumüberlagerungen geprägte) Orientierungen stattfindet: „Da uns im Diskurs unterschiedliche Erfahrungsräume übereinander gelagert begegnen […] haben wir es mit unterschiedlich ineinander geschachtelten Orientierungsfiguren zu tun, von denen eine jedoch zumeist im Fokus es gemeinsamen Erlebens der Gruppe steht und somit den übergreifenden (*Orientierungs*-)Rahmen bildet" (ebd., H.i.O.)

Die Rekonstruktion der primär praxisrelevanten und handlungsleitenden Orientierungsfiguren erfolgt methodisch durch eine systematische komparative Analyse. Die dokumentarische Methode legt auf die „empirische Fundierung der Vergleichshorizonte (ebd.: 137) gesteigerten Wert. Erst sie ermöglicht die Kontrolle der Standortgebundenheit der ForscherInnnen, was durch eine lediglich gedanken-experimentelle Variation von Vergleichshorizonten – wie in der Objektiven Hermeneutik (Oevermann et al. 1979, Przyborski / Wohlrab-Sahr, 2008: 297, Bohnsack 2008) üblich – nicht zu gewährleisten ist. Der dezidiert komparative Zugang betrifft sowohl die fallinterne (Berücksichtigung unterschiedlicher Dimensionen und Passagen eines Falles) als auch die fallübergreifende Analyse

(Berücksichtigung unterschiedlicher Fälle in unterschiedlichen, vergleichbaren Dimensionen). Hier gilt es der Wahl des tertium comparationis besondere Aufmerksamkeit zu schenken (Przyborski / Wohlrab-Sahr, 2008: 297).

In der fallinternen Analyse ist es daran, Homologien in der Bearbeitung eines bestimmten Themas wie ggf. der Bearbeitung unterschiedlicher Themen aufzuspüren, was zur Herausarbeitung von Organisationsprinzipien konjunktiver Erfahrungsräume (Orientierungsrahmen) führt. Diese sind zugleich in der komparativen Analyse mit anderen Orientierungsfiguren (Bildung von Heterologien wie Homologien) zu kontrastieren, die sich in einem anderen Fall (Interview oder Gruppendiskussion oder Alltagsgespräch) auf die entsprechende Weise dokumentieren. Auf diesem Wege gelangt die dokumentarische Methode zu einer empirisch gesättigten Typenbildung. Jede Orientierungsfigur ist so der Hintergrund einer anderen, vor der sich diese wiederum als eine Orientierungsfigur abhebt. Es ist selbstverständlich, dass dies nicht in einem Materialdurchgang zu erledigen ist, sondern mehrere Interpretationschleifen erfordert.

Von erheblicher Bedeutung für den Interpretationsprozess ist neben der komparativen Analyse die sequenzanalytische Vorgehensweise (vgl. Bohnsack, 2008: 195). Mit Nachdruck hat bereits Garfinkel auf die sinnkonstituierende Bedeutung der Sequenzialität von jeglichen Äußerungen und Handlungen hingewiesen; erst durch diese ist die Indexikalität von Äußerungen aufzulösen, wobei auch er explizit auf die dokumentarische Methode nach Mannheim Bezug nimmt (siehe unten). Garfinkel spricht von der grundlegenden Vagheit und Interpretationsbedürftigkeit aller Äußerungen als Indexikalität (Garfinkel, 1967: 5f., 1973: 204, 1976: 131).[73] Dieser Verweischarakter und Sinnüberschuss von Zeichen muss durch den Bezug auf einen Kontext geregelt sein, damit Zeichen interpretierbar sind. Diese Anbindung von Äußerungen an einen Kontext nennt Garfinkel die Reflexivität von Zeichen. Durch ihre Reflexivität (i.S.v. ‚Zurückgebundenheit') sind Zeichen entindexikalisierbar, das heißt interpretierbar und verstehbar. Dieser Hintergrund / Kontext, vor dem Zeichen sich als ‚verstehbar' abheben, bleibt zumeist unbemerkt: „an invariant but unnoticed background of everyday life". Garfinkel vergleicht auch mittels der bekannten Eisberg-Metapher (Garfinkel, 1967: 173): Wir nutzen Ausdrücke und vollführen Handlungen, die ein Zehntel der eigentlichen Situation ausmachen und die auf die unbemerkten und nicht hinterfragten neun Zehntel – an „trusted, taken for granted features of a situation" (ebd.) – verweisen, also auf jenes Routine- und Alltagswissen, welches das Fundament all unserer Aktivitäten darstellt. Diese Akti-

---

[73] Bei der Ausarbeitung seines Indexikalitäts-Konzepts bezieht sich Garfinkel auf Wittgenstein und Husserl (vgl. Garfinkel, 1976: 143ff.). Husserl spricht von „occasionellen Ausdrücken" und meint „Gelegenheitsausdrücke", die ihre Bedeutung erst aus konkreten Situationen erhalten (vgl. Garfinkel, 1973: 202).

vitäten sind prospektiv und respektiv orientiert, weisen in die Vergangenheit auf einen Kontext und antizipatorisch in die Zukunft als Kontext für zukünftige Anschlüsse (vgl. Garfinkel, 1967: 93). Die dabei sukzessive stattfindende Aufschichtung von Sinn gilt es in ihrer Sequenzialität zu interpretieren. Diese Entindexikalisierung von Äußerungen durch den Bezug auf ihren Kontext, der im Sprechen stetig mitproduziert wird, erfolgt nach Garfinkel nach der dokumentarischen Methode. Garfinkel hat diese von Karl Mannheim entlehnt (Garfinkel, 1967: 78, 1973: 199), ohne allerdings je auf die Bedeutung, die Mannheim jener in seinem eigenen Werk beigemessen hat, einzugehen.

Nach der dokumentarischen Methode im Sinne Garfinkels besteht eine Deutung daraus, das zu deutende Element als ‚Hin-Deutung', als Verweis auf ein Muster, als ‚Dokument' eines Musters zu sehen.[74] Die dokumentarische Methode ist demzufolge jene Alltagsmethode der Entindexikalisierung indexikalischer Ausdrücke, die durch die Reflexivität der Ausdrücke ermöglicht ist; in einfachen Worten: Man versteht demnach Äußerungen und Handlungen immer auf der Folie eines Hintergrundmusters, das sequenziell herangezogen und zugleich entfaltet wird. Während es Garfinkel aber ganz entscheidend um solche Hintergrundmuster geht, die allen verfügbar sind (Common Sense) und mittels derer in spezifischen lokalen Situationen Intersubjektivität produziert wird, interessiert sich die dokumentarische Methode nach Bohnsack vor allem für konjunktiv gebundene Hintergrundmuster (Orientierungsrahmen) und die Praktiken ihrer Anwendung, die in Gemeinschaften / Erfahrungsräumen konstituiert werden und durch die sich Gemeinschaften / Erfahrungsräume konstituieren. Die dokumentarische Methode der praxeologischen Wissenssoziologie geht also über den Aspekt der situativen Bedeutungskonstruktion und Herstellung von Intersubjektivität anhand des Common Sense hinaus.

---

[74] Garfinkel demonstriert dies an einem Experiment: Zehn Studierende werden einem Versuchsleiter gegenübergestellt, der ihnen als Therapeut vorgestellt wird und demgegenüber sie ihre aktuellen Probleme vorbringen sollen. Sie glauben dabei, dass eine Therapieform erprobt werden soll, in der ihr ‚Therapeut' lediglich mit Ja oder Nein auf Fragen antwortet. Die Antworten aber sind nach einem zufälligen Muster verteilt. Es stellte sich dabei heraus, dass die Studierenden die zufälligen Antworten tatsächlich als Antwort auf ihre Fragen verstehen. Garfinkel hat damit die kreative Sinnfindungsfunktion des „Adjancy Pairs" (Paarsequenzen, Nachbarschaftspaare), das später ein zentrales Forschungsgebiet der Konversationsanalyse wird (vgl. Sacks et al. 1976), vorweggenommen. Weiter hat er festgestellt, dass die Studierenden im Lauf der Interaktion alte Antworten mittels neuer Antworten neu beleuchten und so das, was ihnen ‚eigentlich' geraten wurde, konstruieren, indem sie es sequentiell herausarbeiten (vgl. Garfinkel, 1967: 89ff.). Dabei dienen der Interaktionsverlauf, sowie das Allgemeinwissen und darin angelagerte Typisierungen (Familie, Arbeit, Beruf, Studium, Freizeit, usw.) als Hintergrundmuster, durch das sie den Sinn der zufälligen Äußerungen des Therapeuten interpretieren. Garfinkel spricht von dieser Interpretationsarbeit als ‚work of documenting' und meint damit die lokale, kontextgebundene und methodisch-sequenzielle Herstellung von Sinn und damit einhergehende Produktion von Intersubjektivität.

Die strikt sequentielle Interpretation (ggf. ausgewählter Passagen) hinsichtlich der (ggf. wechselseitigen und dialogischen) Aufschichtung von Sinnstrukturen ist neben der komparativen Analyse der entscheidende Aspekt der reflektierenden Interpretation. In der Berücksichtigung der Sequenzialität jeglicher Äußerungen als entscheidender Voraussetzung für die Rekonstruktion von Orientierungsmustern oder Deutungsmustern treffen sich denn auch unterschiedliche Methoden wie die Objektive Hermeneutik (Oevermann et al. 1979) und die dokumentarische Methode (Nohl, 2006a: 52). Entsprechend macht auch Wagner (1999: 61ff.) sinntheoretische Ähnlichkeiten in beiden Verfahren aus und bezieht sich in seinen Bemerkungen zur „Grundlegung einer rekonstruktiven Sozialforschung" (ebd.: 27) vor allem auf die Sinntheorie Meads, welche ähnlich wie schon Garfinkel auf die sequentielle Emergenz von Sinnstrukturen hinweist (z.B. Mead, 1998 [1934]: 115).

5.3 Erhebung und Analyse der schriftlichen Film-Nacherzählungen

Die Jugendlichen hatten zum Verfassen der Nacherzählungen keinerlei zeitliche Beschränkung. Die Nacherzählungen wurden unmittelbar nach der Filmrezeption in größeren Gruppen (15-30) angefertigt. Zwischen Filmrezeption und Nacherzählung fand keine Pause und beide Prozesse fanden unter Anwesenheit wissenschaftlichen Personals statt. Auf Fragen jeder Art zum Film durfte von dem Personal nicht geantwortet werden. Der Narrationsanreiz für das Nacherzählen, auf den bei Nachfragen verwiesen wurde, war möglichst offen formuliert und umfasste „das was in dem Film passierte", „wie man es wahrgenommen hat" und „was man davon hält und wie man den Film eigentlich findet".[75] Die Nacherzählungen wurden möglichst ohne Veränderungen transkribiert, das heißt, es wurden Absätze und Zeilenumbrüche, welche die Schreibenden vorgenommen haben, übernommen. (Dies ist zur besseren Übersicht mit dem Symbol ‖ gekennzeichnet.) Darüber hinaus wurden auch Rechtschreib- und Grammatikfehler nicht korrigiert. Durchstreichungen wurden, soweit sie lesbar waren, ebenfalls übernommen.[76]

---

[75] Die Jugendlichen wurden außerdem darauf hingewiesen, dass es sich nicht etwa um einen Erinnerungstest handelt und man auch ansonsten weder besser oder schlechter abschneiden kann, es uns also nur um ihre Sichtweise geht.

[76] Für die quantitative Analyse der Film-Nacherzählungen im DFG-Projekt „Kommunikatbildungsprozesse Jugendlicher zur Todesthematik und filmische Instruktionsmuster" wurden die Nacherzählungen standardisiert hinsichtlich der Rechtschreibung, um wortwörtliche Filmzitate automatisiert auffinden zu können (vgl. zur Methode der quantitativen Analyse: Geimer / Lepa 2006 und zu den Ergebnissen: Lepa / Geimer 2007, Geimer / Lepa / Ehrenspeck / Hackenberg 2007).

Die formulierende und reflektierende Interpretation orientierte sich schon aus forschungspragmatischen Gründen der vergleichsweise raschen wie einer möglichst validen Rekonstruktion von Orientierungen insbesondere an Fokussierungsmetaphern, in denen sich Orientierungen der Beforschten verdichten (Bohnsack, 2006b: 67). In Interviews und Gruppendiskussionen sind dies Momente besonderer interaktiver oder erzählerischer Dichte (szenische Metaphern) auf der Ebene der performativen Organisation der Interaktion. Während hinsichtlich des Schreibens kaum solche Fokussierungen auf einer performativen Ebene auszumachen waren – Ausnahmen: viele Durchstreichungen und Neuformulierungen, was auf potenzielle Irritationen hinweist–, so ließ sich durchaus eine metaphorische Dichte im Wie des Erzählens und Beschreibens identifizieren. Im Sinne der dokumentarischen Methode handelt es bei Passagen gesteigerter Detaillierung und (impliziter) engagierter Positionierung um Fokussierungsmetaphern; also solche Passagen, in denen sich eine besondere Verdichtung der eigenen Orientierung einem Film gegenüber dokumentiert, ohne dass im Voraus zu beurteilen wäre, wie denn diese Orientierung strukturiert ist – eben das herauszufinden war die Aufgabe der weiteren Analysetätigkeit. Ziel ist also, Zentren herauszuarbeiten, in denen sich Orientierungen besonders niederschlagen. Dazu waren auch begriffliche Metaphern hilfreich. Im Sinne von Mollenhauer (1993: 32) handelt es sich mit diesen gewissermaßen um „ästhetische Metaphern",[77] die im Schreibfluss auftauchen, dabei diesen unterbrechen oder strukturieren. Solche ästhetischen Metaphern lassen sich nicht ohne Kontext definieren, sondern nur relativ zu den restlichen Äußerungen in einem Text identifizieren. Es handelt sich folglich keinesfalls um Ausdrücke von besonderem ästhetischen ‚Wert' im Sinne einer stilistischen und künstlerischen ‚Qualität'.[78] Sie implizieren lediglich eine engagierte Positionierung zu dem gesehenen Film bzw. stellen mehr oder weniger explizite Fokussierungen auf die dem Film zugeschriebene Bedeutung dar.

Zumeist finden sich diese ästhetischen Metaphern, wenn nicht berichtet wird, was der Film zeigt, sondern wie er das tut und wie eben das auf den/die Schreibende/n wirkt. Sie bedeuten daher eine zumeist eher implizite Kontextuierung des Filmes mit außerfilmischem Wissen oder Erfahrungen. Oft leiten diese ästhetischen Metaphern Passagen einer impliziten, detaillierten und engagierten

---

[77] Mollenhauer bezieht sich allerdings auf Metaphern, welche der Versprachlichung musikalischer, ästhetischer Erfahrungen dienen.

[78] Solche Formen des Schreibens über einen Film sind kaum konfundiert mit der schriftsprachlichen Ausdruckfähigkeit, dies betrifft lediglich deren Elaboriertheit. Wer allerdings nicht (in Deutsch) schreiben konnte, konnte an der Studie nicht teilnehmen, weswegen bildungsferne Randgruppen nicht berücksichtigt werden konnten. Ich sehe allerdings keinen Anlass, diesen etwa die Möglichkeit zu ästhetischen Erfahrungen anhand von Filmen abzusprechen, kann dazu aber keine näheren Angaben machen.

Selbstverortung gegenüber dem Film ein oder dienen der expliziten Heraushebung eigener Relevanzen. Was indessen nicht in seiner Ganzheit berücksichtigt wurde, ist das ledigliche Nacherzählen der Filmgeschichte. Dies zumal die Nacherzählung der Geschichte von erheblich argumentativ-theoretisierenden Darstellungen geprägt ist, in welchen versucht wird den logischen Kern des Geschehens zu erfassen und wiederzugeben. Es ist somit (analog zur Textsortentrennung bei der Interviewanalyse) sinnvoll, zu unterscheiden zwischen der Nacherzählung des Films selbst und der Beschreibung des Umgangs mit dem Film bzw. impliziten Hinweisen auf diesen Umgang; insbesondere hinsichtlich solcher Darstellungen der Praxis des Umgangs mit dem Film, in welchen auch Bezüge zu der vom Film dargestellten Praxis deutlich werden. Gerade diese Bezüge stehen nicht im Rahmen einer theoretisierenden Interpretation des Films oder Faktendarstellung der Filmgeschichte, sondern werden stark metaphorisch entfaltet. Es wurden daher Passagen ausgewählt, in denen sich genannte ästhetische Metaphern und/oder explizite Kontextuierungen des Films mit Außerfilmischem finden lassen. (Diese Passagen sind in den Transkripten kursiv gekennzeichnet). Solche Passagen finden sich in vielen (und in allen im Sample vertretenen) Nacherzählungen, aber nicht in allen durchgeführten. Es gibt schließlich keinen Grund anzunehmen, dass Personen stets von Filmen zu irgendeiner mehr als beiläufigen und zerstreuten Rezeption angeregt werden *müssen* (vgl. Kap. 2.5).

Die entsprechend ausgewählten Passagen wurden strikt sequenzanalytisch interpretiert. Die dokumentarische Methode trägt dabei der sukzessiven Aufschichtung von Sinn in jeglichen Äußerungen (ob in Interviews, Gruppendiskussionen, Alltagsgesprächen oder Film-Nacherzählungen) Rechnung. Die bislang einzigen (deutschsprachigen) Studien, die ebenfalls schriftliche Nacherzählungen zur Rekonstruktion von Film-Rezeptionen nutzten (Charlton 1993, Charlton 1997a und Geimer et al. 2007)[79], verzichteten darauf und entwickelten Kategoriensysteme für eine inhaltsanalytische Untersuchung (Ehrenspeck / Geimer / Lepa 2008). Dieses Vorgehen kann in einem spezifischen Untersuchungsdesign schlüssig und angebracht sein, ist aber nicht unproblematisch. Bereits die Forschergruppe um Charlton et al. (1997a) hob selbstkritisch hervor, dass zu einer differenzierten Erfassung von Rezeptionsweisen die „linguistischen Strategien" (ebd.: 60) der Befragten herauszuarbeiten sind – und bemängelte am eigenen Kategoriensystem, dass diese nicht ausreichend berücksichtigt werden konnten, so dass die Ergebnisse der Rezeptionsanalyse zu einem guten Teil „unbefriedi-

---

[79] In einer weiteren Studie wurden in zumindest in ähnlicher Weise Erinnerungsprotokolle herangezogen, zum Beispiel zu PRETTY WOMAN (USA 1990, dt.: ebenso), um anhand dieser Protokolle dann Aspekte der weiblichen Identitätskonstruktion zu untersuchen. Das Interpretationsverfahren bestand aus einer nicht ausführlich bestimmten „Kombination aus Ideologiekritik, Diskursanalyse und Sprachanalyse" (Hipfl, 1996: 209).

gend" (ebd.: 58) ausfielen. Wenngleich das differenzierte und quantitativ-explorativ hergestellte Kategoriensystem der Studie zu „Kommunikatbildungsprozessen Jugendlicher zur Todesthematik und filmische Instruktionsmuster" (Lenzen / Ehrenspeck / Hackenberg 2005) diesbezüglich erheblich weitergehende Analysemöglichkeiten erarbeiten konnte (Geimer et al. 2007), bedeutet dennoch die fehlende Berücksichtigung der sequentiellen Strukturiertheit des Materials aus Perspektive einer spezifisch qualitativ-rekonstruktiven Sozialforschung wesentliche Hinweise auf die den Interpretations- und Verstehensleistungen zugrunde liegenden Organisationsprinzipien zu vergeben.

5.4 Möglichkeiten und Grenzen des Untersuchungsdesigns

Das Untersuchungsdesign dieser Arbeit ist teils relativ untypisch für eine qualitativ-rekonstruktive Studie, was vor allem auf das Erhebungsinstrument der schriftlichen Film-Nacherzählung zurückgeht. Aus drei Gründen kann dieses problematisiert werden. Erstens sorgt die Notwendigkeit der schriftlichen Äußerung dafür, dass einige Jugendliche aus stark bildungsfernen und (vor allem zugleich) fremd- und nicht muttersprachlichen Milieus nicht im Sample vertreten sind und somit für eine eingeschränkte Generalisierungsfähigkeit der Ergebnisse (vgl. die Bemerkungen zum Sampling in Kap. 2.1). Weiter unterliegt die Schriftlichkeit der Äußerungen gewissen standardisierten Einschränkungen der Ausdrucksmöglichkeiten, die – zweitens – eine subjektzentrierte und weniger kollektiv geprägte Kommunikationssituation produzieren, welche – drittens – dem alltäglichen Kommunikationsgeschehen zuwider geht bzw. in diesem nicht auftritt. Das Argument gegen die vorliegende Materialsorte lässt sich weitgehend entkräften, da nicht ausschließlich soziogenetische Entwicklungsprozesse entscheidend zu bestimmten Praktiken der Rezeption führen, sondern zumindest auch psychogenetische (wie in der Ergebnisdarstellung am Beispiel der Bedeutung der Krankheitsgeschichte von Arnia für ihre Rezeptionspraxis zu sehen ist, vgl. Kap. 6.1.1), insofern ist eine stärker subjektzentrierte Erhebungsform, die auf die fallspezifische Besonderheit mehr Rücksicht nimmt (wie auch Einzelinterviews), auch gerechtfertigt.[80] Das dritte Argument hingegen, das gegen die

---

[80] In der komparativen Analyse ist es allerdings möglich, diese fallspezifische Besonderheit auch im Kontext etwa milieu-, geschlecht- oder generationsspezifischer Erfahrungsräume zu verorten (z.B. hinsichtlich eines milieuspezifischen Umgangs mit der eigenen Krankheit anhand von Filmen), was kein Anliegen dieser Arbeit ist. Anzumerken ist lediglich, dass subjektzentrierte Erhebungsformen nicht lediglich Einzelfallanalysen produzieren. In diesem Sinne sind auch die Praktiken der Rezeption von Filmen nicht an den Einzellfall gekoppelt und im komparativen Vergleich erschlossen; allerdings mit dem Ergebnis einer Typologie von Praktiken und nicht Personen, denen nun etwa jeweils *ausschließlich* eine Praxis zuzuordnen wäre.

Herstellung von ‚unnatürlichen' – im Sinne von im Alltag nicht auftretenden – Erhebungssituationen spricht, lässt sich nicht völlig entkräften, aber dahingehend relativieren, dass jene Einschränkungen durch das Erhebungsinstrument in der Interpretation zu berücksichtigen sind.

Entsprechend kennen elaborierte, qualitativ-rekonstruktive Verfahren und die dokumentarische Methode auch eine spezifische Weise der Interpretation von narrativ-biografischen Interviews oder Gruppendiskussionen, welche auch in der Alltagspraxis so nicht auftreten. In diesem Sinne kann man das Schreiben über einen Film also nicht als eine Praxis verstehen, deren Analyse nur ermöglicht, Unterformen dieser Praxis des Schreibens über einen Film zu identifizieren. Dieser Vorwurf reflektierte nicht, dass es sich hier um ein „qualitatives Experiment" handelt (Kleining 1986), das zum Ziel hat, Praktiken der Rezeption und Verarbeitungsstrategien von Filmen zu rekonstruieren, die in der Alltagsinteraktion nur bedingt äußerlich beobachtbar und am Alltagsverhalten ablesbar stattfinden. So meint auch Reckwitz in Bezug auf Interviews und der diesen gegenübergebrachten Skepsis von Seiten der praxisorientierten Sozialforschung: „Interviews ‚über' die Praktiken und ihr Wissen sind eben nicht die Praktiken selbst. Aber die geäußerte Rede im Rahmen von Interviews kann ein Mittel liefern, um indirekt jene Wissensschemata zu erschließen, welche die Praktiken konstituieren (vor allem im Falle von *Praktiken, die selber wenig natürliche Rede enthalten*)" (Reckwitz, 2008b: 196f., H.n.i.O.). Einer Analyse des Nacherzählens von Filmen ist daher nicht vorwerfen, dass dieses (zudem in schriftlicher Form) keine Kommunikationsform ist, die im Alltag nicht auftritt und eigene Gesetzmäßigkeiten als eine artifizielle „kommunikative Gattung" (Luckmann 1986) mit sich bringt. An dieser Stelle ist vielmehr geltend zu machen, dass die dokumentarische Methode, wie auch andere anspruchsvolle rekonstruktive Verfahren, sich im Kern gar nicht interessieren für die Gegenständlichkeit der Praxis selbst, d.h. für „die Faktizität dessen, was dort passiert, sondern die von den Akteuren mit diesen Ereignissen verbundenen Orientierungen. Denn nur diese Orientierungsmuster, also die das Handeln leitenden und orientierenden (individuellen oder kollektiven) Wissens- und Erfahrungsbestände, sind es, die diesem Handeln Dauer und Kontinuität verleihen" (Bohnsack 2006c: 83). Dabei ist die Natürlichkeit der Erhebungssituation bzw. der Praxis in der Erhebungssituation also (wie für die meisten Forschungsfragen der qualitativen Forschung) gar nicht entscheidend. Entscheidend ist, dass den Beforschten die Möglichkeit gegeben ist, in der Erhebungssituation ihre Praxis zum Gegenstand der Darstellung zu machen[81] (hier

---

[81] In dieser Hinsicht sind spezifische Textsorten, in denen sich die Orientierungen der Beforschten niederschlagen, für die Interpretationsarbeit entscheidend (vgl. dazu das vorhergehende Kapitel 5.3 und die Bemerkungen zu detaillierten Beschreibungen und ästhetischen Metaphern im Sinne von Fokussierungsmetaphern der dokumentarischen Methode).

spielt die methoden-interne Triangulation von Film-Nacherzählungen eine entscheidende Rolle). Diese Überlegungen gelten insbesondere dann, wenn man Formen einer Praxis rekonstruieren will, die lediglich zu einem relativ geringen Anteil aus äußerlich beobachtbaren Verhaltensweisen, Interaktionen oder Kommunikationen besteht – dann bleibt gar kein anderer Weg als das Durchführen eines qualitativen Experiments; und umgekehrt: Als nicht gangbar ist hier gerade das Beobachten lediglich der Praxis des Umgangs mit Filmen selbst zu sehen.

Zudem ist vor dem Hintergrund des Gesagten weiter nicht anzunehmen, dass etwa alle Aspekte der Rezeption nur in der Interaktion ihren Niederschlag finden, noch dass lediglich jenes, was seinen Niederschlag in Interaktionsprozessen findet, von Relevanz für den Rezeptionsprozess wäre. Vielmehr bestehen flüchtige Praktiken der Rezeption und Aneignung von Filmen, die sich der unmittelbaren Beobachtung des Umgangs mit Medien selbst entziehen. Daher wäre eine ethnografische Beobachtung der sich nur bedingt in äußerlich beobachtbaren (sozialen) Aktivitäten niederschlagenden Praktiken der Herstellung eines Passungsverhältnisses zwischen selbst erlebter Praxis und filmisch dargestellter Alltagspraxis wenig zielführend. Es käme gerade hinsichtlich der Untersuchung von Praktiken der Rezeption von Filmen einer enormen Verkürzung des Praxisbegriffs gleich, lediglich äußerlich beobachtbare Anteile der Alltagspraxis zu untersuchen, denn häufig werden hier viele Aktivitäten, die sonst die Alltagspraxis kennzeichnen, vermieden, z.B. durch das Kommunikationsverbot im (Wohnzimmer-)Kino.

Auch wenn schriftliche Film-Nacherzählungen als Datenmaterial dieser Studie partiell problematisiert werden können, besteht ein erheblicher Vorteil der schriftlichen Film-Nacherzählungen gegenüber den Interviews darin, dass erstere die Rezeption eines bestimmten Films betreffen. Dadurch sind ggf. Homologien zwischen den Äußerungen über verschiedene Filme und deren Rezeption und Äußerungen über die Rezeption eines spezifischen Film rekonstruierbar, so dass jener Rezeptionsmodus, in dem Filme als Ressource zur Welterfahrung erscheinen, als eine Rezeptionspraxis herausgearbeitet werden kann sowie ggf. weitere Rezeptionspraktiken gefunden werden können. Der Film, welcher der konkrete Anlass der schriftlichen Film-Nacherzählung ist, steht dabei weniger im Vordergrund und findet nur insoweit Berücksichtigung als die Äußerungen der Beforschten in ihrer Bezugnahme auf diesen zu verstehen sind. Diese Arbeit möchte folglich nicht unterschiedliche Lesarten und Rezeptionsweisen eines spezifischen Films ermitteln und einander gegenüberstellen, sondern habitualisierte Praktiken der Rezeption von Filmen generell rekonstruieren, welche sich in der Rezeption eines spezifischen Films wie in den Interviews über den Umgang mit Filmen (anhand von Homologien in der Aussagengestalt) zeigen lassen. Das Vorgehen ruht also der Annahme auf, dass sich die zu rekonstruierenden Praktiken der Rezeption von einem spezifischen Film ablösen lassen und nicht etwa Produkt oder Effekt nur eines bestimmten Filmes sind. Die empirische Analyse ist dabei auf der Ebene der sinngenetischen Typenbildung der dokumentarischen Methode angelegt und es wird keine systematische soziogenetische (oder auch psychogenetische) Sinnbildung angestrebt (Bohnsack, 2008: 150ff.), in der analysiert würde, wie diese Praktiken der Rezeption unter welchen sozialen Bedingungen entstanden sind. Dies aus einem weiteren Grund: Es zeichnete sich schon bei der Interviewanalyse ab, dass das Auftreten eines der beiden rekonstruierten Rezeptionsmodi nicht durch Exklusivität gekennzeichnet ist; es handelt sich damit um eine Typologie von Praktiken, welche nur in manchen Fällen habituell exklusiv verankert sind und die selbst nicht an spezifische Orientierungen geknüpft sind. (Während diese Praktiken bspw. milieuunabhängig sind, ist nicht milieuunabhängig, bei welchen Filmprodukten die Praktiken der Rezeption zum Tragen kommen.)

Darüber hinaus würde es schlicht den Rahmen dieser Arbeit sprengen, zusätzlich medienbiografische Erfahrungen der Jugendlichen, also Informationen über deren (Medien)Sozialisation, mit einzubeziehen, um die Genese der Rezeptionspraktiken nachzuzeichnen. Da – wie auch Baacke / Sander / Vollbrecht (1991: 252, vgl. Sander / Vollbrecht 1989) herausstellen – zudem eine Medienbiografie nicht losgelöst von der Biografie bzw. eine Mediensozialisation nicht losgelöst von der Sozialisation (Hoffmann 2007 oder Vogelsang 1994) zu denken ist, wäre demzufolge ein ganz erheblich umfassenderes Forschungsdesign notwendig. In diesem wäre auch grundlagentheoretische Arbeit erst noch zu leisten, da zwar vereinzelt medienbiografische Studien bestehen, aber „ohne daß sich jedoch ein anderen Forschungsgebieten vergleichbarer Theorie- und Empiriebestand medienbiographischer Forschung herausgebildet hätte" (Sander / Vollbrecht, 1989: 16, vgl. Sander / Lange 2005). Das gilt auch hinsichtlich eines Konzepts der Mediensozialisation, weshalb Hoffmann (2007: 11) feststellt, dass ein solches bisher „kaum theoretisch fundiert und insbesondere für empirische Zwecke kaum operationalisiert worden ist" (vgl. auch Kübler 2009). Eine valide soziogenetische Verankerung der hier zu rekonstruierenden Praktiken müsste sich aber der Aufgabe einer Ausarbeitung eines medienbiografischen bzw. mediensozialisatorischen Ansatzes stellen, wenn sie nicht kausalgenetisch lediglich Praktiken bestimmten sozialen Kategorien (Milieus, Geschlechtern z.B.) zuschreiben möchte, sondern konstitutionslogisch angeben möchte, worin diese Praktiken gründen und wie sie sich ausgebildet haben. Ein solches Vorgehen bedeutete nicht nur die Erhebung und Auswertung weiteren Materials, sondern auch eines veränderten theoretischen Bezugsrahmens und die Erarbeitung eines medienbiografischen und mediensozialisatorischen Ansatzes, der den Anforderungen einer praxeologischen Rezeptionsforschung gerecht würde.

5.5 Informationen zum Film THE OTHERS

Damit die Analysearbeit auch dort nachvollzogen werden kann, wo gegebenenfalls einige Rückgriffe auf die Filmgeschichte notwendig sind, wird die Handlung im Folgenden (unhintergehbar auf Grundlage meiner eigenen Interpretation)
kurz skizziert sowie einige Hintergrundinformationen zum Film gegeben.

THE OTHERS (dt. ebenso)[82] spielt 1945 auf der britischen Kanalinsel Jersey. Dort lebt die allein erziehende Mutter Grace mit ihren beiden Kindern Nico-
las und Ann. Ihr Mann Charles kämpft zu Beginn des Films im zweiten Weltkrieg für England. Grace erzieht ihre beiden Kinder streng katholisch, zum Beispiel glauben diese an den Limbus als eine spezifische Form der Hölle. Allerdings stellt sich im Laufe des Films heraus, dass Grace die katholische Lehre
zwar streng, aber nicht so genau nimmt. Denn ihre Kinder bemerken eines Tages, dass der Limbus nicht eine Hölle für Kinder, sondern lediglich für ungetauf-
te Kinder ist. Die beiden immer wieder auch gegenüber der Mutter opponieren-
den Geschwister leiden offenbar an einer schweren Lichtallergie und vertragen
keine direkte Sonnenlichteinwirkung. Deswegen sind alle Räume, in denen sie
sich bewegen stets verdunkelt. Der Zuschauer erfährt davon gleich zu Beginn des
Films als Grace drei neue Bedienstete (Kindermädchen Mrs. Mills, Gärtner Mr.
Tuttle und stumme Dienstbotin Lydia) in die Gepflogenheiten und Regeln im
Haus einweist.

Der Alltag der Familie ist immer wieder durch mysteriöse Zwischenfälle
gestört, die den Anschein erwecken, dass es in diesem Haus spukt: Türen öffnen
und schließen sich ohne sichtbares Zutun, seltsame Geräusche erscheinen uner-
klärlich. Ann berichtet schließlich gar von einer Begegnung mit einer geheim-
nisvollen Frau. Nachdem Grace auch noch ein Album voller Fotografien von
toten Menschen entdeckt, die in dem Haus gelebt haben und dort gestorben sind,
beschließt sie den Priester aufzusuchen und um Hilfe zu bitten. Bei diesem
kommt sie jedoch aufgrund des dichten Nebels, der das Haus umschließt, nicht
an. Stattdessen trifft sie im Nebel unverhofft auf ihren vom Krieg anscheinend
zurückgekehrten Mann, der sie zurück ins Haus begleitet. Das Verhalten von
Charles erscheint zunächst merkwürdig: Möglicherweise traumatisiert vom
Krieg spricht er kaum und verlässt das Bett nicht. In der Zwischenzeit glaubt
Grace in ihrer Tochter (bei der Anprobe eines Kommunionskleids) eine alte Frau
bzw. Geist zu sehen und attackiert diese. Ann sucht daraufhin Hilfe und die Aus-
sprache mit dem lethargischen Vater, was man lediglich durch die Hausange-
stellte Mrs. Mills erfährt. Am nächsten Morgen hat Charles das Haus und die
Familie wieder verlassen. Zusätzlich fehlen auch alle Vorhänge, welche die Kin-

---

[82] Genretheoretische Überlegungen zu THE OTHERS und ähnlichen zeitgenössischen Filmen finden
sich in Geimer 2006a sowie Geimer 2006b.

der vor dem Licht schützen sollen. Dies und der Verlust des Manns und Vaters der Kinder sowie die Befürchtung vor Eindringlingen (die die Vorhänge abgenommen haben) erträgt die mittlerweile panische Grace nur schwer.

Grace sperrt schließlich die Kinder in ein Zimmer, aus dem diese nachts fliehen können, um im Garten nach ihrem verschwundenen Vater zu suchen. Dort stoßen sie auf Grabsteine, auf denen der Name der neuen Hausangestellten eingraviert ist. In eben diesem Moment findet Grace erneut Totenbilder, nun die der Hausangestellten, die bereits 1891 gestorben sind. Die Kinder rennen erschrocken von der gleichen Entdeckung des Geisterstatus der Hausangestellten zurück ins Haus, wo Grace sie bereits mit einem Gewehr empfängt, das sie auf die Hausangestellten richtet, die den Kindern folgen. Nachdem der Schuss nichts ausrichtet, erfährt Grace von den drei Gespenstern, dass sie an Tuberkulose gestorben sind. Sie geben ihr zu verstehen, dass die Welten der Lebenden und Toten nicht immer getrennt existieren. Die Kinder haben sich derweil im oberen Stockwerk des Hauses versteckt, wo sie Zeuge einer Seance werden, in welche Ann eingreift. Das Medium, eine alte Frau, erfährt von Ann, dass diese und ihr Bruder wie auch ihre Mutter ebenfalls schon tot sind. Grace hat ihre Kinder (aus Einsamkeit, Verzweiflung, Überlastung oder welchen Gründen auch immer) mit einem Kissen erstickt und sich selbst erschossen. Seitdem geht die kleine Familie in dem Haus als Gespenster umher – ohne davon Kenntnis zu nehmen. Der Vater ist demzufolge an der Front gestorben (was jedoch so nicht expliziert wird) und kam als Geist nach seinem Tod vorbei. Das Haus wurde mittlerweile verkauft und die neuen Inhaber haben die Seance in Auftrag gegeben. Kurz vor Ende entschuldigt sich Grace bei ihren Kindern und gesteht ihnen ein, dass sie auch nicht weiß, wo sie sich befinden; generell nicht mehr weiß als die Kinder selbst. Mrs. Mills macht daraufhin der kleinen Familie Hoffnung auf ein gutes Leben als Gespenster in dem Haus, die anderen (Lebenden) seien nicht immer zu bemerken. Der Film endet damit, dass die Familie, die das Haus kaufte und die Seance in Auftrag gab, weil sie von Grace und ihren Kindern sich gestört fühlten, abreist.

Nicole Kidman erhielt für ihre Rolle als Grace eine Nominierung für den Golden Globe Award. THE OTHERS gewann bei 15 Nominierungen neun Goyas (spanischer ‚Oscar'): bester Film, beste Regie, bestes Drehbuch, bester Schnitt, beste Kamera, bester Ton, beste Kostüme, beste Ausstattung, bester Produzent. Der Film war – wie die Vielzahl der Goyas anzeigt – vor allem in Spanien ein außerordentlicher Erfolg, lief hierzulande aber auch relativ erfolgreich im Kino (3.742.418$ Umsatz). Die große Mehrzahl der Jugendlichen hatte ihn noch nicht gesehen. Von den im Folgenden vorgestellten fünf Jugendlichen des Samples gaben zwei an den Film zu kennen.

6 Typologie der Rezeptions- und Aneignungspraktiken von Filmen

6.1 Rezeptionspraxis der (re)produktiven Aneignung (Arnia)

6.1.1 Film-Nacherzählung und Informationen zur Person

- Geschlecht: weiblich
- Alter: 20
- Bildung: Abitur, zum Befragungszeitpunkt: Studentin
- Nationalität: Deutsch (kein Migrationshintergrund)
- katholisch / nicht religiös erzogen (1) / selbst nicht religiös (2) laut Fragebogen (1-6)
- Bildung der Eltern: Abitur (Mutter), Hauptschulabschluss (Vater)
- Beruf des Vaters: Geschäftsführer in einem mittelständischen Unternehmen
- Beruf der Mutter: Sekretärin (des Vaters)
- keine Angabe zur Filmbekanntheit
- Starke Verständnisprobleme (6) laut Fragebogen (1-6)
- Film-Nacherzählung:

Der Film Auf den ersten Blick handelt der Film von einer alleinerziehenden Mutter, die mit ihren zwei Kindern in ein altes Herrenhaus auf einer der Inseln vor England einzieht, um sie dort abseits vom Grauen des zweiten Weltkriegs großzuziehen. Das etwa 7-jährige Mädchen und der etwa 5-jährige Junge leiden anscheinend an einer Krankheit, die es ihnen verbietet sich dem Sonnenlicht auszusetzen, weil sich sonst ihre Haut entzünden würde. Im Herrenhaus sind deswegen in den Räumen, in denen sich die Kinder bewegen, stets die Vorhänge verschlossen, darauf legt die Mutter sehr großen Wert. ‖

Der Familienvater hatte Frau und Kinder eines Tages verlassen, um in den Krieg zu ziehen. Als ein weiterer Grund wird die hohe Belastung durch die Krankheit der Kinder genannt, der er sich nicht länger gewachsen fühlte. Als die Dienstboten Mutter und Kinder eines Nachts aus ungeklärten Gründen verlassen, stehen am nächsten Tag drei neue Dienstkräfte vor der Tür darunter eine alte Frau, die spätere Kinderfrau, ein alter Mann, der spätere Gärtner, und ein junges Mädchen, welches sich um den Haushalt kümmert. Auffällig ist, dass dieses Mädchen stumm ist. ‖

Diesem Haus von der Hausherrin auferlegte goldene Regel besteht darin, dass in einem Raum niemals zwei Türen gleichzeitig geöffnet sein dürfen, weil dem Licht kein Einhalt geboten werden darf. Es gibt einen großen Schlüsselbund mit 15 Schlüsseln, der sich in der Obhut der Kinderfrau befindet. ‖

Hat man zunächst den Eindruck, dass die Mutter der Kinder paranoid, ja gar verrückt geworden ist, weil sie ständig nicht existente Geräusche vernimmt, so wird am Ende des Films klar, dass in dem offenbar wirklich zwei Parallelwelten existieren: die Welt der Lebenden, das heißt die der Mutter und der Kinder und die Welt der Toten, der Dienstboten. Obwohl die Tuberkulosen den Personal, welches in dem Haus gelebt hatte, längst in den Tod geführt hatte, leben sie nun in einer paradoxen Welt, von den Lebenden durchaus wahrgenommen, mit diesen zusammen. ‖

Leben und Tod Verstand und Wahnsinn gehen in dem Film „The Others" Hand in Hand, fällt es doch manchmal schwer gut und böse und Schein und Sein klar voneinander zu unterscheiden. ‖

Nach einem bewegenden Spießrutenlauf der Mutter gegen Ende des Films, wird die dritte Ebene des Films deutlich. ‖

Nachdem Mutter und Kinder entdecken, dass ein Fluch auf dem Haus lastet, das heißt das Personal schon längst tot ist, erstickt die Mutter, deren Lebensaufgabe es stets war ihre Kinder zu schützen, in einem Anfall von Wahnsinn ihre Kinder. Die Begegnung der Tochter mit einem kleinen Kind im Haus namens Victor, welche ihre Mutter und ihr Bruder stets als Kinderei abgetan hatten, kommt an dieser Stelle neue Bedeutung zu. ‖

Es wird klar, dass Victor der Sohn der Familie ist, die momentan in dem Haus lebt. Sie sind lebendig, von Mutter und Kindern sowie den Dienstboten als „Eindringlinge" bezeichnet. Lebende kommen und gehen in diesem Haus, manchmal werden sie von den im Jenseits lebenden wahrgenommen, manchmal nicht. ‖

Als Viktors Familie am Schluss das Haus verlassen, atmen die Verbliebenen auf. Nun haben sie wieder ihre Ruhe. *Vor allem das Bild der Dunkelheit dominiert den Film. Es tuen sich Abgründe auf und die Diffusität und Verschmelzung der einzelnen Ebenen lassen die Handlung, aber auch Leben und Tod wie eine Illusion erscheinen. Wo die Grenzen zwischen Leben und Tod verwischen, wo Rationalität von Irrationalität kaum noch zu unterscheiden sind, berührt der Film und wirft Fragen zu einem Leben nach dem Tod auf.*

Was ist Leben? Wann beginnt der Tod? ‖

Der Film versucht an das Thema Tod heranzuführen, doch natürlich, wie sollte es anders sein, kann auch er die Fragen nicht beantworten. ‖

Ich denke viel über den Tod nach, weil ich schon seit Jahren an einer chronischen Krankheit leide. Der Film hat mir gefallen. Allerdings nicht so gut, als dass ich ihn noch einmal anschauen würde. ‖

Realistischere Filme wie „Mar adentro", die sich auch mit dem Tod beschäftigen bringen mich mehr zum Nachdenken, als Science-Fiction Hollywood Kino.

6.1.2 Zusammenfassung der reflektierenden Interpretation

Im Laufe ihrer Erzählung der Filmgeschichte unterbricht Arnia den Fluss der Ereignisse, um vom „Ende" und dem Plot-Twist wie der Täuschung des Zuschauers durch den Film zu berichten. An diese Zusammenfassung der Auflösung der Verwicklungen, die im Vergleich zu den weiteren Ausführungen weitgehend auf einer theoretisierend-argumentatorischen Ebene der Wiedergabe des Filminhalts verbleibt (und daher nicht detailliert interpretiert wird), knüpft Arnia einen gesonderten kleinen Absatz, in dem sie sich dem Gesehenen gegenüber auf eine engagierte Weise verortet, worin deutlich wird, dass das Thema des Films ihr nahe geht (bzw. sie „berührt", wie sie selbst später im Text und mehrfach im Interview die entsprechende Filmerfahrung benennt). Sie stellt in diesem Absatz in einer stark metaphorisch geprägten Sprache fest, dass „Leben und Tod Verstand und Wahnsinn" in dem Film miteinander verknüpft sind bzw.: „Hand in Hand gehen". Die Metapher aus dem Kontext des Beziehungslebens zeigt an, wie eng sich Arnia diese Verbindung der im Common Sense als separat konzipierten und strikt oppositionell-binär strukturierten Sphären (von Tod / Leben und Verstand / Wahnsinn) in dem Film darstellt.

Während diese Ausführungen „dem Film ‚The Others'" zuzurechnen sind, so gilt dies nicht für den Rest dieses Absatzes. Dieser liefert eine Begründung für den engen Zusammenhang jener im Common Sense getrennt und binär konzipierten Sphären von Leben / Tod und Verstand / Wahnsinn. Der Kern dieser Begründung liegt darin, dass einem Unterscheidungsfähigkeiten verloren gehen können: „fällt es doch manchmal schwer gut und böse und Schein und Sein klar voneinander zu unterscheiden". Dieser Nebensatz, dessen erläuternde Funktion in dem „doch" angezeigt ist, kann sowohl den Film als auch die Alltagswirklichkeit zum Bezugspunkt haben. Versteht man den Film als Bezugspunkt der Begründung, macht Arnia deutlich, warum „Leben und Tod Verstand und Wahnsinn" in dem Film durcheinander gehen – nämlich weil die Akteure nicht unterscheiden können zwischen „gut und böse und Schein und Sein". Versteht man hingegen die Alltagswirklichkeit als Bezugspunkt, macht Arnia die Korrektheit der Inszenierung der Wirklichkeit durch den Film deutlich. Das bedeutet: In dem Film verhält es sich so, wie es sich im (bzw. ihrem) Leben eben auch manchmal verhält; Unterscheidungsfähigkeiten können verloren gehen und ihr (oder Menschen generell) kann es schwer fallen, „gut und Böse und Sein und Schein klar voneinander zu unterscheiden". Diese Doppeldeutigkeit ihrer Äußerung in der Bezugnahme auf eine Film- wie auch die Alltagswirklichkeit ist aus dem unmittelbar umgebenden Ko-Text der Passage (die getrennt in einem Absatz steht) nicht weiter aufzulösen. Allerdings lassen sich den am Ende ihres Texts angefügten, detaillierteren Ausführungen wichtige Hinweise entnehmen.

Nachdem sie den Bericht vom Ende der Filmgeschichte mit der Bemerkung schließt, dass jetzt alle in dem Haus „Verbliebenen" wieder „ihre Ruhe haben", bringt sie noch in dem gleichen Absatz die Feststellung an: „Vor allem das Bild der Dunkelheit dominiert den Film", womit sie erneut eine Fokussierungspassage einleitet, in der ihre Orientierungen in metaphorisch verdichteter Art zum Ausdruck kommen. Dass nicht die Dunkelheit selbst, sondern ihr „Bild", den Film dominiert, weist daraufhin, dass sie mit der Dunkelheit etwas assoziiert, was über die ästhetische Inszenierung von düsteren Lichtverhältnisse hinausgeht (– sonst könnte sie auch bspw. sagen: ‚Dunkelheit dominiert den Film', wie andere die Stimmung des Films qualifizieren). Entsprechend dem metaphorischen Gehalt heißt es auch in dem nächsten Satz: „es tuen sich Abgründe auf", welche bekanntlich zumeist dunkel sind. Das „Bild der Dunkelheit" wird wie die „Abgründe" hier metaphorisch genutzt, und zwar in dem Sinne der Konfrontation mit (eigenen) Vorstellungen, Gedanken oder Gefühlen, welche das Alltagserleben üblicherweise nicht umfasst. Deren Erscheinen bedeutet in erster Linie keine positive, sondern negative (und abgründige) Erfahrung. Wie schon in dem bereits analysierten Absatz, welcher der Wiedergabe der Geschichte eingebettet ist, ist hier erneut nicht expliziert, ob es sich um eine ‚seelische Dunkelheit' und ‚psychische Abgründe' der Filmfiguren handelt oder um die des Zuschauers und die ihrigen. Der nächste Satz bringt jedoch Aufklärung in dieser Hinsicht: Die Ebenen des Films sind nicht deutlich getrennt, sondern von „Diffusität" und „Verschmelzung" gekennzeichnet, wodurch die „Handlung, aber auch Leben und Tod wie eine Illusion erscheinen". Da der „Handlung" von Arnia „Leben und Tod" gegenübergestellt werden (mittels des „aber auch"), lässt sich folgern, dass ihre Äußerungen sowohl auf den Film als auch auf ihre eigene Orientierung bezogen sind. Der Film inszeniert also eine Ununterscheidbarkeit von „Ebenen", sowie eine „Dunkelheit" und „Abgründe", welche die Personen in der Handlung und Arnia in ihrer Alltagspraxis so wahrnehmen.

Diese Berührungspunkte expliziert sie auch im folgenden Satz: „Wo die Grenzen zwischen Leben und Tod verwischen, wo Rationalität von Irrationalität kaum noch zu unterscheiden sind, berührt der Film". Die Ununterscheidbarkeiten prägen sowohl den Film als auch ihre eigene Handlungspraxis. Insbesondere hinsichtlich dieser existenziellen Thematik, „wirft der Film Fragen zu einem Leben nach dem Tod auf", die Arnia dann auch als rhetorische selbst stellt: „Was ist Leben? Wann beginnt der Tod?". Die beiden Fragen stehen dramaturgisch herausgehoben lediglich in einer Zeile, die zugleich einen eigenen Absatz darstellt. Es handelt sich um Fragen, die sich Arnia anhand des Films selbst stellt, bzw. die sich ihr aufgrund einer Krankheit (Diabetes) stellen und denen sie sich stellen muss, wie man später im Text und ausführlich im Interview erfährt. Wie schon der oben interpretierte, metaphorisch dichte Einschub anzeige, entwickelt

Arnia keine in sich geschlossene argumentatorisch-theoretisierende Filminterpretation; vielmehr liegen ihrem Verständnis des Films Verstehensleistungen (im Sinne Mannheims zugrunde), die sich nicht nur aus öffentlichen Diskursen und dem Common Sense, sondern ihrer eigenen selbst erlebten Erfahrung speisen. Dennoch bezieht sie sich in den nächsten Zeilen kurz auf Intentionen der Film-ProduzentenInnen; allerdings nicht auf eine von diesen in dem Film untergebrachte und zu entschlüsselnde Botschaft.

Arnia merkt in einem neuen und erneut kurzen Absatz an, dass der Film „an das Thema Tod heranführen" möchte, aber die von ihm aufgeworfenen Fragen „nicht beantworten" kann – was nach der bisherigen Interpretation ihres Textes nicht verwunderlich ist, weil diese Fragen nicht von ‚dem Film selbst', sondern von Arnia gestellt werden und sich aus der Kopplung ihrer selbst erlebten Alltagspraxis an die filmisch inszenierte Praxis erst ergeben. Dass die Antworten des Films ausbleiben, ist aber auch für Arnia selbstverständlich: Mit „natürlich, wie sollte es anders sein" betont sie gerade diese Selbstverständlichkeit, also dass der Film die von ihm aufgeworfenen Fragen nicht beantworten kann. Aus ihren weiteren Ausführungen wird einerseits deutlich, dass sich Arnia diese Fragen selbst stellt sowie andererseits, warum sie sich ihr stellen bzw. vielmehr: warum sie sich ihnen stellen muss: „Ich denke viel über den Tod nach, weil ich schon seit Jahren an einer chronischen Krankheit leide". Vor dem Hintergrund ihrer krankheitsbedingten Beschäftigung mit dem Tod erschließt sich Arnia den Film. Wie schon durch die metaphorische Sprache angezeigt, bringt Arnia also stark erfahrungsgebundene Wissensbestände in Anschlag im Zuge eines konjunktiven Verstehens des Films. Dabei analogisiert sie eigene Probleme mit denen, welche sich den Figuren in der Handlung stellen, was sich in den doppeldeutigen Formulierungen dokumentierte, die sich nicht deutlich auf ihre eigene, selbst erlebte Alltagspraxis oder die im Film inszenierte Praxis beziehen. Auf diese Art schließt sie mit ihrer eigenen Alltagspraxis an die filmisch inszenierte Praxis an und stellt ein Passungsverhältnis zwischen der eigenen Alltagswelt und der Filmwelt her.

Obschon der Film Arnia zweifellos „berührt" und ihr auch explizit „gefallen" hat, findet sie ihn nicht so gut, dass sie ihn nochmals schauen würde, was sie in einem vorletzten Absatz anmerkt. In ihrem letzten Satz, erneut in einem eigenen Absatz, bringt sie zudem eine Kritik an der ‚Irrealität' der Inszenierung vom Tod in THE OTHERS an, indem sie ihren Text damit schließt, dass „realistischere Filme wie „Mar adentro", die sich auch mit dem Thema Tod beschäftigen", sie mehr „zum Nachdenken" anregen. Das „Science-Fiction Hollywood Kino" ist dazu weniger in der Lage. Zugleich äußert sie damit, dass die Anregung zum Nachdenken ein Qualitätsmerkmal guter Filme für sie ist (zumindest wenn diese für sie existenziell bedeutsame Themen zur Darstellung bringen).

Interessanterweise ist MAR ADENTRO (2004, dt.: Das Meer in mir), den sie als ein Beispiel für ‚bessere' weil „realistischere" Filme mit Bezug zur Todesthematik anführt, vom gleichen Regisseur und ebenfalls von Alejandro Amenábar – wobei ihren Äußerungen nicht zu entnehmen ist, ob ihr dies bewusst war oder nicht. (Im Interview wurde sie darauf hingewiesen und es stellte sich heraus, dass sie den Film nicht bewusst als Film des gleichen Regisseurs angeführt hatte und auch den Namen desselben gar nicht kannte.)

Der Vergleich mit dem Interview lässt Arnias Rezeptionsmodus, in welchem THE OTHERS als Ressource zur Welterfahrung erscheint und ihre Praxis der Herstellung einer Anschlussfähigkeit zwischen im Film dargestellter Praxis und eigener Alltagspraxis weitergehend validieren und konkretisieren.

6.1.3 Vergleichshorizont: Interview zum Umgang mit Filmen

Arnia geht auf einige konkrete Aspekte, die ebenfalls in der Nacherzählung von Relevanz sind, auch in ihrem Interview ein – wie zum Beispiel: das Berührtsein durch Filme oder ihre Krankheit im Kontext ihres Filmkonsums. Hinsichtlich des Berührtseins lässt sich im Interview sehr markant zwischen zwei Formen differenzieren; nämlich einerseits „persönliche Beispiele" von fremden Schicksalen, die sie berühren und andererseits der Aspekt des Berührt-Seins durch die „eigene Lage", welche durch den Film gespiegelt wird. Die „persönlichen Beispiele" sind als eine Konkretisierung einer zuvor bereits von ihr explizierten, gewünschten Erweiterung des Erfahrungshorizonts, die sie sich durch einen guten Film erhofft, zu verstehen. Sie spricht an dieser Stelle von einer Dankbarkeit dafür, dass ein Filmemacher „endlich nen Film zu diesem Thema gemacht [hat], von dem du nich mal wusstest, dass es wichtig ist oder existiert". Besonders intensiv lassen sich solche Themen eben durch jene „persönliche Beispiele" erschließen. Es handelt sich also um solche Themen, die ihr zwar im allgemeinen Weltwissen (kommunikatives Wissen im Sinne der dokumentarischen Methode) verfügbar sind, deren Bedeutung für konkrete Lebensumstände und Biografien anderer Menschen ihr jedoch nicht klar ist:

> *Es gibt natürlich Filme, die einfach durch die realitätsnahe Darstellung verschiedener Probleme, sei es aus irgendwelchen, sei es weil die, aus, über irgendwelche brasilianische, das in irgendwelchen brasilianischen Ghettos spielt oder, dann gibt es andere Filme, was gab es? „Maria voll der Gnade", mit irgendwelchen, mit Frauen, die eben so große Drogenpakete schlucken, wo du einfach berührt bist von dem Thema und denkst, hey Mann, ich lese zwar dauernd irgendwelche Berichte von irgendwelchen, wo eine Sonderorganisation über den Hunger der Welt, die Krankheiten der Welt etc., aber es is doch mal was anderes, das an einem persönlichen Bei-*

spiel so filmisch dargestellt zu bekommen. Das is eine Sache. Und ne andere Sache ist wahrscheinlich...(Arnia, 20)

Sie erläutert die „persönlichen Beispiele" anhand des Films MARIA FULL OF GRACE (2004, dt.: Maria voll der Gnade), der von jungen Frauen in Kolumbien handelt, die „große Drogenpakete schlucken" und mit diesen im Körper in Passagierflugzeugen als Drogenkuriere fungieren. In einem Fall sind die Päckchen nicht korrekt verschlossen und die Frau verstirbt an einer Überdosis während die Dealer ihr die Päckchen aus dem Bauch schneiden (und versuchen ihre Drogen zu retten). Zwar liest Arnia „dauernd irgendwelche Berichte" über derartiges und ähnliche menschliche Katastrophen, z.b. über „Hunger" und „Krankheiten", aber die filmische Darstellung an einem „persönlichen Beispiel" erscheint ihr „doch mal was anderes" und führt dazu, dass sie „einfach berührt" ist. Gerade dies vermag eine „realitätsnahe Darstellung" nicht zu leisten (dazu unten mehr). Diese Form der Berührung entspricht auch weniger jener, die in der Nacherzählung bereits herausgearbeitet wurde. Dort wird die im Film inszenierte Praxis sich anhand der eigenen Alltagspraxis erschlossen (vor allem hinsichtlich der Krankheitserfahrungen) und der Film spiegelt so die eigene Alltagspraxis wieder bzw. diese Rezeptionspraxis führt dazu, dass in einem Film besonders das relevant wird, was in einen konjunktiven Bezug zu eigenen Erfahrungs- und Wissensstrukturen zu bringen ist Diese Rezeptionspraxis, die noch näher zu bestimmen ist, möchte ich *reproduktive Aneignung* nennen – sie wird an weiteren Stellen anderer Nacherzählungen wie Interviews erläutert. An dieser Stelle jedoch begegnen wir zugleich einer anderen, konkretisierten Form des Rezeptionsmodus Film als Ressource zur Welterfahrung, die ich als *produktive Aneignung* bezeichnen möchte und die sich darin äußert, dass zugleich eine Modifikation von Erfahrungs- und Wissensstrukturen vorliegt. Im Falle Arnias liegt hier die primäre Referenz nicht auf dem eigenen Erfahrungsraum, sondern einem fremden, welcher dem eigenen gewissermaßen partiell einverleibt wird bzw. der eigene Erfahrungsraum erweitert sich um zentrale Aspekte.

In der reproduktiven Aneignung werden also eigene Erfahrungs- und Wissensstrukturen gespiegelt oder in das Filmmaterial projiziert, wodurch sich diese verfestigen und sedimentieren (reproduzieren). In der produktiven Aneignung werden hingegen auch partiell neue Erfahrungs- und Wissensstrukturen geschaffen, der Erfahrungsraum gewissermaßen erweitert und Veränderungen gegenüber geöffnet. Dies geht auch aus Arnias Schilderung ihrer Erfahrungen bei der Rezeption des Films LICHTER (dt., 2003) an anderer Stelle des Interviews hervor:

Ich muss sagen, dadurch ist Polen is mir, oder, so generell die Ostländer oder der Osten Europas is mir näher gerückt. Das war ja mal was, was für mich irgendwie völlig fremd war. Also ich meine, ne Freundin von mir is in Leipzig groß geworden, für die is Russland total nah, natürlich, also. Aber für mich, ich hab damit nichts zu tun gehabt. Klar, ich hatte ein paar Polinnen in der Klasse und ein paar Russinnen, aber das war für mich sehr weit weg. Und die Problematik hat mich auch in meinem Studium nich besonders interessiert, aber der Film hat mich so'n bisschen, hat mir so gezeigt, wie nah es eigentlich is und wie Menschen so nah aneinander wohnen können und doch so unterschiedliche Probleme oder so unterschiedliche Voraussetzungen haben können. Da zum Beispiel. Und da hat es natürlich geholfen, dass es, es sind ja so einzelne, es werden ja einzelne Schicksale dargestellt in diesem Film. Und da hat im Prinzip diese Personifizierung der Probleme, so war es ja im Endeffekt, auf jeden Fall, ja, ja, so was ausgelöst. (Arnia, 20)

Während die Freundin einen Bezug zu Osteuropa und der ehemaligen Sowjetunion („Ostländer oder der Osten") hat, weil sie „in Leipzig groß geworden ist", so dass „Russland total nah" war, hatte sie „damit nichts zu tun", woran auch „ein paar Polinnen" bzw. „Russinnen" in der Schule nichts ändern konnten. Diesen Mangel an unmittelbarer Erfahrung der fremden und doch benachbarten Kultur kann der deutsche Film LICHTER partiell beheben, indem er „einzelne Schicksale" zeigt und so allgemein bekannte „Probleme" mit einer „Personifizierung" ausstattet, welche dazu führt, dass sich Arnia weitergehend als bisher in die Lage dieser Menschen versetzen kann und so gewissermaßen ihren Erfahrungsraum erweitert. Sie macht damit ihre eigene Alltagspraxis anschlussfähig an eine fremde und ihr bisher unbekannte Alltagspraxis. Mit dem Hereinholen dieses fremden Erfahrungsraums in den eigenen findet eine spontane Modifikation statt.[83] Ein solcher Effekt der ‚Berührung' durch einen Film ist über eine Kommunikation auf der Ebene des expliziten Common Sense-Wissens kaum zu erzielen, wie oben schon hinsichtlich der „realitätsnahen Darstellungen" deutlich wurde, die von den „persönlichen Beispielen" zu unterscheiden sind. Dieser Unterschied dokumentiert sich besonders darin, dass Arnia eine derartige, ihren Erfahrungsraum modifizierende, Perspektivübernahme nicht gelingen mag anhand von (gerade in jüngster Zeit prominent gewordenen) Dokumentationen, die eine Übernahme bislang unbekannter Perspektiven geradezu forcieren:

Also vielleicht dazu, du hast ja gefragt, ob Filme auch Sichtweisen beeinflussen können. Es gibt ja in letzter Zeit verstärkt oder wahrscheinlich gab's sie oft schon vorher, aber ich hab sie nich wahrgenommen, sehr viele Dokumentarfilme, die aber nich rein dokumentarisch sind, sondern doch, ich mein so à la Michael Moore, die ganzen Umweltsachen, was auch immer, was es da jetzt gab. Das mein ich zum Beispiel nich so. Also genauso wie, wie ich es in Büchern nich mag, wenn mir bestimm-

---

[83] Es handelt sich also einerseits um einen Prozess, in dem eine „Relativität der eigenen Erfahrungs-schemata" (Jörissen / Marotzki, 2009: 26) hergestellt wird, andererseits jedoch gerade nicht in jenem Sinne einer bewusst eingenommenen „Reflexionsposition" (vgl. Kap. 7.3.2).

te Lebensweisheiten praktisch vorgekaut werden, dann mag ich solche Filme auch nich. (Arnia, 20)

Diese Dokumentationen geben vor, wie sie verstanden sein möchten, wie manche Bücher „Lebensweisheiten praktisch vorkau[en]", und ermöglichen gerade dadurch nicht jene Modifikation von konjunktiven Erfahrungs- und Wissensstrukturen. Eine solche setzt das Miterleben von Schicksalen, jene existenzielle Anschlussfähigkeit eigener Erfahrungs- und Wissensstrukturen an einen Film, wie sie oben herausgearbeitet wurde, voraus. Offensichtlich handelt es sich dabei um eine spezifisch ästhetische Erfahrung (siehe dazu ausführlich Kap. 7), die von unterschiedlicher Intensität sein kann.

Im Weiteren der oben untersuchten Passage erfolgt die Ausarbeitung jenes zweiten Aspekts des Berührt-Seins durch Filme, bei dem nicht die Modifikation des eigenen Erfahrungsraums im Vordergrund steht, sondern dessen Spiegelung (reproduktive Aneignung). Arnia markiert deutlich einen Abschluss ihrer Ausführungen zur ersten Form des Berührt-Seins durch Filme (produktive Aneignung) und setzt neu an:

Das is eine Sache. Und ne andere Sache ist wahrscheinlich, ähm, ich glaube, dass du, je nachdem, in was für ner persönlichen Lage du bist, dich Filme auch anders ansprechen, bestimmte Themen auch anders ansprechen. Ich meine, ähm, was auch immer, hmm, wenn ich gerade, hm, ich meine, wenn mich gerade mein Freund verlassen hat, oder ich meinen Freund verlassen hab, und dann irgendeine kleine Sequenz des Films da irgendwie drauf anspielt, oder ich da was wiedererkenne, dann is es natürlich auch besonders ansprechend für mich. Oder wenn Sachen aus meiner Vergangenheit in nem Film aufgerollt werden, oder wenn wenn da Parallelen existieren. Ich weiß es nich, also. (Arnia, 20)

Sie setzt nun als primäre Referenz ihren eigenen Erfahrungsraum und das Wiedererkennen ihrer „persönlichen Lage". Je nach dieser können sie „Filme auch anders ansprechen". Als Beispiel führt sie das Verlassen oder Verlassenwerden durch einen Freund und die Begegnung mit einer ähnlichen Situation in einem Film an, wenn also eine „kleine Sequenz des Films da irgendwie drauf anspielt". Die Richtung der Kommunikation dreht sie in einem Nachsatz sogleich um: „oder ich da was wiedererkenne". Darin, dass sie zunächst den Film – mit der Formulierung „anspielt" – als bewussten Kommunikator mit Intentionen anführt, dokumentiert sich, dass Filme ihr gleichsam als berechtigte Kommunikationspartner erscheinen können, die etwas zu sagen haben, ihr etwas sagen können. Im weiteren Interviewverlauf wiederholt sich diese Aneignungspraxis, indem sie das Berührtsein durch einen Film folgendermaßen beschreibt: „wenn Sachen aus [ihrer] Vergangenheit in nem Film aufgerollt werden", wenn „Parallelen" zwischen der Filmgeschichte und ihrer Lebensgeschichte existieren. Eben ein solches Wiedererkennen und Erkennen von Parallelen war deutlich in ihrer Nacherzählung von THE OTHERS zu rekonstruieren (siehe oben). Sie bezog sich dabei auf ihre Krankheit. Später im Interview ist dies erneut der Fall bei der Frage nach einem Film, der sie besonders beeindruckt hat:

(9) Hm, bestimmt einzelne Sequenzen, ansonsten, wenn ich mich gerade, also ich hab gerade versucht, so'n paar Filme so'n bisschen so einzublenden, ähm is es bei mir mit Filmen ein bisschen wie mit Liedern und mit Gerüchen. Also wenn ich an nen Film denke, dann kommt bei mir, dann kann ich das Gefühl wachrufen, was der Film bei mir ausgelöst hat. So, aber jetzt zu sagen, okay, ähm, dieser Film, oach, nehmen wir Philadelphia. Dieser Film hat bei mir ähm Ängste wachgerufen, also ich selber hab zum Beispiel seit 20 Jahren Diabetes. Und ich weiß nich, kennst ja den Krankheitsverlauf, weil man sich nich, weil man nicht 100% sich darum kümmert, kann es Spätschäden hervorrufen nach 5 bis 10 Jahren. Ich bin 20 Jahre Diabetikerin, noch total jung, aber trotzdem muss ich eigentlich dauernd damit rechnen, dass ich irgendwas bekomme, sprich, wenn ich mal ne Blasenentzündung hab, weil ich einfach mit ner kurzen Jacke Fahrrad gefahren bin, und dann ne Blasenentzündung bekomme, denke ich direkt, oh Gott, das könnten Nierenschäden sein, so was. Jetzt wär's aber zu viel zu sagen, okay, wenn ich jetzt Philadelphia gucke, und da geht es um einen heranrückenden Tod, dann bring ich das mit mir in Verbindung und verzweifel. Selten. Also ich bin, glaub ich, ich weiß, da war eben die Frage, ob man Tagträume, ob einen Tagträume rein nachhängt oder ob man sehr viel philosophiert, ich versuche immer, eigentlich sehr im Moment zu leben und nich so wahnsinnig viel nach links und rechts abzuschweifen. Ich weiß nich, ob das das so'n bisschen erklärt. Aber es gab sicherlich, ich meine, ohne dir jetzt meine ganze Familiengeschichte erzählen zu wollen oder meine Vergangenheit, gibt's sicherlich einige Filme, die aufgrund von Parallelen in meinem eigenen privaten Leben mich besonders mitnehmen oder zum Nachdenken anregen.
I: Hm, Also die gibt's auf jeden Fall.
A: Bestimmt, aber ich könnte jetzt nich sagen, Problem A wurde im Film B wachgerufen. (Arnia, 20)

Arnia antwortet erst nach einer erstaunlich langen Bedenkzeit von 9 Sekunden und dann nicht mit einem bestimmten Film, sondern stellt fest, dass „bestimmt einzelne Sequenzen" einen entsprechenden Eindruck gemacht haben. Wir finden hier eine Homologie zu jener Rezeptionspraxis der reproduktiven Aneignung, die entsteht, wenn eine „kleine Sequenz des Films da irgendwie drauf anspielt", womit sie sich oben auf ihre Lebenssituation („persönliche Lage") bezog. Im Weiteren dieser Passage sucht sie konkrete Filme zu erinnern, diese „einzublenden" wie sie sagt. Dass der Erinnerungsprozess mit einer Metapher aus der Filmsprache (‚einblenden') umschrieben wird, ist bemerkenswert: Das Wie des Prozesses des Erinnerns wird mit den Begriffen aus der Fachsprache des Was

(Films) umschrieben. Es handelt sich dabei um eine ‚privatsprachliche' Form einer metaphorischen Übertragung, wie sie ähnlich in den gängigen und konventionalisierten Film-Metaphern wie ‚Filmriss' oder ‚filmreif' stattfindet.[84] In dieser ‚privatsprachlichen' Eigenart dokumentiert sich der enge Zusammenhang von filmisch inszenierter und alltäglich erlebter Alltagspraxis. Dies manifestiert sich auch in den weiteren Aussagen, in denen sie, da sie kein Beispiel benennen kann oder möchte, auf einer allgemeinen Ebene eines Vergleichs ihrer Filmerinnerung mit dem Erinnern von „Liedern und Gerüchen" verbleibt. Wenn sie an einen Film denkt, kann sie das „Gefühl wachrufen", das er „ausgelöst hat", allerdings weniger begrifflich-theoretisch dessen Inhalt erfassen und wiedergeben. Das heißt die Verbindung zwischen Film und Gefühl ist stark assoziativ-intuitiv in einem impliziten und atheoretischen Wissen verwurzelt.

Als Arnia schließlich ein konkretes Beispiel gefunden hat, präsentiert sie es allerdings, indem sie sogleich die Bedeutung des Films für sie selbst (aufschlussreich) relativiert: „So, aber jetzt zu sagen, okay, ähm, dieser Film, oach, nehmen wir Philadelphia. Dieser Film hat bei mir ähm Ängste wachgerufen, also ich selber hab zum Beispiel seit 20 Jahren Diabetes." Einerseits führt sie das Film-Beispiel an (PHILADELPHIA 1993, dt. ebenso) und benennt die persönliche Lebenslage („Diabetes"), vor deren Hintergrund sie dem Film Bedeutung zuschreibt, was zu dem Gefühl des Berührt-Seins führt („Angst"), andererseits indiziert sie mit dem „so, aber jetzt zu sagen" schon zu Beginn, dass dem offenbar nicht ganz so ist, führt ihre Ausführungen in einem distanzierenden Modus ein (worauf auch das „oach" hinweist, das den Film austauschbar erscheinen lässt). An diese Distanzierung von der eigenen Aneignungspraxis schließt sich eine Beschreibung ihrer Krankheit und deren Auswirkung auf den Alltag an. Die Passage beendet sie dann entsprechend dem distanzierenden Beginn mit der Aussage „ohne dir jetzt meine ganze Familiengeschichte erzählen zu wollen oder meine Vergangenheit, gibt's sicherlich einige Filme, die aufgrund von Parallelen in meinem eigenen privaten Leben mich besonders mitnehmen oder zum Nachdenken anregen." Weil ihre Rezeptionspraxis in Form der reproduktiven Aneignung stark von ihrer „persönlichen Lage" und ihrem Erfahrungsraum abhängig ist, bedeutet das Reden über diese Aneignungspraxis auch ein Reden über sich selbst, welches sie im Rahmen der Interviewsituation nicht als angemessen empfindet. Daher die Distanzierungen und Relativierungen von der Aussage zu Beginn und am Ende dieser Passage. Eine solche Distanzierung findet sich auch am Ende der eingeschobenen Beschreibung ihrer Krankheit wieder, wenn es heißt: „Jetzt wär's aber zu viel zu sagen, okay, wenn ich jetzt Philadelphia gucke, und da geht es um einen heranrückenden Tod, dann bring ich das mit mir in Verbin-

---

[84]　In Kap. 7 erfolgt eine Analyse dieser öffentlichen Metaphern, um mehr über die Haltung des Common Sense zur Grenze zwischen Film- und Alltagserfahrung zu erfahren.

dung und verzweifel. Selten." Dieser Distanzierung ist zugleich schon ihre Aufhebung eingeschrieben: Während es zunächst heißt „Jetzt wär's aber zu viel zu sagen....", heißt es am Ende „selten". Die Befragte rahmt ihre Aussage damit neu und stellt die bestehende Rahmung infrage: Sie präsentiert eine Aussage als Distanzierung und distanziert sich dann von ihrem Distanzieren, packt somit die eigentliche Aussage in die Form einer doppelten Negation, welche die Funktion hat, das Reden über einen ungern thematisierten Gegenstand (hier: sich selbst und die Krankheit im Kontext des Filmeschauens) zu erleichtern.

Es ist also davon auszugehen, dass Arnia bei der Rezeption von „Philadelphia" durchaus Assoziationen bezüglich des eigenen „heranrückenden Tod[s]". hatte, aber in dem Kontext des Interviews diese nicht versprachlichen kann / möchte (daher auch: „JETZT wär's aber zuviel zu sagen..."). Diese Annahme wird auch durch eine nachgeschobene Erklärung von Arnia gestützt, in der sie betont, dass sie niemand ist, der in „Tagträumen rein nachhängt" oder „sehr viel philosophiert". Die nachträgliche Theoretisierung entspringt möglicherweise der Motivation, nicht als träumerisch (miss)verstanden zu werden infolge der engagierten Beschreibung ihrer Aneignungspraxis, sondern als Mensch, der „nich so wahnsinnig viel nach links und rechts" abschweift: jemand, der unbeirrt seinen Weg geht. Die stark erfahrungsgebundene Qualität dieser Auseinandersetzungen führt dazu, dass Arnia eben diese nicht mitteilen möchte, daher bestätigt sie am Ende zwar die Existenz der Erfahrung des besonderen Berührt-Seins durch „Parallelen" zum eigenen Leben, möchte jedoch nicht die „ganze Familiengeschichte erzählen" oder ihre „Vergangenheit" – und kann entsprechend auch „nich sagen, Problem A wurde im Film B wachgerufen."

Die reproduktive Aneignung, wie sie hier am Falle Arnias herausgearbeitet wurde, kann einerseits auf habituelle Kongruenzen der Rezipientin zu den Film-ProduzentInnen zurückgehen, wodurch dann die Anschlussfähigkeit zwischen filmisch inszenierter und selbst erlebter Alltagspraxis ermöglicht würde. Andererseits ist ebenso möglich, dass Filme gewissermaßen in den eigenen Erfahrungsraum hineingezogen werden, dieser auf Filme projiziert wird. Das Phänomen einer solchen „Nostrifizierung" (Matthes 1992) – oder Konjunktivierung, wie man dies in Abgrenzung von dem stark methodologisch geprägten Begriff auch nennen könnte[85] – beruht also weniger auf dem Vorhandensein von Übereinstimmungen in konjunktiven Erfahrungs- und Wissensstrukturen, sondern der Ausweitung des eigenen Erfahrungshorizonts auf die in Filmen inszenierte Praxis bzw. die Hereinnahme dieser in den eigenen Erfahrungshorizont. In gewisser Weise handelt es sich bei einer Konjunktivierung um eine Form der „Falschrahmung" (oder präziser: eine „verdeckte Rahmeninkongruenz") wie sie in Grup-

---

[85] Matthes (1992) verbindet mit dem Begriff methodologische Aspekte des Kulturvergleichs sowie das Problem des Hineinkopierens von Orientierungen und Typisierungen in fremde Kulturen.

pendiskussionen anzutreffen ist (Bohnsack, 2008: 234) und in der „Orientierungen, die eher dem eigenen Rahmen entsprechen [unterstellt]" (ebd.) und „Differenzen zwischen Orientierungsrahmen [verdeckt bzw. verwischt]" (ebd.) werden. Erstens ist jedoch nur durch eine detaillierte Produktanalyse auf die Orientierungen der ProduzentInnen zu schließen, so dass eine reine Rezeptionsanalyse nur ansatzweise Auskunft darüber zu geben vermag, ob überhaupt habituelle Kongruenzen oder eine „Falschrahmung" im Sinne einer Konjunktivierung vorliegen. Zweitens wäre die Rede von „Falschrahmungen" im Kontext von Rezeptionsprozessen irreführend, indem sie nahe legte, dass eine ‚richtige' und ‚adäquatere' Bezugnahme auf mediale Produkte bestünde. Dieser Anspruch lässt sich aus der Analyse von Interaktionen ableiten – bspw. chaotische oder gleichgültige Diskurse des Aneinander-Vorbei-Redens oder machtasymmetrische Diskurse der Bevormundung –, nicht jedoch aus der Analyse der Interaktion von Zuschauer und Medienprodukt. Dies liegt schon schlicht daran, dass Medienprodukte (bzw. deren ProduzentInnen) keine kommunikativen Rechte auf Verständnis oder Mitsprache geltend machen können und auch auf einen Verstoß auf diese (implizit) unterstellten Rechte nicht reagieren können. Erst dadurch aber lässt sich von Falschrahmungen sprechen, also durch die sequentielle Verkettung von Reaktionen.

Die interessante Frage, inwiefern die reproduktive Aneignung im vorliegenden Falle der Nacherzählung Arnias eher auf Basis einer Konjunktivierung / Nostrifizierung (Hereinnahme in den eigenen Erfahrungsraum) oder einer gegebenen Kongruenz von habituellen Strukturen von den Film-ProduzentInnen und der Rezipientin stattfindet, ist hier – ohne eine detaillierte Filmanalyse – nicht gänzlich zu beantworten. Dass Arnia ihre „Parallelen" zwischen eigener Alltagspraxis und der filmisch inszenierten Praxis in der schriftlichen Nacherzählung wie auch im Interview immer wieder anhand der Themen ‚Tod' und ‚Krankheit' strukturiert, zeigt aber zweifelsohne, dass sie diese Themen in unterschiedlichen Filmen sucht und auch findet; also in die entsprechenden Werke auch Teile ihrer Geschichte projiziert und diese Werke in ihren Erfahrungsraum hereinnimmt. Die Annahme, dass dafür auch habituelle Kongruenzen verantwortlich sind, liegt insofern zumindest sehr nahe, als dass sie in der Nacherzählung lediglich auf einen anderen Film positiv Bezug nimmt, welcher von dem gleichen Regisseur stammt, der ebenso wie Arnia eine besondere Beziehung zum Thema ‚Tod' hat, wie aus vielen seiner Interviews hervorgeht – wie bspw. in dem folgenden Auszug:

„In dem Film THE OTHERS wird eine Familie von der Finsternis, vom Tod aus betrachtet. DAS MEER IN MIR dagegen betrachtet den Tod vom Leben aus, von ganz gewöhnlichen Alltäglichkeiten und von der lichtvollen Seite der Dinge" (Amenábar 2005).

Auch ohne eine detaillierte Feinanalyse des Films hinsichtlich der darin sich dokumentierenden Orientierungen des Produzenten – Amenábar ist verantwortlich für Regie, Drehbuch und Filmmusik – zeigt das Zitat, dass die Auseinandersetzung mit dem Tod in Amenábars Arbeiten durchaus besteht und das Thema in den beiden Filmen keineswegs lediglich auf Arnias Hereinnahme des Films in ihren Erfahrungsraum zurückgeht. Damit ist zumindest angezeigt, dass hier auch habituelle Kongruenzen der Anschlussfähigkeit von Arnias eigener Alltagspraxis und der filmisch inszenierten Praxis zugrunde liegen. (Dies lässt sich jedoch nicht ohne eine eingehende Filminterpretation weitergehend verfolgen. Gerade in dieser Hinsicht der Relationierung von Orientierungen der ProduzentInnen, der dementsprechend in einem Film dargestellten Alltagspraxis und der eigenen Alltagspraxis der Rezipienten besteht erheblicher Forschungsbedarf.)

6.2 Rezeptionspraxis der produktiven Aneignung (Lars)

6.2.1 Film-Nacherzählung und Informationen zur Person

- Geschlecht: männlich
- Alter: 20
- Bildung: Hauptschule, zum Befragungszeitpunkt: arbeitslos
- Nationalität: Deutsch (kein Migrationshintergrund)
- konfessionslos / nicht religiös erzogen (1) / selbst nicht religiös (1) laut Fragebogen (1-6)
- Bildung der Eltern: beide Eltern Hochschulabschluss und Promotion
- Beruf des Vaters: Mathematiker
- Beruf der Mutter: erst Schulpsychologin / dann naturheilkundliche Ärztin
- Film nicht bekannt
- erhebliche Verständnisprobleme (5) laut Fragebogen (1-6)
- Film-Nacherzählung:

Das Alleinsein der Hauptrolle und dessen Folgen spielten eine primere Rolle in dem Film. Und dass es egal ist ob mann Gesund und bei Verstand ist. Die Isolation eine große Herausforderung bleibt. sich unter Kontrolle zu behalten obwohl mann weiß was Real ist und was nicht.

6.2.2 Zusammenfassung der reflektierenden Interpretation

Wie schon Arnia so zeichnete sich auch Lars in der konzept-bildenden und theorie-generierenden Interviewanalyse, welche zwei fundamentale Rezeptionsmodi im Umgang mit Filmen rekonstruieren ließ, besonders durch eine bevorzugte Nutzung von Filmen als Ressource zur Welterfahrung aus (vgl. Kap. 2). Ebenso legt er in seiner schriftlichen Auseinandersetzung mit THE OTHERS konjunktiv gebundene Wissensstrukturen an den Film an, sucht eine existenzielle Anschlussfähigkeit herzustellen, was ich in den beiden Varianten einer *produktiven* und *reproduktiven* Aneignung fasste. Während bei Arnia der Anteil einer reproduktiven Aneignung in Bezug auf „Parallelen" zu ihrer Alltagspraxis (vor allem durch ihre Krankheit bedingt) deutlich überwog und lediglich hinsichtlich fremder Kulturen (z.b. kolumbianische Drogenkuriere, polnische Nachbarn) eine Form der produktiven Aneignung feststellbar war, dominiert letztere Rezeptionspraxis, die eine spontane Modifikation von Erfahrungs- und Wissensstrukturen impliziert, bei Lars erheblich. Dieser Zugang zum Film äußerst sich bei ihm schon darin, dass er sich (ungleich den allermeisten anderen Jugendlichen) auf keine Nacherzählung der Ereignisse des Films einlässt und sogleich den Film in seinen Orientierungsrahmen rückt. Diese Rahmung des Films durch konjunktiv gebundene Erfahrungs- und Wissensstrukturen drückt sich in dem verkürzten, stark indexikalisch geprägten und kaum erläuternden Schreibstil aus. Seine Nacherzählung ist eine Assoziationskette und liest sich eher wie eine private Notiz als ein Dokument, das für andere angefertigt ist und diesen auch verständlich sein soll. Mit anderen Worten: Er macht sich kaum verständlich bzw. tut dies in einer sehr eigenen Art und Weise. Die Eigenheit umfasst selbst die grammatikalische Ausdrucksweise, die sich der schriftlichen Standardsprache teils drastisch widersetzt, indem zum Beispiel nach einem Punkt klein weiter geschrieben oder ein Adjektiv groß geschrieben wird. Die relativ deutliche ‚Ordnung', die das Schreiben von Arnia prägte, wird erst im Kontrast zu dieser ‚Unordnung' kenntlich. Dennoch bestehen aussagekräftige Parallelen, in besonderem Maße zu jenen Passagen in Arnias Ausführungen, bei denen nicht deutlich zu unterscheiden ist, ob sie sich auf den Film und dessen Figuren oder ihre eigene Erfahrung beziehen. Dies ist bereits im zweiten Satz von Lars der Fall.

Im ersten Satz macht Lars zunächst klar, dass das „Alleinsein" der Hauptfigur eine besondere Funktion für den Film hat – aufschlussreich ist, wie er das tut. Die „primere Rolle" im Film spielt das „Alleinsein", das durch die „Hauptrolle" lediglich dargestellt wird. Die Hauptrolle als eine Filmfigur und Heldin des Filmgeschehens spielt in diesem Film also für ihn weniger eine Rolle, stattdessen eher ein abstraktes Konzept oder Gefühl, das „Alleinsein". Dieses wird von der Hauptfigur nur dargestellt und erscheint insofern von ihr ablösbar. Die Geschichte, die die Hauptfigur Grace als Heldin des Films durchmacht, ist dabei nebensächlich und wird auch von Lars gar nicht skizziert, das heißt: Das „Alleinsein" und „dessen Folgen" werden nicht als Teil einer Story und als spezifische Situation einer Filmfigur und ihrer Verwicklung in eine Filmgeschichte verstanden. Damit kündigt sich schon im ersten Satz auch inhaltlich und propositional an –neben den performativen Aspekten in der Art und Weise zu schreiben –, dass Lars den Film in seinen eigenen Orientierungsrahmen rückt. Aus diesem entlässt er ihn auch nicht im Fortgang seines Schreibens, sondern durch den nächsten Satz verallgemeinert er einerseits die Problematik der Hauptfigur und bezieht diese andererseits zugleich besonders auf sich: „Und dass es egal ist ob mann Gesund und bei Verstand ist".

Der Umstand der Gleichgültigkeit des psychischen und physischen Gesundseins spielt durch die grammatikalische Kopplung durch das „und" ebenso wie das „Alleinsein" im ersten Satz eine „primere Rolle" in dem Film für ihn. Durch das „mann" wird jedoch erkenntlich, dass es sich keineswegs um das Problem einer bestimmten Filmfigur in einer spezifischen Filmgeschichte dreht, sondern etwas Umfassenderes, das losgelöst vom Film ihn selbst und unbestimmte, andere Zuschauer betrifft.[86] Dies ist merkwürdig, denn mit der Bezugnahme auf die physische / psychische Gesundheit im Rahmen einer Abkopplung von der Hauptfigur und der impliziten Kopplung an den eigenen Erfahrungsraum unterscheidet sich Lars von den vielen Jugendlichen, die über die (vor allem psychische) Krankheit und Verrücktheit der Hauptfigur schreiben (wie z.B. auch Arnia). Inhaltlich-logisch gesehen präsentiert Lars mit diesem Satz eine Transformation der Aussageform ‚es ist egal ob x oder y der Fall ist' in ‚es ist egal ob x^i und x^{ii} der Fall ist'. Es spielt also keine Rolle, ob man physisch gesund („Gesund") und psychisch gesund („bei Verstand") ist. Lars äußert mit dem Auslassen eines Gegensatzes zur Krankheit, dass das, wofür es egal ist, ob man physisch und psychisch gesund ist, gar nicht im Rahmen der Differenz ‚krankgesund' zu sehen ist. Was nicht im Rahmen dieser Differenz zu sehen ist, wird erst im nächsten Satz deutlich, in dem er sich erneut auf das „Alleinsein" bezieht, dieses nun aber in einem Fremdwort fasst, welches stärker die negativen Aspekte des Alleinseins und der sozialen Beziehungslosigkeit dieses Zustands betont: „Die Isolation eine große Herausforderung bleibt".

Die Isolation ist (und „bleibt") eine große Herausforderung, unabhängig davon, ob man (psychisch wie physisch) gesund ist. Mit der Wahl des Verbs „bleibt" anstatt ‚ist' impliziert Lars, dass etwaige Änderungen des Zustands (also ein Krankwerden) daran nichts ändern können. Die in diesem Satz zum Ausdruck gebrachte Verstärkung des „Alleinseins" zur „Isolation" bei gleichzeitiger Verallgemeinerung des Problems durch die Postulierung einer Unabhängigkeit von der gesundheitlichen Verfassung steht in einem Widerspruch zum Common Sense: Alleinsein muss und will jeder immer wieder mal, Isoliert-Sein wird im Allgemeinen jedoch als ein Problem angesehen oder Symptom, das z.B. auf

---

[86] Zuschauerinnen sind durch das „mann" genau genommen ausgeschlossen, aber es handelt sich wohl nur um einen systematischen Rechtschreibfehler, der hier nicht interpretiert wird.

physische oder psychische Krankheiten zurückzuführen sein kann. Um zusammenzufassen: In Lars Äußerungen zeigt sich, dass der Film in seinen Augen von dem Problem der Isolation unabhängig von gesundheitlichen Beurteilungskriterien handelt und zugleich, dass die Isolation (für ihn) ein Problem ist, das er aber nicht im Kontext der (allgemeinen) Differenz ‚krank-gesund' verstehen möchte. Es herrscht jedoch noch immer erhebliche Unterdeterminiertheit, insbesondere was mit der „Herausforderung" durch die Isolation gemeint sein kann. Die Überwindung der Isolation würde wohl nahe liegen und die Suche nach Anschluss zu anderen (die möglicherweise auch allein / isoliert sind). Stattdessen jedoch konkretisiert Lars folgendermaßen die „Herausforderung": „sich unter Kontrolle zu behalten obwohl man weiß was real ist und was nicht".

Dieser die gesamten Ausführungen von Lars schließende Nebensatz ist schwer zu interpretieren: Dass es sich um eine zusätzliche Konkretisierung der „Herausforderung" handelt, darf ohne Schwierigkeiten angenommen werden, da Lars lediglich an dieser Stelle die geforderte Großschreibung nach Satzende missachtet und klein fortfährt als stünde anstatt des Punkts ein Komma. Es handelt sich im Weiteren um das Zusammenziehen zweier Formulierungen: ‚sich unter Kontrolle halten' im Sinne von ‚sich kontrollieren' und ‚etwas unter Kontrolle behalten' im Sinne von ‚etwas kontrollieren'. Sich selbst behält man im üblichen Sprachgebrauch allerdings nicht, sondern hat man (nicht) unter Kontrolle. Indem Lars für den Umgang mit sich selbst eine Formulierung wählt, die man sonst zur Beschreibung weniger beeinflussbarer, exteriorer Prozesse oder Dinge nutzt, steigert er die Schwierigkeit des ‚Sich-unter-Kontrolle-behaltens' (um der Herausforderung der Isolation zu begegnen, ohne dass festgestellt werden kann, was dies konkret bedeutet).

Dem ‚sich unter Kontrolle behalten' wird im weiteren Satzverlauf etwas entgegengesetzt, nämlich mittels eines „obwohl" die Tatsache, dass „mann weiß was Real ist und was nicht". Diese Formulierung impliziert eine im Alltag selbstverständliche Engführung von Möglichkeiten: Wenn man weiß oder glaubt zu wissen, was real ist und was nicht, erfüllt man eine der zentralen Grundlagen planbaren und erfolgreichen Handelns und koordinierter Interaktion, wie der Möglichkeit sich zu kontrollieren bzw. „unter Kontrolle zu behalten". Man weiß dann, was zu tun ist, wenn es sich wie selbstverständlich von einem Spektrum an unmöglichen und undenkbaren Handlungsmöglichkeiten abhebt. Insofern führt diese Unterscheidungsfähigkeit dazu, dass man sein Leben kontrollieren und (eigenständig) führen kann. Lars führt diese Unterscheidungsfähigkeit jedoch gerade als eine Opposition zum Behalten der Kontrolle an (durch das „obwohl"): „sich unter Kontrolle zu behalten obwohl mann weiß was Real ist und was nicht". Dies bedeutet, dass das Behalten der Kontrolle durch das Wissen darüber „was Real ist und was nicht" eben nicht einfacher zu bewältigen ist, sondern eher schwieriger. Das heißt die Bewältigung der (Herausforderung der) Isolation ist durch die eigene Selbstkontrolle kaum möglich. Es ist auch nicht sicher, ob diese Selbstkontrolle und das Behalten der Kontrolle tatsächlich eine Lösung sind und hier als positiver Gegenhorizont stehen (wie dies gemäß des Common Sense zu sehen ist). Vielmehr scheinen durch die mit dem „obwohl" eingeführte Differenzierung ‚real - nicht real' Handlungsweisen ermöglicht, die der Herausforderung der Bewältigung der Isolation dienlich sein könnten, denen gegenüber man sich jedoch verwahren muss, gerade um sich unter Kontrolle und die Selbstkontrolle zu behalten. Insofern kann diese Kontrolle eher dysfuntional für die Bewältigung der Herausforderung der Isolation erscheinen; ist jedoch von einem Eigenwert, der das Handeln anleitet. Man könnte auch umgekehrt formulieren: Weil man weiß, was real ist und was nicht, wäre es nötig die (Selbst)Kontrolle zu verlieren oder teilweise abzugeben (um das Problem der Isolation zu bewältigen). Oder anders gesagt: Obwohl man weiß, was real ist und was nicht, kann man nicht nach diesem Wissen handeln, weil man die (Selbst)Kontrolle behalten muss. Im Zentrum seiner Ausführungen steht folglich das Kontrollebehalten zur Bewältigung einer Isolation, das sich jedoch sehr schwierig und zwiespältig darstellt, so dass ein Kontrollverlust implizit als Bewältigungsoption aufscheint.

Eine inhaltlich sich stärker festlegende Interpretation könnte davon ausgehen, dass Lars um das Alleinsein aller zu wissen glaubt, zugleich auch jedoch, dass Allensein – ungeachtet dieser und seiner Sichtweise – nicht als der Normalfall sondern als allgemeiner Sonderfall und dabei als Problem gesundheitlicher Verfassung gesehen wird. Demgegenüber verwehrt er sich. Zugleich kann er jedoch nicht dieser Einsicht gemäß handeln, da dieses Wissen nicht allgemein geteilt wird, sondern lediglich seiner Erfahrung entspringt. Stattdessen muss er die Kontrolle behalten, das heißt gewissermaßen so tun, als wüsste er nicht, dass die anderen eigentlich auch alleine sind; mit anderen Worten: Obwohl er weiß, was real ist und was nicht – nämlich dass alle und nicht nur die Kranken gemäß des Common Sense alleine sind – kann er nicht danach und dagegen handeln. Dadurch erst wird sein Alleinsein zur eigentlichen Isolation. Diese Lesart von Lars Filmlesart erscheint plausibel, hat allerdings einige, nicht unerhebliche Voraussetzungen hinsichtlich der Auflösung der Indexikalität von Lars Begrifflichkeiten. Zieht man zu dieser unabgeschlossenen (und nicht abschließbaren) Interpretation die Situation der Hauptfigur im Film heran, kann diese Interpretation jedoch zumindest weiter Sinn ergeben.

Die Hauptdarstellerin zieht zwischenzeitlich (etwa in der Mitte des Films) die Existenz von „Eindringlingen" in ihr Dasein in Betracht, hält diese „Geister" schließlich für real, da sie dem Spuk mehrfach begegnet, ‚entscheidet' sich dann aber doch dagegen, deren Existenz anzuerkennen (ein Prozess, der von vielen Jugendlichen als allmähliches Verrücktwerden beschrieben wird, z.B. auch von

Arnia). Obwohl die Hauptfigur also weiß, was real ist und was nicht (hinsichtlich des Vorhandenseins von Geistern), weil sie dies erfahren hat (Spuk), handelt sie um die Situation (sich und ihre Familie) „unter Kontrolle zu behalten" (im Sinne von Lars) gegen dieses Wissen, das die Grundlagen ihrer bisherigen Existenz infrage stellen (und die Existenz von Geistern bedeuten) würde. Das Anerkennen dieses Wissens und ein daran orientiertes Handeln würde allerdings neue Möglichkeiten der Bewältigung jener Probleme eröffnen (Isolation), die dadurch entstehen, dass sie und ihre Kinder tot und die eigentlichen Geister sind. Denn würde sie die „Eindringlinge" anerkennen, könnte sie mit ihnen in Beziehung treten oder dies vermeiden. Und vor allem könnte sie die Beziehung zu den ebenfalls toten Geister-Hausangestellten anders gestalten, die ihr gegen Ende des Films (als Grace auf sie schießt) doch eigentlich (wie schon zuvor) schonend beibringen möchten, dass es diese Eindringlinge gibt und in welchem Zustand sie und ihre Kinder sich eigentlich befinden, und dass man sich damit zu arrangieren hat und auf angenehme Weise kann.

Auch wenn man diese (anhand des Films zu stützende) Interpretation nicht teilen mag, ließ sich zeigen, dass sich Lars gewissermaßen an einem (relativ schwer nachvollziehbaren) Destillat des Films versucht; und dabei den Anschluss an eigene Erfahrungs- und Wissensstrukturen sucht. Dies wird besonders deutlich, indem er das Problem der Hauptfigur nicht zu einem ihrer Krank- oder Verrücktheit macht, sondern einerseits verallgemeinert und andererseits zugleich besonders auf sich bezieht. Entscheidend ist weiter, dass sich in dieser Rezeption des Films nicht nur konjunktive Erfahrungs- und Wissensstrukturen von Lars spiegeln (etwa wegen habitueller Kongruenz zu den ProduzentInnen) oder in diesen projiziert werden, sondern dass er mit der Herstellung des persönlichen Film-Destillats auch an eigenen Problemlagen sich abarbeitet. Die Metaphorisierungen sind daher auch dazu geeignet, Veränderungsprozesse herbeizurufen, indem sie neues Wissen generieren können, das die eigene Situation neu und anders fassen lässt. Schon die assoziative Sprache zeigt an, dass sich Lars beim Schreiben nicht auf wohlbekanntem und von ihm reflexiv durchdrungenem Terrain bewegt. Was Lars hier versucht, wird ganz erheblich handfester, wenn man sich seinen generellen Umgang mit Filmen vergegenwärtigt, wie er anhand des Interviews rekonstruierbar ist: Lars versucht „Metaphern" aus dem Film zu ziehen (– er verwendet den Begriff der Metapher neun Mal im Kontext seiner Filmrezeption im Interview). Es handelt sich dabei um eine Form der produktiven Aneignung, denn diese Metaphern leiten Lars Beobachtung seiner Alltagswirklichkeit an und entstehen erst im Zuge der Rezeption (spiegeln sich somit nicht nur im Film oder werden lediglich auf diesen projiziert). Zwar scheint, wenn Lars seine eigene Lebenswirklichkeit im Film wiedererkennt und er sich diesen so erschließt, zunächst lediglich eine reproduktive Aneignung vorzuliegen, indem er jedoch darüber hinaus Metaphern aus Filmen zieht, die geeignet sind, seine handlungsleitenden Orientierungen zu prägen, handelt es sich um eine Form der produktiven Aneignung. Anders als im Interview, wo er sich deutlicher ausdrücken muss, kann jedoch anhand der Interpretation der Film-Nacherzählung letztendlich nicht beurteilt werden, ob und inwiefern ihm hier eine und welche konkrete produktive Aneignung tatsächlich gelingt. Dazu ist das Dokument zu unterbestimmt, vielschichtig und indexikal.

6.2.3 Vergleichshorizont: Interview zum Umgang mit Filmen

Im Interview mit Lars dokumentiert sich an verschiedenen Stellen, dass nicht nur eine reproduktive Aneignung und Spiegelung von Erfahrungs- und Wissensstrukturen seine Rezeptionspraxis kennzeichnen, sondern diese auch geprägt ist von einem Extrahieren von für ihn bedeutsamen Destillaten eines Films, bzw. das Finden von „Metaphern" – wie er neun Mal im Interview solche Quintessenzen nennt, die für seine eigene Handlungspraxis von Relevanz sind. Er führt bereits sehr früh im Interview den Begriff der „Metapher" ein und zwar bereits bei der Frage nach einem typischen Kinobesuch:

> *I: Und, /äh/ wenn ihr ins Kino geht, wie läuft dat denn so ab. Dat vorher, während dessen, hinterher? (2)*
> *L: /äh/ Na ja. Es kommt vor, das ma, das man sich nich einich wird und dann geh ik in en andern Film.*
> *I: /hm/*
> *L: So und /äh/ ((Schlüssel klappern)) ja. Also wenn's en juter Film is, dann dann beschäftigt der mich noch /äh/ ne Woche so. Also wirklich /äh/ /äh/ Filme, na ja manchmal /ähm/ so pädagogisch wertvolle Filme sag ik da. Ob nu Liebesfilme oder /äh/ Dokumentationsfilme oder wie auch immer. /ähm/ Et gibt einfach Filme, wo man sich wat merkt, so für et Leben. Also wo man so bestimmte Metaphern ufnimmt, wo man wo man /äh/ so sich wiedererkennt oder überhaupt irgendwat wiedererkennt und sacht, so ja so is et und det mag ik eijentlich am liebsten. Also wenn ik so Filme, ja sozialkritische Filme so, weeste, wo wo det Leben jezeigt wird und nich /äh/ diese perfekte irreale /äh/ /äh/ Filmwelt da is. Ik kuck mir zwar gerne Oskarverleihungen an oder so ja, so Starsen, Starsen und Sternchen aber diesen janzen diesen janzen Tratsch dahinter mag ik nich. Also /äh/ mag dat zwar schon so diese irreale perfekte Welt aber en richtig juter Film der kommt ohne aus.*
> *I: /hm/*
> *L: Auf jeden Fall.*
> *I: Gibt's da en Beispiel für dich.*
> *L: Ja, z.B. /ähm/ Million Dollar Hotel. (Lars, 20)*

Zunächst dokumentiert sich am Anfang der Passage erneut der kaum interaktiv gerahmte und an sozialen Funktionen orientierte Umgang Lars' mit Filmen; es wird gefragt, wie ein typischer Kinobesuch abläuft und er stellt fest, dass er auch alleine „in en andern Film" geht, wenn man sich „nich einich" wird, wenn ihm also die Wahl der anderen nicht passt. Auch danach nimmt er keinen Bezug auf eine gemeinsame Rezeption, sondern nur auf seine eigenen Erfahrungen und sagt, dass ihn gute Filme „ne Woche" beschäftigen. Lars setzt anstelle des vom Interviewer gesetzten Themas sein eigenes.[87] Ausgehend von einer Frage nach der Gestaltung eines gemeinsamen Kinobesuchs kommt Lars also auf die Wirkung bestimmter Filme nur auf ihn selbst noch lange nach dem konkreten Besuch (nach dem eigentlich gefragt wurde).

Filme, die derart auf ihn einwirken, versieht Lars mit dem Label „pädagogisch wertvoll". Das Prädikat „pädagogisch wertvoll" wird bisweilen von der Freiwilligen Selbstkontrolle Kino oder Fernsehen manchen Filmen beigemessen. Die Filmbewertungsstelle Wiesbaden vergibt systematisch die Prädikate „wertvoll" und „besonders wertvoll". Lars macht sich hier die Sprache einer objektivierenden Beurteilungsperspektive zueigen, er zeigt dabei jedoch keine Orientierung an den Bewertungsstandards der genannten Einrichtungen („pädagogisch wertvolle Filme, sag ik da"), die er etwa übernehmen würde, sondern nutzt lediglich das Label.[88] Die für ihn pädagogisch wertvollen Filme zeichnen sich dadurch aus, dass „man sich wat merkt, so für et Leben", „so bestimmte Metaphern ufnimmt" und „sich wiedererkennt oder überhaupt irgendwat wiedererkennt". Dieses Wiedererkennen habe ich bereits oben als Voraussetzung einer (re)produktiven Aneignung gefasst. Damit diese Praxis greifen kann, muss es sich für Lars um Filme handeln „wo det Leben jezeigt wird und nich /äh/ diese perfekte irreale /äh/ /äh/ Filmwelt da is", das sind häufig „sozialkritische Filme". Entsprechend heißt es auch an anderer Stelle nach der Frage zu Filmen, die Lars typischerweise mit Freunden schaut:

> *Ja, wenn ik mit juten Freunden im, im ja mit Freunden mit denen ich mich identifizieren kann denn denke ik mal /äh/ ja ja Filme, mit denen wir uns identifizieren können. Entweder /äh/ Drogenfilme oder Filme übert Leben über soziale Schwerpunkte (Lars, 20)*

---

[87] Dies durchzieht weite Teile des Interviews; gerade dann, wenn Lars auf seine „Metaphern" zu sprechen kommt, setzt er sich von den eigentlich aufgeworfenen Themen ab, um seinen Relevanzen und Orientierungen immer wieder Ausdruck zu verleihen.

[88] Als ein Beispiel für gute (und für ihn pädagogisch wertvolle) Filme nennt Lars den Film MILLION DOLLAR HOTEL (2000, dt. ebenso), über den er später äußerst ausführlich berichtet – eine Passage, die bereits in der ersten, konzept-bildenden Interviewanalyse nach der dokumentarischen Methode herangezogen wurde (vgl. Kap. 2) und später erneut berücksichtigt wird, um die Praxis der reproduktiven Aneignung schärfer von der produktiven Aneignung abzugrenzen.

Er schaut zusammen mit Freunden, mit denen er sich „identifizieren" kann, Filme mit denen er und seine Freunde sich „identifizieren" können. Die parallele Verwendung des Ausdrucks „identifizieren" für die Beschreibung seiner Sozialkontakte wie für seine Beziehung (zusammen mit diesen Kontakten) zu spezifischen Filmen verdeutlicht erneut deren Stellenwert. Sie sind bedeutsamer Bestandteil nicht nur seiner eigenen, individuellen Rezeption, sondern auch seines Milieus; und sie müssen in dieses Milieu passen, wie die Freunde zu Lars passen müssen. Die Filme werden daher auch dazu herangezogen, die Strukturen dieses Milieus zu reproduzieren und sich mit den typischen Problemen, die hier auftreten, auseinanderzusetzen. Dabei geht es insbesondere um „Drogen" und „soziale Schwerpunkte" (bzw. soziale und individuelle Brennpunkte wie die weiteren Ausführungen zeigen). Gefragt danach, bei welchen Gelegenheiten Lars mit anderen über Filme spricht, eröffnet dieser die Interaktionsform „Philosophieren". Typische und „beliebteste" Themen desselben sind: „Leben [...], Liebe [...], Drogen, Musik, allet".

In diesem Prozess des Philosophierens, in dem letztendlich die ganze Alltagswelt zum Thema werden kann, kommt Lars auch immer wieder auf Metaphern zurück, die er „aus Filmen kenn[t]". Erneut betont er hierbei die Wichtigkeit des Wiedererkennens: „wo man sich immer wieder erkennt, und sacht so ja genau so is et. Und det is wat, wat ik mir merke". Was er sich merkt, sind jene Metaphern, anhand derer er ein Gefühl für sich selbst gewinnt, wobei sich also Erfahrungs- und Wissensstrukturen festigen und in relevanten Komponenten ausbilden bzw. modifiziert werden. Diese Form der produktiven Aneignung beruht im Falle von Lars erheblich auf dessen instabilen und in der Ausbildung begriffenen Orientierungen, wie zum Beispiel in den folgenden Aussagen deutlich wird, die der Frage folgen, ob Lars ein Beispiel für eine „Metapher", die er aus Filmen hat angeben kann:

I: Fällt dir da ein Beispiel zu ein?
A: Ja z.B. also ik kenn, ik hab viele Metaphern /äh/ ja wo ik einfach weiß, ja z.B. die Sache mit der Liebe, weeste? Man /ähm/ (2) ja /äh/ jung, erste große Erwartung /äh/ man wird enttäuscht und so weiter. Danach kommt erst ma so /äh/ ja jetz könnt ihr mich alle mal, jetz /äh/ fahr ik nur noch mein Film und daran merkt man och, det jet nich. Also ma /äh/ /ähm/ ja, man sollte sich einfach nich so verrückt machen lassen von ((betonend)) Gefühlen, sach ik ma. Weeste. Dat heißt nich, dass man /äh/ /äh/ nich fühlen sollte aber ja einfach so /äh/ /äh/ konsequent /äh/ /äh/ sein och wat seine eijenen Gefühle anjeht überhaupt. Ja, dat sind einfach so /äh/ ja oder dieset Wege trennen sich im Leben. Is och so en blöder Spruch. Wenn de deiner Freundin erzählst /äh/ die /äh/ die irgendwie nich mehr in Kram passt „Ja, Wege trennen sich im Leben" so, denn denkt die sich wahrscheinlich /äh/ ja toll haste ja /äh/ /äh/ dir viel Mühe gegeben so. (Lars, 20)

Die für ihn handlungsleitenden „Metaphern" bringen Ordnung in undurchsichtige Verhältnisse (hier in Bezug auf Beziehungen), sind ein Mittel der Selbstvergegenwärtigung und Stabilisierung von eigenen Handlungstendenzen und als solches kaum unmittelbar in Interaktionen einzubringen, sondern wie er kurz vor der zitierten Passage schon äußert: „an denen kann man sich eigentlich nur festhalten, weil in dem Moment, wo man se jebraucht, so da klingen se vielleicht manchmal blöde so". Entsprechend kann er handlungsleitende Metaphern, die ihn im Aufkündigen einer Beziehung stützen können („Wege trennen sich im Leben"), nicht der (ehemaligen) Partnerin gegenüber offen legen. Dennoch unterstützen sie ihn in seinem Handeln und leiten dieses an. Besonders signifikant ist in dieser Passage die Formulierung „jetz /äh/ fahr ik nur noch meinen eigenen Film". Den Prozess der Orientierung an Metaphern, die er entscheidend anhand von Filmen gewinnt, beschreibt Lars gerade mit einer Alltagsmetapher, die den Film heranzieht. Den ,eigenen Film fahren', bedeutet gewissermaßen ,sein eigenes Ding durchziehen' und das ,Drehbuch' für die Biografie möglichst unabhängig zu entwerfen. Eine solche Selbstbezogenheit ist in diesem Falle notwendig, um mit dem Ende einer Beziehung fertig zu werden. Indem Lars gerade dafür eine Film-Metapher verwendet, dokumentiert sich die Bedeutung der persönlichen Metaphern, die er aus Filmen zieht und deren Produktivität sich nicht nur in den propositionalen Gehalten seiner Äußerungen ausdrückt, sondern auch in der performativen Ebene des Sprachhandelns.

Vor diesem Hintergrund ist denn auch die assoziative und semantisch lose gekoppelte Aussagengestalt der Film-Nacherzählung weitergehend zu verstehen. Es handelt sich um eine Orientierungssuche, die darin gründet, dass Lars über die Metaphorisierung von Filmen ein Passungsverhältnis herzustellen sucht, durch welches sich instabile Orientierungen festigen lassen und neue Erfahrungs- und Wissensstrukturen aus der Rezeption eines Films ziehen lassen. Dies geht, wie nun mehrfach betont, über eine reine Spiegelung bestehender Erfahrungs- und Wissensstrukturen deutlich hinaus. Anhand der Beschreibung der Rezeption des Films MILLION DOLLAR HOTEL (2000, dt. ebenso) ist das Entstehen solcher handlungsleitenden Metaphern in besonderem Maße nachzuvollziehen, weil Lars hier detailliert seine Filmerfahrung erzählt; daher ist sie hier ungekürzt wiedergegeben:

Dat is /äh/ och en amerikanischer Film /äh/, wo diese Medaillon Witsch [Milla Jovovich, A.G.] mitspielt, die /äh/ wo geh ich /äh/ teilweise schlechte Filme jemacht hat und teilweise wirklich sehr jute Filme Jeanne d'Arc z.B. und dann diese Million Dollar [Hotel, A.G.] dat spielt in nem Assiheim in San Francisco und der janze Look von dem Film is ((betonend)) total dreckich und ik liebe det wenn ja och so im wirklichen Leben, weißte so /äh/ dat Kiez, wo ik wohne, weeste, allet ja Szenebezirk, weeste allet dreckisch, aber ja man muss einfach jenau hinkucken, weeste und in

dem Film is et wirklich so, dass das provoziert is, also man muss jenauer hinkucken
um den Film schön zufinden. Is einfach so /äh/ also sie spielt /äh/ en Mädchen, wat
ihre Eltern nich kennt und /äh/ du siehst /äh/ sie immer nur Barfuß rumrennen. Sie is
total feddich, total schüchtern und /äh/ steht den janzen Tach im Buchladen und det
is ne Liebesjeschichte zwischen ihr und /äh/ Tom Tom. Tom Tom is en Schizophre-
ner /äh/ Sammy für alle. Der immer in diesem Assiheim vor allem möglichen Leute
irjendwat macht und dabei nie an sich denkt so. Und er, ja keene Ahnung, sie /äh/
jeht, er jeht die Straße lang und sieht sie im Treppenhaus runterkommen mit dem
fetten Welzer und ner Zijarette in der Hand und sieht sie so und denkt so äh, ir-
gendwat muss ich jetz machen, sie muss mich sehen oder wat wees ik und stellt sich
da vor dieset Treppenhaus und pinkelt dahin und überlegt sich da im nächsten Mo-
ment anders, ne das wär och noch nich so jut. Steigt dann ins Fenster ein, dann
kommt se grad die Treppe runter und sieht ihn so. Is schon janz verschreckt. Nah,
wat will er denn jetze. Den /äh/ mit der eenen Hand den Welzer da vor en Kopf da
so jehalten und in der andern Hand die Zijarette bleibt sie erst oben stehn of der of
der, of der Treppe und kiekt und jeht /äh/ versucht sich denn vorbei zu schleichen in
den, den tappelt er um sie rum und sacht so ((verstellte Stimme)) „äh von Rauchen
da /äh/ sterben die Leute irgendwann und manchmal kriegen se sogar Krebs" und
sie sacht nischt, jeht weiter aber einfach die die völlige Individualität in der Szene
und trotzdem die Schönheit, weeste, die dabei is, siehe och der janze Look, wie je-
sacht, der Hausflur, allet bröckelt von den Wände ab, sie hat irjend so ne Stretch-
jeans an, so en, irjend so en Pullover, so en 80, Jahre Style Pullover und so ne ko-
mische Casio Uhr, weeste. Total schlimme Frisur. Augenringe so aber einfach wun-
derschön. So und ja (2) keene Ahnung also ob die Leute nu großartig /äh/ /äh/ ge-
bildet sind oder nich, weeste jeder kann glücklich sein, jeder und ob Penner oder
meinetwegen Verschiss oder wat wees ike. Weeste? (Lars, 20)

Hinsichtlich des Anschließens konjunktiver Wissensbestände an ästhetische
Strukturen im Sinne der Nutzung von Filmen als Ressource zur Welterfahrung
wurde diese Passage bereits diskutiert (vgl. Kap. 2). Dabei wurde vor allem der
Aspekt der Wiedererkennung von Erfahrungsstrukturen im Sinne der generellen
Anschlussfähigkeit konjunktiver Wissensstrukturen an Filme behandelt, allerdings wird im Kontext der bisherigen Analysen auch die Rezeptionspraxis der
produktiven Aneignung deutlich. Sie findet hier im Zuge eines Hochschaukelns
der Intensität der Beziehung zwischen Alltags- und Filmerfahrung statt. Ausgehend von der Schilderung des Settings, das dem „wirklichen Leben" und seinem
„Kiez" und „Scenebezirk" entspricht, erzählt Lars sehr detailgetreu den Prozess
des Kennenlernens der beiden Hauptfiguren in dem Film. Deren Begegnung ist
von der kaputten Erscheinung der beiden sowie der heruntergekommenen Umgebung geprägt und so durch eine „völlige Individualität in der Szene und trotzdem […] Schönheit" gekennzeichnet. Dieser die Rezeption von Lars prägende

Widerspruch zwischen „ranzig und hässlich aber trotzdem wunderschön"[89], auf den er sich auch in anderen Interviewpassagen bezieht und den er hier detailliert beschreibt, führt schließlich zur Entwicklung der Metapher „jeder kann glücklich sein". Anhand des Films und im Zusammenspiel mit seiner Alltagserfahrung erschließt er sich die Einsicht, dass Glück weniger von Lebensbedingungen abhängig ist („ob Penner oder meinetwegen Verschiss oder wat wees ike"). Die eigene Praxis und die im Film inszenierte Praxis werden in dieser Passage zunehmend aneinander angenähert, angeglichen und abgeglichen, was sich nicht nur in der dichten Beschreibung des Settings und der Handlung, sondern auch dem Zitieren der Filmhelden dokumentiert. Im Film inszenierte Praxis und eigene Alltagspraxis bilden wechselseitig füreinander Metaphern, bis eine Schlussfolgerung aus diesem Prozess der Parallelisierung erfolgt, die neues Wissen generiert und eine neue Positionierung gegenüber Sachverhalten einleitet. Bei Arnia war dies bspw. durch die Perspektivübernahme von Flüchtlingen aus den „Ostländern" anhand des Films LICHTER der Fall.[90] Lars hingegen entwickelt eine neue handlungsleitende Metapher anhand MILLION DOLLAR HOTEL.

Worin die Desorientierung Lars' gründet, die er in weiten Teilen in der Rezeption von Filmen und über die Praxis der produktiven Aneignung zu reduzieren sucht, ist – da diese Studie keine systematische psycho- oder soziogenetische Typenbildung der sinngenetischen folgen lässt – nicht mit Sicherheit zu sagen. Es lässt sich jedoch anhand vieler Passagen herausarbeiten, dass diese Desorientierung Lars' Alltag entscheidend kennzeichnet, ihm selbst auch partiell vor Augen tritt, oder von anderen vor Augen geführt wird, aber kaum zu beheben ist:

also ick schieb it jerne darauf, dass ick eben so Fehler jemacht habe, dass /äh/ nie Alternative hatte. Dit is aber nich so. Also man redet sich natürlich immer irgendwie

---

[89] *F: O.K. /ähm/ Ein Beispiel vielleicht für nen Film, der starke Erinnerung, also ne du hast*
Lars: ((spricht ins Wort)) Ja, also dieser Million Dollar Hotel den fand ik extrem jut, wie jesacht, weil et wa allet so ranzig und hässlich aber trotzdem wunderschön.
Und erneut an anderer Stelle bspw.: Ne na in nem, in diesem perfekten /äh/ /ähm/ in dieser perfekten Medienwelt, weißte. Stars und Sternchen so, so Hollywoodstreifen und so en Scheiß, weeste. Da is einfach allet perfekt und da würden se niemals en Hauptdarstellerin /äh/ mit Augenringen, na ja also einfach /äh/ ja der Typ, der den Film jemacht hat, ik wees nich wie der Resischeur heißt, is en ziemlich alter Mann schon. Ik globe, der hat schon janz schön viel jesehn vom Leben und der wees janz jenau, wie der det haben will am Set, weeste und der will det allt so ranzig haben, wie et in Wirklichkeit is. (Lars, 20)

[90] Lars kennt auch diese Form der Erweiterung des Erfahrungsraums um ihm fremde Perspektiven – geht jedoch nur an einer Stelle des Interviews und erheblich weniger als Arnia darauf ein: ... *und deswegen mag ich Filme, die wirklich da auffordern, weeste. Die /äh/ Zustände oder oder soziale Schwerpunkte so zeigen, die man schwer verstehen kann und die och versuchen einem det verständlich zu machen. Und so wat nenn ich anspruchsvoll, also pädagogisch wertvolle Filme. So wat kommt oft of Arte. So andre Länder, andere Sitten. Da kommen immer so Dokus über über Leute von völlig woanders her. Die völlig andere Sachen machen und so. (Lars, 20)*

Sachen so wie man se haben will. Aber irgendwie schon. Also wenn man immer immer immer darfste nich, jenau deswegen muss ich's machen. (Lars, 20)

Lars relativiert hier zunächst jene Begründung für sein Handeln, das immer wieder von kritischen Abbrüchen und schwierigen Neuanfängen durchzogen ist, dass er nicht anders handeln konnte, weil „er keine Alternative hatte", indem er diese Rhetorik als Schönrederei ausweist, in der man sich die Dinge zurechtlegt. Er übernimmt damit Verantwortung für sein Handeln, die er gleich darauf abgibt („Aber irgendwie schon"). Danach stellt er also seine Aussage infrage und seine Fehltritte als Reaktion auf ein immer wieder kehrendes Verbot („darfste nich") dar. Gerade wegen des strikten Verbots, das ihm zufolge vor allem aus seinem Elternhaus kam, war er genötigt dieses und andere zu übertreten, womit er die Verantwortung für sein Handeln an die Verbietenden weiter reicht. Er verweist damit auf seine Herkunftsfamilie[91], die sich von dem Milieu, in dem er aktuell und seit langer Zeit lebt, radikal unterscheidet. Möglicherweise ist der Widerspruch zwischen der Sozialisation in dem gehobenen, bildungsbürgerlichen Herkunftsmilieu und der Sozialisation in dem aktuellen (kriminellen Drogen-Party-) Milieu ein Grund für die anhaltende Desorientierung. Auch sprachlich zeigen sich in dieser Hinsicht aufschlussreiche Inkonsistenzen. So ist auffällig an Lars' Aussagengestalt, dass er immer wieder recht elaborierte Konstrukte einer bildungsnahen Sprache in seine slang-geprägte Alltagssprache aufnimmt (z.B. hinsichtlich Filmen mit der Wendung „pädagogisch wertvoll"), diesen Begriffen aber eine eigensinnige Konnotation verleiht. Dies korrespondiert wohl nicht zufällig mit seiner Herkunft. Zwar lebt der arbeitslose Lars fest verankert in einer alternativen Berliner Szene und kriminellen Drogen-Party-Milieu seit seinem frühen Auszug von zuhause; seine Eltern jedoch haben beide einen Hochschulabschluss und sind Mathematiker (Vater) bzw. früher Schulpsychologin und heute naturheilkundliche Ärztin (Mutter). Die Familie ist allerdings auseinander gebrochen, was zu dem frühen Auszug führte. Sein Vater verließ die Mutter sehr früh, mit 14 erfuhr er, dass sein Vater also nicht sein „richtiger Vadder" sondern ein „Plastevadder" ist, von dem sich aber dann wiederum seine Mutter trennte, um sich schließlich einer anderen Frau und der lesbischen Subkultur (ihrem „Lesben-Clan") zuzuwenden. Wie auch die Sprache von Lars immer wieder

---

[91] Vergleiche dazu auch die die folgenden Ausführungen: *Det is aber mit allen Sachen so. Dass /äh/ /äh/ in dem Moment, wo verboten is da fordert et auf zu machen. /äh/ Deswegen bin ik och so abjestürzt /ähm/ ((lachend)) wees nik ob ihr det für eure Studie braucht, aber ik eben zwee /äh/ sehr autoritäre Eltern jehabt, zwee Doktoren, die /äh/ immer versucht haben mich vor allen dem, wat, wat se dachten is vielleicht nich jut, schön /äh/ wegzuschließen und ja, mir blieb einfach nich so richtig die Alterna ik /ähm/ du kannst niemals en Elternteil vorwerfen irgendwat falschjemacht zu haben. Die haben viel richtig gemacht. /äh/ Also dat würde ik nie wagen, aber /äh/ es is eben so, dass die Alternative, die Fehler zu machen nie da war.* (Lars, 20)

durchsetzt ist mit Begriffen eines anderen, intellektuellen Milieus, so sind seine Orientierungen nicht konsistent dem Milieu entsprechend, in dem er sich bewegt. Dabei pendelt die Strukturierung seines Alltags zwischen einem Chaos aus Feiern und den Versuchen sich illegal (Drogenverkauf) durchzukämpfen oder legal (TV-Produktionspraktikum und Mediengestalterpraktikum) etwas zu erreichen – dadurch dass nichts zu Ende geführt wird und wiederkehrende „Abstürze" kaum Kontinuität zulassen, kommt Lars jedoch über eine Improvisation seines Lebens nicht hinaus; kämpft aber darum dies zu tun:

> *L: Ik hab überall versucht /äh/ zu bescheißen so weeste und /äh/ ik hab wirklich bis zum Ende jekämpft. Aber irgendwann, ja, war die Lücke eben zu groß. Denn sind se det zweete mal in die Wohnung rin [Zweiter Einbruch von dreien durch „Russen", wegen Drogen, A.G.] und dann musste ik den Hu- also die hatten noch en Schlüssel. Dann hab ik die Tür von innen verbarrikadieren. Wusste aber die kommen durch den Balkon und dann musste ik den Hund vor der /äh/ Arbeit is mir mein Hund is dadrin irgendwie abhanden jekommen, weil ich en wichtigen Termin hatte und da musste ich den Hund irgendwie noch wo anders hinfahrn und denn 10 Minuten zu spät jekommen hab grad in der Produktionsfirma anjefangen jehabt. /äh/ /äh/ TV-Produktionen so und ja wird nich diskutiert un so weiter. Und is natürlich traurich so, weißte, aber ik hatte einfach en Haufen andere Probleme die ik in Angriff nehmen musste und /äh/ ik hab ja bis zum Ende jekämpft.*
> *I: Ja.*
> *L: Meine Noten warn jut. Arbeiten war nich möglich. Ik musste erst ma ne Entgiftung machen, weil ik damals noch nich wusste, wie ik mit Drogen umgehe. Ik nehm heutzutage wieder Drogen, kann ja, peil aber allet so um mich rum, weeste. Ik koof mir wat ik will, so. Ik /äh/ häng niemand of de Tasche. Ik verschenk sogar noch viel, weeste. Ik /äh/ fahr in Urlaub, allet so wat. Och wenn et immer noch improvisiert is. Aber et funktioniert. Und ja...* (Lars)

Das Moment des Improvisierens spiegelt sich nicht nur in den biografischen Strukturen selbst, sondern auch im Erzählen (und im Schreiben der Nacherzählung), in dem kaum konstant eine Erfahrungseinheit oder ein Erlebnisstrang zu Ende berichtet wird, sondern stets hin und her gehüpft wird, wobei sich auch grammatikalische Abbrüche und Neuanfänge abwechseln: Das „Bescheißen" bezieht sich in der obigen Passage auf seine illegalen Aktivitäten, die danach genannte „Lücke", die zu groß geworden ist, auf eine zuvor genannte Fehlzeit in einem anderen Praktikum als dem aktuellen, der Einbruch wieder auf seine illegalen Aktivitäten und ein erstmal erzwungenes Ende dieser. Danach wird erläutert, dass ihm sein Hund abhanden kam, was schließlich zu dem Verlust der aktuellen Praktikumsstelle geführt haben soll. Neben all diesen Widrigkeiten, denen er sich weitgehend machtlos ausgesetzt sieht, äußert sich auch der durchaus kämpferische Wille sein Leben zu kontrollieren. Sowohl dieser Wille, wie auch der Versuch doch immer wieder auf legale Weise zurechtzukommen, gehen sicherlich weitgehend auf Lars' Herkunftsmilieu zurück, das jedoch keine unmittelbare Bedeutung mehr für seinen Alltag und seine Biografie hat. Es ist somit eine plausible Annahme, dass die festzustellende Desorientierung, die anhand der Rezeptionspraxis der produktiven Aneignung reduziert werden soll, weitgehend in diesen Milieudifferenzen beruht, die zu einem inkonsistenten (oder gar zerrissenen) Habitus führen – was hier allerdings nicht weitergehend untersucht werden soll.

6.3 Rezeptionspraxis der ästhetisierenden Formalisierung (Marc)

6.3.1 Film-Nacherzählung und Informationen zur Person

- Geschlecht: männlich
- Alter: 22
- Bildung: Abitur, zum Befragungszeitpunkt: Azubi: Fachangestellter für Medien-/ Informationsdienste
- Nationalität: Deutsch (ohne Migrationshintergrund)
- keine Konfession / nicht religiös erzogen (1) / selbst nicht religiös (2) laut Fragebogen (1-6)
- Bildung der Eltern: kein Abschluss (Mutter), Realschulabschluss (Vater)
- Beruf des Vaters: keine Angabe
- Beruf der Mutter: keine Angabe
- Film bereits gesehen (2 Mal)
- eher geringe Verständnisprobleme (3) laut Fragebogen (1-6)
- Film-Nacherzählung:

Mit klassischen Horrorelementen und einem innovativen, doppelbödigen Drehbuch gelang dem Regisseur Alejandro Amenabar eine Schaudergeschichte im Stile von „Das Haus der Lady Alquist" (1945) und „The Sixth Sense". Grace lebt zusammen mit ihren beiden Kindern in einem alten englischen Landhaus auf den Kanalinseln. Ausgelaugt durch die Erziehung ihrer beiden lichtempfindlichen Kinder, dem fehlenden Ehemann, der im zweiten Weltkrieg gegen die Deutschen kämpft, und dem Weggang der Dienstboten, ermordet Grace ihre beiden Kinder und richtet sich kurze Zeit später selbst. Von dieser Vorgeschichte erfährt der Zuschauer aber erst im Verlauf der Handlung. ‖
       Grace, die durch ihre Eltern anscheinend eine streng protestantische (oder katholische) Erziehung erhielt, glaubt nur an das was man ihr beigebracht hat: Gott, Himmel und Hölle, die ihr die Religion vorgibt. Ihre Tochter Ann dagegen ist Neuem gegenüber aufgeschlossen und hegt einigen Zweifel an dem, was ihre Mutter ihnen lehrt. Ihr Bruder Nicholas ist ein Hasenfuß, jedoch gehen seine Gedanken in dieselbe Richtung, wie die von Anne. Diese Konstellation birgt durchaus Konfliktpotential, wie es sich bei den Aus-

einandersetzungen zwischen Mutter und Tochter während des Filmes bemerkbar macht. Weitere Fragezeichen stellen für den Zuschauer die Figuren von Bertha Mills, Lydia und Mr. Tuttle dar. Während sie gegenüber der Familie sich gutmütig und als fleißige Haushaltskräfte bewähren, bleiben die Unterhaltungen zwischen Mr. Tuttle und Bertha Mills unverständlich. Man nimmt an, dass sie heimlich planen, das Haus von Grace und den Kindern in ihre Gewalt zu bringen. Erst gegen Ende des Films stellt sich heraus dass sie Verstorbene sind, die gemeinsam mit der toten Grace und ihren ermordeten Kindern in einer Art Parallelwelt mit den Lebenden existieren. Da Lydia durch das Eintreten in die Parallelwelt einen Schock erlitt und stumm wurde, wollte Mrs. Mills Grace Ann und Nicholas schonend auf dieses Geständnis vorbereiten, was aber an dem „Glaubenskonstrukt" der Mutter an deren konservativer und religiöser Einstellung, stets scheiterte.

Grace, hervorragend verkörpert durch Oscar-Preisträgerin Nicole Kidman, erfährt einen Wandel während des Films. Sie muss ihre alten Wertvorstellungen ablegen und durch neues, unbekanntes Wissen ersetzen. Obwohl alle Personen durch Fehlen des Familiennamens (bzw. bei Mr. Tuttle des Vornamens) anonym wirken, schafft es der Zuschauer mit Kidmans ~~Charakter~~ Figur mitzufühlen, hoffen und zu bangen. Geradezu symbolisch sperrt sie die alten Wertvorstellungen von Grace aus dem Haus aus, indem sie auf der Suche nach Vorhängen eine Tafel gegen ein Fenster stellt auf der die Zeilen „Thank God for Unity" („Danke Gott für Einheitlichkeit") steht. Zumindest nach dem Tod verläuft das „Weiterleben" der Verstorbenen nicht einheitlich, sie müssen zusammen mit den Lebenden koexistieren und sich arrangieren, im Film sich den neuen Hausbewohnern und eines Mediums erwehren, die von Mrs. Mills nur schlicht als Eindringlinge, oder, exemplarisch für den Filmtitel als „die Anderen" (engl. „The Others") bezeichnet werden. ||

Doch es gibt auch einige Szenen, die den Zuschauer merkwürdig anmuten und eine tiefere Bedeutung verborgen bleibt. Die Szene, in der Anne altert ist wohl eher ein simpler Schockeffekt, als eine im Film verbirgte Botschaft und auch das Eintreffen von Graces im Krieg gefallenen Ehemann lässt weitere Fragezeichen über die von Amenabar geschaffene Parallelwelt entstehen. Können Tote miteinander in Kontakt treten obwohl sie geographisch gesehen weit entfernt voneinander zu Tode kamen? Warum erfüllte sich dann beispielsweise nicht noch einmal im Jenseits das Leben von Bertha, Lydia und Mr. Tuttle unter ihren ehemaligen Arbeitgebern, die die schönste Zeit in ihrem Leben war, wie Bertha berichtet? Wird Charles, Graces Ehemann zurück kommen? Fragen, die der Zuschauer selbst beantworten muss. ||

Der klaustrophobische Thriller scheint zumindest für Religion und Kirche ein Schlag ins Gesicht darzustellen. Er hebt alles das auf von dem die Kirche Jahrhunderte lang predigt, Himmel, Hölle und Gott existieren nur in den Köpfen derer, die daran glauben wollen und schränken tatsächlich die Freiheit des Individuums ein. ||

Für Amenabar war es nicht der erste Film, der sich mit dem Tod auseinandersetzt. In seinem Debütfilm „Thesis" setzte er sich indirekt mit dem Thema Tod bzw. Gewalt in den Medien auseinander. 2004 folgt das Drama „Das Meer in Mir" (Orig.-Titel „Mar adentro"), dass sich nach einer wahren Geschichte mit dem Thema Sterbehilfe auseinandersetzt. „Das Meer in mir" gewann 2005 den Golden Globe und den Oscar als bester ausländischer Film.

6.3.2 Zusammenfassung der reflektierenden Interpretation

Zu Beginn seines Texts schreibt Marc dem Film THE OTHERS „klassische[n] Horrorelemente[n]" zu, verortet ihn also filmgeschichtlich als Fortführung der langen Tradition des Horrors. Warum er nicht von einem klassischen Horrorfilm spricht, sondern lediglich von „Elementen" eines solchen, ist unmittel darauf nachzuvollziehen: Marc attestiert dem Film ein „innovative[s], doppelbödige[s] Drehbuch". Er macht damit eine Differenz zwischen der Aktualisierung des traditionellen Horrorgenres („klassische Horrorelemente") und dessen Innovation auf. Diese Innovation schätzt er, was sich in dem „gelang" äußert, mittels dem er sich zugleich als jemand darstellt, der die Leistung des Regisseurs (dessen Namen er auch kennt) zu schätzen weiß.

Weil er THE OTHERS nicht als Reproduktion bestehender Muster versteht, wählt Marc im Weiteren auch nicht eine der bekannten Rubrizierungen wie z.B. ‚Horrorfilm', ‚Gruselthriller', ‚Geisterfilm' oder ‚Geisterhausgeschichte' als Bezeichnung, sondern erfindet eine eigene Rubrik: „Schaudergeschichte". Marc macht damit nochmals klar, dass er THE OTHERS nicht als typischen Genrevertreter einordnet, wohl aber eine deutliche Verwandtschaft zu Vertretern des Genres sieht. Die Unterschiede zum klassischen Genre zeichnen sich einerseits im „Doppelbödigen" des Drehbuchs ab, andererseits in dem Schauder, den der Film als „Schaudergeschichte" auslöst. Beide Formulierungen implizieren eine Subtilität der Narration („doppelbödig") wie auch der Affekte, welche sie bewirkt („Schauder"). Bereits in diesen ersten Zeilen einer intertextuellen Verortung und positiven Wertung des Films dokumentiert sich die Praxis, Filme in den Kontext von Spezialdiskursen über Filme zu rücken.

THE OTHERS ist, so Marc weiter, stilistisch angelehnt an die Werke „Das Haus der Lady Alquist (1945)" sowie „The Sixth Sense". Erneut bemüht Marc die Unterscheidung zwischen Tradition und Innovation, indem er einerseits ein frühes Werk der Filmgeschichte, den Grusel-Klassiker GASLIGHT (1944, dt.: DAS HAUS DER LADY ALQUIST) und andererseits den neueren Gruselthriller 6th SENSE (1999, dt. ebenso) anführt. Erst im Anschluss an diese gewissermaßen filmwissenschaftlich professionelle Genre-Bestimmung des Werks durch ästhetische Merkmale[92] und den Vergleich mit anderen Filmen (Intertextualität), wendet sich Marc der Handlung zu. Es zeigt sich in dieser Verortung des Films

---

[92] Marc weist hier jene Kompetenz der Entschlüsselung eines künstlerischen Codes auf, welche Bourdieu „ästhetische Kompetenz" nennt. Diese kann als „Kenntnis der möglichen Unterteilungen eines Universums von Vorstellungen in unterschiedliche Klassen bezeichnet werden. Die Beherrschung dieser Art von Gliederungssystem gestattet es, jedem Element innerhalb einer Klasse, die sich notwendig in Beziehung zu einer anderen Klasse definiert, seinen Ort zuzuweisen" (Bourdieu, 1991: 170f.).

hinsichtlich der Filmgeschichte und Filmästhetik, dass Marc den Film als Teil eines ‚größeren Ganzen' sieht; ihn weniger als Werk für sich nimmt oder gar in seiner Bedeutung für ihn persönlich. Der Unterschied zu Lars könnte kaum erheblicher ausfallen. Jener rückt den Film gleich zu Beginn in seinen eigenen Orientierungsrahmen, was sich sowohl propositional wie performativ äußert (vgl. Kap. 6.1.2). Marc hingegen rubriziert das Werk zunächst filmästhetisch und filmhistorisch. Außerordentlich tritt diese Verortungsstrategie auch am Ende seines Textes hervor, wenn er THE OTHERS zusätzlich in die Schaffensgeschichte seines Regisseurs Alejandro Amenábar einreiht und dessen Wertschätzung in Kritikerkreisen hervorhebt, indem er die größten Preise benennt, welche an einen neueren Film von ihm – MAR ADENTRO (2005, dt.: Das Meer in mir) – vergeben wurden. Auch Arnia nahm Bezug auf eben diesen Film von Amenábar – ganz anders als Marc jedoch ohne zu wissen, dass er von dem gleichen Regisseur stammt (vgl. Kap. 6.1.1), sondern ausgehend von ihrer Intuition und der Suche nach einem Film, der das ähnliche Thema auf eine ihr angenehmere Art behandelt. Ihr Bezug auf diesen Film ist daher auch weniger von Parallelen zwischen den beiden Filmen angeleitet, sondern vor allem von den Parallelen beider Filme zu ihr selbst, ihrer eigenen Alltagspraxis, in der sie sich wegen einer Krankheit auch immer wieder mit dem Tod beschäftigen muss. Marc indessen bezieht sich auf Analogien zur Systematisierung, was mit seinem eigenen Erfahrungsraum zunächst nicht unmittelbar zu tun hat.

Nach seiner Beschreibung des Filminhalts (die dessen filmästhetischer und filmhistorischer Verortung in den ersten Sätzen folgt) setzt Marc zu einer Deutung des Gesehenen mit dem Verweis auf die Qualität der Darstellerleistung der Hauptfigur an: „Grace, hervorragend verkörpert durch Oscar-Preisträgerin Nicole Kidman". Auch hier bezieht er sich wie schon zu Beginn nicht auf seinen persönlichen Eindruck von der Darstellung – wie andere, die festhalten, was ihnen aus welchen Gründen (nicht) gefallen hat –, sondern verankert die Qualität der Darstellerleistung in den Fähigkeiten der Oscar-Preisträgerin: Es ist also nicht etwa so, dass sie so „hervorragend" auf ihn wirkt, sondern die Verkörperung der Hauptdarstellerin geschieht professionell durch eine „Oscar-Preisträgerin", die ihre Qualitäten lediglich einmal mehr unter Beweis stellt. Auf diese einleitenden und bewertenden Bemerkungen zur Darstellungsleistung folgt eine Konklusion zur inneren Entwicklung der Hauptfigur Grace: Sie „erfährt einen Wandel während des Films". Der Wandel besteht in einem „Ablegen" ihrer Weltanschauung bzw. ihrer „Wertvorstellungen" und dem „Ersetzen" dieser durch „neues, unbekanntes Wissen". Marc bemüht sich hier um eine möglichst neutrale und möglichst wenig emotional gefärbte Formulierung für das seines Erachtens zentrale Filmgeschehen. Während Lars und Arnia über Metaphern die Handlung in ihren Erfahrungsraum hereinholen und so in existenzieller Weise an die filmisch inszenierte Praxis mit der eigenen Alltagspraxis anschließen können, sucht Marc hingegen möglichst unvoreingenommen zusammenzufassen. Er berichtet also kaum in einer vom persönlichen Eindruck und seinen Empfindungen geprägten Sprache (wie ganz besonders Lars aber auch Arnia), sondern wählt teils professionell-kodifizierte und stets allgemein nachvollziehbare Wendungen, versucht sich also immer wieder im Universum kommunikativ-generalisierten, allgemein geteilten Sinnes auszudrücken und schließt dazu an öffentliche Spezialdiskurse an.

Auch die weitere Interpretation Marcs bewegt sich folglich auf der Common Sense-Ebene und dies aufschlussreich ‚erzwungen'. Marc stellt fest, dass die Figuren des Films anonym wirken. Dies führt er nicht auf seinen Eindruck zurück und ein bestimmtes Gefühl, in dem sich diese Unpersönlichkeit manifestiert, sondern: das „Fehlen des Familiennamens (bzw. bei Mr. Tuttle des Vornamens)". Ein solcher Begriff von Anonymität erstaunt und ist nicht einfach nachzuvollziehen, denn wieso wären die Personen weniger anonym, wenn man Vor- und Nachnamen kennen würde? In der Alltagswirklichkeit (oder auch in einem privaten Video) mögen manche Personen dann als anonymer als andere gelten, wenn man nur einen Teil ihres Namens kennt – zumindest ist es wahrscheinlicher, dass sie anonymer bleiben: Ein ‚Herr Hauser' oder ein ‚Peter' sind nur schwerer aufzuspüren sobald sie den Gesichtskreis der face-to-face-Interaktion verlassen haben und bleiben insofern anonymer als ein ‚Peter Hauser'. Filmfiguren können jedoch eine solche Anonymität nicht besitzen, denn als Teil einer Geschichte sind sie ohnehin fiktiv, ihre Präsenz endet mit dem Film. Es ist im Weiteren ebenso äußerst merkwürdig, dass Marc dieser derart festgestellten Anonymität die mögliche Identifikation mit der Filmfigur Grace gegenüberstellt, wenn er schreibt, dass „obwohl" diese Anonymität gegeben ist „der Zuschauer mit Kidmans ~~Charakter~~ Figur mitzufühlen, hoffen und zu bangen" vermag. Mit einiger Vorsicht kann hier behauptet werden, dass nicht die fehlenden Vor- bzw. Nachnamen den Widerspruch zur Identifikation herstellen, sondern die Tatsache, dass man sich generell auf das Gefühlsleben einer fiktiven Filmfigur einlassen kann, die in der ‚Wirklichkeit', also außerhalb der Film-Zuschauer-Interaktion, nicht existiert. Marcs Verknüpfung der Anonymität der Figuren mit seiner Identifikation mit der Hauptfigur könnte also anzeigen, dass Marc mit aller Gewalt versucht, die Identifikation nicht auf seine eigene subjektive Wahrnehmung, sondern den Film als ästhetisches System zu beziehen. Daher rührt jener interpretatorische Kniff der Konstruktion einer Anonymität, die dann seiner Identifikation gegenübergestellt wird. Er spart sich so eine Begründung der Identifikation, in welcher er auf sich selbst und seine eigene Erfahrung Bezug nehmen müsste. Der primäre Referent ist also stets der Film als ein ästhetisches System, auch wenn dies bedeutet recht abseitige Interpretationswege gehen zu müssen, um diese Praxis aufrecht zu erhalten.

Diese Annahme der Verweigerung eines Bezugs zu sich und der eigenen Alltagswelt lässt sich auch anhand der folgenden Beobachtung stützen: Marc streicht das Wort „Charakter", das die Rolle Kidmans bezeichnete, durch und verwendet dafür den Begriff „Figur", der stärker auf den Film verweist als der Begriff des Charakters. Denn während der „Charakter" eine konventionalisierte Bedeutung innerhalb und außerhalb der Filmwirklichkeit hat, so hat der Begriff der Figur als Bezeichnung für Personen lediglich Bedeutung in der Filmwirklichkeit.[93] In dieser Durchstreichung dokumentierte sich dann erneut, dass Marc eine Anschlussfähigkeit zwischen der Fiktionalität der Geschichte, wie ihrer Figuren und der Realität der eigenen Alltagswirklichkeit nicht zulässt, ja selbst auf semantischer Ebene zu vermeiden sucht. Es zeigt sich darin eine höchst ästhetisierende Rezeptionspraxis, die das Filmerleben nur auf die Verweisstruktur des ästhetischen Materials und nicht sich selbst und eigene (konjunktiv gebundene) Erfahrungs- und Wissensstrukturen zurückführt. Diese Orientierung reproduziert sich auch in dem Ausdruck „der Zuschauer": Nicht er selbst ist der „mitzufühlen, hoffen und zu bangen" vermag, sondern ein generalisierter Zuschauer, der durch die ästhetische Werkstruktur gewissermaßen erst produziert wird und jenseits seiner Konstitution durch formal-ästhetische Strukturen nicht interessiert.

Die bereits dargestellte formalisierend-ästhetisierende Praxis wird gleichfalls greifbar in dem nächsten Satz, in welchem Marc seine Lesart des Filmes als objektive Filmstruktur begreift: Marc glaubt auf einer Tafel, die Grace nutzt, um ihre Kinder vor eindringendem Sonnenlicht zu schützen, zu lesen: „Thank God for Unity" („Danke Gott für Einheitlichkeit")". Tatsächlich aber steht auf dieser Tafel, die nur kurz im Bild ist: „Thank God for their growth in faith and love"). Die Konstruktion der „Unity / Einheitlichkeit" passt zu Marcs Interpretation des scheiternden Wissens von Grace, das in seiner Einheitlichkeit demnach radikal infrage gestellt wird, worauf er in diesem Satz auch Bezug nimmt: „Geradezu symbolisch sperrt sie die alten Wertvorstellungen von Grace aus dem Haus aus, indem sie auf der Suche nach Vorhängen eine Tafel gegen ein Fenster stellt auf der die Zeilen „Thank God for Unity" („Danke Gott für Einheitlichkeit") steht". Das Aussperren der „alten Wertvorstellungen" symbolisiert eben jene Herstellung der Einheit / Einheitlichkeit, die Marc auf der Tafel liest.

Marc schreibt also dem Film als objektive Struktur zu, was er selbst darin sieht. Dabei ist er stets mehr oder weniger explizit auch an den Intentionen der

---

[93] Es sein denn man nutzt den Begriff als Schimpfwort, wie z.B.: ‚Das ist aber eine seltsame Figur' (im Sinne einer merkwürdigen Gestalt) oder in Bezug auf gegenständliche Figuren (‚Schachfiguren', ‚Spielfiguren').

Produzenten orientiert. Selbst diese Orientierung findet sich noch in diesem Satz niedergeschlagen: Das Subjekt des Satzes ist nicht die Filmfigur; es ist also nicht Grace, die Marc als Agens (handelnder Teil eines Satzes) grammatikalisch konstituiert, sondern Nicole Kidman in ihrer Funktion als Darstellerin, wodurch Marc erneut eine ästhetisierende Ebene einzieht: Als Hauptdarstellerin sperrt Nicole Kidman mit der Handlung des Schiebens der beschrifteten Tafel die Wertvorstellungen der Filmfigur Grace – „geradezu symbolisch" – aus dem Haus aus. Gemäß dieser Logik interessiert nicht die Handlung einer Filmfigur im Kontext der Geschichte des Films, sondern die Handlung wird von einer Darstellerin hergestellt, um symbolisch für etwas stehen zu können, was zu dechiffrieren ist. Letztendlich ist Marc also an den Intentionen der FilmproduzentenInnen interessiert und daran wie sie die Lesbarkeit des ästhetischen Materials (gemäß seiner eigenen Lesart) herstellen.

Die Filmfigur Grace, so macht Marc weiter deutlich, täuscht sich hinsichtlich der „Einheitlichkeit" ihres Lebens, denn: „Zumindest nach dem Tod verläuft das „Weiterleben der Verstorbenen nicht einheitlich". Stattdessen müssen die Toten mit den Lebenden „koexistieren und sich arrangieren". Dies erläutert Marc dann anhand der „Eindringlinge" bzw. den „Anderen (engl. „The Others")". Während in diesem Absatz Marc das Scheitern des Wissens von Grace explizit herausarbeitet, so geht Marc im folgenden Absatz auf Szenen ein, in denen ihm nicht möglich ist, eine derart spezifische Interpretationsleistung zu erbringen: „Doch es gibt auch einige Szenen, die den Zuschauer merkwürdig anmuten und eine tiefere Bedeutung verborgen bleibt". Die Formulierungen „merkwürdig anmuten" und „tiefere Bedeutung" verweisen deutlich auf eine Hierarchisierung: Szenen, die ihm einen Interpretationsraum eröffnen, sind mehr wert als andere, die dies nicht tun, letztere wirken eher „merkwürdig". Entsprechend nennt er die Szene, in welcher Grace ihrer Tochter in der geisterhaften Gestalt einer alten Frau begegnet „eher ein simpler Schockeffekt als eine im Film verbirgte Botschaft". Marc ist also auf der Suche nach Botschaften, welche ein Filmautor, in den Film eingeschrieben hat. Szenen, die ihm das Finden einer solchen Botschaft und die Herstellung eines konsistenten ästhetischen Systems erlauben sind mehr Wert als solche Szenen, die das nicht ermöglichen.[94]

Eine solche Hierarchisierung von Szenen, bzw. Filmen generell wie das Interview zeigt, ist ziemlich das Gegenteil zu dem, was Lars „pädagogisch wertvoll" nennt und zu dem „Berührtsein", das Arnia eine besonders wichtiges Moment der Rezeption von Filmen ist. Beide legen konjunktiv gebundene Erfah-

---

[94] Dies entspricht der Praxis der 'professionellen' Filmkritik: „To speak of *hidden* meanings, *levels* of meaning, and *revealing* meanings evokes the dominant framework within critics understand interpretation. The artwork or text is taken to be a container in which the artist has stuffed meanings for the perceiver to pull out"(Bordwell, 1989b: 2, H.i.O.).

rungs- und Wissensstrukturen an den Film an, suchen so einen Anschluss ihrer eigenen Alltagspraxis an die im Film inszenierte Praxis. Marc hingegen verbleibt – so weit wie möglich – auf der Ebene des Common Sense und sucht vorrangig nach Botschaften und Autorintentionen, indem er den Film als ästhetisches System und dessen konstituierende Elemente herausarbeitet. Diese Rezeptionspraxis äußert sich markant im Fortgang seines Schreibens, wenn er nach logischen Fehlern im Film sucht. Marc stellt Fragen nach der logischen Konsistenz des Films, wie: „Können Tote miteinander in Kontakt treten obwohl sie geographisch gesehen weit entfernt voneinander zu Tode kamen? Warum erfüllte sich dann beispielsweise nicht noch einmal im Jenseits das Leben von Bertha, Lydia und Mr. Tuttle unter ihren ehemaligen Arbeitgebern, die die schönste Zeit in ihrem Leben war, wie Bertha berichtet? Wird Charles, Graces Ehemann zurück kommen?". Es sind dies Fragen, „die der Zuschauer selbst beantworten muss", so Marc. An einer Antwort (wie Arnia, die gleichfalls Fragen aus dem Film extrahierte[95]) versucht er sich allerdings gerade nicht. Dass er allerdings dergleichen von einem Film aufgeworfenen Fragen, die man selbst beantworten muss, kennt, zeigt erneut, dass er zwischen ästhetischen Strukturen, die bedeutungstragend im Sinne der Botschaft des Films bzw. Autorintention sind und solchen, die das nicht sind, unterscheidet. Erst durch dieses strikte Unterscheiden ist ihm das konsequente Herausarbeiten einer Botschaft bzw. der Autorintention möglich. Die Unterscheidung zwischen ‚bedeutungstragend' und ‚nicht-bedeutungstragend' gelingt ihm durch das (kommunikativ-generalisierte) ästhetische Wissen über Filme und Mittel und Wege ihrer Gestaltung vor dem Hintergrund der Vermittlung von Botschaften und Autorintentionen. Aus der Anwendung dieses ästhetischen Wissens resultiert eine Praxis, nach der die „tiefere Bedeutung" des Films aus Fragen entsteht, für welche der Film selbst eine Antwort gibt. Diese Antworten müssen in einer detektivischen Analyse der Filmästhetik gesucht werden. Daneben gibt es auch „Fragezeichen", die der Film entstehen lässt und die er nicht durch Verweis auf sich selbst lösen lässt. Da diese aber einer in sich geschlossenen Interpretation des Films nicht dienlich sind, sondern über diesen hinaus auf den konkreten Zuschauer und dessen Erfahrungsraum verweisen, interessiert sich Marc nicht dafür.

Marc bringt in dem nächsten Satz, in dem er sich von den Fragen, die der Zuschauer selbst beantworten muss, wieder abwendet, eine explizite Interpretation des Films zum Ausdruck und leitet damit eine abschließende, zusammenfassende Deutung ein: „Der klaustrophobische Thriller scheint zumindest für Religion und Kirche ein Schlag ins Gesicht darzustellen". Auch Hanna, deren Nach-

---

[95] „Wo die Grenzen zwischen Leben und Tod verwischen, wo Rationalität von Irrationalität kaum noch zu unterscheiden sind, berührt der Film und wirft Fragen zu einem Leben nach dem Tod auf. Was ist Leben? Wann beginnt der Tod?"

erzählung im nächsten Kapitel (nach einem Zwischen-Resümee) analysiert wird, bringt eine solche Deutung des Films als Religionskritik im Rahmen eines ersten Interpretationsversuchs in Anschlag: „Man könnte diesen Film in die Richtung interpretieren, dass er sich über die Religion lustig macht". Während Hanna jedoch nicht vermag bei dieser Interpretation zu bleiben und diese auszuarbeiten, sondern sogleich zu einer weiteren und gleichfalls möglichen ansetzt (Erkenntniskritik statt Religionskritik), welche sie dann erneut infrage stellt, elaboriert Marc seine Sichtweise einerseits unter Bezugnahme auf ästhetische Gestaltungsmerkmale (siehe oben) und andererseits durch eine Dramatisierung der Botschaft, indem er sie sozialgeschichtlich verortet. Der Film, so schreibt Marc weiter, „hebt alles das auf von dem die Kirche Jahrhunderte lang predigt". Die religiösen Konzepte bilden nicht die Wirklichkeit ab, sondern „existieren nur in den Köpfen derer, die daran glauben wollen". Dadurch wird die „Freiheit des Individuums" eingeschränkt. Die Interpretation des Films als Religionskritik wird so festgemacht, ausgebaut und zugespitzt: Glaube ist letztlich auch nur Aberglaube. Dies wollten die Filmemacher – unabhängig von seinem Verständnis des Films – aussagen.

Am Ende seines Textes nutzt Marc erneut sein ästhetisches Wissen, um so ‚professionell' zu enden wie er angefangen hat. Während er zu Beginn den Film in der Filmgeschichte und dem Horrorgenre verortete, ordnet er ihn nun in der Schaffensgeschichte seines Regisseurs ein. Gemäß der Auteur-Theorie entziffert er die Handschrift des Regisseurs, indem er feststellt, dass THE OTHERS „nicht der erste Film [ist], der sich mit dem Tod auseinandersetzt". Marc zieht weiter den Debütfilm THESIS (1999, dt. ebenso) und das derzeit jüngste Werk Amenábars MAR ADENTRO heran, welche sich einerseits „mit dem Thema Tod bzw. Gewalt in den Medien" bzw. andererseits „mit dem Thema Sterbehilfe" auseinandersetzen. Schließlich erwähnt Marc weiter die beiden höchsten Auszeichnungen, welche bisher an MAR ADENTRO gingen: „Golden Globe und Oscar als bester ausländischer Film". Marc gibt sich damit als eine Art Fachmann zu erkennen. Das Nennen der Preise, die nicht an THE OTHERS gingen, dient an dieser Stelle vor allem der Heraushebung seiner Kompetenz und Untermauerung seiner Deutungsmacht sowie der Bestätigung der Qualität des Films, indem Marc nachweist, dass der Regisseur sein Handwerk generell beherrscht. Es ist diese konsequente Fokussierung auf das ästhetische Wissen, anhand dessen Marc eine konsistente Filmlesart entwickelt. In dieser Praxis, die ich *ästhetisierende Formalisierung* nennen möchte, verbiegt Marc dabei auch den tatsächlichen Filminhalt, wie z.B. die Beschriftung der Tafel, um seine Interpretation kongruent zu den in Anschlag gebrachten Wissensbeständen zu halten. Ganz im Gegensatz zu Lars und Arnia: Bei diesen kann der Film zu Modifikationen in eigenen konjunktiven Erfahrungs- und Wissensstrukturen führen. Marc hingegen ordnet ihn völ-

lig seinem kommunikativen Wissen, das den öffentlichen Diskursen über Filme, Filmgeschichte, Filmästhetik, Genrekonventionen, Autorintentionen usw. entspringt, unter.
    Allen bislang vorgestellten Jugendlichen (Arnia, Lars, Marc) gelingt eine Form des Anschlusses an die filmische Inszenierung. Marc jedoch sucht keinen – bzw. wie die Interviewanalyse zeigen kann: vermeidet auch einen – konjunktiven Bezug zur filmisch inszenierten Praxis. Stattdessen dienen ihm formale ästhetische Konventionen gewissermaßen als Bedienungsanleitung zur Decodierung des Films. Eine Praxis der Rezeption, die sich sehr deutlich auch anhand der Interviewanalyse validieren lässt.

6.3.3 Vergleichshorizont: Interview zum Umgang mit Filmen

Wie dargestellt, geht es Marc in erster Linie darum, einen Blick hinter die filmische Oberfläche zu werfen, mittels kommunikativ-generalisierter Wissensbestände und den (Spezial)Diskursen eines ästhetischen Wissens sucht er dabei nach der eigentlichen Botschaft bzw. tatsächlichen Intention des Autors. Diese Praxis der Rezeption, die ich als ästhetisierende Formalisierung bezeichnet habe, reproduziert sich auch im Interview; wie bspw. schon ganz zu Beginn desselben, wo Marc danach gefragt wird, wie er den letzten Film fand, den er im Kino gesehen hat:

> I: /hm/ Und wie fandest du den Film?
> M: ((langgezogen)) /äh/ ja, die Story war na ja, altbackn, sagen wir es mal so, null acht fünfzehn, aber die Darsteller waren gut. (Marc, 22)

Indem er die „Story" als „altbacken" bzw. „null acht fünfzehn" abqualifiziert, markiert er zunächst, dass er mit den entsprechenden Story-Schemata gut vertraut ist und den Film in diese einordnen kann, wobei er kritisiert, dass der Film die bekannten Schemata lediglich wiederholt und ihnen nichts Neues abgewinnt (– erneut kommt die Dichotomie zwischen Tradition und Innovation zum Tragen, wie schon zu Beginn der Film-Nacherzählung). Auch in der anschließenden Bemerkung „aber die Darsteller waren gut" manifestiert sich eine gewisse Form einer professionellen Objektivierung in der Beurteilung. Die Darsteller „hätten ihm auch gefallen können" oder er „hätte sie gut finden" oder etwa die „Figuren mögen können" – die Formulierung hingegen „waren gut" impliziert eine Beobachterperspektive, die neutral registriert und sich in einer Position befindet, die erlaubt objektiv zwischen guten und schlechten Schauspielerleistungen unterscheiden zu können. In diesem Sinne entwickelt sich auch das Interview weiter:

M: Vor allem eben Meryl Streep.
(I: /hm/) Die hat denn diese kalte berechnende Geschäftsfrau gespielt und die (/hm/)
war richtig klasse (/hm/) Vielleicht gewinnt sie ja 'ne ((lächelnd)) Oscar-
Nominierung in paar Monaten. Wer weiß.
I: /hm/ Ach, er, in paar Monaten wieder, ja?
M: /hm/ Genau. (Marc, 22)

Unter den „Darsteller[n]" hebt er Meryl Streep besonders hervor, eine Nuancie-
rung mit der er sich wieder als Kenner ausweist, der einerseits den Namen der
(allerdings recht bekannten) Darstellerin kennt und deren Leistung im Vergleich
zu dem auch ansonsten guten Ensemble gesondert beurteilen kann. Ihre Leistung
findet er derart außergewöhnlich, dass er anmerkt, dass sie ihr vielleicht „ne
Oscar-Nominierung" einbringt. In dem Zusatz „in ein paar Monaten" zeigt er
weiter, dass er nicht nur die Leistung objektiv einzuschätzen vermag, sondern
auch mit der professionellen Leistungseinschätzung in Hollywood, den Oscar-
verleihungen, vertraut ist und (im Gegensatz zum Interviewer) weiß, wann die
stattfinden. Es ist höchst erstaunlich, dass Meryl Streep für die Rolle der Miran-
da Priestly in THE DEVIL WEARS PRADA (2006, dt.: Der Teufel trägt Prada)
wenige Monate später nicht nur tatsächlich eine Nominierung erhielt, sondern
auch den Oscar als beste Hauptdarstellerin im Jahr 2007 auch gewann. Marc lag
also richtig mit seiner Einschätzung; offensichtlich ist er tatsächlich mit den
Beurteilungskriterien der professionellen KritikerInnen gut vertraut. Entsprechend beschreibt er kurz darauf und auf die Frage, wie er denn Filme zur Rezeption auswählt, äußerst vielfältige Informationsquellen und differenzierte Such-
strategien, die er auch mit dem Begriff des „Forschens" (siehe unten) belegt.
Dazu gehören die „Internet Movie Database"[96], „Kurzartikel über Filme, die neu
in die Kinos kommen", „Filmpreise, zum Beispiel [...] OSCARS, GOLDEN
GLOBE", „diverse Kinozeitschriften und Magazine" und „der filmverbund"[97], zu
dem er ausführt: „da kann man auch drin teilweise forschen, da sind denn die
wichtichsten deutschsprachigen /ähm/ Zeitungen, überregionalen Zeitungen denn
da, da irgendwie drin vertreten, Zeitungen, Zeitschriften, deutschsprachige, eng-
lischsprachige, französischsprachige". Diese Informationsquellen nutzt Marc
sehr zielstrebig und orientiert sich „denn immer an Regisseuren", schaut „welchen Filme ham sie denn noch gedreht" und stellt sich Fragen wie „worum geht
es in diesem Film, warum dieser Titel", die er mittels der Besprechungen und
Rezensionen beantwortet. Marc rezipiert jedoch nicht nur die entsprechenden

---

[96] www.imdb.com
[97] Name geändert. Es handelt sich um eine nicht öffentliche, organisationsspezifische Datenbank, zu
      der Marc durch seine Ausbildung zum Bibliothekar Zugang hat.

Publikationen, sondern verfasst auch selbst welche, die er im Internet und zum Beispiel bei Wikipedia veröffentlicht, wie:

> /ähm/ Filmartikel und denn noch Biografien und denn noch teilweise auch denn irgendwie so (.) Artikel zu Filmpreisen oder so. Ich bin auch so 'ne Art Statistikfan irgendwie. Ich find das denn irgend, irgendwie toll, solche eigene Statistiken durchzugehn, was weiß ich, 1990 hat der und der gewonn (I: /hm/) der und der war nominiert und so weiter, wie oft war der nominiert? Das find ich irgendwie toll, (I: /hm/) Ich weiß auch nich warum. (Marc, 22)

Marcs Umgang mit Filmen zeichnet sich also nicht nur durch eine starke Fokussierung auf die ästhetische Struktur und Qualität von Filmen und ihre Botschaften aus, sondern umfasst zudem ein Interesse an den weiteren Bedingungen und Merkmalen der Produktion („Biografien") wie auch der Rezeption („eigene Statistiken") aus einer belesenen ‚Insider'-Perspektive. Auch im späteren Verlauf des Interviews reproduziert sich die Rezeptionspraxis der ästhetisierenden Formalisierung immer wieder sehr markant, wenn Marc die typischen Fragen aufzählt, die Filme für ihn aufwerfen

> M: Was macht die Figur? Warum handelt sie so? Und denn noch natürlich auch irgendwie diesen, diese, diese Effekte, die man einsetzn kann, Musik oder vielleicht auch Licht und so weiter, vielleicht auch spezielle Kameraszenen. Es gibt ja auch, es gibt ja auch meistens diese Szenen, ich glaub bei Anruf, bei Anruf Mord. Da wird, glaub ich, das Telefon irgendwie so von weiter unten irgendwie so fokussiert, so dass es irgendwie so, so riesich und gigantisch irgendwie aussieht. Und wenn man denn von oben herab irgendwie denn die Kamera da irgendwie, irgendwie fixiert hatte, denn, denn, denn wäre dieser Effekt eben nich dagewesen.
> I: /hm/ (2) /hm/ Und das findest du auch so spannende /ähm/ Aspekte am Film?
> M: Ja, irgendwie schon. Auch /äh/ Kameraführung /äh/Da is denn, da is denn irgendwie immer die Frage denn. Denn hat man vielleicht eine bestimmte Szene im Kopf, denn ärgert man sich irgendwie, ja, das hätte man vielleicht irgendwie (.) ganz anders machen könn und (.) ja denn, denn stellt man sich natürlich die Frage, wie oder man hat vielleicht auch schon irgendwie so 'ne Idee im Kopf. (Marc, 22)

Besonders aussagekräftig ist, dass er sich nicht wie andere Jugendliche die Frage stellt, „wie hätte ich reagiert" oder „wie hätte die Situation auf mich gewirkt", sondern jene, wie er die Situation dargestellt hätte, also wie man eine Inszenierung (z.B. hinsichtlich der Kameraführung) „vielleicht irgendwie (.) ganz anders machen könn". Entsprechend unterhält sich Marc auch mit anderen zum Beispiel über „die Machart halt ja, wie hat, wie hat der /ähm/ Regisseur irgendwie die Sze…, die Szene irgendwie bearbeitet, angesetzt oder so." Die Beschäftigung mit Filmen folgt dem Zweck (und Selbstzweck), die ‚Welt des Films' zu erkunden, zu systematisieren und zu hierarchisieren. In der Rezeption tritt er gewissermaßen als virtueller Co-Regisseur in Erscheinung und sucht nach Optimierungspotenzial oder Fehlern der Filmemacher. Entsprechend versucht er keine Anschlussmöglichkeit zwischen filmisch inszenierter Praxis und eigener Alltagspraxis herzustellen, sondern zwischen seinem Wissen über Filmästhetik und Filmgeschichte und dem jeweiligen Film.[98] Besonders gut lässt sich dieser von den bisher rekonstruierten Rezeptionspraktiken der reproduktiven und produktiven Aneignung abweichende Umgang mit Filmen konturieren anhand der Antwort auf die Frage nach einem Film, der „besonders starke Gefühle" hervorgerufen hat. Marc überlegt zwei Sekunden, wiederholt einen Teil der Frage und zögert erneut 7 Sekunden (unterbrochen von zwei nachdenklichen „hm"):

(2) ((überlegend)) Starke Gefühle hervorgerufen hat? hm (4) hm (3) Einmal natürlich eben diesn, diesn brasilianischn Film „Central Station", weil man eben da so mit dieser, mit dieser Hauptfigur mitgefühlt hat und am Ende /ähm/ wenn man eigentlich denkt, diese, diese Lehrerin, dis is ja 'ne brasilianische Lehrerin, die denn irgendwie diesen, diesen, diesen Waisen denn ebend in dieses brasilianische Hinterland /äh/, in sein Dorf prügelt, denn man irgendwie, die ham sich so, so schon angefreundet, die sind, die sind gar nich mehr voneinander loszukriegn irgendwie und denn wie kriegt sie denn doch irgendwie diese, diesen Ent..., Entschluss zu fassen, doch wegzugehn zurück irgendwie nach Rio de Janeiro, ihr altes Leben vielleicht irgendwie doch 'n bisschen verändert aber (.) na ja, so, so was erwartet man denn nich, denn teilweise auch woran ich mich erinnern kann, „Schindlers Liste", (.) da wars aber, da war ich aber auch so 'n bisschen vorgeschädicht sozusagn. /ähm/ Mein Bruder war /ähm/ mit seiner Freundin zusammengezogn in Brem und irgendwie den hatt ich ziemlich stark vermisst, teilweise gab's denn da auch irgendwie so, so Streiterein, weil ich seine Freundin nich leiden konnte, war vielleicht auch so'n bisschen Eifersuchtsgedanke und irgendwie ja, da hab ich mich denn vielleicht zu sehr irgendwie in diesen Film hineinversetzt, nein, nich hineinversetzt, aber irgendwie dieses Thema hat mich denn irgendwie so stark berührt, dass denn doch irgendwie, was weiß ich, denn am Schluss denn die Trän' vielleicht gekomm sind. Grade denn so an dieser Szene denn an dem Grab denn, wo die ganzen Leute denn Abschied nehmen. (Marc, 22)

---

[98] Auch nutzt er Filme kaum sonderlich zur Strukturierung von sozialen Beziehungen und der Herstellung und Bewältigung sozialer Differenz (Film als Ressource für soziale Interaktion, vgl. Kap. 2.2). Daher geht er auch aus Konzentrationsgründen (und wegen den Kosten) nicht mit anderen oder etwa alleine ins Kino, sondern leiht Filme aus oder kauft sie sich, so dass er eine Sammlung von etwa „hundert, hundertfünfzich Titel? Vielleicht auch mehr" angelegt hat: *Eigentlich /ph/ ja, eigentlich weil, weil ich's auch eigentlich ziemlich teuer finde die Kinokarte an sich und irgendwie, na ja, man (.), meistens kann ich mich irgendwie auch nich so richtich konzentriern, wenn, was weiß ich, /äh/ hunderte von Leute irgendwie um mich rumsitzn und der eine hustet, der andere raschelt irgendwie Popcorn der andere trinkt Cola oder so, das is denn irgendwie nervend.*

Die zentralen Aussagen, mittels denen sich diese Passage erschließen lässt, sind zum einen in der Bezugnahme auf die Änderungen in der Lebensführung und die Abschiedsdramatik sowohl der Heldin von CENTRAL DO BRASIL (1998, dt.: CENTRAL STATION) als auch dem Helden von SCHINDLER'S LIST (1993, dt.: SCHINDLERS LISTE) zu sehen. Und zum anderen in der Äußerung: „da wars aber, da war ich aber auch so 'n bisschen vorgeschädicht sozusagn". Die ‚Vorschädigung' durch welche beide Filme erst ihre Wirkung entfalten können (und ihn in seiner Praxis der ästhetisierenden Formalisierung stören) schildert Marc zwischen dem Bericht über die beiden. Es handelt sich um den (teils mit Streitereien verbundenen und unglücklichen) Abschied von seinem Zwillingsbruder, der mit seiner Freundin nach Bremen zog und von dem er anderer Stelle behauptet, geradezu in einer „Symbiose"[99] mit ihm gelebt zu haben bzw. noch zu leben. In beiden Filmen fühlt er sich mit dem Thema einer erst gemeinsamen dann getrennten Lebensführung, sowie dem Problem der Trennung und des Abschieds, konfrontiert. Diese Konfrontation widerfährt ihm plötzlich und unerwartet („na ja, so was erwartet man denn nich"), er ist überrascht, wird gewissermaßen überrumpelt von der Anschlussfähigkeit seiner eigenen Alltagspraxis an die in den genannten Filmen inszenierte Praxis. Besonders deutlich ist dies hinsichtlich der Spiegelung seiner eigenen Erfahrungen in dem Holocaust-Drama SCHINDLER'S LIST.

Es ist – gerade als Deutscher – gewissermaßen äußerst ‚undiszipliniert' und ‚politisch unkorrekt' diesen Film derart vor dem Hintergrund eigener Erfahrungen zu sehen und nicht vor dem Hintergrund der Schuld der Nationalsozialisten oder des Leids der jüdischen Bevölkerung. In dieses hat er sich eben „nich hineinversetzt", vielmehr hat er den Film in seine Erfahrungswelt versetzt. Anhand der Ausdrucksgestalt lässt sich darauf schließen, dass ihn das selbst überwältigt hat. Schließlich versucht er zunächst festzustellen, dass er sich (was ‚politisch korrekt' und ‚diszipliniert' gewesen wäre) sich „zu sehr" in den Film „hineinversetzt" zu haben – dem muss er jedoch widersprechen („nein, nich hineinversetzt, aber irgendwie dieses Thema hat mich denn irgendwie so stark berührt"). Es ist vielmehr das Thema des Abschieds – das er selbst gerade durch den Abschied von seinem Bruder kennt – in das er sich so sehr versetzt hat und das ihm so zugesetzt hat, dass ihm schließlich die Tränen kamen. Diese Überwältigung ist zwar durchaus im Sinne jener Praxis der reproduktiven Aneignung zu verstehen, jedoch ersetzt diese ruck- und schockartig die ästhetisierende Formalisierung in

---

[99] *Ich hab 'n gleichaltrigen Zwillingsbruder, und /ähm/ eigentlich verfolgen wir meistens dieselben Themen, uns interessiert immer das Gleiche und es war auch in der Schule so, auf'm Gymnasium, also teilweise, dass ich einen Satz ange /äh/ begonn habe und er konnte sozusagn mit den Wortn, mit den ich ihn eigentlich enden lassen wollte, mit denen konnte er mein Satz denn beenden. Es war denn ja, wir lebn in so 'ner Symbiose könnte man sagn.*

der Rezeption. Seine primäre Rezeptionspraxis wird punktuell ausgehebelt, da ihn die Problematik des Abschieds so sehr in Beschlag nimmt, dass er den Film vor dem entsprechenden persönlichen Hintergrund sehen muss. Eben dies wird auch in der Formulierung „bisschen vorgeschädicht" deutlich. Durch den biografischen ‚Schaden' kann er gewissermaßen nicht die normale, übliche (und ‚schadensfreie') Rezeptionspraxis vollziehen, bei der er an einen Film eben nicht mit seinem eigenen Erfahrungsraum anschließt, sondern mit allgemeinen Diskursen über die Ästhetik, Interpretation und Produktion von Filmen.

6.4 Zwischenstand: (re)produktive Aneignung und ästhetisierende Formalisierung als Praktiken der Rezeption von Filmen

Die bisherige Analyse stellte zwei unterschiedliche Praktiken der Herstellung einer Anschlussfähigkeit zwischen Alltagswelt und Filmwelt vor: ästhetisierende Formalisierung und Aneignung. Im Falle letzterer interagieren konjunktiv gebundene Erfahrungs- und Wissensstrukturen mit der in Filmen inszenierten Praxis, wobei sich zwei Modi unterscheiden lassen. Im einen Falle verändern oder erweitern sich im Zuge einer solchen Film-Zuschauer-Interaktion konjunktive Erfahrungs- und Wissensstrukturen, im anderen Falle tun sie dies nicht. Wenn eine solche Modifikation vorliegt, spreche ich von einer produktiven Aneignung (exemplarisch und idealtypisch hier vorgestellt an den Fällen Lars und teilweise Arnia). Wenn eine solche Modifikation nicht vorliegt und bestehende Erfahrungs- und Wissensstrukturen lediglich gespiegelt oder projiziert (und so tendenziell verfestigt) werden, spreche ich von einer reproduktiven Aneignung (exemplarisch und idealtypisch hier vorgestellt am Fall Arnia). Diese reproduktive Aneignung kann eher auf habituelle Kongruenzen zwischen Rezipienten und ProduzentInnen, also Homologien zwischen filmisch dargestellter und selbst erlebter Praxis beruhen oder aber eher auf einer Hereinnahme des Films in den Erfahrungsraum des Rezipienten – was nur durch eine detaillierte Analyse der Person-Produkt-Relation zu bestimmen ist.

Ganz anders führt die Praxis der Anwendung von Wissensbeständen über Autorintentionen, Genrekonventionen, Filmästhetik und Filmgeschichte usw. in der Rezeption weder zur Modifikation oder Reproduktion konjunktiver Wissensstrukturen, sondern liegt vorrangig auf der Ebene der Interaktion kommunikativgeneralisierten Wissens aus öffentlichen (Spezial)Diskursen mit dem Film (exemplarisch und idealtypisch hier vorgestellt am Fall Marc). Ausgehend von diesen Analysen kann eine erste Version einer sinngenetischen Typologie der bisher rekonstruierten Rezeptionspraktiken dargelegt werden (vgl. Abb.1).

Abb.1: Typologie von Rezeptionspraktiken

		Zwei Formen der Herstellung von Anschlussfähigkeit zwischen Wissen und Film
Wissens-formen	kommunikatives Wissen (Interpretation)	**ästhetisierende Formalisierung**
	konjunktives Wissen (Verstehen)	**produktive und reproduktive Aneignung**

Die Rezeptionspraktiken der produktiven und reproduktiven Aneignung sind als Konkretisierungen und Validierung des Rezeptionsmodus Film als Ressource zur Welterfahrung zu verstehen. Diese beiden Rezeptionspraktiken einer Aneignung treten in den vorliegenden Fällen weitgehend als exklusive oder zumindest stark primäre Praktiken auf (wie auch die wechselseitige Validierung von Interview und Nacherzählungsanalyse zeigt), das heißt sie treten im allgemeinen Umgang mit Filmen ebenso auf wie im Umgang mit dem spezifischen Film THE OTHERS. Die Interviewanalyse hat jedoch bereits deutlich gemacht, dass eine solche Ausschließlichkeit nicht der Regel-, sondern eher ein Sonderfall ist (der hier jedoch zur konturierten Darstellung genutzt wird). Worin dieser (psycho- oder soziogenetisch) in den vorliegenden gründet, soll hier nicht untersucht werden; dazu konnten lediglich einige Ausblicke gegeben werden. Andere Fälle des Samples nähern sich diesen beiden Rezeptionspraktiken der produktiven bzw. reproduktiven Aneignung und ästhetisierenden Formalisierung jeweils an – allerdings nicht nur diesen beiden. Die empirische Analyse der Nacherzählungen kann zwei weitere (ebenso idealtypisch zu verstehende) Rezeptionspraktiken nachweisen, die im Weiteren vorgestellt werden: polyseme Interpretation und konjunktive Abgrenzung. Diese beiden Rezeptionspraktiken zeichnen sich durch das Fehlen einer Anschlussfähigkeit zwischen filmisch inszenierter Praxis und eigener Alltagspraxis aus. Sie lassen sich allerdings nicht anhand der Interviewanalyse validieren.

Dass keine Fälle vorliegen, in denen die beiden im Folgenden vorgestellten Rezeptionspraktiken sich sowohl im Interview wie auch in der Film-Nacherzählung rekonstruieren lassen, legt den Schluss nahe, dass diese Rezeptionspraktiken typischerweise kaum als primäre habituell verankert sind und also ganz entscheidend von der Relation von Produkt und Person abhängen. Dies ist insofern plausibel, als dass es äußerst unwahrscheinlich ist, dass Jugendliche systematisch keinen Anschluss an die filmische Inszenierung von Wirklichkeiten suchen oder immer wieder nicht die Möglichkeit haben irgendeinen zu finden. In einem solchen Fall müssten fundamentale und spezifische Orientierungen bestehen, die dazu führen, dass man gar nicht in der Lage ist, sich auf Filme so weit einzulassen, dass eine Kongruenz von Wissensbeständen zu diesen überhaupt möglich ist. Dies ist, wenn überhaupt, äußerst selten der Fall. Dennoch begegnen Jugendliche immer wieder Filmen, bei denen (abhängig von der jeweiligen Produkt-Person-Relation) die im Weiteren vorgestellten Praktiken der Rezeption zur Anwendung kommen. Dass diese anhand der Interviews gar nicht und nur mittels den Film-Nacherzählungen zu rekonstruieren sind, liegt auch daran, dass die entsprechenden Filme Jugendliche eher wenig beeindrucken, die vorzustellenden Rezeptionspraktiken führen eher dazu, Filme ‚abzutun' und sich im weitesten Sinne ‚kritisch' diesen gegenüber zu verorten – eine Praxis, die im generellen Umgang mit Filmen den Jugendlichen selbst weniger relevant erscheint.

6.5 Rezeptionspraxis der polysemen Interpretation (Hanna)

6.5.1 Film-Nacherzählung und Informationen zur Person

- Geschlecht: weiblich
- Alter: 20
- Bildung: Abitur, zum Befragungszeitpunkt: Studentin
- Nationalität: Deutsch (kein Migrationshintergrund)
- evangelisch / religiös erzogen (4) / selbst relativ religiös (4) laut Fragebogen (1-6)
- Bildung der Eltern: beide Realschulabschluss
- Beruf des Vaters: Selbständiger
- Beruf der Mutter: Angestellte
- Film schon einmal gesehen (1 Mal)
- Keine Verständnisprobleme laut Fragebogen (1) laut Fragebogen (1-6)
- Film-Nacherzählung:

Der Film beginnt mit der Angabe Jersey 1945. Eine Mutter (Nicole Kidman) mit Sohn und Tochter lebt in einem großen, alten Haus und ist gerade ohne Begründung von ihrem Dienstpersonal verlassen worden. Dann stellt sich neues Personal vor, eine alte Frau, ein alter Mann und ein relativ junges Mädchen. Die Mutter stellt diese ein, stellt dann aber fest, dass die Post gar nicht dagewesen ist um die Stellenanzeige abzuholen, die sie aufgeben wollte. Das neue Personal sagt dazu nur, dass sie in dem Haus schon mal gearbeitet hätten und es auf gut Glück versucht hätten. Die Kinder haben eine Lichtallergie und müssen immer im Dunklen bei Kerzenschein sein. Die Mutter erzieht sie sehr streng, gläubig und wenn sie nicht das machen was sie will, müssen die Kinder Stücke in der Bibel oder andere Schullektionen lesen und teilweise auswendig lernen. Außerdem droht die Mutter mit dem Nimbus, in den die Kinder angeblich kommen wenn sie ungezogen sind. ‖

Die Kinder fangen an Menschen zu sehen die eigentlich gar nicht da sein können, die Mutter glaubt ihnen nicht. Sie klammert sich an ihren christlichen Glauben, der ihr sagt, dass es keine Geister gibt. Aber auch sie hört Geräusche, die sie sich nicht erklären kann. Sie lässt das Haus durchsuchen, findet aber niemanden. Irgendwann dreht sie völlig durch und will im tiefstem englischem Nebel ins Dorf zum Pfarrer, der die Räume segnen soll. Sie verirrt sich aber, trifft dann aber ihren Mann im Wald, der für die Engländer in den zweiten Weltkrieg gezogen ist. Da die Tochter immer Dinge sagt bzw. andeutet, die die Mutter nicht hören will und die Mutter dann auch noch in ihrer Tochter eine alte Frau sieht dreht sie durch und schlägt ihre Tochter. Die geht daraufhin zum Vater, der mit in das Haus gekommen ist, und erzählt ihm „alles". Was alles ist, wird aber noch nicht verraten. Der Vater verschwindet nach angedeutetem Sex mit der Mutter wieder mit der Begründung er müsse weiterkämpfen, der Krieg sei nicht zu Ende. Dann verschwinden auf einmal alle Vorhänge von den Fenstern, die Mutter schmeißt das neue Personal raus (die sich immer während des ganzen Films Andeutungen zuwerfen, die Kinder seien leichter zu überzeugen, die Mutter aber nicht und das man „es" ihr aber trotzdem zu gegebener Zeit sagen muss). Die Kinder hauen in der Nacht ab, sie wollen den Vater im Wald suchen. Sie stoßen auf drei Grabsteine im Garten des Hauses, wo die Namen des Dienstpersonals draufstehen, die also eindeutig tod sind. Das einzige Problem bei der Sache: Sie machen einen sehr lebendigen Eindruck, als sie in dem Moment auf die beiden erschreckten Kinder zugehen. Die Mutter kommt raus, die Kinder rennen ins Haus. Die Mutter hat in der Zwischenzeit ein Foto gefunden, wo die drei vom Dienstpersonal drauf sind. Sie sehen aus, als ob sie schlafen würden. Da sie aber vorher schon in dem Haus ein Album gefunden hat, in dem Fotos waren, wo alle schlafend aussehen, die alte Dame vom Dienstpersonal ihr dann aber erklärt hat, dass sie alle tod sind, weil es früher üblich war Tote zu fotografieren, wusste sie, das das Personal eigentlich tot sein müsste. Sie versucht sie trotzdem mit der Schrotflinte, die sie auch schon immer dabei hatte als seltsamen Stimmen oder Geräuschen nachgig zu töten. Die sagen aber einfach dass sie schon 1891 von der Tuberkulose dahingerafft wurden und nicht töter als tot sein könnten. Aber sie sagen der total verzweifelten Mutter, dass „die" jetzt ihre Kinder hätten. Die Mutter geht jetzt hoch und sieht die alte Frau, von der ihre Tochter immer erzählt hat (die so komisch guckt und die sie ja auch schon mal sehen hat, jetzt sieht man dass sie einfach blind ist) im Gespräch mit ihrer Tochter. Drumherum sitzt noch ein man und ein Ehepaar. Ihr Sohn ist auch da, sagt aber nichts. Ihre Tochter erzählt der alten Frau, dass die Mutter verrückt geworden sei und sie und ihren Bruder mit einem Kissen erstickt hätte. Dann sieht man auf einmal nur noch die alte Dame, das Ehepaar und den Mann um den Tisch sitzen und der Ehemann bedankt sich bei dem Mann, dass er geholfen hat zu „übersetzen" was die Tochter der alten Frau versucht hat zu erzählen. Die Ehefrau erzählt, dass Viktor immer Albträume hat und auch von dem Mädchen erzählt, was er sehen würde. Sie will unbedingt aus dem Haus ausziehen. Ihr Mann, dessen Strategie es bisher war, alle zu ignorieren, stimmt dann doch zu und sagt, dass sie am nächsten Tag ausziehen würden. Schwenk auf den Nebenraum, wo die Mutter vom Anfang an mit ihren beiden Kindern sitzt und zugibt die beiden mit einem Kissen erstickt zu haben und sich selbst danach mit der Schrotflinte in den Kopf geschossen zu haben. Aber auf einmal erzählt sie, hörte sie wie ihre Kinder nebenan mit dem Kissen spielten, als sei nichts geschehen. Die Tochter sagt dass ihr Vater dann wohl im Krieg gefallen sei. Die Mutter fordert die Kinder auf, zu sagen: Dieses Haus gehört uns. Die alte Dame vom Dienstpersonal kommt rein und sagt, sie würde jetzt erst einmal Tee kochen. Außerdem erwähnt sie, dass das junge Dienstmädchen, das nicht redet, genau dann aufgehört hätte zu reden, als sie „wieder lebte". Man sieht noch wie die blinde alte Frau, das Ehepaar und ihr Sohn Viktor wegfahren und ein Mann das Gartentor verschließt und ein Schild davorhängt, wo „TO SALE" draufsteht. Das alte Dienstmädchen sagt zu der Mutter: „Die sind gegangen, aber es werden neue kommen. Manche werden wir bemerken und manche auch nicht". ‖

Man könnte diesen Film in die Richtung interpretieren, dass er sich über die Religion lustig macht. Denn die religiöse Mutter, die sich so an Gott klammert, muss dann doch feststellen, dass sie sich geirrt hat. Als ihre Tochter sie am Schluss fragt, ob es die Kinderhölle überhaupt gibt, sagt sie, dass sie das nicht weiß. Sie gibt zu, dass sie ach nicht mehr weiß als ihre Kinder, über Gott, das Leben und den Tod. Deshalb kann man auch etwas abgeschwächter argumentieren, dass dieser Film ausdrücken will, dass wir nichts wissen. Wir wissen nicht, wer wir sind, von wo wir kommen und wohin und ob wir noch gehen wenn wir tod sind. Dadurch dass in „The Others" Leute nebeneinander herleben, die teilweise tot und teilweise lebendig sind kann man auch in die Richtung interpretieren dass in ihm die Aussage steckt, dass es ein Leben nach dem Tod gibt. ‖

Ich bin mir auch nicht wirklich sicher, ob überhaupt eine Aussage dahinter steckt. Vielleicht ist alles bewusst offen gelassen, damit man als Zuschauer sich selbst Gedanken über Leben und Tod machen kann und sich jede Sorte Mensch in dem Film wiederfinden kann bzw. sich seine eigenen Gedanken machen kann. ‖

Wenn man ein bisschen böse sein will, dann argumentiert man, dass es hier um gar nichts außer um Profit für die Macher des Filmes geht. Zugegeben, auch wenn ich den Film schlecht fand, er war richtig gut gemacht. Es passierte genau das, das was keiner erwartete.

Er baute die Spannung durch Andeutungen, Musik und das Spiel mit den Erwartungen des Zuschauers auf. Jeder der solche „Horror-Filme" mag, wird ihn weiterempfohlen haben und damit Geld in die Kassen gespült haben. Je mehr ich darüber nachdenke, umso mehr denke ich, dass es nur um Zuschauerzahlen ging. Auch bei Zeitungsreportagen wird immer wieder über Tod in allen Varianten geschrieben, weil das Leser interessiert. Tod ist eins der wenigen Dinge, die der Mensch nicht beeinflussen kann, deshalb reizt und fesselt das Thema und deshalb kann man immer wieder Quote und Geld damit machen.

6.5.2 Zusammenfassung der reflektierenden Interpretation

Hanna erzählt den Film chronologisch und detailliert nach, unterbricht sich dabei nicht (wie etwa Arnia) um sich gegenüber dem Film oder bestimmten Aspekten gegenüber engagiert zu verorten. Die gesuchte Nähe zum Filmgeschehen drückt sich auch am Ende ihres Handlungsberichts und der Inhaltswiedergabe aus, das

sie anhand eines (von ihr mit Anführungsstrichen markierten) Zitats einer Filmfigur schließt. Danach spielt sie drei Interpretationsmöglichkeiten des Films
durch, um allerdings keiner den Vorzug zu geben. Diese Interpretationen bleiben
also gleichberechtigt nebeneinander stehen, was dazu führt, dass sie schließlich
eine andere Haltung dem Film gegenüber einnimmt, in welcher sie geradezu eine
Interpretation verweigert.

Als erstes hält Hanna als ein Deutungsangebot des Films fest (wobei sie mit
dem „man könnte interpretieren" betont, dass es sich um eine Möglichkeit der
Deutung handelt), dass „dieser sich über die Religion lustig macht". Dazu zieht
sie die Beobachtung heran, dass Grace, trotz ihrer anfänglichen Sicherheit im
Glauben, am Ende auch nicht mehr weiß als ihre Kinder und diesen das auch
eingestehen muss. Sie stimmt damit mit Marcs Deutung des Films als Religionskritik überein. Darüber hinaus gleicht ihre Rezeptionspraxis der von Marc auch
insofern, als dass sie sich auf die nämliche Weise von dem Zugang Lars' und
Arnias zu dem Film unterscheidet: Gleich zu Beginn trägt Hanna kein konjunktives, sondern kommunikatives Wissen an den Film heran. Er erschließt sich ihr
nicht vor dem Hintergrund ihrer eigenen Alltagspraxis und entsprechender Er-
fahrungs- und Wissensstrukturen. Anders als Marc jedoch elaboriert Hanna nicht
eine spezielle Interpretation des Films anhand des kommunikativ-generalisierten
Wissens, sondern rückt im Fortgang ihres Schreibens das Scheitern des Wissens
der Hauptfigur in einen neuen und allgemein erkenntnistheoretischen Zusammenhang. Diesem zufolge will der Film „ausdrücken […], dass wir nichts wissen". Nicht nur die Mutter der Kinder weiß demnach aufgrund ihrer religiösen
Verblendung nicht um die Wirklichkeit bescheid, sondern Menschen können
allgemein nur (sokratisch) wissen, dass sie eigentlich nichts wissen können: „Wir
wissen nicht, wer wir sind, von wo wir kommen und wohin und ob wir noch
gehen wenn wir tod sind".

Während Marc eine konsistente Interpretation aufbaut, bleibt Hanna selbst
bei dieser Lesart (Erkenntniskritik)nicht, sondern wendet sich einer weiteren
Deutungsmöglichkeit zu (s. unten). Besonders interessant ist, dass sie die eben
geschilderte zweite Interpretation des Films als Erkenntniskritik im Vergleich
zur ersten (Religionskritik) als „etwas abgeschwächter argumentieren" qualifiziert. Bedenkt man, dass nicht nur die Wahrnehmung von religiös verblendeten
Menschen mit dieser zweiten Lesart infrage gestellt wird, sondern die aller Menschen, erscheint die Wortwahl „abgeschwächter argumentieren" zunächst paradox, denn schließlich sind nun alle Menschen umfasst, so dass es sich doch eigentlich um ein „verschärftes Argumentieren" handelt – was meint also die
‚Schwäche'?

Hanna könnte ihre eigene Kritik speziell an der Religion als zu stark empfinden und sie durch die Ausdehnung des Nicht-Wissens auf alle Menschen

abschwächen. Die Abschwächung kann aber nicht nur auf den Inhalt der Interpretation (Religionskritik vs. allgemeine Erkenntniskritik) sich beziehen, sondern auch auf die eigene Tätigkeit des Interpretierens und das erneute Ansetzen zu einer weiteren Interpretation. Ihre Fähigkeit zur Herstellung von Kontingenzen und das Zulassen verschiedener Interpretationsspielräume würde so als ‚schwach' empfunden werden – der Gegenhorizont einer ‚starken' Argumentation wäre eine solche, die bei ihrem Standpunkt bleibt, diesen ausbaut und verteidigt. Angesichts des weiteren Verlaufs der Interpretation, liegt diese Deutung, dass das ‚Sich-nicht-festlegen-Können' als Schwäche empfunden wird, zumindest nahe. Denn, wie bereits angekündigt, auch bei der (zweiten) Interpretation des Films als Erkenntniskritik macht Hanna nicht Halt. Ausgehend von den aufgezählten Einzelheiten, was man alles nicht wissen kann – „wer wir sind, von wo wir kommen und wohin und ob wir noch gehen wenn wir tod sind" – schreibt Hanna, dass der Film, schlicht das Leben nach dem Tod darstellen möchte, was daran fest gemacht wird, dass er das „nebeneinander herleben" von Menschen zeigt, „die teilweise tot und teilweise lebendig sind".

Selbst nach dieser (dritten) Interpretation – Religionskritik, Erkenntniskritik, Leben nach dem Tod – setzt Hanna nochmals an und stellt fest, dass eigentlich keine Aussagen über diesen Film festgestellt werden sollten, denn sie ist sich „nicht wirklich sicher, ob überhaupt eine Aussage dahinter steckt". Wenn keine Aussage dahinter steckt, dann lohnt sich auch das Interpretieren offenbar nicht für Hanna. Es geht ihr also kaum um das eigene Verständnis und das, was sie mit dem Film anzufangen weiß, sondern darum, die Tätigkeit eines anderen (Produzenten) nachzuvollziehen. Es gilt, hinter dem Offensichtlichen des Films etwas aufzuspüren, das „dahinter steckt" und dort von den Machern (für sie als Zuschauerin) versteckt wurde. Eben dieser Umgang mit Filmen war auch in Marcs Schreiben nachzuweisen, wie zum Beispiel an der folgenden Stelle: „Doch es gibt auch einige Szenen, die den Zuschauer merkwürdig anmuten und eine tiefere Bedeutung verborgen bleibt". Wie Marc interessiert sich auch Hanna nicht für Fragen, die sich anhand des Films stellen lassen und dann persönlich beantwortet werden müssten. Auch sie greift auf das allgemeine Weltwissen und den Common Sense als Reflexionspotenzial zurück, um eine objektive Lesart des Films festzuschreiben, bei der sie allerdings nicht bleibt und stattdessen von der Religionskritik zur Erkenntniskritik zur Jenseitsthematik wandert.

Besonders markant zeigt sich diese Interpretationspraxis in der wiederholten Verwendung des unpersönlichen „man" – so schreibt Hanna: „man könnte … interpretieren" bzw. „kann […] argumentieren". Hanna versucht in ihrer Interpretation und Argumentation eigene Sichtweisen zu generalisieren, um zu einer richtigen und objektiven Lesart des Filmes zu kommen, stellt dann aber fest, dass ihr dies nicht gelingt – denn schließlich ist eine unendliche Zahl dieser Generalisierungen möglich, ohne dass sicher gestellt ist, dass es sich um genau die handelt, welche die Filmschaffenden vom Zuschauer erwarten. Dass keine derartige Kongruenz zustande zu bringen – also gewissermaßen an die Erwartungserwartungen der ProduzentInnen nicht zu kommen – ist, veranlasst Hanna schließlich zu der Ansicht, dass vielleicht gar keine eindeutige Botschaft in bzw. hinter dem Film steckt. Eben weil ihr so viele Aussagen anhand des (kommunikativ-generalisierten Wissens) über den Film möglich erscheinen, kommt sie zu dem Schluss: „Ich bin mir auch nicht wirklich sicher ob überhaupt eine Aussage dahinter steckt. Vielleicht ist alles bewusst offen gelassen". Diese Offenheit des Films bezieht sie denn konsequenterweise nicht auf sich und ihre Interpretationstätigkeit, sondern versteht dies ebenso auf eine potenzielle Autorintention zurückgehend, die sie nun gefunden hat.

Ausgehend von der Annahme der Offenheit des Films, legt Hanna schließlich noch einen neuen Hintergrund an, vor dem sich der Film nun nicht mehr als eine vom Zuschauer zu interpretierende Struktur abhebt; stattdessen wird nun die Funktionalität der Vieldeutigkeit des Films herausgearbeitet: „Vielleicht ist alles bewusst offen gelassen, damit man als Zuschauer sich selbst Gedanken über Leben und Tod machen kann und sich jede Sorte Mensch in dem Film wiederfinden kann bzw. sich seine eigenen Gedanken machen kann". Das ,eigene Gedanken machen', das Hanna hier gleich an zwei Stellen anführt, wird von ihr nicht (mehr) praktiziert, sondern sie kritisiert die Möglichkeit dazu. Die Polysemie des Films – die in ihren Augen nicht ihr Werk, sondern das der ProduzentInnen ist – dient demnach dem Zweck, möglichst viele Menschen anzusprechen, um mit dem Film möglichst viel Geld zu verdienen. Besonders erhellend ist in diesem Kontext die Formulierung „jede Sorte Mensch", die sich zum monetären Zwecke der Filmemacher in dem Film wieder finden soll. „Sorten" bezeichnen im allgemeinen Sprachgebrauch leblose Gegenstände und zwar solche, die von Menschen gemacht sind. Es gibt demnach keine Sorten an Steinen oder Bäumen, aber von Schokolade oder Kaffee. Hanna macht mit dieser verdinglichenden Formulierung kenntlich, dass nicht Individuen, sondern Kategorien von Menschen angesprochen werden sollen – und verwehrt sich zugleich einer solchen Klassifizierung als Mitglied einer Zielgruppe. Sie wehrt sich also gegen eine – durch die Tätigkeit der Filminterpretation hervorgerufene – Konstitution des Subjekts, weigert sich als Zuschauerin einer Zielgruppe zurechenbar zu sein und verweigert sich daher „eigene Gedanken" über den Film zu machen.

Diese um den Film kreisende, ohne sich ihm zu nähernde, argumentativ-theoretisierende Distanz nimmt Hanna ein, obwohl sie den Film eigentlich „richtig gut gemacht" und durchaus spannend findet, weil er sie durch „Andeutungen, Musik und das Spiel mit den Erwartungen des Zuschauers" überrascht. Dies jedoch dient nur dazu, Menschen für den Film zu begeistern, es geht eben doch

„nur um Zuschauerzahlen". So wird auch die Todesthematik aus einer kapitalistischen Absicht genutzt, nämlich um „Quote und Geld" zu machen, was auch in anderen medialen Erzeugnissen der Fall ist (bspw. „Zeitungsreportagen".

Hannas gesonderter Interpretationsteil, der sich auf die Funktionalität des Werks bezieht, dabei von einer eigentlichen Interpretation des Films absieht, wird eingeleitet mit der aufschlussreichen Formulierung, „wenn man ein bisschen böse sein will". Gemäß der auf sich selbst bezogenen Redewendung ‚Ein Schelm / Schuft, wer Böses dabei denkt' verdeutlicht Hanna, dass es ‚böse' ist, den Filmemachern ‚Böses' zu unterstellen. Sie markiert damit auch diese Handlung als Abweichung von der (Zuschauer-)Norm und gibt zu erkennen, ‚dass man dies eigentlich nicht macht' oder ‚nicht tun sollte', seine Aufgabe als Zuschauer nicht ‚richtig' erfüllt – also ein „bisschen böse" ist. Der ‚böse Zuschauer' entzieht sich demnach den Deutungsangeboten, die der Film bereitstellt und fragt sich, warum er diese bereitstellt. Dieser böse Zuschauer ist gewissermaßen eine Steigerung des „perversen Zuschauers" (Staiger, 2000)[100], der in allen möglichen Gebieten der Kultur wildert und sich Elemente herausgreift, um einem Film Sinn zu verleihen. Der böse Zuschauer tut dies zwar zunächst (wie Hanna), verweigert aber dann diesen semiotischen Exzess und die weitere Interpretationstätigkeit. Diese Verweigerung gründet in der Unmöglichkeit, die eigentliche Film-Botschaft festzustellen und den infiniten Regress auf die Intention der Filmemacher zu beenden, was sich in folgender Formulierung aufschlussreich dokumentiert: „Je mehr ich darüber nachdenke, umso mehr denke ich, dass es nur um Zuschauerzahlen ging". Umso mehr Hanna darüber nachdenkt, umso mehr denkt sie. Aus diesem Hamsterrad des Nachdenkens ist nicht zu einer wirklicheren Wirklichkeit des Filminhalts (gemäß den eigentlichen Intentionen der ProduzentInnen) auszubrechen, weshalb sie schließlich die Interpretationstätigkeit abbricht und auf die Funktionalität der Polysemie abhebt („Zuschauerzahlen").
Ich möchte diese Praxis eine *polyseme Interpretation* von Filmen nennen. Sie ist – ebenso wie die ästhetisierende Formalisierung – gekennzeichnet durch die Anwendung von Common Sense-Wissen aus öffentlichen Diskursen. Indem jedoch kein oder kaum Bezug genommen wird auf das spezifische Wissen über die ästhetische Strukturierung von Filmen, ist es auch kaum möglich, bestimmte Wissensbestände des allgemeinen Weltwissens als die zur Dekodierung des Films richtigen zu bestimmen. Die Anwendung ästhetischen Wissens ermöglicht

---

[100] „By choosing the term ‚perversity', I wish to highlight the willfulness of the spectator while also avoiding the implicit, but false, conjunction that doing something different is necessarily politically progressive. Such a conjunction often comes with the terms 'resistant' or 'insubordinate'" (Staiger, 2000: 32). Die Steigerung dieser ‚Perversität' (die von Staiger nicht wertend gemeint ist, sondern lediglich die Vielfalt der Abweichungen betont) führt im Falle Hannas zu jener *politisierenden* Lesart, die Staiger anhand des Begriffes zu vermeiden sucht.

also umgehrt die Reduktion von Polysemie bzw. das Vermeiden ihres Auftretens und so das Schließen der Filmstruktur durch die Herstellung einer Kongruenz zwischen Wissen und Werk. Dies gelingt nicht anhand unterschiedlicher Wissensbestände des generellen Weltwissens, da dieses keinen Aufschluss darüber gibt, welche der vielfältig konstruierbaren Lesarten als richtige im Sinne eines Produzenten(teams) und der Autorintentionen gelten kann. Im Falle von Hanna schlägt diese Interpretation in die Verweigerung weiterer Interpretationen um und es erfolgt eine Unterstellung „böser" Absichten der ProduzentInnen, da keine eindeutigen Absichten aufzufinden sind (was nicht als notwendige Folge einer polysemen Interpretation anzusehen ist. Denkbar ist auch, dass man sich mit der Vielzahl an Interpretationsweisen zufrieden oder sich diesen gegenüber indifferent gibt). Entscheidend ist an dieser Stelle, dass keine spezifische Anschlussfähigkeit zwischen der im Film inszenierten Praxis und der eigenen Alltagspraxis (bzw. den diese strukturierenden Orientierungen) besteht. Anhand des kommunikativen Wissens lässt sich ohne einen (noch so rudimentären) Rückgriff auf ästhetische Gestaltungsmerkmale, welche die eine oder andere Lesart nahe legen, keine Lesart als die richtige feststellen. Damit lässt sich die Typologie von Rezeptionsweisen folgendermaßen erweitern um die Rezeptionspraxis der polysemen Interpretation.

Abb.2: Typologie von Rezeptionspraktiken

		Anschlussfähigkeit zwischen Wissen und Film	
		nicht anschlussfähig	*anschlussfähig*
Wissens-	*kommunikatives Wissen (Interpretation)*	**polyseme Interpretation**	**ästhetisierende Formalisierung**
formen	*konjunktives Wissen (Verstehen)*	**...**	**produktive** und **reproduktive Aneignung**

6.6 Rezeptionspraxis der konjunktiven Abgrenzung (Eva)

6.6.1 Film-Nacherzählung und Informationen zur Person

- Geschlecht: weiblich
- Alter: 19
- Bildung: Abitur, zum Befragungszeitpunkt: Studentin
- Nationalität: Deutsch (kein Migrationshintergrund)
- evangelisch / religiös erzogen (5) / selbst religiös (4) laut Fragebogen (1-6)
- Bildung der Eltern: beide Hochschulabschluss
- Beruf des Vaters: Pfarrer in Missionswerk
- Beruf der Mutter: Lehrerin
- Film nicht bekannt
- Etwas Verständnisprobleme (4) laut Fragebogen (1-6)
- Film-Nacherzählung:

Der Film zeigt eine Familie, Mutter und zwei Kinder, wobei der Vater im Krieg ist und als gefallen geglaubt wird. ‖
    Gleich zu Beginn der Handlung wird deutlich, dass die Atmosphäre in dem Haus, in dem die Familie lebt, seltsam ist. Drei Dienstpersonen – Kindermädchen, Gärtner und ein stummes Dienstmädchen – stellen sich vor, um bei der Frau, die eine Woche zuvor von ihrem Dienstpersonal verlassen wurde, zu arbeiten. Es handelt sich um ein großes Haus. ‖
    Die Atmosphäre im Haus wirkt sehr zwanghaft, die Kinder, die unter einer Krankheit leiden, bei der sie von Einstrahlung von Sonnenlicht sterben würden, werden von ihrer Mutter streng katholisch erzogen, mit der Vorstellung von Hölle, Fegefeuer usw. ‖
    Weil die Kinder nur im Dunkeln überleben können, müssen Türen stets geschlossen bleiben. Es geschehen jedoch seltsame Dinge im Haus, die Kinder hören Stimmen, was die Mutter zunächst nicht wahrhaben möchte und ihre Kinder mit Verweis auf Kirche und Katholizismus rechtweist. ‖
    Das neue Dienstpersonal gewinnt das Vertrauen der Mutter und der Kinder, insbesondere das Kindermädchen. ‖
    Die Stimmung im Haus wird immer angespannter, schließlich bekommen die Zuschauer des Films Hinweise darauf, dass einerseits die Mutter – die Tochter deutet auf das „Verrücktsein" ihrer Mutter hin – und andererseits das Dienstpersonal, das mehr zu wissen scheint als bisher verraten wurde, eine besondere – mystische – Rolle zu spielen scheinen. ‖
    Stimmen, offene Türen, Klavierspiel zeigen, dass neben der Familie andere Personen im Haus sein müssen. Sie werden allerdings nie aufgedeckt oder können gefunden werden. Die Tochter erzählt von einem Jungen, mit dem sie gesprochen habe. Die Mutter scheint sich, in ein krankhaftes Verhalten hineinzusteigern, hält an den religiösen Werten – und Floskeln – fest, lebt selbst aber in Angst. Ihr Mann kommt schließlich zurück, scheint sich verändert zu haben. In der Zeit bin der ihr Mann zuhause ist, spitzt sich das

Verhältnis zwischen Tochter und Mutter zu. Die Tochter zweifelt oft an den autoritären Versuchen der Mutter, ihre Kinder zu erziehen und widersetzt sich ihr. Die Mutter will ihrer Tochter nicht glauben, wenn diese von Kontakten zu Personen erzählt, die nicht im Haus leben. ‖

Höhepunkt ist die Szene, in der die Mutter ihre Tochter fast erwürgt, weil sie in ihr eine alte Frau sieht, schließlich ist das Verhältnis der beiden gestört und endgültig klar, dass es sich um tatsächlich, rational zunächst schwer begreifbare Phänomene im Haus handelt. ~~oder dass die Mutter psychisch kr~~ Der Vater verlässt seine Familie schließlich. ‖

Immer wieder erscheinen Hinweise, dass die unerklärlichen Gegebenheiten mit der Frage nach dem Tod zu tun haben, z.B. die Tochter, die ihren Vater fragt, ob er getötet habe oder die Mutter, die Bilder von Toten entdeckt. ‖

Aufgelöst wird die Geschichte, als klar wird, dass Tote in dem Haus leben, und dass die Familie, die der Zuschauer im Film als die lebendigen Protagonisten selbst tot ist, dass das Personal auch tot ist und dass die Stimmen den Lebendigen angehörten. Ihrem eigenen Tod werden die Kinder, die von ihrer Mutter erwürgt wurden und die Mutter, die sich daraufhin das Leben nahm, erst dann bewusst. ‖

Der Film zeigt also einen Perspektivenwechsel. ‖

Ich habe ihn so verstanden, dass er die Zuschauer zumindest nachdenklich stimmen will, ob es ein Leben nach dem Tode gibt. Die Rolle von Religion – oder zumindest von strengem Katholizismus scheint er auch zu bewerten. ~~Obwohl~~ *Er scheint sowohl die religiöse Vorstellung von der Hölle abzulehnen, als auch das rein rationale Denken, das sich in* ~~ihre uns~~ *unserer Gesellschaft durchzusetzen scheint.* ‖

Mir persönlich vermittelt dieser Film nicht jene Intention, mich ernsthaft über das, was nach dem Tod kommt, auseinanderzusetzen. Er ~~stilisiert vor allem, und m indem er die Personen Außerdem sind leben~~ *Seine Charaktere* ~~erst~~ *leben bis sie ihren Tod begreifen in Angst. Ich denke, es ist wichtig* ~~d sich d~~ *die Angst vor dem Tod zu nehmen.* ‖

Ich glaube auch, dass an Dinge, die dass allein das, was wir wahrnehmen nicht alles ist.

Man denke an Tiere, die beispielsweise UV-Licht wahrnehmen können. In Indonesien habe ich mit vielen Leuten gesprochen, die an so etwas wie Geister glauben. Nachvollziehen kann ich das jedoch nicht, bin mir dabei meiner Erziehung jedoch bewusst. ‖

Der Film gefällt mir nicht so besonders, weil er mit seinen Bildern Assoziationen auslösen kann und somit lenken kann – so wie eben der Katholizismus in der Erziehung der Kinder zu lenken versucht. ‖

Ich denke, es ist wichtig sich Gedanken über den Tod zu machen und sich auszutauschen, dabei aber jedem seine Vorstellung lassen – denn wenn es ein Leben nach dem Tod gibt, dann glaube ich nicht, stellt es sich so wie in dem Film dar. ‖

Grundsätzlich habe ich oft Bedenken bei Hollywoodfilmen, denn sie werden nicht aus reinem Selbstzweck gedreht, sondern oft aus Interesse das dahinter steht. Ich denke, so existentielle Fragen sollten nicht für Interessen instrumentalisiert werden.

6.6.2 Zusammenfassung der reflektierenden Interpretation

Eva trennt ihre Nacherzählung wie Hanna sehr sauber in einen beschreibenden Teil und einen Teil, in dem sie sich explizit dem Film gegenüber positioniert und detailliert interpretiert. Zu Beginn dieser Passage hält sie fest, dass der Film einen „Perspektivwechsel" zeigt. Dass es sich hier um eine explizite Interpretation handelt ist durch das schlussfolgernde „also" angezeigt, mit dem sie (neben dem Absatz) das Weitere vom vorherigen Beschreiben der Handlung abgrenzt. Nach dieser sehr allgemeinen Formulierung, die sich wohl auf den Plot-Twist bezieht (HausbewohnerInnen stellen sich als Geister heraus) setzt Eva mit der Konkretisierung ihres eigenen Verständnisses des Films ein: „Ich habe ihn so verstanden...". Bereits hier zeichnet sich ein signifikanter Unterschied zu der Interpretationspraxis von Hanna und Marc wie eine Parallele zu Lars und Arnia ab. Während Marc einsetzt mit einer Verortung des Werks anhand filmästhetischer und filmhistorischer Kriterien, beginnt Hanna ihren Interpretationsteil mit: „Man könnte diesen Film in die Richtung interpretieren...". Beide setzen also nicht mit einer konjunktiv geprägten Positionierung gegenüber dem Film ein, sondern einer Rahmung desselben mit kommunikativ-generalisiertem Wissen. Eva hingegen hebt – wie auch Lars und Arnia – hervor, wie sie den Film verstanden hat und markiert so, dass es sich im Weiteren um speziell ihr eigenes und persönliches Filmverstehen handelt.

Auch in der Darlegung dieses Verständnisses ist sie weit vorsichtiger als Hanna und Marc, indem sie sich selbst sogleich relativiert, nicht nach einer objektiv gültigen Lesart des Films sucht, was sich in der zweimaligen Verwendung eines „zumindest" dokumentiert: „Ich habe ihn so verstanden, dass er die Zuschauer zumindest nachdenklich stimmen will, ob es ein Leben nach dem Tode gibt. Die Rolle von Religion – oder zumindest von strengem Katholizismus scheint er auch zu bewerten." Zudem schwächt sie zusätzlich mit dem „scheint" ihre eigene Interpretation zusätzlich ab. Inhaltlich aber artikuliert sie anfangs eine ähnliche Lesart wie sie unter anderem auch Hanna und Marc hervorbrachten: Der Film will zum Nachdenken über das „Leben nach dem Tode" anregen bzw. bewertet „die Rolle von Religion". Eva schränkt diese negative Bewertung der Religion jedoch durch den Film sogleich auf den „strengen Katholizismus" ein. Im nächsten Satz konkretisiert Eva diese Kritik weiter auf die „religiöse Vorstellung von der Hölle", welche bekanntlich vor allem dem Katholizismus zuzurechnen ist. In dieser Sequenz reproduziert sich die bereits herausgestellte ‚Vorsichtigkeit' von Evas Interpretation, denn auch diese Konkretisierung stellt sie mit einem „scheint" vor. Noch im selben Satz weitet Eva die soeben konkretisierte Kritik auch aus, indem sie feststellt, dass der Film „auch das rein rationale Denken" abzulehnen scheint. Sie vermutet den Film damit in Opposition zu kulturell dominanten Leitbildern, „die sich durchzusetzen scheinen" und die von Rationalität geprägt sind. In ihren Augen wendet sich der Film also gegen die Religion, dies aber nicht aus einer rationalen Perspektive, sondern lehnt eine solche gleichermaßen ab. Mit dieser Ausweitung des herangezogenen Wissens ähnelt Eva zunächst auch Hanna, die stets die Wissenshorizonte, die sie an den Film anlegt wechselt. Bereits im nächsten Satz dokumentiert sich jedoch, dass diese Nähe eher oberflächlich angezeigt ist. Denn mit dem bisherigen ist nicht gesagt, welchen Standpunkt der Film vertritt, sondern lediglich, dass er sich mit jenem der katholischen Religion und der rationalen Vernunft nicht vereinbaren lässt. Eine genauere, positive Bestimmung des Films selbst wird dann auch in den folgenden Äußerungen nicht gegeben, allerdings nicht weil zu viele Wissenshorizonte an den Film angelegt werden könnten (wie bei Hanna), sondern: Ihr „persönlich vermittelt dieser Film nicht jene Intention, mich ernsthaft über das, was nach dem Tod kommt, auseinanderzusetzen".

In ihrer Distanzierung von dem generellen Anliegen des Films (Beschäftigung mit einem Jenseits) betont sie erneut die Subjektivität ihrer Aussage („mir persönlich"). Dass sie sich – im Gegensatz zu Hanna und Marc – weniger für eine objektivierende und/oder ästhetisierende Suche nach den Intentionen eines Autors interessiert, dokumentiert sich darin, dass sie den noch Begriff der „Intention", für den hier ,Wunsch' passender stehen würde, auf ihre eigenen Absichten und Ansichten münzt, und nicht auf die der Filmschaffenden. Es kann also bereits festgehalten werden, dass diese betonte Subjektivität, die auf die Anwendung konjunktiver Wissensbestände verweist, in deutlichem Gegensatz zur Rezeptionspraxis von Hanna und Marc steht. Während Hanna ihre eigenen objektivierenden Interpretationsansätze gewissermaßen ins Leere laufen lässt und auf der Suche nach der Intention des Autors scheitert („Ich bin mir auch nicht wirklich sicher, ob überhaupt eine Aussage dahinter steckt") und Marc vom Standpunkt eines professionellen Beobachters die ästhetische Qualität des Werks objektiv beurteilt, trägt Eva vor allem konjunktiv gebundene Erfahrungs- und Wissensstrukturen an den Film heran. Sie unterscheidet sich darin jedoch auch erheblich von Arnia und Lars, die beide ihre Orientierungen in eine Kongruenz mit der Werkstruktur bringen können, also eine Anschlussfähigkeit zwischen eigener Praxis und filmisch inszenierter Alltagspraxis herstellen können. In den folgenden Äußerungen zeigt sich, dass THE OTHERS stattdessen als negativer Gegenhorizont gegenüber Orientierungen (gemäß Evas eigenem, konjunktivem Erfahrungsraum) konstruiert wird.

Bei der Begründung ihrer Ablehnung des Films kommt Eva zunächst etwas in Erklärungsnöte, wie aus den durchgestrichenen aber gut lesbaren Ausführungen kenntlich wird. Die Äußerungen sind zwar kaum zu interpretieren, es ist aber ersichtlich, dass sie hier mindestens viermal neu ansetzen wollte: „~~Er stilisiert~~

~~vor allem, und m indem er die Personen Außerdem sind leben~~". Erst beim vierten Mal beendet sie den Satz, wenngleich erneut nicht ohne kleinere Verwerfungen: „Seine Charaktere ~~erst~~ leben bis sie ihren Tod begreifen in Angst. Ich denke, es ist wichtig ~~d sich d~~ die Angst vor dem Tod zu nehmen". Auch hier lagen also, wie die Durchstreichungen aufweisen, zumindest unterschiedliche Formulierungen nahe. Ein Vergleich der Ordnung im Schreiben drängt sich an dieser Stelle auf, denn: Eva ist die einzige (der hier idealtypisch und exemplarisch vorgestellten Fälle), die wiederholt abbrechen und neu ansetzen muss. Die anderen schreiben – bis auf Marc an einer Stelle – ihren Text in einem Fluss. Offensichtlich stellen sich Eva einige Schwierigkeiten, die zu bewältigen sind, die anderen so nicht begegneten.

In den Äußerungen „Seine Charaktere ~~erst~~ leben bis sie ihren Tod begreifen in Angst. Ich denke, es ist wichtig ~~d sich d~~ die Angst vor dem Tod zu nehmen" führt Eva den Grund für ihre Unzufriedenheit mit dem Film an, der dazu führt, dass sie sich nicht mit dem Thema des Films und dem „was nach dem Tod kommt" in einer „ernsthaften" Art und Weise auseinandersetzt: die Angst der Hauptfiguren vor dem Tod. Sie steigert damit die Konjunktivität ihrer Schreibweise, indem sie sich auf das sehr persönliche Gefühl der Angst bezieht. Dabei nimmt sie zugleich auch eine pädagogische Haltung ein: Ein Film, der sich mit dem Thema Tod und Jenseits beschäftigt, sollte die Angst nehmen, THE OTHERS kann das aber nicht in ihren Augen. Im Weiteren führt Eva einen neuen Kritikpunkt ein, wegen dem sie mit dem Film nicht einverstanden ist und er sich von ihrem Erfahrungshorizont abhebt. Wie schon hinsichtlich des Kritikpunkts der fehlenden Reduktion der Angst vor dem Tod, geht sie erneut von ihrer eigenen Erfahrung aus, so dass die Kritik am Film implizit und im Umkehrschluss vermittelt wird. Sie der Ansicht, dass „allein das, was wir wahrnehmen nicht alles ist", so gibt es „Tiere, die UV-Licht wahrnehmen können". Sie macht damit zwar deutlich, dass es Dinge geben kann, die mit unseren Sinnen nicht erfassbar sind – aber dass dies Geister sind, kann sie sich nicht vorstellen. Sie weiß dennoch, dass man an solche Geister glauben kann, so hat sie in Indonesien Menschen getroffen, „die an so etwas wie Geister glauben", aber „nachvollziehen kann [sie] das nicht". Sie betont dabei die kulturelle Kontingenz der Vorstellbarkeit und ist sich „ihrer Erziehung bewusst". An dieser Stelle, an welcher der Film erneut als negativer Gegenhorizont dient, vor dem sich die eigene Anschauung abhebt, tritt besonders zum Vorschein, dass Eva konjunktiv gebundenes Wissen in Anschlag bringt, sie verweist selbst darauf und dessen Ursprung („Erziehung") und den durch diesen individuellen, kultur- und milieuspezifischen Ausgangspunkt gegebenen Möglichkeitsraum des ihr Vorstellbaren.

Nachdem Eva herausgestellt hat, dass ihr ein Jenseits in der Form des Geisterhaften unmöglich scheint, bezieht sie sich auf einen weiteren, dritten Kritikpunkt zur erneuten Unterstützung ihrer Distanzierung. Sie kritisiert nun, dass der Film „mit seinen Bildern Assoziationen auslösen kann und somit lenken kann". Erstaunlich scheint hier zunächst, dass sie diese Wirkung des Films mit dem Katholizismus vergleicht („so wie eben der Katholizismus in der Erziehung der Kinder zu lenken versucht"), denn dem Katholizismus steht der Film schließlich in ihren Augen kritisch gegenüber. Im nächsten Satz arbeitet sie den Vorwurf schärfer heraus. Zwar ist die Auseinandersetzung mit dem Tod und dem Danach „wichtig", dabei aber sollte man „jedem seine Vorstellung lassen", was eben weder der Katholizismus noch der Film – auch wenn letzterer sich in ihren Augen gegen ersteren wendet – tun. In dem Ausdruck, dass es wichtig ist „sich auszutauschen, dabei aber jedem seine Vorstellung lassen" dokumentiert sich auch, dass nicht nur dieser Film wenig geeignet ist, sondern der Film generell. Das Medium ist für die Auseinandersetzung mit existenziellen Fragen, wie etwa der Todes- und Jenseitsthematik, nicht geeignet, da es einen Austausch nicht ermöglicht, d.h.: Es kann nicht wie in der alltäglichen Interaktion auf der Ebene konjunktiver Erfahrungen unter wechselseitiger Bezugnahme aufeinander kommuniziert werden, der Austausch kann ihr demnach kein authentischer sein. Es ist für Eva also keine Anschlussfähigkeit zwischen ihrer eigenen Alltagspraxis und der filmisch inszenierten Praxis hinsichtlich der Behandlung existenzieller Fragen herzustellen. Entsprechend betont sie am Ende dieses Absatzes nochmals, dass ihre eigenen Vorstellungen vom „Leben nach dem Tod" nicht mit dem Film zu vereinbaren sind. Die filmisch inszenierten Bilder vom Jenseits passen nicht zu ihren eigenen, inneren Bildern.

Eva möchte sich gewissermaßen den Film aneignen (wie Lars und Arnia), weil sie die Thematik durchaus berührt und sie einen intersubjektiven Austausch auch für bedeutsam hält, kann es jedoch nicht, da sich ihr konjunktiver Erfahrungsraum inkongruent zu dem von ihr konstruierten filmischen Erfahrungsraum verhält – sie versteht diesen, wie gezeigt, als negativen Gegenhorizont. Evas Umgang mit dem Film ist von Hannas Interpretationsweise – obwohl sie hinsichtlich der fehlenden Anschlussfähigkeit eigener Wissensbestände an den Film dieser gleicht – dennoch grundverschieden. Denn während Hanna im Sinne Mannheims zu interpretieren versucht und daran scheitert, sucht Eva zu verstehen und scheitert hieran. Hanna stellt nach ihrer scheiternden Suche nach der Intention des Autors fest, dass der Film (zu) viele Interpretationen anbietet und dass es von der „Sorte" Mensch abhängt, welche realisiert werden. Da sie keine solche „Sorte Mensch" sein will, die sich von einem Film konstituieren lässt, verweigert sie eine Festlegung und bezieht sich auf die Funktion des filmischen Polysemiepotenzials auf dem Absatzmarkt zur Erreichung von Zielgruppen. Eva dagegen distanziert sich früh von dem Anliegen des Films und arbeitet dann ihre Kritikpunkte aus, wobei ihr der Film als negativer Gegenhorizont dient, vor dem sich durch die Distinktion die eigene Weltanschauung abhebt. Diese Praxis der Rezeption wird im Weiteren als *konjunktive Abgrenzung* geführt. Sie dokumentiert sich auch darin, dass im Gegensatz zu Hanna kaum objektivierende Formulierungen zu finden sind. Wie schon an den Passagen einer engagierten Positionierung herausgearbeitet, so verwendet sie auch in der Rekonstruktion des Geschehens ‚vorsichtigere' und das Geschehen aus subjektiver Perspektive beschreibende Ausdrücke. Das Dienstpersonal „scheint" mehr zu wissen und die Dienstleute „scheinen" eine besondere Rolle zu spielen. Die Mutter „scheint sich in ein krankhaftes Verhalten hineinzusteigern" und ihr Mann „scheint sich verändert zu haben". In diesen wie auch anderen Formulierungen ist die personalisierende und relativierende Perspektive Evas angezeigt, die impliziert, dass der Film auch anders zu verstehen ist, aber ihre Rezeptionsweise ihrer eigenen Wahrnehmung aufruht und nicht versucht (gleich Hanna) zu einem objektiven (und intendierten) Sinngehalt durchzudringen.

Allerdings beschreibt auch Eva wie schon Hanna die Konstitution des Subjets als Zuschauer und kritisiert diese ebenfalls – aber die Ursache sieht sie nicht darin, dass der Film viele, verschiedene Lesarten auslösen kann (wie Hanna anhand von Common Sense-Typisierungen feststellt), sondern darin dass er gerade eine bestimmte Lesart produzieren kann, indem er „mit seinen Bildern Assoziationen auslösen kann und somit lenken kann". Ausgehend von dieser Orientierung wechselt Eva dann im letzten Absatz ihres Texts, wie schon zuvor auch Hanna, von einer Interpretation des Films zu einer Interpretation der Funktion des Filmes, in welcher sie ihre Kritik generalisiert und auf Hollywood-Filme ausdehnt. In diesen werden oft „existenzielle Fragen […] für Interessen instrumentalisiert", was Eva nicht gutheißt. Sie dienen einem von ihr nicht näher qualifiziertem „Interesse das dahinter steht", die Filme sind nicht zum „Selbstzweck" produziert, weswegen sie sich nicht mit „existentiellen Fragen", wie dem Thema Tod und Jenseits, auseinandersetzen sollten. Erneut ist diese Kritik vor dem Hintergrund der Alltagskommunikation zu lesen. In letzterer können sich Menschen zum „Selbstzweck" begegnen, wenn sie sich über existentielle Fragen unterhalten – der Film vermag eine solche Symmetrie in der Interaktionssituation nicht herzustellen. Obschon sich Hanna und Eva also in der Anwendung von vorrangig konjunktiven (Eva) bzw. kommunikativ-generalisierten (Hanna) Wissensbeständen unterscheiden, teilen beide doch die Nicht-Anschlussfähigkeit dieser Wissensbestände an den Film und die Artikulation einer Auseinandersetzung, welche eine nicht stattfindende weitergehende Auseinandersetzung begründet – worin beide sich von Marc, Arnia und Lars abheben. Die drei zuletzt genannten teilen zwar die Herstellung einer Anschlussfähigkeit von Wissensstrukturen an den Film, unterscheiden sich jedoch ebenso hinsichtlich der Form dieses Wissens. Damit lässt sich die Typologie an Rezeptionspraktiken, die im nächsten Kapitel zusammenfassend dargestellt wird, vervollständigen.

6.7 Praktiken der Rezeption von Filmen. Ergebnisüberblick

Die rekonstruierte Typologie von Rezeptionspraktiken lässt auf zwei entscheidende handlungstheoretische Dimensionen schließen, die für den Prozess des Rezipierens von Filmen relevant sind: Die Anschlussfähigkeit von Erfahrungs- und Wissensstrukturen an die in Filmen dargestellte Praxis und die in der Rezeption primär verwendeten Formen des Wissens.

Abb.3: Typologie von Rezeptionspraktiken

		Anschlussfähigkeit zwischen Wissen und Film	
		nicht anschlussfähig	*anschlussfähig*
Wissens- *formen*	*kommunikatives* *Wissen* *(Interpretation)*	**polyseme** **Interpretation**	**ästhetisierende** **Formalisierung**
	konjunktives Wissen *(Verstehen)*	**konjunktive** **Abgrenzung**	**produktive** und **reproduktive** **Aneignung**

Ein zentrales Anliegen der empirischen Arbeit war die Konkretisierung und Validierung des Rezeptionsmodus Film als Ressource zur Welterfahrung, der in einer ersten konzept-bildenden Interviewanalyse herausgearbeitet wurde und als ein Vorbegriff empirisch noch zu füllen war anhand der Analyse von Film-Nacherzählungen (also der Analyse der Rezeption eines spezifischen Films). Dies diente einer Präzisierung des Konzepts der Aneignung (von Filmen), um insbesondere jener inflationären Verwendung des Begriffs entgegenzuwirken, nach der jedwede Benutzung eines Films (oder Medienprodukts) im Alltag und jedes Verständnis eines Films bereits unter Aneignung geführt wird. Ein wesentliches Merkmal des Aneignens aus der praxeologischen Perspektive dieser Arbeit ist, wie mehrfach hervorgehoben und empirisch am Material gezeigt, die Herstellung eines Passungsverhältnisses zwischen der filmisch dargestellten Praxis und der eigenen Alltagspraxis. In einer solchen Interaktion von konjunktiven Wissensbeständen mit dem Filmmaterial lassen sich zwei Unterformen unterscheiden: In dem Falle einer produktiven Aneignung werden jene fundamentalen Erfahrungs- und Wissensstrukturen im Zuge der Rezeption so beeinträchtigt, dass eine je nach Tiefe der Erfahrung mehr oder weniger reversible Modifikation stattfindet.[101] Im Falle einer reproduktiven Aneignung bleibt dies aus. Stattdessen spiegeln sich konjunktive Erfahrungs- und Wissensstrukturen lediglich in einem Film, was zu einer Verdichtung dieser führt. Diese Praxis kann eher an einer Vereinnahmung des Films, also Hereinnahme desselben in den eigenen Erfahrungsraum liegen oder an habituellen Kongruenzen zu den Orientierungen der Filmschaffenden (was nur durch eine zusätzliche Filmanalyse zu klären ist).

Eine solche Form der reproduktiven oder produktiven Aneignung ist weitgehend habituell verankert, das heißt sie findet routinisiert und gewissermaßen automatisiert statt und ist in die Selbstverständlichkeiten des alltäglichen Filmkonsums eingegangen. Der entsprechende Zugang zu einem Film wird immer wieder auch gesucht von vielen Jugendlichen, was insbesondere hinsichtlich der produktiven Aneignung von einiger Bedeutsamkeit für die Bildungsforschung sein kann, wie noch ausführlicher zu diskutieren ist. Von einer habituellen Verankerung zu sprechen, meint jedoch nicht eine Exklusivität derselben anzunehmen. Die Interviewanalyse zeigte bereits dass Praktiken des Filmkonsums nicht bzw. nur in Ausnahmefällen singulär und exklusiv habitualisiert sind, so dass typischerweise kein anderer Umgang mit Filmen auftritt. Die hier untersuchten Jugendlichen Lars und Arnia wiesen eine primäre Anwendung dieser Praktiken auf, dass bedeutet sie favorisieren in unterschiedlichen Rezeptionssituationen und bei verschiedenen Filmen immer wieder jene Form der Aneignung (Lars aufgrund von Orientierungsunsicherheiten ganz wesentlich die produktive Aneignung). Dies bedeutet jedoch nicht, dass die Jugendlichen etwa darauf festgelegt wären und nach einem Reiz-Reaktions-Schema stets die entsprechende Form des Umgangs mit Filmen aufweisen müssen. Sie ist lediglich von besonderer Bedeutung für sie. Da die Analyse hier weitgehend auf der Ebene der sinngenetischen Typenbildung verbleibt, ist nicht anzugeben, woher diese Bedeutung rührt.

---

[101] Um die Frage einer langfristigen und nachhaltigen Prägung methodisch valide zu klären, wäre allerdings zumindest eine medienbiografische Untersuchung, idealerweise mit mehreren Untersuchungszeitpunkten, notwendig. Allerdings ist zumindest davon auszugehen, dass Jugendliche, welche diese Aneignungspraxis teilen durchaus im Laufe ihrer Medienbiografie wesentliche Bestandteile ihrer Erfahrungs- und Wissensstrukturen an Filmen bilden – wobei wohl nur in seltenen Ausnahmefällen an eine Art traumatisch erlebte Beeinflussung durch lediglich einen einzigen und spezifischen Film zu denken ist, welcher implizite und inkorporierte habituelle Orientierungen, selbstverständlich gewordene Routinen und liebgewonnene Gewissheiten schlagartig umstürzte und neue installierte. Vielmehr geht es um Erweiterungen und Veränderungen von Orientierungsrahmen, die durch die Rezeption eines Films *initiiert* werden können. Dies wird im Weiteren der Arbeit als Ausgangspunkt eines spontanen Bildungsprozesses diskutiert, der mit einer spezifisch ästhetischen Erfahrung einhergeht.

Allerdings ist festzuhalten, dass soziogenetisch nicht der Einfluss des Bildungshintergrunds (auch nicht des Geschlechts) als diese Rezeptionspraxis dirigierend anzusehen ist. Lars und Arnia befinden sich in völlig unterschiedlichen Lebensbedingungen. Arnia ist eine engagierte Studentin aus einem eher bildungsnahen Milieu, die zudem freiwillig in sozialen Projekten bei der UNO arbeitet. Lars ist arbeitslos, hat einen Hauptschulabschluss und lebt in einem stark bildungsfernen, drogenaffinen und ‚kleinkriminellen' Milieu. In den Nacherzählungen und Interviews beider Jugendlichen dokumentieren sich Formen der Aneignung, die somit nicht auf eine Milieuspezifik (oder Geschlechtsspezifik) reduziert werden können.

Der Rezeptionspraxis der produktiven bzw. reproduktiven Aneignung ist die ästhetisierende Formalisierung gegenüberzustellen. Wie auch die Formen der Aneignung beruht diese Rezeptionspraxis auf der Herstellung eines Passungsverhältnisses zwischen Wissensstrukturen und Filmstrukturen. Allerdings handelt es sich dabei nicht um konjunktiv gebundenes Wissen, das in fundamentalen Erfahrungsschichten der alltäglichen Praxis angelagert ist, sondern um kommunikativ-generalisiertes Wissen, bzw. genauer einen bestimmten Teil des allgemeinen Weltwissens: ästhetisches Wissen, das in unterschiedlichen öffentlichen (Spezial)Diskursen angelagert ist. Dies betrifft Wissen um die Filmästhetik, Filmgeschichte, Genre-, Erzähl- und Darstellungskonventionen und deren Einsatz als Mittel zur Verbreitung von Botschaften und des Ausdrucks von Intentionen / Motiven / Absichten der Filmschaffenden. Durch dieses Wissen gelingt eine Engführung des Bedeutungspotenzials von Filmen, also eine Reduktion der Polysemie eines Films, ohne dass auf Erfahrung- und Wissensstrukturen aus der eigenen, selbst erlebten Alltagspraxis zugegriffen werden muss. Marc vermeidet geradezu, sich einen persönlichen Zugang zu der filmisch inszenierten Praxis zu erschließen ist. Vielmehr perfektioniert und professionalisiert er gewissermaßen die Form eines disziplinierten ‚Lesens' von Filmen. Er wildert weder in seinen eigenen Erfahrungsräumen noch in unterschiedlichen Common Sense-Wissensbeständen, sondern arbeitet systematisch eine stringente, logisch konsequente Interpretation des Filmes heraus, selbst wenn dies bedeutet, etwas im Film zu sehen, was ‚objektiv' (im Sinne einer schlicht physikalischen Präsenz) nicht da war (wie z.B. der Schriftzug auf der Tafel) oder erheblichen argumentatorischen Aufwand bedeutet (wie z.B. das sehr konstruierte Verhältnis zwischen der Anonymität von Figuren und der Identifikation mit diesen).

Anders als in der ästhetisierenden Formalisierung gelingt es in der polysemen Interpretation nicht eine einheitliche und kongruente Filmlesart festzustellen – es wird allerdings ebenfalls versucht und dabei gleichfalls auf kommunikativ-generalisiertes Common Sense-Wissen Bezug genommen. Hanna sucht ebenso wie Marc nach der tieferen Bedeutung des Films, nach seiner eigentlichen Botschaft. Indem sie jedoch nicht oder kaum auf jenes ästhetische Wissen und entsprechende Diskurse zurückgreift, kann sie keine Interpretationsschienen in ihre Deutung einziehen, welche diese zu stabilisieren vermögen und nachhaltig in eine gewisse Richtung lenken könnten. Ausgehend von der Erfahrung, dass der Film alles Mögliche bedeuten kann und sie nicht anzugeben vermag, welche Bedeutungszuschreibung objektiv richtig und damit im Sinne der Produzent-Innen gültig ist, trifft sie die Feststellung, dass gerade dies gewollt (und zu verurteilen ist, da diese Offenheit und Vieldeutigkeit lediglich dem kapitalistischen Kalkül geschuldet ist). Diese Rezeptionspraktik einer polysemen Interpretation gründet ganz wesentlich in dem Fehlen einer spezifischen Anschlussfähigkeit von kommunikativen Wissensstrukturen an die Filmstruktur; es misslingt den Anschluss an eine Dimension des Films herzustellen, stattdessen werden variable –nicht auf eine zu reduzierende – Lesarten des Filmes produziert.

Im Gegensatz zu Formen der Aneignung beziehen sich also die beiden zuletzt diskutierten Rezeptionspraktiken nicht auf die Grundlagen der eigenen Alltagspraxis. Die Ausführungen sind nun aber nicht so zu verstehen, dass die Praktiken der polysemen Interpretation und ästhetisierenden Formalisierung per definitionem nicht konjunktiv bedeutsam werden könnten – es ist offensichtlich, dass Filme von erheblicher Relevanz bspw. für Marcs Alltags- und Freizeitgestaltung sind; dies jedoch nicht im Sinne einer Aneignung, denn ein existenzielles Passungsverhältnis zwischen eigener Alltagspraxis und filmisch dargestellter Praxis versucht Marc bspw. gerade zu meiden. Er nutzt Filme zwar für eigensinnige Zwecke, aber ohne sie sich zueigen zu machen und sich die in Filmen repräsentierte Praxis anzueignen.

Das Fehlen eines spezifischen Passungsverhältnisses, das eine Form der Kongruenz zwischen Alltagswirklichkeit und Filmwirklichkeit herstellen lässt, kennzeichnet auch die Rezeptionspraktik der konjunktiven Abgrenzung, die am Fall Eva herausgearbeitet wurde. Eva versucht zunächst in ihrem Schreiben konjunktiv gebundene Wissensbestände an den Film heranzutragen, kann diese jedoch nicht in Einklang zu diesem bringen. Der Film dient dann als negativer Gegenhorizont, vor dem sich die eigenen Erfahrungs- und Wissensstrukturen abheben, durch den diese sich abgrenzen lassen. Diese Form einer Distinktion und die Artikulation eines ‚Nicht-Verstehen-Könnens' ist stark inhaltsbezogen und somit filmspezifisch. Bei Eva (die in einer evangelischen Priesterfamilie aufgewachsen ist) ist es vor allem das Thema der (katholischen) Religion und damit verknüpfte Vorstellungen, die ihr den Film verleiden. Analog wäre ebenfalls vorstellbar dass aufgrund von Milieuzugehörigkeiten bestimmte politische Orientierungen eine solche konjunktive Abgrenzung hervorbringen (also wenn z.B. das Mitglied einer Gruppe gegen die Repräsentation seiner Gruppe in einem Film sich wehrt). Ein Hinweis darauf, dass die Praxis der konjunktiven Abgrenzung auch exklusiv habitualisiert sein kann, ist darin zu sehen, dass Eva Filme generell ungeeignet scheinen, um sich mit für sie bedeutsamen existenziellen Daseinsthematiken auseinanderzusetzen. Die Rezeptionssituation erscheint einer realen Interaktionssituation gegenüber derart defizitär hinsichtlich der Möglichkeit des Austauschs und gegenseitiger Beeinflussung, dass eine konjunktive Abgrenzung stattfinden muss. Insofern kann, wenn eine derart kritische Orientierung gegenüber Filmen generell besteht, stets eine Abgrenzung dieser Art stattfinden, wenn existentielle Probleme thematisiert werden – davon ist jedoch in den seltensten Fällen auszugehen.

Von einer habituellen Verankerung zu sprechen, meint betontermaßen nicht eine Exklusivität derselben anzunehmen. Wenngleich die Validierung[102] anhand des Interviews über Filme und der Film-Nacherzählung eines spezifischen Films zeigte, dass Lars / Arnia bzw. Marc primär die eine oder andere Rezeptionspraxis des konjunktiven Verstehens (Aneignung) bzw. kommunikativen Interpretierens (ästhetisierende Formalisierung) aufweisen, bedeutet dies aber erstens nicht, dass sie andere Rezeptionsweisen nicht kennen würden, und zweitens nicht, dass alle Jugendlichen eine derart starke primäre Ausrichtung des Rezeptionsgeschehens kennen. Es ist somit nicht das Anliegen dieser Typologie, die mehrdimensionale Wirklichkeit von Rezeptionsprozessen auf die Dimensionalität dieser Typik zu verkürzen. Was hier exemplarisch und idealtypisch rekonstruiert werden konnte, existiert (zumindest immer auch) als Mischungsverhältnis oder Verhältnis der gegenseitigen Ablösung von Rezeptionspraktiken. In anderen Film-Nacherzählungen und Interviews sind zudem bestimmte Praktiken häufig auf spezifische Komponenten von Filmen bezogen; so kann bspw. eine konjunktive Abgrenzung zu einigen Aspekten eines Films stattfinden und eine reproduktive Aneignung hinsichtlich anderer Aspekte der in einem Film inszenierten Praxis.

---

[102] Dass keine Fälle vorliegen, in denen sich die beiden Rezeptionspraktiken der polysemen Interpretation und konjunktiven Abgrenzung *sowohl* im Interview *als auch* in der Film-Nacherzählung rekonstruieren lassen, sondern diese lediglich aus den Film-Nacherzählungen und also der Rezeption eines spezifischen Films hervorgehen, legt den Schluss nahe, dass diese Rezeptionspraktiken typischerweise kaum als primäre habituell verankert sind und also ganz entscheidend von der *Relation von Produkt und Person* abhängen. Dies ist insofern plausibel, als dass es äußerst unwahrscheinlich ist, dass Jugendliche systematisch keinen konjunktiven – auf selbst erlebten Erfahrungen basierenden – Anschluss oder kommunikativen – auf dem Common Sense basierenden – Anschluss an die filmische Inszenierung von Wirklichkeiten suchen oder stets nicht in der Lage sind, einen zu finden.

6.8 Die routinisierte und habitualisierte Modifikation von Routinen und Habitus in der produktiven Aneignung

Im Folgenden ist es daran, die Rezeptionspraxis der produktiven Aneignung genauer in den Blick zu nehmen, denn in den Formen einer produktiven Aneignung steckt eine beachtliche Paradoxie, die im Zusammenhang mit Überlegungen zur Natur spezifischer ästhetischer Erfahrungen zu sehen und im Kontext der aktuellen Bildungstheorie zu diskutieren ist: Es handelt sich um eine nachweislich habituell verankerte Praxis der Rezeption die ebenso habituell verankerte Routinen und Orientierungen restrukturieren lässt. Das bedeutet, dass sich ein Habitus vermittels der Erfahrung eines Films derart sich selbst zuwendet, dass er sich (partiell) erweitert oder hinterfragt und implizite Modifikationen seiner selbst zulässt bzw. mögliche Transformationen und Restrukturierungen mit dieser Rezeptionspraxis einleitet. Die Praxis der produktiven Aneignung birgt damit das Potenzial zur Transformation sozialer Ordnung ebenso wie ein solches zur impliziten Selbstbildung. Wie Bourdieu allerdings hervorhebt, schützt sich typischerweise ein Habitus „vor Krisen und kritischer Befragung, indem er sich ein Milieu schafft, an das er so weit wie möglich vorangepaßt ist, also eine relativ konstante Welt von Situationen, die geeignet sind seine Dispositionen [...] zu verstärken" (Bourdieu, 1993a: 114). Dieser Schutzmechanismus führt zu einer selektiven Auswahl von Informationen, welche sucht Dissonanzen zu minimieren und Übereinstimmung herzustellen; und dazu, dass ein Habitus eher neue „Informationen, die die akkumulierte Information infrage stellen können, verwirft, wenn er zufällig auf sie stößt oder ihnen nicht ausweichen kann" (ebd.: 113f.) anstatt seine Gewordenheit infrage zu stellen. Ähnlich gehen auch Jörissen und Marotzki davon aus, dass unsere „Welterfahrungsmuster selbstbestätigend [sind]" (2009: 24) und dass sich die Initiierung von Bildungsprozessen anhand von Medien entsprechend schwierig darstellt. Aber die beiden Autoren sehen ebenfalls durch Filme eine Möglichkeit zur Auslösung von tief greifenden Veränderungsprozessen gegeben.

Im folgenden Kapitel dieser Arbeit möchte ich einige grundlegende Aspekte der spezifisch ästhetischen Erfahrung diskutieren, welche dazu führen, dass die Praxis der produktiven Aneignung geeignet ist, die Modifikation (von Komponenten) eines Habitus einzuleiten. Ähnlich hat auch Oevermann darauf hingewiesen, dass ästhetische Erfahrungen relativ kontrollierte Krisenerfahrungen bedeuten, durch welche sich Routinen und Gewohnheiten des Handelns fundamental ändern können, indem das „Subjekt sich gewissermaßen freiwillig in die potentiell zur Krise sich öffnende Kontemplation begibt" (Oevermann, 1996: 8). Das heißt: In der ästhetischen Erfahrung können sich habituelle Strukturen verändern, ohne dass eine alltagspragmatisch unmittelbar relevante Krise stattfinden und also ein subjektiv erlebtes Scheitern von fundamentalen Handlungsroutinen vorliegen muss.[103] Wenn Bourdieu (1993a: 177) also schreibt, dass sich Akteure „den Luxus der [...] mystischen Schwärmerei oder der metaphysischen Umtriebe nicht leisten können", weil sie stets in einem unmittelbar praktischen Verhältnis zur Welt stehen, so ist gerade dieses Verhältnis in spezifisch ästhetischen Erfahrungen zumindest partiell aufgehoben. Die folgenden Ausführungen sind auch deshalb von gesteigerter Relevanz, da bisher kaum Arbeiten zur Modifikation habitueller Strukturen und konjunktiver Wissensbestände, also „grundlegender Figuren des Selbst und Weltverhältnisses" (Koller, 2007: 52), vorliegen, es also „in der Bildungstheorie selbst kaum Ansätze gibt, transformatorische oder innovatorische Prozesse dieser Art begrifflich zu fassen" (ebd.: 51). Die Überlegungen erscheinen zudem insbesondere bedeutsam vor dem Hintergrund, dass Jugendliche im Begriff sind, grundlegende Orientierungen erst noch auszubilden; in diesem Sinne ist ‚Jugend', „die ja anthropologisch-existenziell mit Identitätssuche und der Herausbildung von Individualität verknüpft ist" (Vogelsang, 1994: 467),[104] immer schon eine latente Form einer Krise eigen, die auch und gerade anhand von Filmen und Medien spielerisch bewältigt werden kann. Obwohl ebenfalls andere AutorInnen immer wieder auf die Bedeutung der ästhetischen Erfahrung[105] – vor allem im Kontext der Erziehungswissenschaft und Bildungstheorie – hingewiesen haben, so steht eine systematische Auseinandersetzung mit ästhetischen Erfahrungen im Rahmen der Rezeptionsforschung noch aus. Diese Lücke sucht das folgende und die Arbeit schließende Kapitel zu füllen.

---

[103] Zur *subjektiv wahrgenommenen* Krise in der Alltagspraxis als Ausgangspunkt der Produktion von neuen Sinnzusammenhängen und Deutungsmustern äußert sich Oevermann in den folgenden Ausführungen, die hier jedoch weniger von Relevanz sind: „Genetischer Strukturalismus und das sozialwissenschaftliche Problem der Erklärung der Entstehung des Neuen" (1991). Zur Entstehung des Neuen im Kontext der Bildungstheorie vgl. bspw.: Nohl 2006b/c, Koller 2007, Wigger 2007, von Rosenberg 2009.

[104] Im Sinne der praxeologischen Wissenssoziologie würde ich allerdings eher von habituellen Strukturen und Orientierungen sprechen, denn die soziale Identität bleibt lebenslang immer auch situativ und kontext-spezifisch auszuhandeln und zu inszenieren, während sich habituelle Strukturen vglw. stabil und in ihrer Transformation tendenziell träge erweisen (vgl. Kap. 4). Zwar verwendet Vogelsang an anderer Stelle des zitierten Textes auch den Habitus-Begriff mit Bezug auf Bourdieu, jedoch ohne ihn vom Identitätsbegriff zu unterscheiden.

[105] So hat auch Mikos (2000) festgestellt, dass es sich mit der ästhetischen Erfahrung um eine nichtdiskursive Praxis der Rezeption handelt, welcher er gleichfalls eine besondere Bedeutung gerade für konjunktive Erfahrungsräume Jugendlicher zuspricht – allerdings ohne dies systematisch in seiner Relevanz für die Rezeptionsforschung aufzuarbeiten.

7 Produktive Aneignung, ästhetische Erfahrung und spontane Bildungsprozesse im Zuge der Filmrezeption

7.1 Produktives Aneignen als ästhetische Erfahrung?

Es kann in diesem Kapitel nicht darum gehen, ein umfassendes Konzept der ästhetischen Erfahrung vorzulegen, oder etwa aus den qualitativ-rekonstruktiven Studien dieser Arbeit und anhand den herangezogenen Theorien eine Typologie aller möglichen ästhetischen Erfahrungen anzulegen; ja es ist nicht einmal zu klären, welche Erfahrungen letztendlich mit Fug und Recht als ‚ästhetisch' tituliert werden sollten oder könnten. Dies ist im Übrigen auch typisch für diesen Gegenstandbereich, der lediglich als ein „Thema mit Variationen" (so Bubner, 1987: 7) existiert. Anstatt aus diesen Variationen hier ein Thema zu machen, ist das Ziel der nachstehenden Ausführungen, anhand verschiedener Arbeiten zur ästhetischen Erfahrung die Rezeptionspraxis der produktiven Aneignung zu durchleuchten. Dazu soll nochmals diese Konzeption der Rezeptionspraxis von anderen Ansätzen der Rezeptionsforschung abgegrenzt werden, welche sich mit etwaigen Prägungen der Wissensstrukturen von Rezipienten beschäftigt haben, um deutlich zu machen, inwiefern die Rede von der ästhetischen Erfahrung im Weiteren unerlässlich ist.

In der Medienforschung liegen unzählige Arbeiten aus dem Bereich einer frühen sozialpsychologischen Rezeptionstheorie vor, die insbesondere die „präkommunikative Einstellungsstruktur" (Schenk, 2002: 137) des Rezipienten für Prozesse der Wahrnehmung und Verarbeitung von Medien verantwortlich machen. Besonders prominent sind hier konsistenz-, kongruenz- und dissonanztheoretische Ansätze. Wenn auch eine erhebliche Vielfalt an theoretischen Modellen und empirischen Prüfungen dieser Ansätze in unterschiedlichen Varianten besteht (Schenk, 2002: 176), so gehen diese Ansätze stets davon aus, dass Personen in der Rezeption entweder vor allem Konsonanz und Übereinstimmung suchen oder aber zumindest Dissonanz und fehlende Übereinstimmung vermeiden. Es wird damit ein Rezipient vorausgesetzt, der stets eine Praxis der Rezeption anstrebt, welche der reproduktiven Aneignung im Sinne dieser Arbeit zumindest ähnlich[106] ist und die vorrangig zu einer Reproduktion gewonnener Wissensstrukturen führt. Die unterschiedlichen, theoretischen und empirischen Modellierungen der Herstellung einer „affektiv-kognitiven Balance" (Bonfadelli, 2001: 102ff.) durch den Rezipienten im Akt des Rezipierens sind entscheidend von der Annahme einer Ausrichtung an der unmittelbaren Verwertbarkeit von Medieninhalten geprägt („perzipierte Instrumentalität", ebd.: 103). Es ist aber keineswegs davon auszugehen, dass eine solche alltagspragmatische Haltung, die auch die post-rezeptive Verwendbarkeit in der „harmonischen" Interaktion mit anderen einschließen soll (ebd.: 100), vorliegen muss – gerade im Falle einer intensiven Erfahrung eines Films ist diese selbst vom praktischen Alltagsgeschehen und dessen Handlungsdruck losgelöst, kann aber dennoch (und gerade dadurch) mit dem die Alltagspraxis strukturierenden Wissen verbunden sein; und dies auf eine Weise, dass jene handlungsleitenden Wissensstrukturen und Orientierungen modifiziert werden. Eben das ist mit der produktiven Aneignung der Fall, die als eine spezifisch ästhetische Erfahrung zu verstehen ist, in der sich Orientierungen und Wissensbestände einer Veränderung ihrer selbst gegenüber öffnen können, was nachfolgend anhand Oevermanns Überlegungen zur ästhetischen Erfahrung in einigen wichtigen Aspekten erläutert werden kann, jedoch noch eingehender, begrifflicher Auseinandersetzung bedarf.

Oevermann ist der Ansicht, dass die ästhetische Erfahrung als „selbstgenügsame Wahrnehmung" (1996: 4) eine potenziell krisenhafte Situation ohne manifeste Krisenerscheinung darstellt, in der bisher erworbene Wissensbestände infrage gestellt und neues Wissen generiert werden kann. Die potenzielle Krisenhaftigkeit beruht in der kontemplativen Öffnung der Wahrnehmungssinne, die nicht durch die alltagspraktische „Selektivität und Spezialisierung" (ebd.)[107] konfiguriert sind. Dies führt dazu, dass Neukonfigurationen fundamentaler Wissensstrukturen, die im Alltagsgeschehen erst durch das konkrete Scheitern von Routinen möglich sind, in der ästhetischen Erfahrung erheblich begünstigt werden: „Die selbstgenügsame Wahrnehmungshandlung ist nun genau ein Ort, an dem dieses Subjekt sich gewissermaßen freiwillig in die potentiell zur Krise sich öffnende Kontemplation begibt" (Oevermann, 1996: 8).

Aus den Überlegungen Oevermanns folgen zwei für diese Arbeit bedeutende Aspekte, für eine „soziologische Analyse der Wahrnehmung und ästhetischen Erfahrung" (ebd.: 5). Erstens verbietet sich der Zugang zu dem Problemfeld via

---

[106] Wobei ‚Einstellungen' nicht mit ‚Orientierungen' im Sinne von habituellen Strukturen zu verwechseln sind, letztere können von ersteren abweichen und konträr zu ersteren die Alltagspraxis strukturieren (vgl. Kap. 4).

[107] „Es ist darin die Wahrnehmungsorganisation gewissermaßen maximal gegenüber den einzelnen Details, Nuancen und spezifischen konfigurativen Prägnanzen des Wahrnehmungsfeldes geöffnet und deshalb sowohl Neuem maximal zugänglich als auch zu Neuem aufgrund der zweckfreien Kontemplativität maximal bereit" (Oevermann, 1996: 4).

Handlungstheorien, die vorrangig auf den subjektiven Sinn des Handelnden fokussieren oder die Rationalität des Handelns abstellen, was je auf oben genannte Konsistenztheorien zutrifft (Schenk, 2002: 138, 176). Beiden theoretischen Positionen ist die Bedeutung des Krisenhaften in der ästhetischen Erfahrung nicht zugänglich; im ersteren Falle, weil durch Wert-Erwartungs-Annahmen über die Struktur des Handelns das potenziell Krisenhafte immer schon durch die „Vorannahme einer Skala von Prioritäten oder Präferenzen der Wahlen unterlaufen wird" (Oevermann, 1996: 9). Im zweiten Falle des Rekurses auf den subjektiven Sinn ist unberücksichtigt, dass das Subjekt weder unmittelbar anzugeben vermag noch explizit weiß, warum es sich in einer produktiven Krise befindet. Auch wenn Modifikationen bestehen und die Entstehung neuer Erfahrungs- und Wissensstrukturen nachträglich mit subjektivem Sinn verknüpfbar sind, können lediglich rückblickend Theorien und Legitimationszusammenhänge über die etwaige Veränderung entworfen werden. Die Strukturierungsprinzipien des Zusammenhangs zwischen der „Außeralltäglichkeit von Krisen und der Veralltäglichung zu Routinisierungen" (ebd.: 17) hingegen sind den Beforschten selbst nicht so einfach zugänglich. Statt auf deren Selbstdeutung und Selbstentwurf, also explizierbares Wissen über sich selbst zu setzen, ist es nach Oevermann daran, wie in dieser Arbeit, einen strukturanalytischen Zugang zur Handlungspraxis zu finden – in dieser Hinsicht gleichen sich – bei allen erheblichen theoretischen wie methodologischen und methodischen Unterschieden (Bohnsack, 2008: 69ff. u. 2003) – Objektive Hermeneutik und dokumentarische Methode.

Zweitens weist Oevermann zu Recht darauf hin, dass zwar Routine und Gewohnheitshandeln den Normalfall des Handelns bilden, aber die Krise in der ästhetischen Erfahrung jenen prägnanten Sonderfall der möglichen Ausbildung neuer Routinen darstellt, daher muss „umgekehrt für die strukturanalytische Wissenschaft die Krise den Normalfall und die Routine den Grenzfall bilden. Denn die Routine leitet sich material als deren Schließung aus der Krise ab; zur Routine wird, was sich als einstige Krisenlösung bewährt hat. Dagegen ist die Krise ein plötzliches Aufbrechen eingespielter vorausgehender Routinen, seien es Techniken, Praktiken oder Überzeugungen, und damit ein unvorhersehbares Öffnen eines Geschlossenen. Die Krise ist deshalb nicht aus der Routine ableitbar, dagegen die Routine aus der Krise" (Oevermann, 1996: 7).

Hinsichtlich der ästhetischen Erfahrung kann also in zweifacher Hinsicht an die Überlegungen Oevermanns durchaus angeschlossen werden. Zum einen hinsichtlich der generellen Bedeutung des Forschungsgegenstands für die Ausprägung neuer Wissensstrukturen,[108] die Modifikation von handlungsleitenden

---

[108] Oevermann vergleicht die Entstehung neuen Wissens mit der abduktiven Schlussfolgerung in der Forschung; differenziertere Überlegungen dazu finden sich auch bei Koller (2007: 54ff.).

Tiefenstrukturen des Wissens. Die ästhetische Erfahrung in der Praxis der produktiven Aneignung ist deshalb von besonderer Relevanz, weil sie auf eine habitualisierte und routinierte Weise Habitus und Routinen modifizieren kann. Andererseits gibt Oevermann ebenso zu Recht vor, wie dieser Aspekt des Medienhandelns nicht zu untersuchen ist, nämlich mittels Handlungstheorien, die sich auf die Rationalität des Handelns oder den subjektiven Sinn und die expliziten Eigentheorien und Selbstentwürfe der Beforschten beziehen.

Wenngleich einige aufschlussreiche Parallelen in der Konzeption der ästhetischen Erfahrung im Sinne dieser Arbeit und nach Oevermann vorliegen, ist ein darüber hinausgehender Anschluss nicht möglich; dies ist wiederum auf zwei Sachverhalte zurückzuführen: Erstens trifft auch für das Konzept der ästhetischen Erfahrung Oevermanns die bereits mehrfach geäußerte Kritik an der „Metaphysik der Strukturen" (Reichertz, 1988: 207) zu, welche die Objektive Hermeneutik nach Oevermann systematisch betreibt: Latente Strukturen werden wie die Subjekte selbst behandelt und entwickeln eine Tendenz zur Selbstbildung und Selbsttransformation, die das Subjekt gewissermaßen zum Spielball latenter Muster machen, denen es ausgeliefert ist (siehe kritisch zu dieser Kritik sich verhaltend: Abraham, 2002: 215ff). Dementsprechend führt Oevermann die ästhetische Erfahrung auf aus dem Tagesleben verdrängte Triebstrukturen zurück, die sich ihren Weg in das Wacherleben bahnen und dieses dann zu strukturieren vermögen. Die produktive Krise in der ästhetischen Erfahrung besteht nach Oevermann in Anschluss an Freuds Traumdeutung darin, „daß ein unerledigter, weil verdrängter Wunsch und eine archaische Erinnerungsspur, in der sich dieser Wunschgedanke verkörpert, durch eine aktuelle Erfahrung, einen geringen choque, den der Tagesrest bedeutete, aktiviert werden und zur Wiederholung, Erinnerung und Durcharbeitung drängen. [...] Je tiefer die topische Regression dabei geht, desto mehr tauchen wir in die Erinnerungsarchive einer Zeit ein, in der wir noch durch ein polymorph perverses Triebleben und eine entsprechende Naturverwurzeltheit bestimmt waren." (Oevermann, 1996: 39).

Neben einer solchen deterministischen Konzeption der ästhetischen Erfahrung ist, zweitens, Oevermanns Kunstbegriff zu eng gefasst. Zwar ist Oevermann zufolge jede/r grundsätzlich – d.h. ohne ‚pädagogische Stützräder' – in der Lage ästhetische Erfahrungen zu machen, aber nur anhand von Kunstwerken: „Vor dem *Kunstwerk* begeben wir uns, ohne daß wir das eigens didaktisiert lernen müssen, in den Typus der selbstgenügsamen Wahrnehmung wie selbstverständlich. Wir eröffnen uns dadurch eine Steigerung von Möglichkeiten, durch Unerwartetes getroffen zu werden, in eine Krise unter der Bedingung der Muße zu geraten" (Oevermann, 1996: 24, H.n.i.O.).

In dieser Hinsicht behauptet zwar auch Zirfas zunächst analog zu Oevermann zu den Erfahrungsmöglichkeiten des Subjekts an kunstförmigen Gegenständen: „*Kunst* bedeutet die Aufforderung, solche Erfahrungen zu machen, die eine theoretische und praktische Einstellungsänderung implizieren, weil bisherige Annahmen, Maximen, Emotionen und Sinnzuschreibungen infrage gestellt werden" (Zirfas, 2004: 80, H.n.i.O.) An der gleichen Stelle schränkt Zirfas die Bedeutung des künstlerischen Werts der entsprechenden Gegenstände jedoch ein: „Ästhetisches Verhalten muss sich nicht auf eigens dafür geschaffene Kunstobjekte beziehen" (ebd.). Kunst wird so gewissermaßen durch die Rezeptionshaltung zu Kunst, die sich vorrangig durch ihre (oben genannte) Funktion definiert. Oevermann hingegen spricht zwar den Wahrnehmungsmodus der ästhetischen Erfahrung nachdrücklich zunächst jedem/r RezipientIn zu (und ortet die Bedingungen der Möglichkeit zu diesem gar in der generellen sozialen Natur des Menschen), jedoch scheinen ihm lediglich legitime Kunstwerke in der Lage ästhetische Erfahrungen hervorbringen zu können, was sich darin dokumentiert, dass in seiner Arbeit zum Thema zum einen lediglich von Produkten der (heute) kanonisierten Hochkultur – wie z.B. Homers „Odyssee" oder Baudelaires „Fleurs du Mal" – und zum anderen von „gültigen" (ebd.: 38) bzw. „gelungenen" (ebd.: 39) Kunstwerken die Rede ist. Hier wird dann wiederum die Eigenart der objektiven Hermeneutik sichtbar, indem diese meint, auf allgemeinkulturell gültiges, d.h. milieuunabhängiges, Orientierungswissen (hier: darüber, was Kunst ist) zurückgreifen zu können (zur Kritik: Bohnsack 2003a).

Anhand dieser Verortung lassen sich zentrale Einsichten dieser Arbeit konturieren: Sie fokussiert auf jene ästhetische Erfahrung in der produktiven Aneignung, die anhand der profanen[109] Medienkultur gemacht werden und dabei eine spontan ein- und angeleitete Modifikation von Erfahrungs- und Wissensstrukturen bedeuten können, welche zwar weitgehend präreflexiv stattfindet, sich jedoch nicht dem wissensmäßigen Zugriff des Subjekts völlig entzieht und etwa deterministisch hinter dessen Rücken abläuft und so das Subjekt unbemerkt transformiert. Es handelt sich vielmehr um eine Ressource der impliziten Selbstbildung im Sinne der Modifikation relevanter Komponenten von konjunktiven Wissensbeständen und dabei statt findende Produktion von Subjektivität; und nicht um eine uneinholbare Beeinflussung von das Subjekt konstituierenden unbewussten Strukturen.

Die Modifikation konjunktiv-gebundener und praxisrelevanter Wissensstrukturen im Zuge des produktiven Aneignens geschieht zwar nicht auf einer uneinholbaren Ebene des Unbewussten, aber auch nicht einfach so und nebenbei in jenem Sinne, dass sie sich jederzeit ereignen könnte, sondern hebt sich aus

---

[109] Hier sind erhebliche Parallelen zum Gegenstand der Rezeptionsforschung der Cultural Studies zu sehen, die sich andererseits vor allem methodologisch und in den entsprechenden theoretischen Voraussetzungen von der Perspektive einer wissenssoziologisch-praxeologischen Perspektive abheben (vgl. die ausführliche Diskussion in Kap. 3 und 4).

dem alltäglichen Erfahrungsstrom ab. Insofern ist es ein besonderes Merkmal der entsprechend ästhetischen Erfahrung, wie auch Wulf (1990: 168) in besonderem Maße hervorhebt, dass sie sich nicht, wie andere Alltagsereignisse, problemlos in die Routinen des Deutens und Interpretierens fügt, sondern diese geradezu sprengen kann: „Oft ist die ästhetische Erfahrung auch eine Erfahrung der Katastrophe des Sinns und der Diskontinuität des Sozialen; manchmal vermittelt sie einen neuen enigmatischen Sinn" (Wulf, 1990: 168).

Indem die ästhetische Erfahrung in der Filmrezeption abgelöst vom Alltag und begrenzt auf eine spezifische (Rezeptions)Situation stattfindet, kann sie Eigenschaften einer Krise haben, ohne jedoch manifest als eine solche erfahren zu werden. Das entscheidende Merkmal der ästhetischen Erfahrung ist folglich deren Abgehobenheit vom Alltag, ihre Geschlossenheit in sich, ihre zunächst für sich selbst bestehende Einheit, Intensität und Selbstgenügsamkeit, denn erst dadurch können ihre krisenhaften Züge nicht als manifeste in Erscheinung treten und nicht als eine konkrete Orientierungskrise im Alltag erfahren werden, die mit negativen Emotionen und Unlustgefühlen assoziiert ist und auf eine Lösung hindrängt. In eben diesem Sinne meint gleichfalls Zirfas: „Im Gegensatz zum pragmatischen Lebensalltag mit seiner theoretischen oder utilitaristischen Haltung gewährt die ästhetische Erfahrung einen Freiheitsspielraum von Wahrnehmungsmöglichkeiten" (Zirfas, 2004: 79). Und auch Bubner markiert jene strikte Grenze zwischen Alltagserfahrung und ästhetischer Erfahrung, wenn er feststellt, dass „die ästhetische Erfahrung ein *Sonderfall* unserer gewöhnlichen Erfahrung [ist]. Könnten wir die letztere beseitigen, müßten wir auf die erstere verzichten. Wir würden uns in einem Zwischenstadium aufhalten, das gar nicht zu definieren wäre" (Bubner, 1989: 153, H.i.O.). Die in sich ruhende Abgeschlossenheit wird von allen Theoretikern, die sich auf die eine oder andere (und teils sehr verschiedene) Weise mit ästhetischen Erfahrungen beschäftigt haben, geteilt. Es scheint sich mit der strikten Differenz zur Alltagserfahrung um eine kanonisierte Eigenschaft (so auch Bourdieu, 1993b: 16) ästhetischer Erfahrungen zu handeln; gewissermaßen eine „Minimaldefinition jeder ästhetischen Erfahrung" (Roszak, 2004: 39), die sich in aller Kürze folgendermaßen fassen lässt: „Ästhetisch sind Erfahrungen dann, wenn sie einen Bruch mit den üblichen Wahrnehmungen markieren" (Zirfas, 2004: 78).

Obschon sich aufgrund dieser Übereinstimmungen jener Aspekt der ästhetischen Erfahrung sehr gut beschreiben lässt – besonders griffig im nächsten Kapitel mit Schütz' Theorie der finiten Sinnprovinzen –, so sind einige begrifflichkonzeptuelle Anstrengungen notwendig, um zugleich jenen für die produktive Aneignung zentralen Aspekt der Verbundenheit der ästhetischen Erfahrung mit praxisrelevanten und handlungsleitenden Wissensstrukturen zu erfassen, ohne Annahmen über den deterministischen Einfluss des Unbewussten einzuführen –

hier wird insbesondere eine Orientierung an dem Mimesis-Konzept von Gebauer und Wulf (Gebauer / Wulf 1998, 2003, Wulf 2005, 2006), Deweys Konzept der Kunst-Erfahrung (1980) und Nohls Arbeiten zu Möglichkeiten einer spontanen Bildung (2006b) hilfreich sein.

7.2 Der Film als Sinnprovinz der ästhetischen Erfahrung

Mead charakterisiert in seiner Arbeit „The Nature of Aesthetic Experience" (1926) die gesteigerte Aufmerksamkeit und Faszination, die man bei der Rezeption jeglicher Werke generell einnehmen kann, als eine Haltung, die eben nicht im alltäglichen Interaktionsstrom auftritt, eine spezifisch „ästhetische Haltung" (Mead, 1982 [1926]: 347). Hinsichtlich des Kinos qualifiziert er diese Haltung als „Schaulust" (Mead, 1982: 353). In einer solchen schaulustigen Haltung betrachten wir „in ästhetischer Wahrnehmung, was uns gegenüber ist, innehaltend, still und ruhig" (Mead 1982: 346). Der Gegenstand unserer Wahrnehmung interessiert nicht in einem unmittelbaren, sozialen Verwertungszusammenhang, nicht die praktische Verwendbarkeit prägt unsere Aufmerksamkeit. Während also das alltägliche Handeln „infiziert vom Interesse, Mittel auf Zwecke zuzuschneiden, Hypothesen aufzustellen und zu testen, Kunstfertigkeiten zu üben" (ebd.) ist, so ist die ästhetische Erfahrung diesem Handlungsdruck enthoben. Erst vor dem Hintergrund einer vertrauten Baseline des Alltags können sich demzufolge die Peaks ästhetischer Erfahrung abheben. Entsprechend kann der Spielfilm aus dem Davor und Danach der praktischen Orientierungen in der alltäglichen Betriebsamkeit herausheben; in anderen und alltäglichen Worten: uns mitnehmen, mitreißen, fesseln und in seinen Bann ziehen, in den Sessel bannen und dort ‚vom Hocker reißen'. Derart ästhetische Erfahrungen werden von anthropologischen Ansätzen auch auf die Struktur des Spiels (vgl. u.a. Zirfas 2004) zurückgeführt, in welchem das Erleben ebenso deutlich vom Alltagsgeschehen abgegrenzt ist und einer Zweckenthobenheit unterliegt: „Die das Spiel definierenden Merkmale einer Handlung sind [...] in deren intrinsischer Motivation bzw. Zweckfreiheit und in deren Abgrenzung vom alltäglichen Leben zu sehen" (Wünsch, 2002: 16). Der/die Spielende findet sich gleichsam versetzt in eine Sinnprovinz im Sinne Schütz'.

Solche Sinnprovinzen, in denen der Mensch einen von der Alltagswelt bzw. alltäglichen Wirklichkeit[110] divergierenden Zugang zum Dasein hat, können im Sinne der Wissenssoziologie (in der Tradition der Phänomenologie nach Schütz)

---

[110] Schütz zufolge ist die *Alltagswelt* eine *Sinnprovinz* neben anderen in der *Lebenswelt*. Sie zeichnet sich allerdings durch einen besonderen, übergeordneten Status und die Grundeinstellung der natürlichen Einstellung aus (vgl. Schütz / Luckmann, 2001: 53ff.).

bspw. der Traum, die religiöse Verzückung oder auch die wissenschaftliche Kontemplation sein. Berger und Luckmann erläutern den Übergang zwischen Sinnprovinzen beispielhaft anhand des Theaters: „Wenn der Vorhang aufgeht, wird der Zuschauer ‚in eine andere Welt versetzt', eine Welt eigener Sinneinheit und eigener Gesetze, die noch etwas aber auch gar nichts mit den Ordnungen in der Alltagswelt zu tun haben können. Wenn der Vorhang fällt, kehrt der Zuschauer in die ‚Wirklichkeit' zurück, das heißt in die oberste Wirklichkeit, in die Alltagswelt, mit deren Wirklichkeit verglichen die auf der Bühne jetzt dürftig und ephemer erscheint, wie lebensvoll sie auch wenige Augenblicke früher gewirkt haben mag" (Berger/Luckmann, 1980: 28). Wie auch das Theater so kann ebenfalls der Film als ein Realitätsbereich sui generis zu verstehen sein. Dies zeigt sich signifikant darin, dass zur Beschreibung der Erfahrung des Films oft andere Sinnprovinzen herangezogen werden. So sah schon Hugo von Hofmannsthal in ihm einen „Ersatz für die Träume". Seiner Ansicht führt die moderne bürokratisierte und rationalisierte Welt zu dem Gefühl „der ohnmächtige Teil einer Maschine zu sein, und sie alle kennen eine andere Macht, eine wirkliche, die einzig wirkliche: die der Träume. Sie waren Kinder und damals waren sie mächtige Wesen. Da waren Träume, nachts, aber sie waren auch bei Tag da […] – und nun ist es wieder eine Kiste mit zauberhaftem Gerümpel, die sich auftut: das Kino" (Hofmannsthal, 1978: 116).

Roland Barthes beschreibt gleichfalls eine Verwandtschaft zwischen Kino und Traum; diese ist ihm schon durch die körperliche Haltung des Zuschauers angezeigt: „How many members of the cinema audience slide down into their seats as if into a bed? Coats or feet thrown over the row in front" (Barthes, 1975: 104). Der Vergleich der Filmerfahrung mit der Traumerfahrung ist häufig Ausgangspunkt einer psychoanalytischen Filmtheorie. Die Wahrnehmungssituation einer ‚äußeren' (motorischen und sozialen) Passivität bei gleichzeitiger ‚innerer' (psychischer) Aktivität ist analog zu der des Traums (vgl. Faulstich, 2004: 250). Insbesondere der Begriff der Projektion verführt zu weiteren Analogien: Wie der psychische Apparat seelische Bilder auf eine „Traumleinwand" (Lippert, 2002: 44) des Bewusstseins wirft, so tut dies der kinematografische Apparat mit Bildern im Kino und affiziert dabei das Subjekt auf angeblich ganz ähnliche Weise, wie dies der Traum tut. Diese Ansicht teilte auch der Filmemacher Ingmar Bergmann: „Unser Wille hört mehr und mehr auf zu funktionieren, unsere Fähigkeit zu sortieren und zu platzieren hört auf, wir werden in ein Geschehen hineingezogen – da sind wir sozusagen Teilnehmer in einem Traum" (Bergmann zit. n. Rost, 1998: 67). Insbesondere Baudry hat die Analogie zwischen Traum und Kino aus psychoanalytischer Perspektive[111] ausformuliert (Baudry 1975).

---

[111] Ein entscheidender Einwand gegen diese Konzeption der Filmerfahrung kam von Christian Metz, der dagegen anführt, dass der Träumer nie weiß, dass er träumt, aber der Zuschauer kann sich stets

Auch Lukács verglich das Filmerleben mit dem kindlichen Spiel in jenem Sinne des Stattfindens unkontrollierter psychischer Prozesse: „Das Kind, das in jedem Menschen lebendig ist, wird hier freigelassen und zum Herrn über die Psyche des Zuschauers" (Lukács, 1978: 116).

Die Sinnprovinz des Kino-/Fernsehfilms kann also gleich jener des Theaters, Traumes oder des Spiels einen geschlossenen Bereich innerhalb der Lebenswelt darstellen, der sich zu den konkreten Zwängen und dem Handlungsdruck und Handlungsabsichten der Alltagswelt zunächst überschneidungsfrei verhält.[112] Die ästhetische Erfahrung der „Schaulust" (Mead, 1982: 353), in der wir „in ästhetischer Wahrnehmung, was uns gegenüber ist, innehaltend, still und ruhig" (Mead 1982: 346) betrachten, entspricht daher einer eigenen Bewusstseinsspannung der Entlastung. Wie auch in anderen Sinnprovinzen sind wir im (Wohnzimmer-) Kino vom alltäglichen Handlungs-, Interaktions- und Zeitdruck entlastet, haben „nicht das geringste pragmatische Interesse" (Schütz, zit. n. Endreß, 2005: 343) und sind losgelöst „aus den Relevanzsystemen, die im praktischen Bereich der natürlichen Einstellung gelten" (Schütz, zit. n. ebd.). Die verschiedensten Erfahrungen, die uns innerhalb von finiten Sinnprovinzen als sinnhaft, kohärent und richtig erscheinen, können uns in einer anderen Sinnprovinz und in der Alltagswelt fehl am Platz, fremd und verwirrend scheinen.

Der Übergang zwischen Sinnprovinzen und der Alltagswelt, das Eintreten in einen neuen Erkenntnis- und Erfahrungsstil, wird den VertreterInnen der an Schütz orientierten Wissenssoziologie zufolge als alltäglicher Schock erfahren, wie z.B. „das plötzliche Erwachen aus einem Traum, die Verstörung beim Heraustreten aus einem Tagtraum oder das grelle Licht des Alltags nach dem Kinofilm" (Knoblauch / Schnettler / Soeffner, 1999: 277).[113] In der ästhetischen Erfahrung (des Filmerlebens) kann man demnach, so wenig wie in jeder anderen Sinnprovinz, auf Dauer verweilen, will man an der Wirklichkeit der Alltagswelt auch noch teilhaben. Die Benennung abweichender Phänomene mit ,Ver-rückt-

---

bewusst machen, dass es *nur ein Film ist*, was er da sieht und weiß zumindest implizit stets, dass er im Kino oder vor dem TV sitzt (vgl. Metz, 2000 [1977]). Zu weiteren Auseinandersetzungen zum Verhältnis Traum und Film vgl. z.B. Rost (1998: 65ff.) oder die Sammelbände von Dieterle (1998) oder Martig / Karrer (2003).

[112] Es ist offensichtlich, dass dies nicht jeden Umgang mit Filmen kennzeichnet: Wird ein Film primär als Ressource für soziale Interaktionen (vgl. Kap. 2.2) genutzt, kann er kaum mehr derart rezipiert werden.

[113] Vgl. auch die Beispiele bei Schütz selbst: „Das Einschlafen als Sprung in den Traum, das Erwachen, das Öffnen des Theatervorhangs, das ,Versenken' in ein Gemälde, ferner die Bewußtseinsverschiebung wenn man zu spielen beginnt, das Erlebnis des ,Numinosen', auch der Ruck, mit dem sich der Wissenschaftler nach dem Mittagessen in die theoretische Attitüde versetzt, aber auch das Lachen als Reaktion auf die Realitätsverschiebung, die einem Witz zugrunde liegt" (Schütz / Luckmann, 2003: 56).

sein' weist auf den übergeordneten Status der Alltagswirklichkeit hin, welcher den ‚normalen' im Sinne von ‚verkehrsfähigen' Menschen immer wieder einholt. Vor dem Hintergrund dieser Überlegungen zur strikten Separiertheit der ästhetischen Erfahrung von der Alltagswelt muss die Bearbeitung dieser Grenze, damit die Momente des Übergangs von der Sinnprovinz des Films in andere Realitätsbereiche von besonderem Interesse sein. Auch wenn dieser Aspekt von der Rezeptionsforschung nicht bearbeitet wurde, ist dessen Dringlichkeit auch dem Filmtheoretiker Kracauer schon aufgefallen, der ebenfalls die Filmerfahrung mit der entrückten Traum-Erfahrung verglichen hat. Er war der Ansicht, dass der „Rückkehr aus der Traumwelt" (Kracauer, 1985 [1960]: 233) besondere Aufmerksamkeit zukommen sollte: Denn sobald der Zuschauer „wieder über ein gewisses Maß an Bewußtheit [verfügt], so versucht er natürlich, sich Rechenschaft abzulegen über das, was er im Banne der auf ihn einströmenden Sinneseindrücke erfährt. Hier erhebt sich die entscheidende Frage nach der Bedeutung des Filmerlebnisses, eine Frage, die vorläufig unbeantwortet bleiben muß" (ebd.).

Die Beantwortung dieser Frage ist eines der Hauptinteressen dieser Arbeit. Damit hat sich gleichfalls Musil theoretisch auseinandergesetzt. Musil (2001) interessierte sich in seiner Rezeptionsästhetik für die Grenzübergänge zwischen ästhetischen und „normalen" (im Sinne von alltäglichen) Zuständen. Wie Berger (1983, 1988) herausgearbeitet hat, ähnelt Musils Konzept des anderen Zustands, der in ein Verhältnis zum alltäglichen Normalzustand zu bringen ist, frappierend dem Schütz'schen Konzept der Lebenswelt, in der sich andere Sinnprovinzen ebenso wie die selbstverständliche Alltagswelt finden und einander ablösen. Musil zufolge ist die ästhetische Erfahrung im anderen Zustand eine „Einengung des Bewusstseins, die der leichten Hypnose ähnlich ist, mit dem gleichen Ziel die präsentierte Suggestion durch Herabdrücken der seelischen Umgebung überwertig zu machen" (Musil, 2001: 152). Es handelt sich demnach um einen Vorgang, in welchem die Gesetze der alltäglichen Lebenswelt ausgehebelt sind und in dem ein neuer Erfahrungs- und Erkenntnisstil im Sinne von Schütz (vgl. Schütz / Luckmann, 2003: 57) installiert wird. Die Transformation dieser ästhetischen Erfahrung in das Alltagsleben, jenen Übergang von der Sinnprovinz Film zurück in die alltägliche Lebenswelt, verstand Musil als eine „Rückübersetzung" (Musil, 2001: 163), in welcher die Bedeutung des Erlebnisses konstituiert wird: „Es scheint mir, dass man nicht irgendeinen Zeitpunkt der Wirkung als den legitimen bezeichnen darf, also auch nicht den beliebten des unmittelbaren Erlebnisses. Beinahe mehr Anspruch darauf könnte die Zeit der Nachwirkung erheben" (Musil, 2001: 63).

Wie Kracauer formuliert somit ebenso Musil die Bedeutung der, von der Alltagserfahrung losgelösten, ästhetischen Erfahrung für die Alltagserfahrung.

Dieses „Zurückfinden in die Alltäglichkeit" (Baacke / Schäfer / Vollbrecht, 1994: 150) wurde gleichfalls aus bildungs- und erziehungswissenschaftlicher Perspektive thematisiert: „Das Film- und Kinoerlebnis bleibt ja nie bei sich selbst, und darum ist es, zumindest pädagogisch gesehen unstatthaft, es nur für sich zu beschreiben und die ‚Rückkehr in den Alltag' nicht einzukalkulieren" (Baacke et al., 1994: 153). Die zitierten AutorInnen heben im Kontext dieser Überlegungen (wie schon Kracauer und Musil) hervor, dass gerade diese zentrale Frage im Kontext der Rezeptionsforschung (immer noch) ungeklärt geblieben ist; folglich bis heute offen bleibt, wie die Filmerfahrung „durch eine Rekontextualisierung bewältigt wird, die die Filmerfahrung – in welcher Weise auch immer – in sich aufnimmt und verarbeitbar macht. Hier findet ein Prozess statt, dessen Regeln wir bis heute nicht kennen" (ebd.: 151). Eben diese Frage nach der Organisation dieses – nicht unbedingt erst nachträglich einsetzenden[114] – Prozesses der Verschränkung der Filmerfahrung mit dem alltäglichen Wahrnehmen, Denken und Fühlen und die entsprechende Bedeutungsproduktion ist eine der wesentlichen Leitfragen dieser Arbeit. Und die bisher rekonstruierten Rezeptionspraktiken sind Praktiken der Regelung jenes Verhältnisses zwischen Alltagswelt und Filmwelt im Zuge der Bedeutungsproduktion und Filmrezeption.

Von besonderer Relevanz ist, dass jene fein-säuberliche Separierung von Alltagserfahrung und ästhetischer Filmerfahrung, durch welche letztere als definitiv abgeschlossener Bereich innerhalb der alltäglichen Lebenswelt erscheint, konsequent vor allem die Rezeptionspraktiken der polysemen Interpretation und der ästhetisierenden Formalisierung kennzeichnet; wenn also allgemeines und kommunikativ-generalisiertes Weltwissen an einen Film angelegt wird und die Bedeutungskonstruktion dem Common Sense folgt. Der Film wird so aufgefasst als etwas, das nicht unmittelbar und existenziell mit der eigenen Alltagswirklichkeit und den Grundlagen der selbst erlebten Alltagspraxis (implizites, konjunktives Wissen) verknüpft ist. Er ist selbstverständlich ein gesonderter Teil der Lebenserfahrung, über den in den Nacherzählungen und Interviews berichtet wird, ohne dabei sich selbst in eine existenzielle Beziehung zu dem Werk und der durch dieses ermöglichten Erfahrung zu setzen. Diese strikte Grenzziehung zwi-

---

[114] Das Problem der *Zeitlichkeit* der Bedeutungskonstitution ist an dieser Stelle nicht zu klären, wohl auch generell nicht restlos auflösbar, da das Rezeptionserleben selbst nicht unmittelbar erforschbar ist; zumindest nicht hinsichtlich seiner *Bedeutung*, die weder an ‚live' stattfindenden physiologischen Messungen abzulesen ist, noch durch spontane Befragung oder ‚lautes Denken', da beides zunächst zum Verschwinden bringt, was untersucht werden soll: die Rezeption *selbst*. Zirfas (2004) behandelt die ästhetische Erfahrung daher gerade unter dem Aspekt ihrer *eigenen* Zeitlichkeit, die nicht mit den Alltagsbedeutungen eines ‚Davor' und ‚Danach' zu fassen ist, sondern die kontemplativen Aspekte ästhetischen Erfahrens bedeuten ein „Aufgehen in der Gegenwart" (ebd.: 83) und die Aspekte der Phantasie eine „Neusynthetisierung der Zeiten", in welcher „der Versuch [besteht], die bisherigen Wahrnehmungen und Denkformen neu zu justieren" (ebd.: 87).

schen ästhetischer und alltäglicher Erfahrungswelt ist also Teil des Common Sense und kennzeichnet die Art und Weise wie im Allgemeinen über Filme und das Verhältnis von Film- und Alltagswirklichkeit nachgedacht wird. Tatsächlich aber bezeichnet dies nur einen Teil davon, wie dieses Verhältnis bedingt durch spezifische Rezeptionspraktiken persönlich erfahren werden kann.

In der (re)produktiven Aneignung findet zwar ebenfalls jene Grenzziehung zwischen Film- und Alltagswelt statt, denn die Jugendlichen wissen, dass die in einem Film inszenierte Praxis nicht ihre eigene Praxis ist, dass anhand eines Films gewonnene Erfahrungen nicht Erfahrungen aus ihrer selbst erlebten Alltagspraxis sind. Jedoch ist diese Trennung zugleich in einer spezifischen ästhetischen Erfahrung aufgehoben. Diese ästhetische Erfahrung ist dann einerseits von der eigenen Alltagspraxis separiert, anderseits innig mit ihr verwoben, wie dies auch Oevermann im Sinne einer selbstgenügsamen, kontemplativen Krise (1996) und Zirfas (2004: 79) in Bezug auf eine „autopoietische Erfahrungsfähigkeit des Menschen" dargestellt haben. Allerdings wirkt diese Verwobenheit nicht, wie bspw. die oben genannten, psychoanalytischen Ansätze (und ebenso Oevermann) annehmen, hinter dem Rücken des Rezipienten und so auf Strukturen eines Unbewussten ein. Bevor jedoch die ästhetische Erfahrung im Kontext der produktiven Aneignung[115] weiter diskutiert wird, soll die herausgestellte Grenzziehung zwischen Film- und Alltagswelt im Common Sense anhand einiger sprachsoziologischer (oder gewissermaßen kultursemiologischer) Überlegungen verdeutlicht werden. Dadurch lässt sich zeigen, dass Theorien zur spezifischen Differenz zwischen ästhetischer Erfahrung und Alltagserfahrung sehr elaboriert die Haltung des Common Sense gegenüber ästhetischen Erfahrungen von Filmen nachzeichnen, welche zugleich auch bestimmte Praktiken der Rezeption erheblich prägt, jedoch nicht alle Rezeptionspraktiken gleichermaßen. Es ist vor allem die Praxis der Aneignung, die sich so nicht hinreichend erfassen lässt. Letztendlich ergibt sich dieses Problem durch eine mangelnde Bearbeitung und „fehlende Präzisierung der Differenz zwischen den Prozessen des Verstehens, Interpretierens und Theoretisierens im Alltag, im Common Sense [...] einerseits und den sozialwissenschaftlichen Interpretationen und Theorien andererseits" (Bohnsack, 2009a: 133). Die Interpretation der Ergebnisse dieser Studie im Sinne ihrer Integration in bildungstheoretische Diskurse muss somit in Rechnung stellen, dass

---

[115] An dieser Stelle könnte man bemängeln, dass ich lediglich die produktive Aneignung im Kontext der ästhetischen Erfahrung diskutiere und die Selbstbestätigung von Erfahrungs- und Wissensstrukturen in der *re*produktiven Aneignung nicht gesondert berücksichtige. Im Sinne Bourdieus und Bohnsacks finden wir hier allerdings jenen Regelfall der Reproduktion von Habitus bzw. Orientierungen vor. Ohne Frage ist dies gleichfalls relevant, jedoch für aktuelle Fragen der Bildungstheorie, die sich vor allem auf die Möglichkeiten der Transformation von Subjektivität und des Selbst- und Weltverhältnisses, also die (Re)Strukturierung von konjunktiv gebundenen Orientierungen beziehen, weniger bedeutsam.

jene Common Sense-Aspekte der ästhetischen Erfahrung nicht stets gleichermaßen die Rezeptionspraktiken kennzeichnen.

7.3 Grenzen zwischen Alltagserfahrung und ästhetischer Filmerfahrung im Common Sense

Die Common Sense-Grenze zwischen Film- und Alltagswelt und Besonderheit der ästhetischen Erfahrung des Films ist nicht nur anhand von Theorien zur ästhetischen Erfahrung zu rekonstruieren, sondern ebenso in der Alltagssprache angezeigt, wie im Folgenden anhand einer kurzen Analyse von Alltagsmetaphern insbesondere der Jugendsprache[116] für den Film gezeigt werden kann.

Die Sprache erlaubt durch figurative Formenbildungen mittels eines sprachlichen Bildes (Metapher) kurz und bündig in konventionalisierter Weise einen relativ komplexen und für die Diskursgemeinschaft relevanten Sachverhalt auszudrücken, z.B. in Sprichwörtern wie: ‚Rosen ohne Dornen gibt es nicht' oder ‚Tränen lügen nicht' (vgl. Lakoff / Johnson 2007 [1981]). Aus sprachsoziologischer Sicht sind Metaphern höchst aufschlussreich und können als der Forschung relativ leicht zugängliches Dokument für diskursive Rahmungen eines kulturellen Gegenstands / Sachverhalts verstanden werden. Ihre Bildung beruht auf einer (in der Kommunikation freilich nicht intentional produzierten) Projektion von semantischen Konzepten eines Ausgangs- in einen Zielbereich (vgl. Lakoff / Johnson 2007). Aus der Analyse dieser Verknüpfung von Konzept-Projektionen können Erkenntnisse über das kollektive Wissen durch das metaphorisch Umschriebene gewonnen werden. In der Metaphorisierung ist eine kollektiv stereotypisierte Fassung des verbildlichten Gegenstands, Sachverhalts oder einer Handlung dem kommunikativen Gedächtnis einer Diskursgemeinschaft eingeschrieben, die Rückschlüsse darauf zulässt, wie diese Diskursgemeinschaft über den Gegenstand, Sachverhalt oder eine Handlung in Allgemeinbegriffen denkt. Ich beziehe mich dabei nicht auf das kollektive und kommunikative Gedächtnis im Sinne Assmanns (1992: 48ff.), sondern auf Mannheim (1980) bzw. Bohnsack (2008) und den entsprechenden Begriff des kommunikativen Wissens (vgl. Kap. 4). Es handelt sich mit diesen Metaphern also nicht um handlungsleitende Orientierungsfiguren, welche die alltägliche Praxis erst hervorbringen lassen, sondern um ein Vokabular, das zwar nicht institutionalisierten Beziehungen entspringt (wie etwa Rollenwissen als Bestandteil des kommunikativ-generalisierten Wis-

---

[116] Man könnte annehmen, dass die Film-Metaphern nicht nur generationsspezifisch sondern milieuspezifisch auftreten. Dies gilt wohl für den aktiven Sprachschatz, nicht jedoch für den passiven und das generelle Verständnis der Äußerungen. Damit ist meines Erachtens diese Analyse zu rechtfertigen.

sens), aber auch nicht aus der selbst erlebten Praxis hervorging – wie bspw. die Film-Metaphern, welche die Jugendlichen in den Interviews nutzen (z.B.: „Krassfilm", „Powerfilm", vgl. Kap. 2). Wie auch andere Metaphern – ‚Rosen ohne Dornen gibt es nicht' oder ‚Tränen lügen nicht' – liegen den hier diskutierten Film-Metaphern weniger eigene, in ihnen verdichtete Erfahrungen zugrunde, sondern es handelt sich um Typisierungen und Stereotypisierungen, die hauptsächlich darüber Auskunft geben, wie man in der Diskursgemeinschaft, in der diese Metaphern Verwendung finden, über Filme reflektiert.

In der figurativen, alltäglichen Sprachverwendung hat der Film als vielseitig verwendete Metapher seinen Platz, wie die folgenden typischen Wendungen der (insbesondere jugendlichen) Umgangssprache zeigen:

- ‚Filmriss',
- ‚Das ist ja (noch besser) wie im Film' bzw.
- ‚Das ist filmreif
- ‚Was ist denn das für ein Film?' ,
- ‚Ich glaub ich bin im falschen Film'
- ‚Was schiebst Du für einen Film?'[117]

In dem Ausdruck ‚Filmriss' wird der Quellbereich des Filmerlebens in den Zielbereich des Erinnerungs- und Kontrollverlusts kopiert. Der Ausdruck umschreibt den Verlust der Erinnerung oder Kontrolle, was z.B. durch einen Unfall oder übermäßigen Alkoholkonsum ausgelöst sein kann. Dem Film und der Filmerfahrung wird mithin eine solche für ihn spezifische Kontinuität zugeschrieben, dass Momente des Verlusts von Kontinuität mit dem Reißen eines Films (bzw. einer Filmrolle) beschrieben werden. Dem Film wird daher eine sequenzielle, in sich geschlossene Struktur attestiert; und wenn das Strukturieren des Alltagslebens nicht mehr möglich ist, dient der Film als Metapher, um die Erfahrung jener Diskontinuität zu versprachlichen.

Die Ausdrücke ‚Das ist wie im Film' bzw. ‚filmreif' oder ‚Was schiebst du für einen Film' verweisen ebenfalls auf eine Diskontinuität des Alltäglichen und weiter darauf, dass die Kontinuität des Films offensichtlich als Einheit eines außeralltäglichen Zusammenhangs verstanden wird. Denn der Zielbereich der Metaphorisierung ist hier das ‚Außergewöhnliche' / ‚Erstaunliche' / ‚Unglaubliche', dem man begegnet und dessen Faszination man auf eine gewisse besonders positive oder negative Weise erliegt. Der Film dient somit erneut dann als Referenzhintergrund der Alltagserfahrung, wenn ein Geschehen die Alltagsroutinen sprengt, ob nun im positiven oder negativen Sinne.

---

[117] Die Liste könnte fortgesetzt werden und beansprucht keine Vollständigkeit der Aufzählung.

Die entweder im aktuellen Erlebnisstrom angebrachten und diesen reflektierenden Wendungen ,Was ist denn das für ein Film' oder nachträglich in der Rekonstruktion eines Geschehens ,Das war der reinste Film' oder ,Das war wie im
Film' bezeichnen neben der Außeralltäglichkeit eine Situation, in der das Subjekt
die Kontrolle über das Umweltgeschehen verloren hat, aber nicht wie im ,Film-
riss' sich dessen nicht mehr erinnern kann. Vielmehr zieht ein besonders ein-
prägsames Geschehen – erstens – stark die Aufmerksamkeit auf sich. Dabei ist
man – zweitens – diesem Geschehen nahezu ausgeliefert und hat kaum eine
Möglichkeit intervenierend einzugreifen (oder muss dies unerwartet nicht). Der
Handlungszusammenhang oder die Ereignisabfolge lassen sich nicht (wie sonst
üblicherweise wahrgenommen) intentional steuern. Der Zielbereich, für den der
Film (bzw. die Filmerfahrung) durch Stereotypisierung herzuhalten hat, ist die
Erfahrung einer Form der Ohnmächtigkeit (die allerdings auch positiv empfun-
den werden kann in dem Sinne, dass kein Zutun notwendig ist). Entsprechend
lässt sich auf die Struktur der Filmerfahrung schließen, dass sich der Zuschauer
jenem Erlebnis – bzw. genauer seinen eigenen Emotionen und Gedanken, die der
Film aktiviert – gleichsam ausgesetzt sieht. Diese Ohnmächtigkeit ist allerdings
nicht gleichbedeutend mit Passivität. Auch in der Alltagssituation, in der jene
Wendung angebracht wird, kann man höchst aktiv sein – nur erscheint diese
Aktivität dem Subjekt nicht steuerbar wie das sonstige Alltagshandeln; alles läuft
wie von selbst (und ab wie ein Film). Auf der gleichen Konzeptprojektion beruht
auch die Bemerkung, dass man sich in einem ,falschen Film' befindet. Dabei
dient die Filmerfahrung dazu eine Situation zu umschreiben, an der man nichts
ändern kann, die gleichsam ohne eigenes Zutun (filmartig) abläuft und zugleich
den Erwartungen völlig zuwider läuft.

Die Analyse dieser Film-Metaphern der (jüngeren) Umgangssprache, welche stets der Umschreibung ungewöhnlicher oder problematischer Wahrneh-
mungsvorgänge dienen, führt vor Augen, dass der Film als eine in hohem Maße
abgeschlossene, in sich zusammenhängende und vom Alltagsleben separierte
Einheit gesehen wird; sowie dass den Erfahrungen, die dabei gemacht werden
können, eine Außeralltäglichkeit und geringe Beeinflussbarkeit attestiert wird.
Gerade für Alltagserfahrungen, welche die Routine sprengen, wird der Film als
Metapher herangezogen. Darin manifestiert sich, wie in den theoretischen Ausführungen zum Film als Sinnprovinz bereits dargelegt, dass der Film als eigener,
vom Alltagshandeln abgegrenzter Bereich der Erfahrung mit einem besonderen
Modus der Wahrnehmung verstanden wird. Dies lässt sich weiter stützen anhand
der weniger stark idiomatisierten Wendungen, die Erinnerungsprozesse beschreiben, wie z.B. der ,Film vor dem geistigen Auge' oder dem ,Film des eigenen Lebens', den man angeblich in den letzten Momenten seines Lebens vor-
überziehen sieht. In diesen Fällen ist der Zielbereich, in den der Film projiziert

wird, das des nicht mehr Gestaltbaren und Abgeschlossenen schlechthin, nämlich: der eigenen Vergangenheit bzw. gar des eigenen Lebens.

Die ästhetische Filmerfahrung – so indiziert also diese kleine, aber aufschlussreiche Analyse begrifflicher Metaphern – wird im Common Sense der
Diskursgemeinschaft, also im Rahmen eines *kommunikativen* Erfahrungsraums,
verstanden als Erfahrung einer eigenständigen und vom Alltag abgekoppelten
Welt. Oder in den Worten von Alexander Kluge: „Zusammenfassend kann man
sagen, daß der Zuschauer das Kino keineswegs als ein Angebot aus der Wirklichkeit wahrnimmt, sondern als eines aus der Scheinwirklichkeit, wobei er aber
gleichzeitig zwischen Schein und Wirklichkeit exakt unterscheidet" (Kluge,
1983: 207). Diese Haltung entspricht in einem gesteigerten Maße der Grundhal-
tung der stark argumentativ geprägten und theoretisierenden Rezeptionspraktiken
der polysemen Interpretation bzw. ästhetisierenden Formalisierung, in denen
keine existenzielle Beziehung zwischen Film- und Alltagswelt und der in einem
Film inszenierten Praxis und der eigenen Alltagspraxis erlebt wird und in erster
Linie das allgemeine (kommunikative) Weltwissen an Filme herangetragen wird
(wodurch keine kontemplative Krise in einer selbstgenügsamen, ästhetischen
Erfahrung möglich ist). Diese Praxis der Rezeption ist vor allem durch eine Interpretationstätigkeit gekennzeichnet, in der untersucht wird, wofür die Scheinwelt des Films ‚eigentlich' steht, was dieser und seine ProduzentInnen durch die
Darstellung dieser Scheinwelt ‚wirklich' aussagen wollen. Die in dieser Rezeptionspraxis gemachten Erfahrungen werden übersetzt in die Sprache und Allge-
meinbegriffe der routinierten Deutungen und konventionalisierten Bedeutungen
des Common Sense, können daher kaum existenziell wirksam werden (Geimer
2009, 2010: i.E., Bohnsack, 2009a: 129ff.).

7.4 Mimetische Entgrenzung der ästhetischen Filmerfahrung von der Alltagserfahrung in der produktiven Aneignung

Schon vor dem Hintergrund der bisherigen Überlegung zur Unterscheidung von
Film- und Alltagswelt müssen vage Befürchtungen um eine Verwechslung von
Fiktion und Realität, also um eine allgemeinkulturelle Entdifferenzierung von
Film und Wirklichkeit, übertrieben scheinen. Jugendliche wissen in unserer Kultur, auf der Ebene des Common Sense, zwischen Filmerleben und dem Alltagsleben, in welches das Filmerleben eingelagert ist, generell zu unterscheiden –
denn schließlich beruht das alltäglich-selbstverständliche Anwenden und Verstehen der genannten Metaphern des kommunikativ-generalisierten Wissens grundlegend auf dieser geteilten Sichtweise des Films. Denzins Annahme einer „cinematization" der Kultur, die sich folgendermaßen zusammenfassen lässt, erscheint

daher nicht adäquat das Verhältnis von Film und Alltagswirklichkeit zu beschreiben und somit in gewisser Weise überzogen und alarmistisch: „First, reality has become a staged, social production. Second, the real is judged against its staged, cinematic or video counterpart. Third the metaphor of a dramaturgical society [...] has now become an interactional reality" (Denzin, 1992: 38).

Denzin nimmt an, dass die Geschichten Hollywoods zu vorgefertigten Formen des Fühlens und Denkens wurden, die sich als „master tales" und „myths" in den Alltag einschreiben und auf diese Weise strukturieren, wie Lebensgeschichten bewertet und beurteilt werden („how lives were evaluated und judged", Denzin, 1995: 34). Das Subjekt erscheint, etwas überspitzt, so gewissermaßen als „ready made" im Sinne Morins: „Unsere Persönlichkeit ist Konfektionsware, ready made. Wir ziehen sie an wie ein Kleid, und wir ziehen ein Kleid an wie eine Rolle. Wir spielen eine Rolle im Leben, nicht nur für andere, sondern auch (und vor allem) für uns selbst" (Morin, 1958: 104, zit. n. Rost 1998: 44). Diese „Rollen" im Sinne von „gesellschaftliche[n] Leitbilder[n]" (Rost, 1998: 44) bezieht der Mensch, Morin zufolge, wesentlich aus Filmen, die sein Alltaghandeln über Stereotype anleiten.[118] Auch bei Denzin gehen filmbasierte Schematisierungen auf ähnliche Weise in handlungsrelevante Strukturen des Wissens eines Subjekts ein und leiten so die Produktion von Subjektivität entscheidend an: „In diesen Träumen und Phantasien schufen die Kinofilme emotionale Darstellungen des Selbst, der Sexualität, der Sehnsucht, der Intimität, der Freundschaft, der Ehe, des Arbeitslebens und der Familie. Diese reflexiven Darstellungen nahmen Bezug auf die ideologischen Strukturen des Alltagslebens. Sie schufen eine Alltagspolitik der Emotionalität und der Gefühle, die die gelebten, realen emotionalen Erfahrungen mit formten [...] Diese visuelle Hegemonie öffnete die Kinogesellschaft für sich selbst und zerstörte dabei dauerhaft die Grenzen zwischen dem Privatleben des Individuums und dem öffentlichen Leben der umfassenderen Gesellschaft" (Denzin, 2008: 117f., H.n.i.O, vgl. dazu auch Winter / Niederer, 2008: 281f.).

Denzin setzt durch diese postulierte Auflösung der Grenzen zwischen Privatheit und Öffentlichkeit filmisch repräsentierte Strukturen der Praxis wie medial inszenierte Selbstentwürfe mit Strukturen der selbst erlebten Alltagspraxis

---

[118] Ähnlich, allerdings poetischer, hat diese Idee einer Auflösung des Subjekts in vielfach verbreiteten Stereotypen bereits Heiner Müller formuliert:
Altes Gedicht
Nachts beim Schwimmen über den See der Augenblick
Der dich in Frage stellt Es gibt keinen anderen mehr
Endlich die Wahrheit Daß du nur ein Zitat bist
Aus einem Buch das du nicht geschrieben hast
Dagegen kannst du lange anschreiben auf dein
Ausbleichendes Farbband Der Text schlägt durch.

und diesen prägenden Orientierungen gleich (womit er eigenen methodologischen Ansprüchen nicht gerecht wird, vgl. Kap. 3). Derart vorschnelle Annahmen über eine Entdifferenzierung von Film- und Alltagswelt müssen anhand der obigen Überlegungen sehr fraglich erscheinen – *und dennoch* war eines der zentralen Analyseergebnisse der qualitativ-rekonstruktiven Studien in dieser Arbeit, dass durchaus Rezeptionspraktiken bestehen, in welchen die Filmerfahrung von erheblicher Bedeutsamkeit für die Alltagspraxis und diese anleitende Erfahrungs- und Wissensstrukturen werden kann (*produktive Aneignung*). Dies allerdings gerade nicht hinsichtlich einer Übernahme medial verbreiteter Stereotype und Normalitätshorizonte, wie sie bereits Blumer, auf dessen Material sich Denzin stützt, vermutet („copying of gestures and mannerisms", Blumer, 1933: 35).[119]

Wenn allerdings Denzin über das Verhältnis von Kino und Alltagskultur schreibt, dass „Leben und Kunst [...] zu Spiegelbildern [wurden], die einander reflektieren" (2008: 122), so kann dies für bestimmte Personen, die spezifische Rezeptionspraktiken teilen (wie bspw. Lars und Arnia), durchaus als eine zutreffende Beschreibung gelten. Die hierarchisierende und generalisierende Annahme jedoch, dass das „Alltägliche nun durch die Kinorealität definiert wird" (ebd.) muss fehlgehen, da sie die Filmwelt der Alltagswelt erstens überordnet, zweitens diese Ordnung zugleich auch noch auf alle Gesellschaftsmitglieder ausdehnt und, drittens, stereotype Normalitätshorizonte in ihrer Einflusskraft überschätzt. Allerdings: Trotz aller berechtigten Kritik unterstellt Denzin ein Phänomen, das zwar in seiner Allgemeingültigkeit und Über- bzw. Unterordnung von Film- und Alltagswirklichkeit so nicht anzutreffen ist, aber hinsichtlich der von Denzin implizierten Entgrenzung von Film- und Alltagswelt in bestimmten Praktiken der Rezeption durchaus in etwa ähnlicher Weise auftritt wie in dieser Studie nachzuweisen war.

Die rekonstruierte Rezeptionspraxis der *(re)produktiven Aneignung*[120] zeichnet sich durch das existenziell bedeutsame Aufheben der im Common Sense für selbstverständlich konzipierten Grenze zwischen ästhetischer Filmerfahrung und Alltagserfahrung aus. Hierbei werden nicht nur konjunktive Erfahrungs- und Wissensstrukturen vom Film gespiegelt bzw. in diesen projiziert, und so mehr oder weniger stark verdichtet, sondern auch modifiziert. Das bedeutet nichts anderes, als dass in dieser Praxis der Aneignung den Jugendlichen der Film und dessen Erfahrung in doppelter Weise gegeben sind, wie Mannheim dies heraus-

---

[119] Denzin theoretisiert zwar nicht ausschließlich empiriefrei in dem entsprechenden Kapitel, bezieht allerdings seine Überlegungen auf eine äußerst eingeschränkte empirische Basis und lediglich auf Material von Herbert Blumer (1933), welches er einer selektiven Sekundäranalyse unterzieht und dabei eher exemplarisch zur Unterstützung seiner Argumentation heranzieht.

[120] In der konjunktiven Abgrenzung wird sich an einem existenziellen Zugang zum Film versucht, also diese Grenzüberschreitung zwischen Film- und Alltagswelt gesucht, aber nicht gefunden.

gearbeitet hat (1980b: 222, 1980a: 75 u. Bohnsack, 2001a: 75): Einerseits in Allgemeinbegriffen und auf Ebene des kommunikativ-generalisierten Wissens (Common Sense) und damit als von dem Alltagsgeschehen losgelöstes Moment der Erfahrung, so dass die Differenz zum Gegenstand bestehen bleibt. Andererseits auf der Ebene des konjunktiven Wissens als mit der eigenen Alltagspraxis und dem eigenen Erfahrungsraum verbundenes Moment der Erfahrung, wodurch jene Differenz zugleich aufgehoben ist, aber ohne dass sich das Subjekt in dem rezipierten Gegenstand auflöst.

Insofern ist festzuhalten, dass eine strikte Grenzziehung zwischen dem Film als abgeschlossener Sinnprovinz und der Alltagserfahrung vor allem auf Ebene des Common Sense besteht. Demnach ist diese Differenz auch dann die Rezeptionspraxis vorrangig anleitend, wenn entsprechend kommunikativ-generalisierte Wissensbestände des allgemeinen Weltwissens an einen Film herangetragen werden. In der Praxis der (re)produktiven Aneignung ist jedoch eben diese strikte Grenzziehung zum Gegenstand des Rezipierten aufgehoben; die Jugendlichen nehmen auf jene Aspekte von Filmen Bezug, die in einem besonderen und existenziellen Zusammenhang mit ihrem alltäglichen Leben stehen, entgrenzen also die Sinnprovinz des Films – jedoch, und das ist entscheidend, ohne dass sie dabei Wirklichkeit und Realität ‚verwechseln' und so einem Prozess unbewusster und automatischer Beeinflussung erliegen würden. In dieser Hinsicht (des Common Sense) bleiben die Strukturen der Film- und Alltagswelt separiert. Andernfalls würde man annehmen, dass sich filmisch repräsentierte Erfahrungen hinterrücks in die eigenen Erfahrungen einschleichen und den Jugendlichen die filmisch repräsentierte Praxis gleich der eigenen selbst erlebten Alltagspraxis erscheint. Dafür gibt es keinen Hinweis. Die Jugendlichen bringen – obschon auf Ebene des Common Sense eine fundamentale Differenz zur filmischen Praxis gewusst wird – in der Praxis der Aneignung die unterschiedlichen Sphären der Film- und Alltagswelt durch Parallelisierung (Arnia) und Metaphernbildung (Lars) zusammen (und verwechseln oder imitieren sie nicht etwa).[121]

Um zusammenzufassen: Das Spezifische in der produktiven Aneignung ist diese Gleichzeitigkeit einer Be- und Entgrenzung des Verhältnisses von Alltäglichem und Ästhetischem, wodurch jene spezifisch ästhetische Erfahrung entstehen kann, in welcher – vom alltagspragmatischen Handlungsdruck enthoben – eine Offenheit gegenüber Veränderungen der eigenen grundlegenden Wissensstrukturen besteht.

Um den Aspekt dieser Aufhebung der Grenze von Filmerfahrung und Alltagserfahrung und die Kopplung einer eigenen Alltagspraxis an die filmisch inszenierte Praxis im Modus der produktiven Aneignung weitergehend zu klären,

---

[121] Diesbezüglich hält auch Bourdieu fest, dass die „praktische Mimesis [...] nichts von einer Nachahmung an sich hat" (Bourdieu, 1993a: 135).

bietet sich das Mimesis-Konzept nach Wulf und Gebauer an, die – anders als die
Nachahmungstheorien in der Medienwirkungsforschung (vgl. Schenk, 2002:
213ff.) – eine Theorie komplex mimetischer Prozesse vorgelegt und sich dabei
gleichfalls auf spezifisch ästhetische Zugänge zur Welt bezogen haben: „Im
Unterschied zur Imitation und Simulation wird mit der Verwendung des Begriffs
‚Mimesis' an einem Außen festgehalten, dem man sich annähert und ähnlich
macht, in das hinein das Subjekt sich aber nicht ‚auflösen' kann, zu dem also
eine Differenz bestehen bleibt. Dieses Außen, auf das sich Subjekte hinbewegen,
kann ein anderer Mensch, ein Teil der Umwelt oder eine konstruierte imaginäre
Welt sein" (Wulf, 2005: 61). Die produktive Aneignung von Filmen birgt in
diesem Sinne die ästhetische Erfahrung einer „mimetischen Annäherung" (Gebauer / Wulf, 2003: 66), in der sich der/die RezipientIn Bilder bzw. Filme (oder
mglw. generell Medienprodukte) erschließt, indem er sich diesen gewissermaßen
„anschmiegt" (ebd.); das heißt: die eigene Vorstellungs- und Bilderwelt der rezipierten Vorstellungs- und Bilderwelt nahe bringt und parallelisiert – allerdings
ohne sich dabei das Produkt lediglich einzuverleiben oder im Produkt angelegte
Strukturen mit sich zu verwechseln, somit unbewusst zu übernehmen und so die
in einem Produkt dargestellte Praxis schlicht zu imitieren. Vielmehr ist die produktive Aneignung als ein kreativer Prozess zu sehen. Die damit einhergehende
mimetisch-ästhetische Erfahrung ist daher „weit mehr als bloße Imitation; Mimesis ist kreative Nachahmung. Sie bezeichnet Prozesse des Sich-in-Bezug-
Setzens zu anderen Menschen, zu denen und zu den eigenen Handlungen, sowie
zu szenischen Inszenierungen, Bildern und Texten" (Wulf, 2005: 26, vgl. auch
Wulf 2006).

　　　Ebenso wenig wie bloß eine innere Kopie des (hier filmischen) Gegenstands
der Erfahrung angelegt wird, die in einem Film repräsentierte Praxis nicht mit
der eigenen Alltagspraxis verwechselt wird, wird auch der Gegenstand der Erfahrung nicht nur in den eigenen Erfahrungsraum gezogen: „Der mimetische
Prozess lässt die Bilder im Betrachter lebendig werden, jeder Betrachter schafft
sein eigenes inneres Bild eines Werkes und verbindet es mit anderen bildlichen
und sprachlich verarbeiteten Erfahrungen, ohne dass es dadurch der Andersartig-
keit des Wahrgenommenen Gewalt antun würde" (Gebauer / Wulf, 2003: 67).
Das Zitat umschreibt recht treffend die Film- und Alltagswelt entgrenzende ästhetische Erfahrung in der produktiven Aneignung, in welcher nicht vorrangig
Common Sense-Schemata aktiviert werden, sondern in der durch den Prozess der
Parallelisierung von Film und Alltagswelt etwas Neues entsteht. In eben diesem
Sinne bezieht sich auch Michel hinsichtlich der Bildwirkungsforschung auf das
Konzept der Mimesis, wenn er konstatiert, dass nicht nur untersucht werden
sollte „wie Bilder angeeignet und verstanden werden, sondern auch, welches
handlungsleitende Potenzial sie haben" (Michel, 2004: 83), und dann feststellt,

dass zur Beantwortung dieser offenen Frage „der Begriff der Mimesis […] ins Zentrum der ‚Bildwirkungsforschung' zu rücken [wäre]" (ebd.). Michel sieht so gleichfalls die Möglichkeit des Verständnisses von „Mimesis als Modus der Medienrezeption" (Michel 2009). Ebenso weist Bohnsack darauf hin, dass die „Aneignung einer Praxis […] nicht […] auf dem Weg der Interpretation und (theoretischen) Reflexion [gelingt], sondern auf dem Wege des Verstehens einer durch Bild und Ton vermittelten Handlungspraxis und der Integration in die eigene Praxis der Rezipient(inn)en, also u.a. auf dem Wege der ‚Mimesis'" (Bohnsack, 2009a: 131).

Eine solche Modifikation von konjunktiven Erfahrungs- und Wissensstrukturen ist nicht mit einem Lernprozess zu vergleichen, der von expliziten oder zumindest weitgehend explizierbaren Interessen und Intentionen geleitet ist und der Erweiterung kommunikativ-generalisierten Weltwissens im Rahmen instrumentellen Handelns dient. In diesem Sinne formulieren Gebauer und Wulf kompatibel zu Bohnsacks Konzept der Integrierbarkeit eines „modus operandi" einer filmisch dargestellten Praxis in die selbst erfahrene Alltagspraxis durch ein atheoretisches Verstehen (vgl. auch Bohnsack, 2009a: 129): „Mimetisches Verhalten ist nicht analytisch; es fragt nicht danach, wie die Welt der Fiktionen entstand, was sie bedeutet und was aus ihr wird; es ‚begnügt' sich damit, sich auf diese Welt einzulassen, sie zu wiederholen und mitzugestalten" (Gebauer / Wulf, 2003: 79). Diese hier diskutierte Modifikation von Wissensstrukturen in einer präreflexiven mimetisch-ästhetischen Erfahrung, die das produktive Aneignen kennzeichnet, ist also keinesfalls im Kontext eines Lernbegriffs zu beschreiben, welcher auf das instrumentelle Erschließen und Erweitern von Handlungsräumen anhand eines gezielten Kompetenzerwerbs abzielt. Auf diese Eigenart spezifisch mimetischen Handelns bezieht sich auch Bourdieu hinsichtlich der Möglichkeit der theoretisch-reflexiven Durchdringung eben dieses Handelns: „es stimmt zwar, daß sie erfinden, improvisieren können […], doch verfügen sie nicht über das *Prinzip ihrer Erfindung*" (Bourdieu, 1992: 104f., H.n.i.O.). Die Spontaneität und Implizitheit des Medienhandelns durch ästhetische Erfahrungen sowie dessen Gebundenheit an existenzielle Erfahrungs- und Wissensstrukturen kann im Weiteren in Anlehnung an Deweys Arbeit über „Kunst als Erfahrung" (1980) und Nohls (2006b) Studien zu Bildungsprozessen genauer herausgearbeitet werden. Die produktive Aneignung wird so als Ausgangspunkt eines spontanen Bildungsprozesses gefasst; dabei wird zugleich die Integration der Ergebnisse dieser Arbeit in eine praxeologisch informierte Bildungstheorie erarbeitet.

7.5 Ästhetische Erfahrung in der produktiven Aneignung als impliziter, spontaner Bildungsprozess

Der Lernbegriff vermag kaum die Konjunktivität, also Tiefe der Transformationsprozesse auszuloten und unterstellt mindestens vage Intentionen des/der Lernenden. Man kann dies, etwa mit Meder (2002: 11), auf die „Psychologisierung und Technologisierung" des Lernbegriffs zurückführen. Auch Meder weist darauf hin, dass im Kontrast zum Lernbegriff der Begriff der Bildung „Veränderungsprozesse [kennzeichnet, A.G.], die Lernen enthalten, in denen aber darum gestritten wird, was Welt und Gesellschaft ist und sein soll und wie sich der Einzelne in Welt und Gesellschaft verortet" (ebd.).[122] Wie schon häufig unterschieden (vgl. Nohl, 2006b: 12), kennzeichnet der Lernbegriff die Veränderung innerhalb einer gegebenen Ordnung bzw. eines bestehenden Rahmens, während der Bildungsbegriff die Änderungen an der Gegebenheit von Ordnungen bzw. der Konfiguration der Rahmen meint. Diese Differenz wurde bereits von Kokemohr und Peukert herausgearbeitet und von Marotzki (1990: 52ff., Jörissen / Marotzki, 2009: 21ff.) im Anschluss an Bateson weiterentwickelt: „Jedem Lernprozeß liegt ein Rahmen zugrunde, der als Kon-Text den Text definiert. Das bedeutet, daß die Art und Weise des Lernens durch einen solchen jeweiligen Rahmen festgelegt wird. Lernen innerhalb eines Rahmens hat akkumulierende Funktion: es vermehrt in quantitativer Weise das Wissen. Umgekehrt betrachtet: Dieses Wissen hat nur innerhalb solcher Rahmen einen bedeutungsmäßigen und sinnhaften Gehalt. [...] Lernprozesse, die diese Rahmen transformieren, habe ich Bildungsprozesse genannt" (Marotzki, 1990: 52).[123]

Diese grundlegende Unterscheidung, die bei Marotzki noch stark existenzialistisch gedacht war, wurde vielfach wieder aufgegriffen und weiter entwickelt (Nohl 2006b, Koller 2007, Wigger 2007). Gemeinsamer Ausgangspunkt der jeweiligen Arbeiten ist die Annahme einer „Subjektivierung durch die Transformation von Lebensorientierungen" (Nohl, 2006b: 12). Bildung ist dann etwa von Nohl gefasst als eine ‚höherstufige' bzw. ‚tiefergehende' Veränderung in Orientierungen, die von Lernprozessen zu unterscheiden ist. Während Lernen, auch im Falle einer weitestgehenden Autonomie und Selbststeuerung, stets die Ausdifferenzierung von Wissensstrukturen in einem gegebenen Rahmen bezeichnet, bezeichnet der Bildungsbegriff die Modifikation umfassender Orientie-

---

[122] Ähnlich der Position in dieser Arbeit nimmt im Übrigen auch Meder an, dass eine Vielzahl an informellen Bildungsprozessen besteht, sowie dass diese insbesondere an Medienangeboten sich entzünden (vgl. ebd.: 15). Allerdings bezieht sich hier Meder, wie ebenso bspw. Fromme (2002: 70ff.), vorrangig auf informelle Bildungsprozesse anhand des Umgangs mit dem Internet.

[123] Marotzki hat gleichfalls darauf hingewiesen, dass diese Bildungsprozesse nicht lediglich in der frühen Kindheit und Jugend anzutreffen sind, sondern Selbst- und Weltbezug des Subjekts im gesamten Lebenslauf fundamentalen Änderungen unterliegen können (vgl. Marotzki, 1990: 42).

rungsrahmen eines handlungsleitenden und praxisrelevanten (konjunktiven) Wissens. Und auch Koller (2007: 50) meint: „Bildung (also das, was pädagogisches Handeln befördern und ermöglichen soll) kann als Prozess grundlegender Transformationen der Art und Weise verstanden werden, in der Menschen sich zur Welt und zu sich selbst verhalten". Veränderungen im Sinne eines Wissenszuwachses oder Kompetenzerwerbs, die innerhalb eines gegebenen Verhältnisses zur Welt und sich selbst verbleiben, liegen damit außerhalb von Bildungsprozessen (ebenso Wigger, 2007: 177)[124] und berühren nicht die Grundlagen der Subjektivität. Produktive Aneignungsprozesse im Sinne dieser Arbeit indessen können durch die in ihnen angelegte präreflexive mimetisch-ästhetische Erfahrung zu Subjektivität produzierenden Prozessen der Modifikation habitueller und konjunktiver Wissensstrukturen anregen. Ihre Besonderheit hinsichtlich der mimetischen Aufhebung der Grenzen zwischen Film- und Alltagswelt lässt sich anhand der Überlegungen von Nohl über spontane Bildungsprozesse (2006b) und Deweys Arbeit „Art as Experience" (1934) weiter bestimmen.

Deweys Arbeit über „Kunst als Erfahrung" (dt.: 1980) ist vorrangig von dem Willen geprägt, der Kunst (wieder) einen Platz in der alltäglichen Erfahrung, von der sie sich im Diskurs über die Kunst entfremdet hat, zu verschaffen. Daher leitet Dewey auch seine Arbeit mit der Bemerkung ein, dass es sein Anliegen ist „zwischen den Kunstwerken als verfeinerten und vertieften Formen der Erfahrung und den alltäglichen Geschehnissen, Betätigungen und Leiden, die bekanntlich die menschliche Erfahrung ausmachen, eine erneute Kontinuität herzustellen" (Dewey, 1980: 9). Eine solche Kontinuität zwischen alltäglicher und ästhetischer Erfahrung ist keineswegs lediglich auf Werke der ‚hohen' und in diesem Sinne legitimen und kanonisierten Kunst zu beziehen, wie hier zunächst anklingen mag. Vielmehr bezieht sich Dewey explizit auf die Massenmedien (und an erster Stelle den Film, siehe unten), denen lange jedweder ästhetisch bedeutsame Charakter abgesprochen wurde und bisweilen heute noch wird. Der Begriff des Kunstwerks kann also an dieser Stelle und in dem obigen Zitat täuschen. Anderenorts betont Dewey, dass die „Zweige der Kunst, denen der Durchschnittsmensch unserer Tage vitalstes Interesse entgegenbringt, [...] von

---

[124] Wigger ist allerdings der Ansicht, dass die bildungstheoretische Biografieforschung begrifflich in der Lage ist solche Transformation des Subjekts zu erfassen, die Bourdieus Habituskonzept entgehen müssen, da es „die Last der inkorporierten Geschichte und die Voraussetzungshaftigkeit und gesellschaftliche Begrenzung von Veränderung" hervorhebe, während die bildungstheoretische Biografieforschung wesentlich auf „die Möglichkeit des radikalen Wechsels der Haltung und der eigenen Praxis durch Einsicht und Entschluss und somit eines neues und Anderen" (Wigger, 2007: 184) setzt. Derart freie Selbstentwürfe im Sinne einer umfassenden Setzung eines eigenen Selbst durch Negation des Bestehenden erscheinen jedoch wenig plausibel, indem sie eine handlungstheoretisch unhaltbare Selbsttransparenz voraussetzen (vgl. Geimer 2010).

ihm nicht zur Kunst gezählt [werden]: Zum Beispiel *Filme*, moderne Tanzmusik, Comics [...]" (Dewey, 1980: 12, H.n.i.O.).

Zwar hebt Dewey gleichfalls, wie schon vor ihm Mead, die Abgeschlossenheit und Einheit der, wie beide feststellen, auch durch Filme ermöglichten ästhetischen Erfahrung hervor; diese ist in den „Gesamtstrom der Erfahrung eingegliedert und darin gleichzeitig von den anderen abgegrenzt" (1980: 47 [1934]) und ist somit „eine geschlossene Erfahrung, die deshalb hervorsticht, weil sie sich von dem Vorangegangenen und dem Nachfolgenden abhebt" (ebd. 48). Die Grenze zur Alltagserfahrung kann jedoch in der Rezeption aufgehoben werden, indem der Rezipient unter seinen eigenen Bedingungen das Kunstwerk neu schafft – gewissermaßen mimetisch nachahmt (vgl. Wulf 2005). Dewey weist in diesem Sinne darauf hin, dass „Rezeptivität nicht Passivität [bedeutet]" (Dewey, 1980: 66) und kritisiert, dass eine Aktivität zumeist ausschließlich auf der Seite des/der Kunstschaffenden verortet und Rezeption nur als passives Aufnehmen verstanden wird. Man übergehe so „daß dieses Aufnehmen Tätigkeiten umfasst, die mit denen des Schöpfers vergleichbar sind" (ebd.). Die ästhetische Erfahrung ist dagegen vielmehr ein „Akt des konstruktiven Wirkens" (ebd.: 67) und „Akt der Neuschöpfung" (ebd.: 68), so Dewey: „Der Betrachter muß wie der Künstler, die Elemente des Ganzen ordnen, was der Form nach, wenn auch nicht im Detail, das Gleiche ist wie der Organisationsprozeß, der für den Schöpfer des Werks eine bewusste Erfahrung darstellt [...] Je nach Plan wählte der Künstler aus, vereinfachte, verdeutlichte, verkürzte, fasste zusammen. Diese Vorgänge muss der Betrachter gemäß seinem eigenen Interesse wiederholen" (Dewey, 1980: 68f.).[125]

Entscheidend ist in diesem Prozess der (mimetischen) Neuschöpfung der ästhetischen Erfahrung nach Dewey, dass der Rezipient nicht dem Plan eines Produzenten folgt oder sich auf die Suche nach dessen Intentionen oder der Botschaft des Produkts begibt (wie in den Praktiken der polysemen Interpretation oder ästhetisierenden Formalisierung), sondern den Gegenstand der Erfahrung in seinen eigenen (konjunktiven) Relevanzrahmen hereinnimmt. Dies ist zugleich eine Form des Handelns, die nicht lediglich auf das Spiegeln eigener Orientierungen (bzw. Interessen in Deweys Worten) abzielt: „sofern dieses Tun nicht völlig willkürlich oder reine Routine ist, trägt es eine Bedeutung in sich, die

---

[125] Dewey konzipiert zwar die ästhetische Erfahrung betontermaßen nicht-elitär, bezieht sie also nicht ausschließlich Produkte der Hochkultur, hebt zugleich aber an anderen Stellen die ästhetische Erfahrung doch auf das ‚Podest', das er zuvor infrage gestellt hat: „Ästhetische Erfahrung ist eine Manifestation, eine Urkunde und Feier des Lebens einer Zivilisation, ein Mittel ihre Entwicklung voranzutreiben, und auch das abschließende Urteil über die Qualität einer Zivilisation" (Dewey, 1980: 377). Wie bereits mehrfach herausgestellt, gibt es meines Erachtens keinen Anlass die ästhetische Erfahrung in der produktiven Aneignung generell und von allen Bedingungen ihres Stattfindens abstrahierend positiv zu deuten.

extrahiert und konserviert wurde" (ebd.: 71). Dewey legt gesteigerten Wert auf die Zug um Zug stattfindende Aufschichtung von Bedeutung in der Rezeption, beschreibt eine sukzessive Extraktion von Bedeutungen im Zuge der Entwicklung der ästhetischen Erfahrung. Diese Extraktion erfolgt dabei nicht vor dem Hintergrund des Common Sense und anhand eingeschliffener Interpretationsschemata; sie erschöpft sich nicht lediglich in einem schlichten „Wiedererkennen" (Dewey, 1980: 67). In ähnlicher Weise geht auch Mollenhauer von der Möglichkeit einer Selbsterfahrung durch die ästhetische Erfahrung aus, in der sich das Subjekt jenseits von „konventionellen [...] Sprachspielen" (Mollenhauer, 1993: 32) begreift und meint dazu: „Ich wüßte keinen Grund zu nennen, warum diese, das eigene Selbst in Metaphern konstruierende Tätigkeit nicht eine wesentliche Komponente von Bildung genannt werden sollte" (ebd.).

Dewey zufolge besteht in einer solchen ästhetischen Erfahrung eine konstitutive Spannung zwischen „Alt und Neu" (ebd.); das heißt: zwischen alten verinnerlichten Orientierungen und neuen, die sich anhand der Erfahrung bilden lassen und die bisher lediglich als nicht aktualisierte Entwicklungsmöglichkeiten vorhanden waren. Das bedeutet, dass die in der ästhetischen Erfahrung stattfindende „Erregung, wenn sie tiefgreifend ist, ein ganzes Lager von Einstellungen und Bedeutungsinhalten aufwühlt, die aus vorangegangener Erfahrung herrühren. [...] Im Ich geraten aus früheren Erfahrungen stammende Elemente in neuen Sehnsüchten, Antrieben und Vorstellungen neu in Aktion. [...] Sie scheinen nicht dem Ich zu entstammen, denn sie entstehen aus einem Selbst, das sich seiner nicht bewusst ist" (ebd.: 80). An diesen Aspekt der ästhetischen Erfahrung, die Dewey auf den Prozess der Rezeption ebenso bezieht wie auf den der Produktion (ebd.: 80ff.) und in der Selbst (Habitus) und Welt in ein spannungsreiches Verhältnis gesetzt werden,[126] knüpft Nohl (vor allem mit den religionstheoretischen Arbeiten Deweys) an, um sein Konzept der spontanen Bildungsprozesse auszuarbeiten.

Nohl unterscheidet mit dem (allerdings erst später von Dewey geprägten) Begriff der Impulsion, der eine spontane Handlungseingebung impliziert, die auf konjunktive Erfahrungs- und Wissensstrukturen „plötzlich, ungeplant und ohne die Distanz der Reflexion" (Nohl, 2006b: 7) einwirken kann, jene Anregung

---

[126] Dewey vertritt damit eine Art Gegenposition zu Mead. Laut Mead wird der Mensch in der Filmrezeption für die Mühen und Anstrengungen, die ihm die Organisation der Gesellschaft auferlegt, entschädigt, indem er tagtraumähnlich ein Ventil für zu unterdrückende Regungen auf der Leinwand findet. Dies ist Mead zufolge nicht unbedingt ein „Rückfall ins Primitive" (ebd.), sondern kann der Vergewisserung der „Werte des Lebens, das man selber lebt" (ebd.) dienen. Mead schreibt dem Film also ein generelles und auf alle RezipientInnen gleichermaßen einwirkendes Vermögen zur Affektreinigung (ähnlich der Katharsis im Sinne von Aristoteles) zu, das hinsichtlich der Spiegelung oder Projektion eigener Erfahrungs- und Wissensstrukturen in der Terminologie dieser Arbeit der *reproduktiven Aneignung* nahe kommt.

durch Impulse, die zwar gleichfalls Spontaneität hervorrufen, jedoch dabei nicht verinnerlichte Handlungsroutinen (‚habits') und zugrunde liegende Orientierungen aufheben und neu strukturieren, sondern im Rahmen dieser ablaufen oder diese lediglich unterbrechen bzw. stören (vgl. Nohl, 2006b: 86ff.). Allenfalls können Impulse die Herausbildung einer spezifischen, neuen Handlungsroutine anleiten, sie betreffen jedoch nicht den Habitus im Ganzen bzw. wesentlichen Komponenten desselben und also die Konjunktivität fundamentaler Erfahrungs- und Wissensstrukturen. Impulse müssen notwendigerweise entstehen, weil verinnerlichte Handlungsroutinen nicht stets und in jeder Situation greifen, sondern Kontingenzen unterliegen und angepasst werden müssen, wodurch ein Raum spezifischer Möglichkeiten für impulsives Handeln entsteht. Sie können dann auf einzelne Handlungsroutinen verändernd einwirken, wenn die alten scheitern, Probleme nicht in gewohnter Weise in unproblematische Probleme überführt werden können. Allerdings ist diese prägende Kraft der Impulse beschränkt, sie ermöglichen nur „partielle Anpassung" (Nohl, 2006b: 114) einzelner Handlungsroutinen, aber – im Gegensatz zu Impulsionen – keine sonderlich umfassende und tiefgreifende Veränderungen auf der Ebene von Orientierungen. Um jene Impulsionen als Auslöser von Subjektivität produzierenden Bildungsprozessen genauer in den Blick zu bekommen, bezieht sich Nohl dann auf Deweys Kunsttheorie und dessen oben geschildertes Konzept der ästhetischen Erfahrung (Nohl, 2006b: 112ff.), denn: „Während die Impulse auf einzelne habits [Handlungsroutinen, A.G.] und Situationen bezogen sind, stellt die spontane ‚Impulsion' eine Bewegung des gesamten Organismus dar, die auf die Gänze des Selbst und seiner experiences zielt" (Nohl, 2006b: 115).

Solche Impulsionen können mithin in der mimetisch-ästhetischen Erfahrung evoziert werden, es handelt sich um jene Prozesse der Berührung und des „Aufwühlens" (Dewey, 1980: 80) von Tiefenstrukturen des Selbst (bzw. Habitus).[127] Wenn die durch die Impulsionen implizierte Handlungstendenz nicht mit gegebenen Handlungsroutinen übereinstimmt oder – wie im Falle von jugendlichen Rezipienten häufig – Orientierungen wesentlich überhaupt erst noch auszubilden sind, können Impulsionen Neukonfigurationen des Habitus einleiten; oder im Sinne der praxeologischen Wissenssoziologie: die Modifikation von Komponenten des impliziten, konjunktiven Wissen und also der entsprechenden Orientierungsrahmen.[128] Eben ein solcher Prozess wird in der ästhetischen Erfahrung der

---

[127] Bourdieu selbst hat auf Analogien der Sozialtheorie Deweys zu seinem Konzept des Habitus hingewiesen (vgl. Bourdieu / Wacquant, 1996: 155).

[128] Auch die ggf. stattfindenden Transformationen des Habitus unterliegen allerdings einer gewissen sozialisationsgeschichtlichen Kontinuität und sind somit nicht mit einem ‚Umprogrammieren' oder einer ‚Gehirnwäsche' oder ‚psychotischen Krise' eines plötzlichen Selbstverlusts zu verwechseln.

produktiven Aneignung angestoßen, die daher als ein (möglicher) Ausgangspunkt spontaner Bildungsprozesse zu verstehen ist.

Ihre Spontaneität liegt in ihrer Ungebundenheit an den Handlungsdruck des Alltags, dessen pragmatische Interpretationsroutinen und Denk- und Handlungsgewohnheiten, worin die potenzielle, kontemplative Krise der ästhetischen Erfahrung (Oevermann 1996) gründet, wie der Abwesenheit einer theoretisch-reflexiven Durchringung des eigenen (Medien-)Handelns begründet: „Im spontanen Handeln, das sich jenseits von Gewohnheit und (biographischer) Reflexion entfaltet, verschwimmen die Grenzen von Subjekt und Objekt (von Mensch und Welt). In dieser Unmittelbarkeit spontanen Handelns treffen – jenseits der Kontrolle durch die Akteure – die Kontingenzen der Welt und die Sensibilität der Akteure aufeinander und führen zur Entstehung des Neuen" (Nohl, 2006c: 166). Wie gleichfalls Dieckmann und Wimmer hervorheben, ist also Spontaneität eine Dimension des Handelns, „deren das Subjekt nicht mächtig ist und die doch seine Selbstmächtigkeit begründet; die sein Eigenstes ist, ohne seiner Verfügung zu unterliegen" (Dieckmann / Wimmer, 1993: 1441). Der Aspekt des Bildungsprozesses verweist zudem auf die intentionslose Selbstgesteuertheit dieser spontanen Modifikation konjunktiver Erfahrungs- und Wissensstrukturen, die mittels des Lernbegriffs nicht einzuholen ist.

Nohls Untersuchung, die sich allerdings nicht auf spezifisch ästhetische Erfahrungen bezieht, sondern Deweys Arbeit grundlagentheoretisch heranzieht, unterscheidet sieben Phasen eines biografischen Wandlungsprozesses; lediglich die beiden initialen Phasen können näherungsweise[129] zum Vergleich herangezogen werden: Die beiden Phasen sind jene des „spontanen Handelns, in der sich die erste Begegnung mit der neuen Handlungspraxis [...] vollzieht. Darauf folgt eine Phase der unspezifischen [...] Reflexion auf diese spontane Handlungspraxis" (Nohl, 2006b: 75). Über die anschließende Phase der „gesellschaftlichen Bewährung" (Nohl, 2006b: 117) können hier keine Aussagen getroffen werden. Es ist deswegen kaum möglich, über die Nachhaltigkeit der Modifikation konjunktiver Wissensstrukturen in der weiteren Biografie der Jugendlichen Aussagen zu treffen; inwiefern also langfristig wirksame Transformationen stattfinden, ist eine weitere (empirische) Frage. Dass allerdings ästhetische Erfahrungen (eines produktiven Aneignens von Filmen und ggf. anderen Medienprodukten) durchaus geeignet sind, dies zu leisten, steht angesichts der empirischen Ergebnisse außer Frage und geht aus den daran anschließenden Überlegungen zur sozial- und erziehungswissenschaftlichen Bildungstheorie hervor. So bringt etwa

---

[129] „Näherungsweise" schon deshalb, da es Nohl betontermaßen nicht um die Wirkung ästhetischer Erfahrungen geht und er auch keine Medienrezeptionsforschung betreibt. Aufgrund dieser mangelnden Überschneidung des Gegenstandsbereichs wäre auch eine weitergehende Auseinandersetzung mit der von ihm herausgearbeiteten Phasentypik im Weiteren nicht hilfreich.

Zirfas die ästhetische Erfahrung in Zusammenhang mit Foucaults Spätwerk (vgl. Zirfas, 2004: 90ff.) und den „‚Künsten der Existenz'" (Foucault, 1990: 252). Unter diesen versteht Foucault „gewusste und gewollte Praktiken [...], mit denen sich die Menschen nicht nur die Regeln ihres Verhaltens festlegen, sondern sich selber zu transformieren, sich in ihrem besonderen Sein zu modifizieren" (ebd.). Diese „Selbsttechnologien" und Praktiken der Selbstsorge und Pflege verloren, Foucault zufolge, mit der Kulturbedeutsamkeit des Christentums an Bedeutung, indem sie zunächst in die Pastoralmacht integriert wurden, und später Eingang gefunden haben in „erzieherische, medizinische oder psychologische Praktiken" (ebd.). Zirfas sieht nun in ästhetischen Erfahrungen gewissermaßen Reste dieser Praktiken des Selbst, die besonderer Aufmerksamkeit bedürfen: „Eine Ästhetik der Existenz unter bildungspraktischen Gesichtspunkten lässt das Leben selbst als ein Kunstwerk erfahren, das es zu entwerfen und zu gestalten gilt" (Zirfas, 2004: 91).

Ästhetische Erfahrungen in der produktiven Aneignung sind in diesem Sinne durchaus als konstitutives Element von ‚Praktiken des Selbst' zu sehen, allerdings ohne dass von einer Intentionalität dieses Medienhandelns und der Möglichkeit einer freien Selbstgestaltung ausgegangen wird. Die Position Zirfas ist so zwar mit meinen Überlegungen verwandt, aber schwierig zu vereinbaren, da Zirfas sich zugleich auf Sartre und dessen Vorstellung des Selbstentwurfs bezieht (Sartre, 2003: 753ff.), der mit den handlungstheoretischen Grundlagen dieser Arbeit gemäß der praxeologischen Wissenssoziologie (vgl. Kap. 4) in erheblichen Widerspruch gerät. Auch Foucaults Begriff des Selbst bzw. Subjekts ist hier eingeschränkt anschlussfähig (vgl. zu einer an Foucault ausgerichteten Bildungstheorie: Pongratz et al. 2004, Lüders 2007). Anstatt nun Anschlussfähigkeiten in dieser Hinsicht zu suchen und zu produzieren[130], soll ein Blick in die Geschichte der Pädagogik geworfen werden, denn: Die Annahme, dass ästhetische Erfahrungen generell einen erheblichen Beitrag zur Bildung und Erziehung des Menschen leisten (oder auch ein Hindernis für adäquate und wünschenswerte Entwicklungsprozesse darstellen) können, ist tief in der Geschichte der Erziehungswissenschaft und Pädagogik verwurzelt, wurde häufig und wird auch heute vielfach behandelt (ausführlich dazu: Ehrenspeck 1998). Im Folgenden werden diese bildungstheoretischen Ansätze unter Bezugnahme auf die Ergebnisse der vorliegenden Arbeit und die Praxis der produktiven Aneignung diskutiert.

---

[130] In ähnlicher Weise hat auch Reckwitz (2006) auf die Bedeutung der Medien im Kontext der Praktiken des Selbst hingewiesen und herausgestellt, dass diese nicht nur der Kommunikation und Verständigung, sondern auch einer Form der ‚Selbstverständigung' und ‚Selbstgestaltung' dienen; Medien werden so als „technische Voraussetzungen dafür verstanden, dass das moderne Subjekt ein spezifisches Verhältnis zu sich selber herstellt, das heißt in sich selber bestimmte Effekte erzielt" (Reckwitz, 2006: 59) Mit der Erosion der bürgerlichen Schriftkultur kommt dabei Kino und Fernsehen, Reckwitz zufolge, eine besondere Bedeutung zu.

7.6 Ästhetische Erfahrung als Element und Moment ästhetischer Erziehung oder Bildung?

7.6.1 Normative Aspekte des ästhetischen Erfahrens

Während die produktive Aneignung in dieser Arbeit als eine spontane Bildungs-prozesse der Rezipienten anregende Praxis der Rezeption empirisch rekonstruiert und als eine spezifisch mimetisch-ästhetische Erfahrung, in der die Grenzen von Film- und Alltagswelt kreativ aufgehoben werden, diskutiert wurde, so sollen an dieser Stelle auch Möglichkeiten einer Bewertung dessen aufgegriffen werden – allerdings nur um diese Möglichkeiten sogleich wieder zu verwerfen (und sich anderen Aspekten zuzuwenden). Dieses Absehen von einer normativen Haltung ist notwendig, weil anzugeben wäre, wie die Handlungen und handlungsleiten-den Orientierungsfiguren der Beforschten und deren Entwicklung denn mora-lisch überhaupt zu beurteilen sind: inwiefern also bspw. Lars' Gewohnheit, 3-4 Filme an 3-4 Abenden einer Woche zu sehen, etwa als gesund oder ungesund zu bewerten ist. Oder ob seine Metapher „Wege trennen sich im Leben", mit der man eine Freundin, die „irgendwie nicht mehr in den Kram passt" (vgl. Kap. 6.1.2), loswerden kann, moralisch eher richtig oder falsch ist. Oder ob jene Me-tapher, die Lars aus dem Film MILLION DOLLAR HOTEL destilliert, und nach der „jeder glücklich sein [kann], jeder und ob Penner oder meinetwegen Ver-schiss oder was wees ikke" (vgl. Kap. 6.1.2), seiner weiteren (beruflich) biogra-fischen Entwicklung eher dienlich ist oder nicht. Fragen dieser Art können und sollen hier nicht behandelt werden[131] – so auch Jörissen und Marotzki (2009: 36) in Bezug auf die Chancen der Medienbildung. Ebenso geht Lüders (2007: 44) generell davon aus, dass „Tatsachen, Bedingungen und Umstände (das was ist) […] keine begründeten Aussagen über die theoretischen Bestimmungen der

---

[131] Ein Übergehen des hier grundlegenden Problems sehe ich in weiten Teilen der Medienpädagogik, die, wenn sie auf (unpräzise und kaum konkret umrissene) Aneignungsprozesse Bezug nimmt, tendenziell zu einer Glorifizierung neigt: „Medienkompetenz besteht darin, die während des Auf-wachsens erworbenen Erfahrungen interpretierend in die Deutung von Mediensymbolisierungen einzubringen, aus den Mediensymbolisierungen freilich auch eigene Intentionen herauszuholen. Wenn es um ‚Handeln' geht, besteht Interpretation also nicht im schlichten Nachvollzug einer vorgegebenen Botschaft, vielmehr kann es gerade darin sich erfüllen, daß die Botschaft mit ihren Zwischenräumen gedeutet und so aktiv angeeignet wird" (Baacke, 1997: 55). Dem aktiven Aneig-nen als einem Prozess kreativen Deutens vor dem Hintergrund „eigener Intentionen" wird also ein Eigenwert zugeschrieben, dessen pädagogischer Wert aber von jenen Intentionen, die da gehegt werden, ebenso abhängig ist, wie von der jeweiligen „Botschaft", die sich ‚angeeignet' (bzw. kre-ativ interpretiert) wird. Dies hat auch schon Marotzki an dem Konzept der Medienkompetenz kri-tisiert (2004: 71). Er fordert in Anlehnung an Mittelstraß (2002) unter Berücksichtigung der *Risi-ken* der Mediennutzung eine stärkere Fokussierung von Orientierungswissen anstatt Verfügungs-wissen in einer weiter umfassenden (strukturalen) Medienbildung.

Aufgabe (das, was sein soll) zu[lassen]". Wie ausgeführt helfen Filme (in besonderem Maße Lars aber auch Arnia ganz erheblich) durch die Praxis der produktiven Aneignung bei der Orientierungsbildung – wie die derart entwickelten Orientierungen selbst zu werten sind, hat damit jedoch nichts zu tun; ja darf damit nichts zu tun haben. Dies ist eine methodologische Voraussetzung, um den genannten Sachverhalt überhaupt rekonstruieren zu können: Es handelt sich um die Einklammerung des Geltungscharakters nach Mannheim bzw. die Suspendierung der natürlichen Einstellung im Sinne der Phänomenologie oder das Einnehmen einer ethnomethodologischen Indifferenz im Sinne der Ethnomethodologie. Dennoch sind die, durch die Rezeptionspraxis der produktiven Aneignung aufgeworfenen Fragen, dezidiert erziehungs- und bildungswissenschaftliche Fragen, denn: „Denn die Frage, ob Wissen eine orientierende Funktion hat, ist identisch mit der Frage, ob es eine bildende Funktion hat" (Jörissen / Marotzki, 2009: 29).

Während ethisch-moralische Aspekte der produktiven Aneignung hier also aufgrund ihrer Normativität nicht weiter diskutiert werden können, so lassen sich weitere zentrale Fragen stellen, die ebenfalls im Kontext der umfangreichen, pädagogischen Überlegungen zur bildenden Wirkung des Ästhetischen und der ästhetischen Erfahrung gestellt wurden und werden. Erstens: die Frage nach der Planbarkeit von bildenden Wirkungen des Ästhetischen im Sinne der kontrolliert situativen Evozierbarkeit von ästhetischen Erfahrungen an bestimmten Gegenständen. Und zweitens: die Frage nach der verlässlichen Prognose ihrer Folgen, also die Steuerbarkeit der inhaltlichen Ausrichtung von Bildungsprozessen durch ästhetische Erfahrungen. Mit diesen Fragen sind einige nicht unerhebliche Schwierigkeiten verknüpft. So hat Wulf in Bezug auf die Integration mimetisch-ästhetischer Prozesse bspw. in den Unterrichtsalltag kritisch angemerkt, dass diese Bemühungen vorrangig dazu geführt haben, dass die „in der mimetischen Fähigkeit enthaltenen Bildungsmöglichkeiten [...] nicht entfaltet [werden]. Mimesis degeneriert zur Mimikry" (Wulf, 2005: 27).

Mit den Fragen der Evozierbarkeit und Steuerbarkeit von Bildungsprozessen anregenden ästhetischen Erfahrungen haben sich, allerdings nicht stets explizit im Sinne dieser Arbeit zur Filmrezeption, Theorien zur ästhetischen Bildung bzw. ästhetischen Erziehung beschäftigt. Wenngleich die pädagogischen Implikationen der Momente ästhetischer Erfahrung im produktiven Aneignen von Filmen (und ggf. von medialen Produkten generell) nicht von der Hand zu weisen sind, so liegt eine empirisch begründete Theorie, die sich gleich der vorliegenden Arbeit mit der Natur der ästhetischen (Film-)Erfahrung hinsichtlich der Aufhebung der Grenzen zwischen der Sinnprovinz des ästhetischen Erlebens und des Alltagslebens im Kontext pädagogischer und erziehungswissenschaftlicher Aspekte beschäftigte, derzeit nicht vor. Dies ist einerseits verwunderlich, bedenkt man die lange Tradition der Hoffnungen in das Ästhetische in der erziehungswissenschaftlich relevanten Bildungsphilosophie und -theorie. Andererseits, so wird sich in den folgenden Überlegungen zeigen, auch eher wenig erstaunlich. Denn durch eine produktive Aneignung angeregte Modifikationsprozesse konjunktiver Wissensstrukturen sind als spontane Bildungsprozesse kaum instrumentell steuerbar und entziehen sich damit normativ motivierten, interventionistischen Absichten. Deswegen müssen sie für die Pädagogik jedoch nicht unerheblich sein, wie im Fortgang dieser Arbeit noch zu zeigen sein wird.

7.6.2 Zur Geschichte der „Versprechungen des Ästhetischen" in der Pädagogik

Erziehungswissenschaft und Pädagogik interessieren sich schon lange für jenen potenziell bildenden Aspekt ästhetischer Erfahrung, der hier als produktive Aneignung von Filmen gefasst wurde und – unter Kontrolle gebracht und planbar gemacht – ein Mittel der Erziehung und somit Element der pädagogischen Handlungspraxis darstellen könnte. Schon früh und bei Platon äußerte sich diese Ansicht; zum Beispiel in Form der Befürchtung, bestimmte mediale Darstellungen – wie moralisch nicht einwandfreie Götter der Dichtung (vgl. Wulf, 2005: 24) – könnten eine „Ansteckungskraft der schlechten Vorbilder" (Wulf, 1990: 160) entfalten, deswegen seien sie Heranwachsenden vorzuenthalten oder in kontrollierter Dosis und entschärft darzubieten.[132] Dies ist ein Gedanke, der grundsätzlich auch heute in dem Prinzip der kontrollierten Selbstkontrolle der Medien und also den Prüfkriterien der Einrichtungen der jeweiligen Selbstkontrollen (wie FSK[133], FSF[134] oder FSM[135]) berücksichtigt ist und der unter PrüferInnen aufgrund unbestimmter – und nur vor dem jeweiligen Erfahrungshorizont der PrüferInnen bestimmbarer – Rechtsbegriffe für erhebliche Diskussionen und Irritation führen kann (Geimer / Hackenberg 2009a/b, Geimer / Hackenberg / Pathe 2008, Geimer / Hackenberg / Walter 2008). Während die Frage der ‚Zensur' der Medienkultur und die Vermeidung des Lernens (oder besser: der Bildung) an entsprechend als negativ gelabelten Vorbildern vor allem an Organisationen der kontrollierten Selbstkontrolle weitergereicht wurde, spielt das Vorbild, an dem die Entwicklung positiv beeinflussende ästhetische Erfahrungen gemacht werden sollen, teils im unmittelbaren Sinne des „Modellcharakters" (Liessmann, 1994: 83) sowie teils im umfassenderen Sinne einer ästhetischen Erziehung oder Bildung noch heute eine herausragende Rolle in pädagogischen Kontexten.

---

[132] Zur bewahrpädagogischen Haltung gegenüber dem Kino und dem Film siehe auch: Baacke / Schäfer Vollbrecht, 1994: 131ff. sowie 157ff.

[133] Freiwillige Selbstkontrolle der Filmwirtschaft.

[134] Freiwillige Selbstkontrolle Fernsehen.

[135] Freiwillige Selbstkontrolle Multimediadienstanbieter.

Dieses in manchen Arbeiten eher pädagogisch, in anderen eher therapeutisch motivierte Interesse an der ästhetischen Erfahrung ist derzeit besonders rege (vgl. Ehrenspeck 1998, 2001 und Kapitel 7.3.2), allerdings keineswegs neu, sondern seit der bildungsphilosophisch interessierten Interpretation Kants in der modernen, wissenschaftlichen Pädagogik verankert. Ehrenspeck legt in ihrer umfassenden Arbeit über die „Versprechungen des Ästhetischen" (1998) dar, inwiefern die Kant-Rezeption den Startschuss[136] für diese Bedeutsamkeit des Ästhetischen in der Bildungs- und Erziehungstheorie gibt und zeichnet also nach, inwiefern „die für die Implementation des Ästhetischen in die wissenschaftliche Pädagogik der Moderne charakteristischen begrifflichen Konstruktionen des Ästhetischen Ergebnis eines Transformationsprozess sind, der [...] das Resultat kritischer Auseinandersetzungen mit Kants Transzendentalphilosophie war, welche im Anschluß an Kants ‚Ästhetik' zu einer Verheißung von Bildungsphilosophie, Praxis und Pädagogik werden ließen" (Ehrenspeck, 1998: 25). Dieser komplexe Transformationsprozess kann hier nicht in seiner ganzen Breite dargelegt, sondern soll lediglich so weit skizziert werden, als dadurch der grundlegende Einfluss auf die aktuelle Auseinandersetzung der Pädagogik bzw. Erziehungswissenschaft mit dem Ästhetischen und der ästhetischen Erfahrung nachvollzogen werden kann. Denn zu dieser Auseinandersetzung um eine ästhetische Erziehung bzw. Bildung können die empirischen Ergebnisse der vorliegenden Arbeit einen (vor allem kritischen) Beitrag leisten. Ich beziehe mich mit der Überblicksdarstellung im Folgenden entscheidend auf die Arbeiten von Ehrenspeck (1996, 1997, 1998, 2001, 2007).

Anders als Baumgarten, der das Ästhetische im Sinne des Schönen noch vorrangig als eine objektive Eigenschaft der Welt und ihrer Gegenstände verortete (vgl. Scheer, 1997: 78), die von der menschlichen Vorstellungskraft wiedergegeben werden kann, vollzieht Kant in seiner ästhetischen Theorie die nämliche kopernikanische Wende wie schon in seiner Erkenntnistheorie. Es handelt sich folglich nicht um eine „Objekttheorie" (Ehrenspeck, 1998: 42), sondern eine „Theorie der ästhetischen Einstellung" (ebd.), durch welche Objekte der Anschauung erst geschaffen werden. Ausgangspunkt ist dementsprechend nicht, was das Schöne objektiv ausmacht und tatsächlich kennzeichnet, sondern wie „nach den Gegebenheitsbedingungen der Subjektivität" (Scheer, 1997: 76) die Erkenntnis- und Bestimmungsmöglichkeiten des Schönen sich gestalten.

Das entscheidende Bestimmungsmerkmal des Schönen nach Kant ist die Harmonisierung von Verstand und Einbildungskraft; beide befinden sich in einem ‚freien Spiel', das in seiner Zweckfreiheit und Selbstbezüglichkeit wesentliche Bedingung des ästhetischen Reflexionsurteils und des Wohlgefallens ist,

---

[136] Auch Roszak (2004: 37) zufolge setzt eine eingehende Auseinandersetzung mit ästhetischen Erfahrungen überhaupt erst mit der Bezugnahme auf Kant ein.

welches jegliche Formen erst als ‚schön' qualifizieren lässt. So führt Kant den Nachweis einer vom logischen Erkenntnisurteil und Sinnenurteil gelösten Autonomie des Ästhetischen, in der sich das Schöne als Ergebnis eines begriffs- wie interesselosen und (rein) ästhetischen Geschmacksurteils der Reflexion offenbaren kann (vgl. Ehrenspeck, 2001: 8): „Sobald die Erkenntniskräfte sich in Harmonie befinden, wird eine besondere Art von Lust hervorgerufen. Sie besteht weder in der Befriedigung eines sinnlichen Bedürfnisses, da alle Interessen ausgeschaltet sind, noch in der rein vernünftigen Achtung vor dem Sittengesetz; denn jedes ästhetische Urteil bezieht sich auf etwas, das in der Sinnenwelt gegeben ist. Das Wohlgefallen, das sich an schönen Gegenständen entzündet, liegt begrifflich zwischen einer sinnlichen und einer vernünftigen Lust und beweist mit diesem Zwischen die Vermittlungsleistung des Ästhetischen für Natur und Freiheit" (Höffe, 2004: 269).

Diese Vermittlungsleistung zwischen Natur und Freiheit und die Überwindung der „Nötigungen des Verstandes, der Vernunft und der Sinnlichkeit" (Ehrenspeck, 1998: 69) sind jedoch nicht im Sinne einer erzieherischen Funktion einer pädagogisch gefassten ästhetischen Erfahrung zu verstehen. Zwar ist in der Offenbarung des Schönen Kant zufolge das Sittlich-Gute symbolisiert, indem eine spielerische „Erhebung über die bloße Empfänglichkeit einer Lust durch Sinneseindrücke" (Kant, 1790: §59) stattfindet, die subjektiv und zugleich auch allgemein nachvollziehbar[137] und kommunizierbar ist (vgl. Höffe, 2004: 271). Aber es handelt sich mit dieser Symbolisierung lediglich um eine Analogie zwischen dem Ästhetischen und dem Ethischen, die sich auf die „spontane Selbstgesetzgebung im ästhetischen und moralischen Urteil" (Ehrenspeck, 1998: 70, 1997: 49) bezieht. Gemäß dieser Analogie zwischen dem Ästhetischen und dem Ethischen sprach Kant auch nicht von einer Kultivierung des Geschmacks zur Moralisierung des Charakters in einer ästhetischen Erziehung oder Bildung, sondern nur davon, dass das Schöne durch das ästhetische Reflexionsurteil bzw. (reine) Geschmacksurteil die Sittlichkeit symbolisieren kann – vgl. insbesondere §59 der „Kritik der Urteilskraft" (1790). Diese Symbolisierung erscheint in seinen Schriften mithin keineswegs von unmittelbarer handlungspraktischer, geschweige denn einer pädagogischen, Relevanz. Im Gegensatz zu Kant fasst Schiller im Anschluss an diesen das Ästhetische als Teil einer normativ aufgeladenen Praxis, als einen konkreten Zustand ästhetischer Erfahrung von einer spe-

---

[137] „Das ästhetische Reflexionsurteil schließt also die Annehmlichkeit in der Sinnesempfindung aus, da diese aufgrund ihrer Materialität niemals einen Anspruch auf Allgemeingültigkeit haben kann, welche aufgrund der transzendentalphilosophischen Fragestellung Kants aber für das ästhetische Reflexionsurteil in Anspruch genommen werden muss. Sinnesurteile d.i. materiale ästhetische Urteile sind demnach von ästhetischer Reflexion d.i. das (reine) Geschmacksurteil bzw. das ästhetische Reflexionsurteil strikt unterschieden" (Ehrenspeck, 1998: 70). Das reine Geschmacksurteil war damit als Bestandteil eines Common Sense konzipiert (vgl. Bubner, 1989: 128).

zifischen Eigenart und postuliert dessen erzieherische Funktion; formuliert also die „Annahme einer Beförderung des sittlichen Verhaltens durch Kunst und ästhetische Erfahrung" (Ehrenspeck, 2001: 9).

Schiller münzt in seiner Kant-Interpretation, wie Ehrenspeck detailliert rekonstruiert (1998: 113ff.), die vormals begrifflich-analytische Differenz Kants in eine konkret-lebensweltliche um und gibt so dem Ästhetischen, das bei Kant noch keinen spezifisch alltagspragmatischen oder pädagogischen Zweck mit sich führte, eine bildungsphilosophische (und kulturkritisch inspirierte) Wendung: Anhand der ästhetischen Erziehung des Menschen soll sich der moralische und sittliche Charakter hervorbringen lassen, den Schiller vermisst aufgrund des „unfreien und unreifen sowie inhumanen Zustand[s] der Gesellschaft" (Ehrenspeck, 2007: 75). Dem moralisch und sittlichen Charakter wird die auferlegte Pflicht zur selbst erwählten Neigung und die existenziellen Gegensätze zwischen Freiheit und Natur lassen sich demnach versöhnen: „Die Ästhetik, die Schönheit oder die Kunst bekommen bei Schiller damit eine konkrete, lebenspraktische Funktion zugesprochen, die das Versprechen enthält zu einer immer wieder aufs Neue erreichbaren Aufhebung aller Einseitigkeiten bzw. Antagonismen von Geist und Natur, Sinnlichkeit und Vernunft oder von Kräften und Bedürfnissen führen zu können" (Ehrenspeck, 1998: 277).

Das Ästhetische wird in diesem Kontext zu einem Medium, in dem sich Umbruchs- und Krisenerfahrungen der frühen Moderne bewältigen sowie defizitäre Verfasstheiten der menschlichen Innerlichkeit beheben lassen. Die Welt der Triebe kann somit über das Ästhetische ebenso sublimiert werden wie sich soziokulturelle Widersprüchlichkeiten harmonisieren lassen. Im Zuge der Ausdifferenzierung der modernen Gesellschaft in Subsysteme, denen Individuen nur partiell angehören (Arbeitsteilung), ermöglicht eine Poetisierung des Alltäglichen „ein Gegengewicht gegen die wachsende Entfremdung zu schaffen, die die Herrschaft zweckrationaler Arbeit in der Gesellschaft mit sich führt, um den Menschen mit den Zwängen des Lebens zu versöhnen" (Harten, 1997: 103). Auch bei Herder wie Humboldt findet sich diese Gedankenfigur äußerst ausgeprägt wieder: Der Mensch wird gewissermaßen selbst zu seinem eigenen Kunstwerk, bringt als Künstler selbst hervor: „Die Bildungsmetapher hat nunmehr auf den Menschen als Objekt übergegriffen. Der Mensch wird zum Kunstwerk, durch den Menschen zu gestalten. Der Schöpferwille greift auf die Gestaltung des Schöpfers selbst über" (Lenzen, 1990: 179, vgl. auch Harden, 1997: 103). Entscheidend ist an dieser Stelle, dass Schiller hinsichtlich der Wirkmächtigkeit des Ästhetischen noch nicht von der Notwendigkeit einer wie auch immer gearteten Vermittlungsagentur ausging, welche die ästhetische Erfahrung jemandem nahe und den Umgang damit beibringt. Im Gegenteil: Vielmehr schrieb er „Über die ästhetische Erziehung des Menschen" (1795) im Hinblick auf die „Selbstbildung des Erwachsenen" (Mollenhauer, 1990a: 6) und nicht etwa auf die „Verbesserung von Schulen" (ebd.). In den Augen Schillers ist also erstens eine pädagogische Vermittlung des Ästhetischen nicht notwendig, die erziehende und bildende Funktion wohnt diesem selbst inne – Kunst und Ästhetik erscheinen als die „wahren Erzieher des Menschen" (Ehrenspeck, 2001: 10). Zweitens sollten sich vor allem erwachsene Mitglieder der Gesellschaft jenem Prozess der Veredelung durch die Hochkultur unterziehen.

Wie Schiller geht auch später Herbart von dem „vermittelnden ästhetischen Zustand aus, der für die Erreichung [...] der Freiheit und Sittlichkeit förderlich sein soll" (Ehrenspeck, 1998: 280). Jedoch glaubt Herbart weniger an eine Autonomie der zu Bildenden und auch nicht, dass sich der Bildungsprozess durch die Rezeption und Interaktion mit ästhetischen Werkstrukturen gewissermaßen von selbst ergibt, sondern dass eine gewisse Form der Nötigung insbesondere der nachkommenden Generation notwendig ist. Zwar können nach Herbart „auch ästhetische Urteile im engeren Sinn bildend [....] sein. Im Vordergrund steht allerdings die Ausbildung von ästhetisch-ethischen Urteilen, die sich unter anderem aus der – pädagogisch angeleiteten – Konfrontation mit Geschichte und Geschichten, Religion, Literatur oder Poesie und Musik ergeben können" (Ehrenspeck, 1998: 280, vgl. 2007: 90). Indem nun nicht der ästhetische Zustand selbst die gewünschten pädagogisch-positiven Effekte herbeiruft und die Adressaten nicht mehr erwachsene, bereits sozialisierte Gesellschaftsmitglieder sind, wird das Vorhandensein eines geschulten Personals unumgänglich, das durch die entsprechende Darstellung der Welt die Educandi zu ästhetischen Urteilen befähigt und das für die „Habitualisierung ästhetisch-ethischer Bewertung" (ebd.) zuständig ist. Damit wird durch Herbart und sein viel beachtetes Werk „Über die ästhetische Darstellung der Welt" (1804) das Ästhetische erstmals explizit in eine wissenschaftliche Pädagogik integriert. Herbart führt damit, wenn auch ohne dies gänzlich systematisch auszuarbeiten (Stuckert, 1999: 90ff.), zum ersten Mal die generelle Bedeutung von Steuerungsprinzipien hinsichtlich Zeit und Gegenstand zu produzierender ästhetischer Erfahrungen ein, die seit dem ihren festen Platz in der Pädagogik etabliert haben und kaum mehr wegzudenken scheinen (vgl. das nächste Kapitel dieser Arbeit).

Ehrenspeck kann in ihren begriffshistorischen und diskursanalytischen Untersuchungen zeigen, dass jene „Versprechungen des Ästhetischen", wie sie ausgehend von der Interpretation Kants über Herbart in die heutige Pädagogik hineinragen, nicht nur empirisch kaum bis nicht nachgewiesen sind,[138] sondern

---

[138] In diesem Sinne auch Fetting in Bezug auf das Theater: „Dem Theaterspiel wird grundsätzlich eine hohe bildende Wirkung unterstellt, die aber kaum genauer spezifiziert oder gar empirisch nachgewiesen wurde" (Fetting, 2007: 331). Das Nämliche gilt für Filme. Dies nicht nur in pädagogischen Kontexten, sondern auch in therapeutischen. So nutzen z.B. 67% von 827 befragten

auch erkenntnistheoretisch auf äußerst unsicherem Fundament stehen und also Voraussetzungen haben, die höchst problematisch sind (zusammenfassend: Ehrenspeck, 1998: 281). Dies betrifft Probleme wie das „überholte Kunstverständnis" (ebd.), insbesondere dessen „normative Ästhetik" (Prange, 1994)[139] oder das „Übersehen der Leibgebundenheit von Bildungsprozessen" (Ehrenspeck, 1998: 281, vgl. auch Wulf 1990) sowie die erkenntnistheoretischen Grundlagen der idealistischen Subjekt- und Bewusstseinsphilosophie generell. Diesbezüglich hat insbesondere Bourdieu kritisiert, dass die „Erfindung eines reinen Blicks" (Bourdieu, 1993b: 29, vgl. 1993c: 351) auf ästhetische Produkte in spezifischen historischen und gesellschaftlichen Bedingungen wurzelt, welche im Zuge der Behauptung dieses Blicks jedoch enthistorisiert und vergessen gemacht werden; also dass generell „die Frage nach der Besonderheit des ästhetischen Urteils und wie alle Hauptprobleme der philosophischen Ästhetik, ihre Lösung nur in einer feldspezifischen Sozialgeschichte finden, die mit einer Soziologie der Bedingungen der Bildung der besonderen ästhetischen Disposition verbunden ist" (Bourdieu, 1993b: 20).

Obschon jene „Versprechen des Ästhetischen" demnach höchst voraussetzungsvoll und empirisch nicht untermauert sind, haben sie sich in vielen Spielarten und Varianten bis heute als „Topoi der Moderne" (Ehrenspeck, 1998: 281) gehalten bzw. insbesondere mit den 80er Jahren des letzten Jahrhunderts und den Diskussionen um die Bedeutung des Ästhetischen vor dem Hintergrund von Veränderungen, die der Moderne (Bubner 1989: 152f.) bzw. Postmoderne (Welsch 1998: 13f., 1995) zugerechnet werden, eine erhebliche Renaissance in der Pädagogik erfahren – aber: „Bei den jeweiligen Neuauflagen wird [...] oftmals explizit oder auch implizit auf jene Konstrukte der Grundkonstellation der Entstehung der „Versprechungen des Ästhetischen" zurückgegriffen, wodurch die Aspirationen auf die positiven Wirkungen des Ästhetischen immer wieder relegitimiert werden" (Ehrenspeck, 1998: 281). Die aktuelle Renaissance des Ästhetischen und Wertschätzung ästhetischer Erfahrungen ist daher noch immer kaum in empirischen Sachverhalten und einem Bezug auf die Alltagspraxis der Educandi und deren alltäglichem Erfahrungswissen verankert; dies moniert auch Liebau in seiner Übersicht zur „Ästhetik- und Kulturkonjunktur" (1992: 16)[140] in

---

amerikanischen PsychoanalytikerInnen Filme in ihrer therapeutischen Arbeit nach ihrem Erfahrungswissen (Norcross et al. 2003, Angaben nach Bliersbach 2007, vgl. auch Heidbrink 2007), ohne dass empirisch die entsprechenden Effekte untersucht worden sind.

[139] „Im Zeitalter der nicht mehr schönen Künste können Kunstwerke nicht mehr als Exempel eines kanonischen Einverständnisses vorausgesetzt werden" (Prange, 1994: 92).

[140] Liebau (1992, 2008) führt diese Konjunktur einerseits auf die „sträfliche Vernachlässigung der ästhetischen Dimension" (Liebau, 1992: 149) in der Pädagogik der 70er und andererseits die „wachsende Bedeutung der ästhetischen Dimension in postmodernen Lebensverhältnissen" (ebd.) zurück.

den Erziehungswissenschaften: „Die bildungstheoretische Debatte über die ästhetische Erziehung spart diese sozialwissenschaftlich zu erforschenden Aspekte bisher geradezu systematisch aus. [...] Es bleibt bei abstrakt-universalistischen Konzepten" (Liebau, 1992: 165, vgl. Peez 2004).

7.6.3 Aktuelle Hoffnungen hinsichtlich des Ästhetischen in der Pädagogik

Mollenhauer macht zwei „Problemkomponenten" aus, welche den Diskurs um das Ästhetische und die ästhetische Erfahrung entscheidend strukturieren; zum einen eine „kulturdiagnostische" (Mollenhauer, 1993: 19) und zum anderen eine „pädagogisch-moralische" (ebd.) Komponente. In der Erziehungswissenschaft gestalten sich je nach dem pädagogischen Feld, auf das sich die Überlegungen beziehen, wie den unterschiedlichen theoretischen Vorannahmen, jene Komponenten und ihr Zusammenspiel sehr verschieden. Ehrenspeck kann in einer Zusammenschau der differenten, aktuellen Positionen zeigen, dass dabei zumeist eine „positive Wirkmacht" (Ehrenspeck, 2001: 15) des Ästhetischen und der ästhetischen Erfahrung unterstellt wird – so soll bspw.

- „Moralität gefördert werden" (Ehrenspeck, 2001: 15)
- „Kreativität angeregt werden" (ebd.)
- „Emanzipation" (ebd.) vorangetrieben werden
- „Ich-Identität" (ebd.) ausgebildet werden
- „Alltagsverhalten" (ebd.) bewusst gemacht und beeinflusst werden
- „Pluralitätssinn" (ebd.) befördert werden

Die derart stets postulierte Wirkmächtigkeit des Ästhetischen basiert auf der im vorherigen Kapitel in ihrem Entstehungszusammenhang dargelegten Annahme der Plan- und Steuerbarkeit einer ästhetischen Erfahrung. Sowohl Zeitpunkt wie Gegenstand von ästhetischen Erfahrungen eines produktiven Aneignens sind zumindest in etwa festzusetzen, damit sich der erzieherisch gewünschte, positive Effekt einstellen kann. Dieser Glaube an pädagogische Planbarkeiten drückt sich besonders in Diskursen der Fachdidaktik und hier vor allem in ‚kreativen Fächern' wie Deutsch, Musik oder Kunst aus. Beispielsweise unterscheidet Franke sieben Positionen der zeitgenössischen Kunstdidaktik, denen allesamt mehr oder weniger explizite Hoffnungen hinsichtlich einer steuerbaren und zu instrumentalisierenden positiven Einflusskraft der ästhetischen Erfahrung auf Lern-, Erziehungs- oder Bildungsprozesse zugrunde liegen.

So zielt das weit verbreitete „Konzept des kompensatorischen Kunstunterrichts" (Franke, 2007: 125ff., Peez, 2005: 36ff.) auf die Entfaltung von Persönlichkeitsmerkmalen, die unter den restriktiven und negativen Entwicklungsbedingungen vieler Jugendlicher – „fehlende soziale Freiräume, leistungsorientierte Erziehungsmuster und soziale Vernachlässigung" (Franke, 2007: 127) – sich nicht oder nur rudimentär herausbilden können. Eine stärkere Akzentuierung entweder therapeutischer Aspekte der Behebung soziokulturell bedingter psychischer Mängel oder einer zweckfreien Selbsterfahrung außerhalb von negativ vereinnahmenden sozialen Kontexten und Beziehungen variiert dabei zwischen den AutorInnen. Gemeinsam ist ihnen jedoch, dass die Alltagspraxis der Jugendlichen als defizitär angesehen wird. Es geht diesen Ansätzen somit keineswegs um ästhetische Erfahrungen, die bereits stattgefunden haben und hier in der Praxis der produktiven Aneignung rekonstruiert wurden, sondern solche, die erst stattfinden sollen. In diesem Sinne fasst auch Peez (2005: 22) *das* Anliegen der Kunstpädagogik zusammen:„Kunstpädagogik geht davon aus, dass im Alltag und in der Sozialisation durch Umwelterfahrungen nicht genügend Situationen geboten werden, in denen ästhetische Erfahrungen [...] tief greifend zu machen sind; ästhetische Erfahrungen die auch grundlegend für Bildungsprozesse sind".

In noch radikalerer Weise diagnostiziert bspw. Koch (1994: 16) generell ein „Verschwinden der Einbildungskraft" und den „Verlust der inneren Bilder", dem durch (kunst)pädagogische Maßnahmen entgegen zu wirken sei. Häufig wird sich in Argumentationslinien dieser Art lediglich auf die sinnliche Komponente ästhetischer Erfahrung bezogen, welche die „Entsinnlichung" (Vallentin, 2001: 391) der Alltagswelt kompensieren soll. Ästhetische Erfahrungsmöglichkeiten sind so gesehen überhaupt erst (wieder) in die Welt (und in die Heranwachsenden) zu bringen. Ein solcher im Sinne Bourdieus (1993c) scholastischer Gestus propagiert in unterschiedlichen (meist kulturkritischen) Argumentationsfiguren eine strikte „Differenz zwischen Kunst und Leben" (Liessmann, 1994: 83). Diese Tendenz besteht auch in der Medien(kunst)pädagogik (vgl. Franke, 2007: 158), die darauf abzielt den durch Medien herbeigeführten „Realitätsverlust mittels authentischer Materialerfahrung" (ebd.) in der pädagogisch kontrollierten Interaktion mit (künstlerisch-artifiziellen) Medien auszugleichen.[141] Ästhetische Erfahrungen, die Jugendliche mit Medien selbst gemacht haben, werden aus einer solchen Perspektive schlicht nicht anerkannt. Vielmehr dokumentiert sich in dieser Haltung eine übersteigerte Kritik an Milieubedingungen des sozialen Umfelds von pädagogischen Einrichtungen und damit eine Geringschätzung milieuspezifischer Bildungsstrategien (vgl. Bender 2009b, i.E.).

Andere Ansätze zur pädagogischen Bedeutung ästhetischer Erfahrungen fokussieren weniger den interventionistischen Aspekt einer spezifisch ästhetischen Erziehung, sondern plädieren für eine umfassendere ästhetische Bildung, womit sie stärker auf Prozesse abheben, die sich einer unmittelbaren pädagogischen

---

[141] Vgl. Liebau (1992: 137) zur Kritik der „impliziten Sozialisationstheorien", die derart generalisierenden Wirkungsbehauptungen zugrunde liegen.

Kontrolle entziehen. Diese Ansätze stellen also vornehmlich auf das „Recht auf Selbstsein des Subjekts" (Franke, 2007: 25) ab. Die Diskussion zwischen dieser Position und stärker didaktisch-erzieherischen Positionen ist konstitutiv für die Kunstpädagogik- und -didaktik (Peez, 2005: 26). Wenngleich in unterschiedlichen Ansätzen (z.b. Maset 2001, Otto 1999, Lange 2002) die „Lebensweltvergessenheit der Ästhetik" (Vogt, 2002: 82) bemängelt wird und Alltagserfahrungen der Jugendlichen eine bedeutende Rolle spielen – z.b. in Performances einzubringen sind oder anhand der Auseinandersetzung mit der modernen Avantgarde- oder Gegenwartkunst eingeholt werden sollen – so wird hier auch davon ausgegangen, dass die entscheidenden ästhetischen Erfahrungen, sowie z.T. auch die Fähigkeit zur ästhetischen Erfahrung selbst (z.b. Maset, 2006: 172), erst noch unter pädagogischer Anleitung zu produzieren sind. Beispielsweise entfaltet Vogt in kritischem Anschluss an Benner (1987) einen zunächst umfassenden Begriff der ästhetischen Praxis: „Als ästhetische Praxis lassen sich alle Formen menschlicher Tätigkeit verstehen, die zur Entstehung ästhetischer Erfahrung beitragen" (Vogt, 2002: 82).[142] Die Frage aber, wie diese ästhetische Praxis mit anderen Formen der Praxis zusammenhängt, hält Vogt indessen für „nicht beantwortbar" (ebd.: 85). Die Alltagspraxis der Jugendlichen, in denen auch deren ästhetische Praxis verwurzelt ist, interessiert folglich gerade nicht. Es geht vielmehr darum, in pädagogischen Institutionen durch die Integration einer ästhetischen Praxis einen „Zugang zu Vollzugsformen des guten Lebens zu finden, der für ihre Klientel außerhalb dieser Institutionen so nicht gegeben ist" (ebd.: 89). Damit werden die von Jugendlichen bereits gemachten ästhetischen Erfahrungen (z.b. im Umgang mit Filmen) herabgesetzt.

In diesem Rahmen verbleiben (zumindest weitgehend) noch Zirfas und Liebau, die zwar auf „reflexive und performative Praxen" (Liebau / Zirfas 2008) einer alltagsnahen Auseinandersetzung mit Kunst setzen, aber dennoch eine Hierarchisierung potenzieller ästhetischer Erfahrungen nach der Kunstförmigkeit der Produkte vornehmen, welche die entsprechenden Erfahrungen ermöglichen sollen: „Obwohl sich ästhetische Wahrnehmungen und Erfahrungen auch an nicht künstlerischen Gegenständen gewinnen lassen, besitzen kunstförmige Gegenstände also insofern eine erhöhte bildungstheoretische wie -praktische Bedeutsamkeit, als sie in der Lage sind ein verdichtetes Spiel von Erscheinungen und Bedeutsamkeiten zu evozieren" (Liebau / Zirfas, 2008: 13). Selbst diese vergleichsweise liberale und offene Haltung zieht noch unweigerlich das Problem der Bestimmung der jeweiligen Qualität der Kunstförmigkeit oder Güte des Kunstwerks für die Produktion ästhetischer Erfahrungen nach sich, wodurch –

---

[142] Ähnlich auch Otto: „Ästhetische Erfahrung bezieht sich nicht auf Kunsterfahrung, sondern ist ein Modus, Welt und sich selbst im Verhältnis zur Welt und zur Weltsicht anderer zu erfahren" (Otto, 1994b: 56).

bei aller vorhandenen Betonung der Bedeutung der Lebenswelt für die Auseinandersetzung mit dem Werk – die ästhetischen Erfahrungen der Jugendlichen
selbst in den Hintergrund gedrängt werden. Das genannte Problem dokumentiert
sich besonders in dem Streit der kunstdidaktischen Positionen, welche der AutorInnen denn die Kunst selbst oder das Wesen oder die Rationalität des Künstlerischen in ihren Konzepten einer ästhetischen Bildung denn angemessen zu wür-
digen und einzubeziehen wissen (vgl. Frank, 2007: 311ff.); eine Denkfigur, die
noch immer das richtige Vorbild als den dringlichsten und zu kontrollierenden
Einflussfaktor auf Bildungsprozesse anregende ästhetische Erfahrungen konzipiert und sich für die bestehenden prägenden, ästhetischen Erfahrungen der Jugendlichen – und deren Alltags-‚Kompetenzen' des Umgangs mit Filmen (bzw.
Medien generell) – nicht ausreichend interessieren kann.

Für eine „Kunstpädagogik jenseits ästhetischer Rationalität" (Selle, 1995:
16) und eine „pädagogische Bescheidenheit" (Selle, 1990: 26) plädiert Selle, der
sich unter anderem auf Joseph Beuys bezieht, um dessen erweiterten Kunstbegriff in die Diskussion einzuführen und die „Inkompatibilität von herkömmlicher
Pädagogik bzw. Didaktik und Kunst" (Peez, 2005: 26) zu demonstrieren. Obschon Selle den Einsichten dieser Arbeit etwas näher steht – insbesondere weil er
auf die Erfahrung der Jugendlichen besonders Wert legt und fordert, dass sie
diese in einer „teils poetische[n], teils berichtende[n], teils autobiografisch-
tagebuchähnliche[n], teils selbstanalysierende[n] schriftliche Reflexion" (Peez,
2005: 29) festhalten – so beziehen sich auch diese Forderungen lediglich auf den
Kunstunterricht selbst und dort stattfindende „künstlerischen Verfahrensprozes-
se" (Peez, 2005: 29). Ähnlich fordert auch die „Ästhetische Forschung" (Kämpf-
Jansen, 2001) ein, dass zwar ein autobiografischer Bezug der Jugendlichen zu
ihren eigenen künstlerischen Arbeiten hergestellt werden sollte, aber auch dieser
beginnt erst im und endet mit dem Kunstunterricht. Dass – gerade umgekehrt –
in der jeweiligen Biografie der Jugendlichen und deren Alltag bereits Formen
ästhetischer Erfahrung bestehen, spielt auch hier wie schon bei Selles Konzept
einer ästhetischen Bildung keine bzw. eine erheblich untergeordnete Rolle.

Es ist an dieser Stelle hervorzuheben, dass die bisherigen, kritischen Ausführungen keineswegs bedeuten, dass jene Aspekte des Umgangs mit ästhetischen Objekten, die sich auf den „Anteil des Ästhetischen an der *Allgemeinbildung*" (Otto, 1994a: 157, H.n.i.O.) und somit auf das beziehen, „was sich gemeinsam schätzen lässt, weil es einem kultivierten und gebildeten Sinn gefällt"
(Pleines, 1994: 36), vernachlässigt werden sollten und aus dem Lehrplan zu
streichen sind. Eine „kulturspezifische Lesefähigkeit für ästhetische Gegenstände" (Mollenhauer, 1990a: 17) ist als Bestandteil der Allgemeinbildung freilich
nicht als unerheblich abzutun; hat aber wenig mit der mimetisch-ästhetischen
Erfahrung von medialen Produkten (und Filmen) zu tun, wie sie in dieser Studie

herausgearbeitet wurde. Der Versuch einer standardisierten Systematisierung und Ver-Regelung des Ästhetischen, etwa im Sinne einer Alphabetisierung zum Zwecke des „Lesenlernen[s] von ästhetischen Objekten" (Mollenhauer in Bichler, 1994: 196), würde genau das zum Verschwinden bringen, was eigentlich hätte entstehen sollte: ästhetische Erfahrungen in einem produktiven Aneignen – oder in den polemischen aber prägnanten Worten Oevermanns zum potenziellen „Nasenring der Pädagogik" (1996: 24) in dieser Hinsicht: „Gebrauchsanweisungen zum so genannten Lesen der Werke sind zugleich Vorbereitungen zu deren Hinrichtung" (Oevermann, 1996: 24). Auch im Sinne von Oevermann hat also das sachgemäße Dekodieren eines Werks „mit ästhetischer Erfahrung nicht viel zu tun" (ebd.). Diese Kritik entspricht der von Sontag, wenn sie in ihrem mittlerweile berühmten Essay „Against Interpretation" (1964) eine Fixierung (vor allem in journalistischen und pädagogischen Kontexten) auf die theoretisierende Interpretation des Inhalts von künstlerischen Werken ausmacht; in ihren Worten: „Die Überbetonung des Inhaltsbegriffs bringt das ständige, nie erlahmende Streben nach Interpretation mit sich. Und umgekehrt festigt die Gewohnheit, sich dem Kunstwerk in interpretierender Absicht zu nähern, die Vorstellung, dass es tatsächlich so etwas wie Inhalt gäbe" (Sontag, 1999 [1964]: 13).[143]

Diese Problematik ist hinsichtlich der Bedeutungsgebung der ästhetischen Erfahrung im pädagogischen Kontext hauptsächlich auf die Kant-Interpretation durch Schiller und insbesondere Herbart zurückzuführen, mit der eine Fokussierung hinsichtlich dessen einsetzt, was denn gewünschte ästhetische Erfahrungen (und entsprechende Aneignungsprozesse) produzieren könne, worin der wesentliche Beginn einer Engführung auf Produkte der Hochkultur und dem zu erwebenden, angemessenen Umgang mit diesen angelegt ist, der bis heute kaum abgelegt werden konnte.[144] Das spezifische Verhältnis der ästhetischen Erfahrung zur Alltagserfahrung bleibt dabei gar nicht beobachtbar und daher jene positive Wirkmacht des Ästhetischen lediglich postulierbar. Auch wenn heute einige Überlegungen zur mangelnden Standardisierbarkeit und situativen Evozierbarkeit und Gebundenheit an die Alltagspraxis der ästhetischen Erfahrung in die

---

[143] Interessanterweise schätzt Sontag den Film vor allem deshalb, weil er sich aufgrund seiner „Direktheit" (1999: 20) der Interpretationswut potenziell entziehen kann und sich weniger Routinen der Interpretation etablieren konnten infolge seiner kurzen Tradition und dabei relativ lange während Geringschätzung als Teil der Massenkultur (im Sinne von: Gegenteil der hohen Kultur).

[144] Wie Bubner allerdings hervorhebt hatte Kant noch keine spezifischen Produkte (etwa der Hochkultur) bei seiner Konzeption der ästhetischen Erfahrung im Sinn: „Kant sagt mit Absicht nicht, was es sei, das ästhetische Erfahrungen hervorruft. Er analysiert allein die Wirkungen innerhalb der ästhetischen Erfahrung, und dabei zeigt sich die Erfahrung von solcher Art zu sein, dass gar nicht gegenständlich und für sich angegeben werden kann, was die Erfahrung auslöst. Was die ästhetische Erfahrung erfährt, konstituiert sich nämlich in der Erfahrung und durch die Erfahrung, so daß unabhängig von ihr nicht objektiviert werden kann, etwa in einem Werke, was Inhalt dieser Erfahrung ist" (Bubner, 1989: 35).

Diskurse der Fachdidaktik freilich Eingang gefunden haben – vgl. die differenzierte Diskussion in Anschluss an Mollenhauers Kritik an der Fachdidaktik in
dieser selbst (siehe bspw. Vogt 2002) – so bleibt zu bemängeln, dass eine päda-
gogisch-praktisch wie auch sozialwissenschaftlich-empirisch interessierte Orientierung daran, womit Jugendliche selbst welche prägenden, ästhetischen Erfahrungen machen und was diese für sie bedeuten können, immer noch nicht stattgefunden hat. Angesichts dieser Überlegungen ist Franke nur zuzustimmen, wenn
sie am Ende ihrer Übersicht zu aktuellen Positionen der ästhetischen Erziehung
betont, dass ausgehend von der Frage, „ob Lernen tendenziell über Selbstbildung
oder über Wissensvermittlung erfolgt, die Kunstdidaktik an der Schwelle einer
Neudefinition des Begriffs vom Lernen [steht]" (Franke, 2007: 365)

Zugleich reicht jedoch eine Neukonzeption des Lernbegriffs nicht aus: Die
in der Pädagogik tief verwurzelten Versprechungen des Ästhetischen und Verheißungen hinsichtlich der Wirksamkeit ästhetischer Erfahrungen müssen so
lange ziemlich leere Versprechungen oder eher vage Verheißungen bleiben
(selbst wenn sie sich auf ,die Lebenswelt' beziehen) so lange sie sich (dennoch)
auf immer erst noch herzustellende und ,eigentlichere' ästhetische Erfahrungen
beziehen, und die entsprechenden Werke, welche diese Erfahrungen auf eine
noch zu erlernende Weise ermöglichen sollen. In diesem Kontext ist auch die
Kritik von Mollenhauer an dem Diskurs der Fachdidaktik zu sehen, wenn er
feststellt, dass „ästhetische Erfahrungen didaktisch nicht planbar sind" (Mollenhauer, 1994: 164) und dass „'ästhetische Bildung' ein Problempanorama anzeigt,
das weit mehr umfasst und innerhalb dessen ,Schule' und ,Unterricht' nur einen
bescheidenen Platz besetzen" (Mollenhauer, 1994: 163).

Mollenhauer zufolge werden pädagogische Institutionen geradezu entlastet
dadurch, dass die ästhetische Erfahrung – der pädagogischen Praxis vorgängig –
schon im Alltag als eine „Weise der Selbstauslegung des Menschen präsent ist"
(Mollenhauer, 1996: 258). Während Mollenhauer jedoch deutlich dazu tendiert
aus diesem Grund die ästhetische Erfahrung weitgehend aus schulischen Kontexten eher auszuklammern und in dieser Hinsicht (mit einem Wort von Rorty) zur
„ehrenhaften Kapitulation" (Mollenhauer, 1990b: 493b) neigt, so bestehen meines Erachtens andere Möglichkeiten auf diese Erfahrungen der Jugendlichen
pädagogisch Bezug zu nehmen. Wenngleich also Formen einer Film- und Alltagswelt entgrenzenden, mimetisch-ästhetischen Erfahrung in der produktiven
Aneignung (von Filmen und ggf. anderen Medienprodukten) im Sinne dieser
Arbeit als potenzielle Auslöser von Bildungsprozessen zu sehen sind, die wenig
auf einer bewusst-reflexiven Ebene ablaufen und kaum unter Kontrolle zu bringen sind, daher also nicht unmittelbar in ein schulisches Curriculum zu integrieren sind, können und sollten sie dennoch dort thematisiert und reflektiert werden.

7.6.4 *Möglichkeiten des Umgangs mit dem Film im pädagogischen Kontext (der Schule)*

Die Praxis der produktiven Aneignung und die damit einhergehende mimetisch-ästhetische Erfahrung ist, so konnte das letzte Kapitel zeigen, kaum im Rahmen bestehender pädagogischer und erziehungswissenschaftlicher Diskurse zur ästhetischen Erfahrung zu fassen; gerade nicht in jenen fachdidaktischen Diskursen, die eigentlich durch die Arbeitsteilung in der Profession für die bildenden Aspekte der ästhetischen Erfahrung zuständig wären. Dies ist ganz entscheidend auf den Lern- und Bildungs- zurückzuführen, der den entsprechenden Arbeiten zugrunde liegt und der die ästhetische Erfahrung weitgehend in der restriktiven Perspektive einer klassischen Bildungsphilosophie kontextuiert, die von den Bedingungen des Stattfindens ästhetischer Erfahrungen und der Alltagspraxis abstrahiert und so nicht berücksichtigen kann, dass es sich mit der produktiven Aneignung um Erfahrungen handelt, die handlungsleitende, habituelle Erfahrungs- und Wissensstrukturen einbeziehen sowie um spezifisch ästhetische Erfahrungen, die nicht intentional steuerbar und in einem pädagogischen Setting situativ evozierbar sind. Es ist im Rahmen dieses Lern- und Bildungsbegriffs also kaum einzusehen, dass von Praktiken und Fähigkeiten der Jugendlichen auszugehen ist, die bereits bestehen und nicht erst ausgebildet werden müssen. Dies ist der generellen Intention von Erziehungsversuchen zuzuschreiben, die im Umgang mit ästhetischen Erfahrungen (des produktiven Aneignens) fehlgehen muss: „Die Absicht zu erziehen ist vor allem an Handlungen erkennbar, mit denen der Erzieher versucht, Wissen und Können an jemanden zu vermitteln, der darüber *noch nicht* verfügt" (Luhmann, 2002: 59, H.i.O.). Eben dieses *Noch-Nicht* an Wissen und Können ist im Falle der produktiven Aneignung aber weitgehend nicht gegeben.[145]

Angesichts dieser Ausführungen, die sich also vor allem auf das Übergehen der Gebundenheit von (spontanen) Bildungsprozessen an die Alltagspraxis der Jugendlichen beziehen, kann es nicht mehr verwundern, dass Baacke im Hinblick auf die eher spärliche, pädagogisch motivierte Verwendung von Kinofil-

---

[145] Zur *quantitativen* Verbreitung der Rezeptionspraxis der produktiven Aneignung und entsprechenden ästhetischen Erfahrungen können hier keine Zahlen geliefert werden – dies bedeutet jedoch nicht, sich im Bereich der völligen Spekulation zu bewegen, wenn man Überlegungen dazu anstellt. In der Rekonstruktion der Rezeptionspraktiken wurde deutlich, dass diese nicht habituell *exklusiv* verankert sind, sowie dass die Jugendlichen dieses Samples (*unabhängig* von Geschlecht oder Milieu) zumeist mehr als eine Rezeptionspraktik wie oftmals Formen der Aneignung kennen. Insofern muss angenommen werden, dass die Praxis des produktiven Aneignens kein Randphänomen des Filmkonsums und also nur bei ganz spezifischen Jugendlichen (und etwa bei diesen äußerst selten) auftritt. Zudem gibt es keinen Hinweis darauf, dass diese Praxis etwa ausschließlich die Rezeption von Filmen betrifft (vgl. Michel 2009).

men zusammenfassen muss: „Nur auf den ersten Blick steht der Alltag von Jugendlichen im Mittelpunkt; auf den zweiten setzt sich der ‚pädagogische Blick'
dadurch durch, dass *er* die Maßstäbe setzt, nach denen Jugendliche ihre Filmerfahrung auswerten" (Baacke, 1995: 36, H.i.O.). Baacke differenziert zwischen
einer kritisch und künstlerisch orientierten Medienpädagogik, die Filme zwar je
hinsichtlich ihres Bezugs zur Lebenswelt Jugendlicher berücksichtigen, aber
dabei mehr oder weniger explizit (wie auch die Fachdidaktik) stets auf eine Form
der „Wahrnehmungs*erziehung*" (ebd.: 46, H.i.O.) anstatt „Wahrnehmungs*bildung*" (ebd., H.i.O.) abstellen. In letzterer sollte nicht die „Herrschaft eines pädagogischen Blicks" (ebd.) auf den Kinofilm installiert werden, sondern die
Sichtweisen der Jugendlichen selbst sind derart auszubilden, dass ihnen eine
Verknüpfung der Filmerfahrung mit der eigenen Alltagserfahrung möglich wird.
Allerdings bezieht sich auch Baacke nicht – im Sinne einer strikt rekonstruktiven
(Forschungs)Logik – auf solche Rezeptionsprozesse, die bereits stattgefunden
haben und auf Rezeptionspraktiken, die schon bestehen, sondern es geht ihm um
die Herausbildung eines spezifischen „Seh-Sinns" (ebd.: 47); eine Wahrneh-
mungsform, die seines Erachtens gar eine „Revolution der Erziehung" (ebd.: 48)
einleiten könnte. Auch an anderer Stelle votieren Baacke et al. (1994: 185) dementsprechend dafür, die Fähigkeit zur Verknüpfung von Alltags- und Filmwelt
bei SchülerInnen erst auszubilden und plädieren somit für eine systematische
„Herausarbeitung von Wahrnehmungskompetenz". Diese Wahrnehmungskompetenz soll dann dem Subjekt zur Verfügung stehen, das sich mittels dieser (unabhängig von pädagogischen Interventionen) weiterentwickeln und bilden kann.
Obwohl also diese Position dieser Arbeit verwandt ist, setzt sie doch erneut (wie
schon die diskutierten Fachdidaktiken) vorrangig an einer herzustellenden Kompetenz an und bezieht sich nicht konsequent auf bereits bestehende Fähigkeiten
bzw. Praktiken der Jugendlichen. Von diesem Unterschied in der methodologisch praxeologischen Ausrichtung abgesehen, teile ich jedoch die Einschätzung,
dass „das Kino [...] ein nicht ersetzbarer, freilich von Pädagogen noch zu entde-
ckender Ort der Wahrnehmungsbildung [ist]" (Baacke, 1995: 47).
     Ebenso sind in bedeutenden Aspekten die Überlegungen und Untersuchun-
gen von Marotzki und Jörissen (2008) an diese Arbeit anschlussfähig; und den
Autoren ist in der Feststellung beizupflichten, dass Filme wie auch andere Medienprodukte im Rahmen einer Medienbildung „innovative Orientierungsformate
und Subjektivierungsweisen" (Marotzki / Jörissen, 2008: 108) hervorbringen
können, „indem sie etwa Fremdheitserfahrungen inszenieren, nachvollziehbar
und reflektierbar machen, indem sie Biographisierungsweisen thematisieren,
ethische Paradoxa verhandeln, usw." (Jörissen / Marotzki, 2009: 30). Den Autoren zufolge ist es allerdings die durch Filme ausgelöste „Reflexion auf Wissens-
lagerungen" (Marotzki / Jörissen, 2008: 104), die Bildungsprozesse anregen

kann; Filme werden also – zumindest weitgehend – auf ihr „Reflexionspotenzial" (ebd.) beurteilt und inwiefern sie Zuschauer in „eine Reflexionsposition bringen" (Jörissen / Marotzki, 2009: 44). Entsprechend illustrieren Marotzki und Jörissen (2008, 2009) ihren Ansatz anhand des Dokumentarfilms sowie Werken der cineastischen Hochkultur von Ingmar Bergmann (WILDE ERDBEEREN, 1957), Tim Burton (BIG FISH, 2003) bzw. Atom Egoyan (ARARAT, 2002). Wenngleich ich diesen Filmen keineswegs die Möglichkeit der Herstellung von ästhetischen Erfahrungen (auch im Sinne dieser Arbeit) absprechen möchte, zeigt sich in den vorliegenden Studien auch, dass die durch ästhetischen Erfahrungen initiierbaren Bildungsprozesse im produktiven Aneignen weniger an aufklärerisch-dokumentarisches Material oder künstlerisch-artifizielles Material andocken und auch weniger bewusst-reflexiv stattfinden.[146] Das reflexiv-kognitive Durchdringen der „Prinzipien der eigenen Verhaltensmuster" (ebd.) und die bewusste Nutzung „reflexiver Orientierungsoptionen" (ebd.: 31) sind zweifelsohne für die Initiierung vieler Bildungsprozesse eine Voraussetzung, weniger jedoch für jene, die unter den Bedingungen der Spontaneität der ästhetischen Erfahrung ablaufen. Reflexionspositionen, die Jörissen und Marotzki anhand der strukturalen Analyse der Filme selbst identifizieren, können zwar, aber müssen hier zunächst nicht, eingenommen werden, damit sich Effekte einer orientierungsbildenden (und in diesem Sinne produktiven) Aneignung einstellen. Insofern verhalten sich meine Überlegungen gewissermaßen komplementär zu denen einer (nicht rekonstruktiv und am empirischen Rezipienten ausgerichteten) strukturalen Medienbildung nach Marotzki und Jörissen (2008, 2009).

Neben dieser Verschiedenheit (in Gegenstand und Methode) bei gleichzeitiger Ähnlichkeit des Anliegens (Bildungsprozesse initiiert durch Filme) ist an dieser Stelle die Gemeinsamkeit zu betonen, dass die beiden Autoren wie schon Baacke (1995) ebenfalls darauf verweisen, dass generell durch Medien ein- und angeleitete Bildungsprozesse kaum anhand von geforderten Formen der Bezugnahme auf bestimmte Werke zu induzieren sind; es kann sich somit um keine materiale Bildungstheorie handeln, die „Bildung als Ergebnis der Auseinandersetzung etwa mit kanonischen Werken der Literatur [oder dem Film, A.G.] etc." (Marotzki / Jörissen, 2008: 100) versteht, anhand derer Prozesse des produktiven Aneignens und der entsprechenden ästhetischen Erfahrungen produziert und gelenkt werden können. Diese Aspekte, also dass weder die Filme, an denen sich Orientierungen ausbilden, noch die Orientierungen, die sich an Filmen ausbilden sollen, von pädagogischem Personal festzusetzen sind, sind die zentrale Schnittmenge dieser Arbeit zu den genannten neueren pädagogischen Ansätzen bezüglich einer ‚Filmbildung'.

---

[146] Arnia spricht Dokumentarfilmen sogar jene Möglichkeit eines tiefgreifenden „Berührens" ab, vgl. Kap. 6.1 dieser Arbeit.

Besonders hinsichtlich der Möglichkeit einer Selbstbildung durch Filme gehen auch neuere politische Ambitionen an dem Kern wie dem Potenzial der produktiven Aneignung vorbei. Insofern ist der Bildungsministerin Schavan nur bedingt zuzustimmen, wenn sie anhand einer von ihrem Ministerium für Bildung und Forschung in Auftrag gegeben Studie über „Medienhandeln in Hauptschulmilieus" (Wagner 2008) und „mediale Interaktion und Produktion als Bildungsressource"[147] feststellt: „Wenn wir den Umgang mit Medien bei Jugendlichen besser verstehen, können wir auch die Bildungsprozesse in diesem Bereich optimieren: Wir müssen die informell erworbenen Fähigkeiten und Erfahrungen Jugendlicher nutzen, um ihnen auch darüber hinaus gehende Kompetenzen mithilfe der Medien zu vermitteln und ihnen ein selbstbestimmtes Leben zu ermöglichen" (Pressemitteilung des BMBF, 180 / 2008). Auch Kulturstaatsminister Neumann forderte jüngst eine in Schulen zu installierende „Filmbildung" (Pressemitteilung der Bundesregierung, 444 / 2008) mit ähnlichen Absichten, durch welche das Medium der Bildung instrumentalisiert und das Erfahrungspotenzial des Films kanalisiert wird: „Der Film eignet sich meiner Meinung nach besonders als Mittler kultureller Bildung gerade auch mit Blick auf sozial benachteiligte Kinder und Jugendliche. Denn es gibt wenige Berührungsängste bei jungen Menschen vor Film und bewegten Bildern, ganz im Gegenteil. Gerade bei Kindern und Jugendlichen mit so genanntem Migrationshintergrund kann man beobachten, dass Kino und Film sie sehr ansprechen" (ebd.).

Gerade weil spontane Bildungsprozesse anhand von Filmen die Grundlagen der Subjektivität berühren können und eine Ausdifferenzierung oder Modifikation konjunktiver Wissensstrukturen anleiten können, sind sie dem Einzelnen selbst zu überlassen. Kompetenzen, die zu einem selbst bestimmten Leben führen, zu bestimmen, hieße die Selbstbestimmtheit desselben zu unterlaufen. Da es sich zudem um Prozesse handelt, die in der Alltagspraxis nicht planbar, sondern auch in den alltäglichen Erfahrungswelten der Jugendlichen sich spontan einstellen, wären Annäherungsversuche des Settings in der Schule an die Alltagspraxis der Jugendlichen, um doch entsprechende Wirkungen evozieren zu können, ohnehin wenig sinnvoll. Es könnten nur zufällig die entsprechenden Prozesse eines produktiven Aneignens stattfinden, da sich die Jugendlichen in erheblich unterschiedlichen sozialen Erfahrungsräumen bewegen und es somit unwahrscheinlich ist, dass bestimmte von PädagogInnen festgesetzte Filme über die Grenzen von Milieus hinweg gleichermaßen anschlussfähig an die Alltagspraxis aller Jugendlichen einer Generation sind.

---

[147] Die Studie des Instituts für Medienpädagogik in Forschung und Praxis (JFF) bezog sich auf die neuen, elektronischen Medien (Computer, Internet, Konsole, Handy). Sie ist damit hinsichtlich der konkreten Ergebnisse nicht zu vergleichen, wohl aber hinsichtlich der Forderung nach der pädagogischen Nutzbarmachung von Praktiken des Umgangs mit Medien für erzieherische Zwecke.

Es kann also gar nicht (normativ) vorgegeben werden, an welchen Filmen sich eine produktive Aneignung entzündet, weil die dabei stattfindende ästhetische Erfahrung auf milieu- und persönlichkeitsbezogene konjunktive Erfahrungs- und Wissensstrukturen zurückgeht. Entsprechend stellt auch Bender in empirischen Untersuchungen über die Alltagspraxis an einer Schule mit kunstbezogenem Schulprogramm fest, dass „Kunst und die ästhetische Erfahrung nicht [...] in den Kern schulischen Handelns vorrücken kann. [...] die Institution bleibt letzten Endes auf die Vermittlung universalistisch gültiger Wissensbestände bezogen" (Bender 2009a i.E.). Auch aus „strukturelle[n] Schwierigkeiten in der Vermittlung zwischen der ästhetischen Kultur und der institutionellen Realität" (Bender 2009b i.E) resultiert meines Erachtens, dass es weniger darum gehen sollte, ästhetische Erfahrungen der Aneignung im Unterricht erst zu produzieren. Stattdessen sollten die bereits im Zuge der alltäglichen Filmrezeption stattgefundenen bzw. initiierten Bildungsprozesse thematisiert werden und eine generelle Sensibilität für ästhetische Erfahrungen im Sinne dieser Arbeit hergestellt werden. Dies setzt das Aufgeben eines unmittelbar erzieherischen Anspruchs ebenso voraus wie die Suspendierung des Glaubens daran, was den Jugendlichen durch welche Art und Weise kontrolliert in spezifischen Lernumgebungen an welchen Gegenständen zu vermitteln ist. Aber was bleibt dann noch zu tun?

Angesichts der Komplexität dieser den empirischen Ergebnissen aufruhenden Überlegungen, die einen Grad der Ausdifferenzierung erreicht haben, der nun neue empirische Untersuchungen zur produktiven Aneignung durch ästhetische Erfahrungen näher legt als weitere theoretische Überbauten, könnte ich es an dieser Stelle mit Lenzen halten, der gegen Ende seiner Gedanken zur Möglichkeit der Integration des Ästhetischen in die konkrete Alltagspraxis der Pädagogik konstatiert: „Ich verweigere mich angesichts der Vorläufigkeit dieser Überlegung einer Beantwortung der Frage, was das für konkrete Erziehungsprozesse bedeuten könnte" (Lenzen, 1990: 185). Ich möchte stattdessen einige Vorschläge für die Implementierung der Ergebnisse und Überlegungen in die pädagogische Praxis geben. Dies durchaus im Bewusstsein einer gewissen Vorläufigkeit der Ergebnisse in ihrer Bedeutsamkeit für die pädagogische Praxis, die erstens eine wie auch immer minimale Methodisierbarkeit des Handelns erzwingt, wofür allerdings bisher kaum verpflichtende Richtlinien in Aussicht gestellt werden können, und die zweitens hier nicht selbst untersucht wurde.

Obwohl eine Instrumentalisierung der produktiven Aneignung zu Erziehungszwecken und zugunsten spezifisch kontrollierbarer (geschweige denn zu prüfender) Lernerfolge – jenseits des hier irrelevanten Lehrfilms – kaum möglich ist, halte ich eine kategorische Verweisung des Films von dem pädagogischen Kontext der Schule für übereilt (aber angemessener als oben genannte Vorschläge aus der Politik). Stattdessen gilt es hinsichtlich der Praxis im Bildungssystem daran zu arbeiten, dass gerade abweichenden und sehr eigenwilligen und etwa milieubedingten Formen des Verstehens von Filmen (und anderen Medienprodukten) Raum gegeben und eine Disziplinierung der Lesarten von diesen Medienprodukten vermieden wird; auch wenn unter solchen Bedingungen die zu erziehenden Subjekte einer Selbstbildung überlassen werden, welche nicht stets (normativ vor dem Hintergrund einer Normal- oder Idealbiografie gesehen) als angemessen empfunden wird. Vielmehr sind gerade die Wechselwirkungsprozesse dieser Selbstbildung zur formalen Bildung und Erziehung bedeutsam. Das Spannungsverhältnis zwischen eigensinnigen Subjektivierungsformen und normativ gesetzten Erziehungs- und Bildungszielen und generalisierten Normalitätshorizonten kann geradezu genutzt und sollte daher thematisiert werden. Insbesondere in Zeiten zunehmender Beanspruchung des Subjekts durch mehrere Bezugssysteme und (gemeinschaftliche, konjunktive wie vergesellschaftete, kommunikative) Erfahrungsräume kann es auch eine ‚Kompetenz' sein, sich selbst zwischen diesen heterogenen Ansprüchen als eine Person, die mit diesen umzugehen hat, zu erfahren und zu verorten.

In den Praktiken der produktiven Aneignung liegt somit ein implizites, soziales Innovationspotenzial, das nicht pädagogisch kanalisiert, aber in der Auseinandersetzung mit Filmen pädagogisch gefördert und explizit gemacht werden sollte, um dem Subjekt Ressourcen seiner Selbstbildung zugänglich(er) zu machen. Um dieses Potenzial zu entfalten, können Jugendliche selbst Arbeitsgruppen und Filmkreise organisieren, deren Mitglieder sich freiwillig finden und die sich für das Anschauen von für sie interessanten Filme wie das Teilen ihrer dabei gemachten Erfahrungen entscheiden. Damit kann überhaupt ein Raum für ästhetische Erfahrungen geschaffen werden, die in den klassischen Lehrplänen bisher marginalisiert sind. Wenn also pädagogische Interventionen und unmittelbare Anleitungen kaum möglich und vernünftig sind, so bleibt dennoch dafür zu sorgen, dass Prozesse des produktiven Aneignens (gemeinschaftlich) thematisiert werden. Natürlich besteht letztlich keine Garantie, dass diese Prozesse des produktiven Aneignens (gar bei allen) stattfinden bzw. nachträglich thematisiert werden, was jedoch nicht dagegen spricht, die entsprechenden Chancen zu eröffnen. Gerade der Betreuungsbedarf von SchülerInnen in der sich ausweitenden Ganztagsschule auch in leistungsfreier Zeit bietet in der Hinsicht vielfältige Gelegenheiten. Diese Möglichkeiten sind in besonderem Maße dann gegeben, wenn die Jugendlichen selbst den Gegenstand ihrer Rezeption (oder nachträglichen Diskussion) auswählen und möglicherweise auch die Form der gemeinsamen Auseinandersetzung mit den dabei gemachten Erfahrungen bestimmen – damit allerdings und dem Austausch über Filmerfahrungen sind auch einige nicht unerhebliche Probleme verbunden.

Die bisherigen Überlegungen haben von einem nicht unwesentlichen Problem abstrahiert und damit den Austausch über Erfahrungen eines produktiven Aneignens durchaus idealisiert: Gerade ästhetische Erfahrungen lassen sich nicht so ohne Weiteres versprachlichen (ansonsten wären die ausgiebigen Interpretationen im empirischen Teil dieser Arbeit zu einem guten Teil hinfällig); dies muss die Art und Weise der gegenseitigen Bezugnahme auf diese Erfahrungen auch in Rechnung stellen. Gerade an dieser Stelle können also pädagogische Hilfestellungen nützlich sein, denn „ästhetische Erfahrungen lassen sich nicht authentisch in Erklärungen und minutiösen Interpretationen vermitteln, sondern vornehmlich durch ästhetische Ausdrucksformen" (Peez, 2004: 235). Wie auch Mollenhauer feststellt, kommt man schnell an die „Grenze des Redenkönnen[s]" (Mollenhauer in Bichler, 1994: 202). Das „diskursive Argumentieren" (ebd.) und „diskursive Sprechen" (ebd.) – im Sinne der dokumentarischen Methode der Austausch auf der Ebene des kommunikativ-generalisierten Wissens – darf daher nicht ausschließlich den Umgang mit den eigenen ästhetischen Erfahrungen bestimmen. Hier bieten sich die Möglichkeiten eines (gemeinsamen) assoziativen Schreibens an, in dem sich die ästhetischen Metaphern der Jugendlichen so niederschlagen, dass über diese wiederum reflektiert werden kann. Ziel ist eine Annäherung an die stattgefundene Erfahrung, in der sich deren Eigentümlichkeit manifestieren kann, ohne dass sie sogleich mit den gängigen Codes, Interpretationsschemata und Deutungsweisen des Common Sense überformt wird. Es geht darum, ein (gemeinsames) verdichtetes Zeugnis einer (möglicherweise widersprüchlichen) ästhetischen Erfahrung zu geben, über das dann kommuniziert werden kann, da sich die ästhetische Erfahrung selbst der unmittelbaren Wiedergabe zumindest weitgehend entzieht.

In der Kommunikation über die rezipierten Gegenständen bietet sich daher auch ein (zumindest partieller oder initialer) Austausch nicht über Sprache, sondern Bilder an, über welche bisher jedoch ziemlich wenig bekannt ist: Der Modus der Kommunikation mittels Bildern – also nicht das Reden über Bilder, sondern die Kommunikation durch Bilder und in einem spezifisch bildlichen Modus – ist kaum erforscht (Bohnsack 2009a: 28f.). Das Verstehen von Bildern (und bewegten Bildern in Filmen) findet weitgehend auf einer impliziten Ebene des Wissens statt. Möglicherweise sind Anschlussfähigkeiten von eigenen Erfahrungs- und Wissensstrukturen an spezifisch filmische Strukturen gerade über bildliche Kommunikationswege zu ‚versprachlichen', indem man also bspw. detailliert über jene Bilder eines Films spricht, die einen bewegen. Oder besser: Bilder über einen Film (‚Filmplakate') oder gar Bilder von bewegenden Szenen eines Films anfertigt, über die man dann spricht. Oder etwa einen Film gemeinsam in der eigenen Erfahrungswelt ‚nachdreht' bzw. gemeinsam ein fotografisches Storyboard (Bildergeschichte) dafür entwirft. Insbesondere hinsichtlich dieser Aspekte der Übertragung von ästhetischen Erfahrungen, die in einem Medium gemacht wurden, in ein anderes Medium – etwa ‚Film, zu dem man fotografiert' oder auch ‚Musik, zu der man malt' –, also gewissermaßen von einer Sinnprovinz in eine andere, vor einer expliziten Übersetzung in die Alltagswelt, könnten das Reflexionspotenzial steigern, indem sie eine Annäherung an die atheoretische Dimension der ästhetischen Erfahrung begünstigen.

Während angesichts dieser Ausführungen offensichtlich ist und von einigen der hier berücksichtigten AutorInnen auch immer wieder eingefordert wird, dass ästhetische Erfahrungen nicht im Rahmen eines Kompetenzparadigmas und einer entsprechenden Ergebnisfixierung zu bewerten sind, so führen diese Fragen immer weiter in einen Bereich von sozial- und erziehungs- bzw. bildungswissenschaftlichen Fragen, der bisher kaum geklärt ist, der jedoch dennoch bereits in der pädagogischen Praxis beschritten und weiter erkundet werden sollte – wobei ich keinesfalls ausschließen möchte, dass in dieser Hinsicht bereits einiges getan wird, ohne eine systematische Reflexion zu erfahren (denn die pädagogische Praxis des Umgangs mit Filmen wurde hier nicht erforscht; womit sich auch ein potenzielles Forschungsgebiet ankündigt).

8 Überblick und Ausblick

Der empirische Kern dieser Arbeit ist die Rekonstruktion von Praktiken der Rezeption von Spielfilmen, derer sich Jugendliche im Zuge der Konstruktion von Filmbedeutungen bedienen. Anders als in bestehenden Ansätzen zur Film-Zuschauer-Interaktion – insbesondere gemäß der (deutschsprachigen) Cultural Studies – ruht in der Konzeption dieser Arbeit nicht jede dieser Praktiken einer Form der Aneignung[148] auf, sondern Aneignen ist als eine spezifische Praxis des Umgangs mit Filmen verstanden. Sie unterscheidet sich aus einer praxeologischen Perspektive von anderen Praktiken durch die Form des Wissens, das dem Film gegenüber in Anschlag gebracht wird, wie der Möglichkeit eines Anschlusses jener Wissensstrukturen an Filme.

Eine Aneignung von Filmen impliziert demnach, dass Jugendliche in der Lage sind, anhand von konjunktiv-gebundenen Orientierungen Filme zu *verstehen*, was bedeutet ein Passungsverhältnis zwischen der eigenen Alltagspraxis und der in Filmen dargestellten Praxis herzustellen. Dieses Passungsverhältnis kann einerseits eher auf einer Hereinnahme des Films in den eigenen Erfahrungsraum oder auf habituellen Kongruenzen zu den FilmproduzentInnen beruhen. In beiden Fällen, die nur eine detaillierte Analyse der Produkt-Person-Relation zu unterscheiden vermag, liegt eine *reproduktive Aneignung* vor, die zu einer Aktualisierung bestehender Orientierungen durch die Spiegelung (und tendenziellen Verdichtung der gespiegelten Orientierung) führt. Die Rezeptionspraxis einer *produktiven Aneignung* geht über eine solche Spiegelung von Orientierungen hinaus und bedeutet eine mehr oder weniger nachhaltige Modifikation (von

---

[148] Wie in Kap. 3 u. 4 dargestellt geht diese Vereinseitigung in erster Linie auf einen verkürzten Praxisbegriff, aber auch die normative Haltung der ideologiekritischen Diskursanalyse wie wissenschaftspolitische Positionierung gegenüber dem Paradigma der ‚effect research' zurück. Bei aller Kritik ist allerdings zu betonen, dass mit der in dieser Arbeit stattgefundenen Neufassung des Begriffs von der Aneignung nicht die Leistung bestehender Ansätze (wie etwa der Cultural Studies und handlungstheoretischen Forschungsprogrammen) in der Rezeptionsforschung grundlegend infrage gestellt werden soll; vielmehr lassen sich diese Leistungen durch die eingeführten Differenzierungen konkreter fassen, so dass sich auch Desiderata dieses relativ jungen Forschungsgebiets identifizieren lassen. Zudem ist nicht davon auszugehen, dass die Aspekte des produktiven Aneignens und entsprechender ästhetischer Erfahrungen nun erschöpfend behandelt seien. Bspw. wurden Formen einer kollektiven, ästhetischen Erfahrung von Filmen kaum behandelt.

Komponenten) habituell verankerter, praxisrelevanter und handlungsleitender Wissensstrukturen. Damit geht eine mimetisch-ästhetische Erfahrung einher, die mit existenziellen Grundlagen der Subjektivität verknüpft ist. Es ist das Besondere dieser Erfahrung, dass sie nicht schockartig die jugendlichen Rezipienten überkommt. Stattdessen ist sie in jener Praxis der produktiven Aneignung *habituell verankert* als eine Form der Auseinandersetzung mit Filmen (und ggf. Medien generell), die *habituell verankerte* Orientierungen restrukturieren lässt im Zuge der mimetischen Entgrenzung von Film- und Alltagswelt. Damit lassen sich im Kontext der Rezeptionsforschung auch Schwächen in der von Bourdieu angelegten Reproduktionsgesetzlichkeit des Habitus beseitigen, ohne aber die spezifische Logik der Praxis als Grundlage auch der Transformation eines Habitus zugunsten eines freien Selbstentwurfs aufzugeben.

Ein Hauptanliegen dieser Arbeit war somit nachzuzeichnen, inwiefern Filme in der Lage sind, elementare Orientierungen von Rezipienten in einer produktiven Aneignung zu verändern; dies allerdings nicht in der von den Cultural Studies propagierten Leichtigkeit der postulierten Alltagskreativität eines aktiven Rezipienten, insbesondere im Rahmen der Nutzung von Filmen als Ressource für soziale Interaktionen. Diese Arbeit hat – durch ihre Orientierung an der praxeologischen Wissenssoziologie und an bildungswissenschaftlichen Ansätzen (zur ästhetischen Erfahrung) – demzufolge das Ziel, die Möglichkeit der Modifikation von Orientierungen durch Prozesse des Aneignens von Filmen *unter den Bedingungen* einer gegebenen Stabilität und Konjunktivität dieser Orientierungen aufzuweisen. Veränderungspotenzial und relative Unberechenbarkeit sozialer Praktiken, die von den Cultural Studies als Kernmerkmal nahezu jeglichen, alltagsbezogenen Medienhandelns entworfen werden, haben – ausgehend von der hier eingenommenen praxeologischen Perspektive – somit vielmehr einen spezifischen Platz im Alltagshandeln: in der ästhetischen Erfahrung einer produktiven Aneignung.

Neben den genannten Praktiken der Rezeption konnten drei weitere rekonstruiert werden: Konjunktiv gebundenes Wissen kann auch derart in der Film-Zuschauer-Interaktion zum Tragen kommen, dass es zur Abgrenzung von Filmen und darin inszenierten Formen der Praxis führt. Eine Aneignung ist dann nicht möglich, stattdessen ist die in Filmen dargestellte Praxis mit Erfahrungen der selbst erlebten Alltagspraxis kaum zu vereinbaren (konjunktive Abgrenzung). Der Film dient dann als negativer Gegenhorizont, vor dem sich die eigenen Orientierungen markant abheben. Daneben bestehen zwei Praktiken der Rezeption, die dazu führen, dass Filme auf der Ebene des Common Sense interpretiert werden und kaum mit den Grundlagen der Subjektivität interagieren. Eine ästhetisierende Formalisierung meint das Interpretieren eines Films vor dem Hintergrund des Wissens um typische Autorintentionen, Mittel und Wege der Gestaltung von

Filmen zur Verbreitung von Botschaften und Herstellung von Affekten. In dieser Rezeptionspraxis wird eine konsistente Lesart eines Films herausgearbeitet (häufig durch implizite Übernahme der Produzentenperspektive). Eben eine solche Engführung der Vieldeutigkeit eines Films gelingt in einer polysemen Interpretation nicht. Ohne den Rückgriff auf ästhetisches Wissen (oder handlungsleitende Orientierungen) kann keine Lesart des Films als einzige und die objektiv richtige (oder subjektiv entscheidende) identifiziert werden. Gemeinsam ist diesen beiden Praktiken, dass der Film wie selbstverständlich nicht mit den Grundlagen der eigenen Praxis verbunden ist.

Diese empirisch fundierten Praktiken der Rezeption sind Rekonstruktionen, die idealtypisch an besonders markanten Fällen dargestellt wurden und in der sozialen Wirklichkeit erstens nicht habituell exklusiv verankert sind und zweitens in Mischformen auftreten können. Sie sind zudem von Praktiken zu unterscheiden, durch welche Filme als Ressource der sozialen Interaktion verwendet werden, was hier nur ansatzweise (in Kap. 2.2), da von anderen ausgiebig (vgl. Kap. 3), untersucht wurde. Die personen- und filmspezifische Ausprägung der hier rekonstruierten Rezeptionspraktiken hängt von der jeweiligen Person-Produkt-Relation und Merkmalen der Film-Zuschauer-Interaktion ab, die a priori nicht bestimmbar sind. Vor allem hier besteht Forschungsbedarf, denn es ist – erheblich differenzierter als bisher in der sozial- und erziehungswissenschaftlichen Medienforschung geschehen – zu untersuchen, wie und unter welchen Bedingungen also eine Aneignung stattfindet, die über eine individuelle Interpretation und alltägliche Verwendung von Filmen derart hinausgeht, dass elementare Orientierungen der Rezipienten beeinflusst und modifiziert werden. Unter diesem Gesichtspunkt ist das Wirkpotenzial von Filmen zu fassen: Filme wirken, wenn sie Aneignungsprozesse bewirken. Insbesondere milieubezogene Studien zum Umgang mit Filmen können hier ansetzen und bspw. das unterschiedliche (milieuspezifische) Potenzial zur Orientierungsbildung von spezifischen Filmen oder Genres thematisieren. Daran schließen wiederum zentrale Aspekte hinsichtlich der Fruchtbarkeit der Arbeit für die erziehungswissenschaftliche Bildungsforschung und – zumindest partiell – die pädagogische Praxis an.

Fragen dieser Art wurden im letzten Kapitel ausgiebig diskutiert, da Pädagogik und Erziehungswissenschaft sich mit dem Wirkpotenzial des Ästhetischen und potenziell bildenden Wirkungen der ästhetischen Erfahrung seit geraumer Zeit beschäftigen, was über diverse Fachdidaktiken und Common Sense-Vorstellungen zur Bedeutung des Ästhetischen auch in den pädagogischen Alltag, etwa der Schule, hineinragt. Es konnte gezeigt werden, dass aktuelle Ansätze zur bildenden Wirkung der ästhetischen Erfahrung deren Gebundenheit an die Alltagspraxis der Jugendlichen zumeist übergehen. Insbesondere die Gleichzeitigkeit der Herausgehobenheit aus dem Alltag in der ästhetischen Erfahrung und

die zugleich mimetische Beziehung der die Alltagspraxis anleitenden Wissensstrukturen zu filmisch (bzw. medial) repräsentierten Strukturen der Alltagspraxis
ist wenig beobachtet und nur ansatzweise begrifflich gefasst. Die Orientierung an
Nohls Konzept einer spontanen Bildung, Deweys Konzept der ästhetischen Erfahrung und Wulfs Arbeiten zur Mimesis als ästhetischem Selbst- und Weltbezug konnte der bestehenden Sprach- und Begriffslosigkeit Abhilfe schaffen.

Bildungstheoretisch gesehen handelt es sich also mit der produktiven Aneignung um eine ästhetische Erfahrung, die spontane Bildungsprozesse initiieren
kann, worin in dieser Arbeit das entscheidende Wirkungspotenzial von Filmen
gefasst wurde. Der Bezug auf Wulf und Dewey (wie teilweise Oevermann) ließ
das konstitutive Moment der Aufhebung der Grenzen zwischen Film- und Alltagswelt herausarbeiten, das erst dazu führt, dass in der ästhetischen Erfahrung
grundlegende habituelle Orientierungen aufgewühlt und restrukturiert werden
können, ohne dass dies als eine den Alltag bedrohende, krisenhafte Erfahrung
erlebt wird. Dies ist also die entscheidende Voraussetzung für die in der produktiven Aneignung stattfindenden Prozesse einer impliziten und spontanen
(Selbst)Bildung. Daher und wegen ihrer Implizitheit ist die Rezeptionspraxis der
produktiven Aneignung auch nicht als eine Praxis der Sorge und Pflege des
Selbst zu verstehen.

Die hier vorgenommene Diskussion jener Rezeptionspraxis der produktiven
Aneignung lässt auch kritische Fragen an das Habituskonzept Bourdieus hinsichtlich ihres Potenzials zur Erfassung von Transformationsprozessen stellen.
Dies allerdings ohne in eine pauschale Zurückweisung zu verfallen – vielmehr ist
das Habituskonzept um Aspekte der mimetisch-ästhetischen Erfahrung anhand
von Medien zu ergänzen. Die bildungstheoretische Diskussion des Habituskon-
zepts sollte also an die Logik des praktischen Sinns anknüpfen und nicht auf die
Illusion eines sich selbst transparenten Subjekts und etwa die Möglichkeit eines
freien Selbstentwurfs in der Reflexion setzen. Vermittels der Konzeption der
Habitusmodifikation im Zuge einer mimetisch-ästhetischen Erfahrung in der
produktiven Aneignung von Medien kann der Trägheit eines praktischen Bewusstseins ebenso Rechnung getragen werden wie der Möglichkeit zur impliziten und ungeplanten Modifikation desselben (vgl. Geimer 2010: i.E.).

Der Möglichkeit der Integration der Erkenntnisse dieser Arbeit in steuerbare
Erziehungsprozesse stehe ich, wie begründet, skeptisch gegenüber. Obwohl sich
die produktive Aneignung als Praxis der Rezeption (soweit sich dies ohne soziogenetische Analyse sich abzeichnet) nicht als eine Funktion von sozialen Kategorien erwies (z.B. Bildungshintergrund, soziale Herkunft oder Geschlecht) und
somit Raum für pädagogische Interventionen generell gegeben scheint, erscheinen zugleich die psychologischen, kulturellen und sozial-situativen und demgemäß auch filmspezifischen Kontextbedingungen für das Stattfinden einer pro-

duktiven Aneignung kaum kontrollierbar. Anstatt daher Prozesse einer derartigen ästhetischen Erfahrung pädagogisch instrumentalisieren zu wollen, sollte der Möglichkeitsraum vergrößert werden, in denen sie thematisiert werden und dadurch von Jugendlichen selbst wahrgenommen und kontrolliert werden können.

Abschließend ist daher nochmals hervorzuheben, dass es mit der Integration von ästhetischen Erfahrungen eines produktiven Aneignens von Filmen in pädagogische Kontexte folglich nicht darum geht, spontane Bildungsprozesse unter Kontrolle zu bringen und gestalt- und planbar zu machen, sondern Jugendliche in Kontakt mit der durch diese impliziten Prozesse ausgebildeten Subjektivität und also eigenen (und möglicherweise ebenso fremden) konjunktiven Erfahrungs- und Wissensstrukturen zu bringen. Dies auch nicht deshalb, weil sie von diesen Grundlagen der Subjektivität entfremdet wären, sondern – gewissermaßen im Sinne einer Selbstaufklärung und -vergegenwärtigung – weil sie sich als implizite Erfahrungs- und Wissensstrukturen dem kognitiven Zugriff weitgehend entziehen. Letztlich geht es demnach ‚nur' um eine Erweiterung des persönlichen Entwicklungsraums und eine bewusstere Bildung desselben anhand der (pädagogisch organisierten) Kommunikation wie Reflexion von ästhetischen Erfahrungen des produktiven Aneignens von Filmen (wie potenziell weiterer Medienangebote).

Dieser zusammenfassende Überblick zeigt auch, dass die vorliegende Arbeit zweifelsohne viele Fragen im Bereich der sozial-, bildungs- und erziehungswissenschaftlichen Film- und Medienforschung offen lässt; oder positiv gewendet: Sie kann auf viele offene Fragen hinweisen. Da sich hier mit den Praktiken der Rezeption detailliert und gewissermaßen mikroskopisch auseinandergesetzt wurde, stellen sich auf der Grundlage der Ergebnisse vor allem weitere Fragen nach der kontextuellen (biografischen wie sozialen) Einbettung dieser Praktiken, also etwa: Wie verankern sich diese Praktiken (insbesondere ggf. als primäre Praktiken) in habituellen Strukturen? Wie gestalten sich weitere Phasen des Handelns (mit Medien), in denen die durch eine produktive Aneignung angestoßene Orientierungsbildung ausgebaut, differenziert, weiter modifiziert oder neutralisiert wird? Inwiefern ist die produktive Aneignung in bestimmten Lebensphasen oder Lebenslagen von gesteigerter Bedeutung? Wie verhalten sich die rekonstruierten Praktiken der Rezeption milieubezogen zu bestimmten Filmen? Das heißt auch: Inwiefern sind vor allem für Aneignungsprozesse spezifische Merkmale des Produkts für bestimmte Rezipienten ausschlaggebend, also: Wie ist das Verhältnis einer (dokumentarischen) Produkt- und Rezeptionsanalyse zu sehen, dies auch hinsichtlich der visuellen Aspekte der Aneignung, die entscheidend auch über das spezifisch Visuelle des Mediums Film vermittelt ist, was hier nicht untersucht werden konnte (und bisher in der Forschungslandschaft ebenso kaum beachtet wurde). Es handelt sich insbesondere um medienbiografische und mediensozialisatorische Fragen, die an diese Arbeit anschließen können. Dies möglicherweise auch hinsichtlich anderer Medien: Sind die rekonstruierten Rezeptionspraktiken also auch in der Bezugnahme auf andere Medienformate vorzufinden (wie Analysen zur Rezeption von Fotografien nahe legen, vgl. Kap. 4)? Und schließlich: Inwiefern lassen sich diese Ergebnisse in die Praxis tragen bzw. durch diese Ergebnisse das implizite Wissen von PraktikerInnen, die selbst vielfältige und hier nicht untersuchte Erfahrungen mit dem Umgang Jugendlicher mit Filmen gemacht haben, systematisieren und differenzieren? Mit der Klärung nur einiger weniger dieser Fragen lässt sich die sozial-, bildungs- und erziehungswissenschaftliche Medien(rezeptions)forschung fruchtbar vorantreiben...

Literaturverzeichnis

Abels, Heinz (1998): Interaktion, Identität, Präsentation. Opladen: Westdeutscher Verlag.

Abraham, Anke (2002): Der Körper im biographischen Kontext. Opladen: Westdeutscher Verlag.

Andresen, Sabine (2004): Kindheit als Dispositiv. Ein Zugang erziehungswissenschaftlicher und historischer Kindheitsforschung. In: Pongratz, Ludwig A. / Wimmer, Michael / Masschelein, Jan (Hrsg.): Nach Foucault. Diskurs- und machtanalytische Perspektiven der Pädagogik. Wiesbaden: VS Verlag für Sozialwissenschaften, S. 158-175.

Ang, Ien (1989): Watching Dallas. Soap Opera and the Melodramatic Imagination. London, New York: Routledge.

Ang, Ien (1996a): Ethnography and Radical Contextualism in Audience Studies. In: Hay, James / Grossberg, Lawrence / Wartella, Ellen (Hrsg.): The Audience and its Landscape. Boulder: Westview Press, S. 247-262.

Ang, Ien (1996b): Living Room Wars. Rethinking Media Audiences for a Postmodern World. London / New York: Routledge.

Ang, Ien (1997): Radikaler Kontextualismus und Ethnographie in der Rezeptionsforschung. In: Hepp, Andreas / Winter, Rainer (Hrsg.): Kultur – Medien – Macht. Cultural Studies und Medienanalyse. Opladen: Westdeutscher Verlag, 87-104.

Amenábar, Alejandro (2005): Interview zu „Das Meer in mir" In: Kino-Central-Infobroschüre, online unter: www.kino-central.de/filme/spanien3/mar/mar_ph.pdf [letzter Zugriff: 06.07].

Arnheim, Rudolf (2002 [1932]): Film als Kunst. Frankfurt a.M.: Suhrkamp.

Assmann, Jan (1992): Formen kollektiver Erinnerung: Kommunikatives und kulturelles Gedächtnis. In: Assmann, Jan: Das kulturelle Gedächtnis. Schrift, Erinnerung und politische Identität. München: Beck, S. 48-66.

Ayaß, Ruth (1993): Auf der Suche nach dem verlorenen Zuschauer. In: Holly, Werner / Püschel, Ulrich (Hrsg.): Medienrezeption als Aneignung. Opladen: Westdeutscher Verlag, S. 27-41.

Ayaß, Ruth / Bergmann, Jörg (Hrsg.) (2006): Qualitative Methoden der Medienforschung. Rowohlt.

Baacke, Dieter (1995): Zum pädagogischen Widerwillen gegen den Sehsinn. In: Baacke, Dieter / Röll, Franz-Josef (Hrsg.): Weltbilder. Wahrnehmung. Wirklichkeit. Bildung als ästhetischer Lernprozess. Opladen: Leske + Budrich, S. 25-49.

Baacke, Dieter (1997): Medienpädagogik. Tübingen: Niemeyer.

Baacke, Dieter / Sander, Uwe / Vollbrecht, Ralf (1988): Sozialökologische Jugendfor-
  schung und neue Medien. Rahmenkonzept, Perspektiven, erste Ergebnisse. In: Pub-
  lizistik 2 / 3, S. 223-242.
Baacke, Dieter / Sander, Uwe / Vollbrecht, Ralf (1991): Medienwelten Jugendlicher.
  Opladen: Leske + Budrich.
Baacke, Dieter / Schäfer, Horst / Vollbrecht, Ralf (1994): Treffpunkt Kino. Daten und
  Materialien zum Verhältnis von Jugend und Kino. Weinheim: Juventa.
Baacke, Dieter / Ferchhoff, Wilfried / Vollbrecht, Ralf (1997): Kinder und Jugendliche in
  medialen Welten und Netzen. Prozesse der Mediensozialisation. In: Fritz, Jürgen /
  Fehr, Wolfgang (Hrsg.): Handbuch Medien: Computerspiele. Bonn: BpB (Bundes-
  zentrale für politische Bildung), S. 31-57.
Bachmair, Ben (1996): Fernsehkultur. Subjektivität in einer Welt bewegter Bilder. Opla-
  den: Westdeutscher Verlag.
Bachmair, Ben (2007a): Mediensozialisation. Die Frage nach Sozialisationsmustern im
  Kontext dominanter Medienformen. In: Sesink, Werner / Kerres, Michael / Moser,
  Heinz (Hrsg.): Jahrbuch Medienpädagogik 6. Medienpädagogik. Standortbestim-
  mungen einer erziehungswissenschaftlichen Disziplin. Wiesbaden: VS Verlag für
  Sozialwissenschaften, S. 118-143.
Bachmair, Ben (2007b): Mediensozialisation. Entwicklung von Subjektivität in medialen
  und kulturellen Figurationen. In: Mikos, Lothar / Hoffmann, Dagmar (Hrsg.): Me-
  diensozialisationstheorien. Neue Modelle und Ansätze in der Diskussion. Wies-
  baden: VS Verlag für Sozialwissenschaften, S. 93-108.
Barker, Martin (2006): I have seen the future and it's not here yet...; Or, on being ambi-
  tious for audience research. In: The Communication Review 9, S. 123-141.
Barker, Martin / Staiger, Janet (2000): Traces of Interpretations: Janet Staiger and Martin
  Barker in Conversation. In: Framework. The Journal of Cinema and Media 42, auch
  online unter: http://www.frameworkonline.com/42jsmb.htm [letzter Zugriff: 03.07].
Barthes, Roland (1975): Upon Leaving the Movie Theater. In: Communications 23, S.
  104-108.
Barthes, Roland (2000): Der Tod des Autors. In: Fotis, Jannidis / Lauer, Gerhard / Marti-
  nez, Matias / Winko, Simone (Hrsg.): Texte zur Theorie der Autorschaft. Stuttgart:
  Reclam, S. 185-193.
Baudry, Jean-Louis (1975): Le Dispositif: approches métapsychologiques de l'impression
  de réalité. In: Communications 23, S. 56-72.
Becker, Howard, S. / McCall, Michael (Hrsg.) (1990): Symbolic Interaction and Cultural
  Studies. Chicago: University of Chicago Press.
Bender, Saskia (2009a, i.E.): Ästhetische Erfahrungen in der Schule. SchülerInnenfor-
  schung mit dem Verfahren der objektiven Hermeneutik. In: Behse-Bartels, Grit /
  Brand Heike (Hrsg.): Subjektivität in der qualitativen Forschung: Der Forschungs-
  prozess als Reflexionsgegenstand. Studien zur qualitativen Bildungs-, Beratungs-
  und Sozialforschung. Opladen & Farmington Hills: Barbara Budrich.
Bender, Saskia (2009b, i.E.): Kunst als konstruktive Krisenbewältigung. Schulkulturfor-
  schung an einer kunstbetonten Regelgrundschule. In: Zeitschrift für Qualitative Forschung.

Benner, Dietrich (1987): Allgemeine Pädagogik. Eine systematisch-problem-geschichtliche Einführung in die Grundstruktur pädagogischen Denken und Handelns. Weinheim: Juventa.

Berger, Peter L. / Luckmann, Thomas (1980[1966]): Die gesellschaftliche Konstruktion der Wirklichkeit. Eine Theorie der Wissenssoziologie. Frankfurt a.m.: Fischer.

Berger, Peter L. (1983): Das Problem der mannigfaltigen Wirklichkeiten. Alfred Schütz und Robert Musil. In: Grathoff, Richard / Waldenfels, Bernhard (Hrsg.): Sozialität und Intersubjektivität. München: Fink, S. 229-251.

Berger, Peter L. (1988): Robert Musil und die Errettung des Ich. In: Zeitschrift für Soziologie 17, S. 132-142.

Bergmann, Jörg (1985): Flüchtigkeit und methodische Fixierung sozialer Wirklichkeit. Aufzeichnungen als Daten der interpretativen Soziologie. In: Bonß, Wolfgang / Hartmann, Heinz (Hrsg.): Entzauberte Wissenschaft. Zur Relativität und Geltung soziologischer Forschung. Göttingen: Schwarz, S. 299-320.

Bergmann, Jörg (1987): Klatsch. Zur Sozialform der diskreten Indiskretion. Berlin/New York: de Gruyter.

Bergmann, Jörg (1988): Haustiere als kommunikative Ressourcen. In: Soeffner, Hans-Georg (Hrsg.): Kultur und Alltag (Soziale Welt, Sonderband 6), S. 299-312.

Bichler, Thomas (1990): Kunst und Pädagogik als Alphabetisierungsaufgabe. Eine Dokumentation der Diskussion über den Beitrag von Klaus Mollenhauer. In: Lenzen, Dieter (Hrsg.): Kunst und Pädagogik. Erziehungswissenschaft auf dem Weg zur Ästhetik. Darmstadt: Wissenschaftliche Buchgesellschaft, S.189-210.

Bliersbach, Gerhard (2002): Die Therapie im Kinosessel. In: Psychologie Heute 2, S. 36-41.

Blumer, Herbert (1933): Movies and Conduct. A Payne Fund Study. Macmillan & Company: New York.

Blumer, Herbert (1973): Der methodologische Standort des symbolischen Interaktionismus. In: Arbeitsgruppe Bielefelder Soziologen (Hrsg.): Alltagswissen, Interaktion und gesellschaftliche Wirklichkeit. Bd. 1. Reinbek bei Hamburg: Rowohlt, S. 80-101.

Bohnsack, Ralf (1997a): Dokumentarische Methode. In: Hitzler, Ronald / Honer, Anne (Hrsg.): Sozialwissenschaftliche Hermeneutik. Opladen: Leske + Budrich, S. 191-211.

Bohnsack, Ralf (1997b): „Orientierungsmuster". Ein Grundbegriff qualitativer Sozialforschung. In: Schmidt, Folker (Hrsg.): Methodische Probleme der empirischen Erziehungswissenschaft. Baltmannsweiler: Schneider Verlag, S. 49-61.

Bohnsack, Ralf (2001a): Die dokumentarische Methode in der Bild- und Fotointerpretation. In: Bohnsack, Ralf / Nentwig-Gesemann, Iris / Nohl, Arnd-Michael (Hrsg.): Die dokumentarische Methode und ihre Forschungspraxis. Opladen: Westdeutscher Verlag, S. 67-90.

Bohnsack, Ralf (2001b): Typenbildung, Generalisierung und komparative Analyse. In: Bohnsack, Ralf / Nentwig-Gesemann, Iris / Nohl, Arnd-Michael (Hrsg.): Die dokumentarische Methode und ihre Forschungspraxis. Opladen: Westdeutscher Verlag, S. 225–252.

Bohnsack, Ralf (2001c): Dokumentarische Methode: Theorie und Praxis wissenssoziologischer Interpretation. In: Hug, Theo (Hrsg.): Wie kommt Wissenschaft zu Wissen. Einführung in die Methodologie der Sozial- und Kulturwissenschaften. Bd. 3. Baltmannsweiler: Schneider, S. 326-345.

Bohnsack, Ralf (2003a): Dokumentarische Methode und sozialwissenschaftliche Hermeneutik. In: Zeitschrift für Erziehungswissenschaft 6 / 4, S. 550-570.

Bohnsack, Ralf (2003b): Differenzerfahrungen der Identität und des Habitus. Eine empirische Untersuchung auf der Basis der dokumentarischen Methode. In: Liebsch, Burkhard / Straub. Jürgen (Hrsg.): Lebensformen im Widerstreit. Integrations- und Identitätskonflikte in pluralen Gesellschaften. Frankfurt a.M.: Campus, S. 136-160.

Bohnsack, Ralf (2004): Group discussion. In: Flick, Uwe / von Kardorff, Ernst / Steinke, Ines (Hrsg.): A Companion to Qualitative Research. London: Sage, S. 214-220.

Bohnsack, Ralf (2005a): Standards nicht-standardisierter Forschung in den Sozial- und Erziehungswissenschaften. In: Zeitschrift für Erziehungswissenschaft 8 / 4, S. 63-81.

Bohnsack, Ralf (2005b): Bildinterpretation und dokumentarische Methode. In: Wulf, Christoph / Zirfas, Jörg: Ikonologie des Performativen. München: Fink, S. 246-262.

Bohnsack, Ralf (2006a): Orientierungsmuster. In: Bohnsack, Ralf / Marotzki, Werner / Meuser, Michael: Hauptbegriffe qualitativer Sozialforschung. Opladen & Farmington Hills: Barbara Budrich, S. 132-133.

Bohnsack, Ralf (2006b): Fokussierungsmetapher. In: Bohnsack, Ralf / Marotzki, Werner / Meuser, Michael: Hauptbegriffe qualitativer Sozialforschung. Opladen & Farmington Hills: Barbara Budrich, S. 67.

Bohnsack, Ralf (2006c): Praxeologische Wissenssoziologie. In: Bohnsack, Ralf / Marotzki, Werner / Meuser, Michael: Hauptbegriffe qualitativer Sozialforschung. Opladen & Farmington Hills: Barbara Budrich, S. 137-138.

Bohnsack, Ralf (2007): Dokumentarische Methode und praxeologische Wissenssoziologie. In: Schützeichel, Rainer (Hrsg.): Handbuch Wissenssoziologie und Wissensforschung. Konstanz: UVK, S. 180-190.

Bohnsack, Ralf (2008): Rekonstruktive Sozialforschung – Einführung in qualitative Methoden. Opladen & Farmington Hills: Barbara Budrich.

Bohnsack, Ralf (2009a): Qualitative Bild- und Videointerpretation. Die dokumentarische Methode. Opladen & Farmington Hills: Barbara Budrich.

Bohnsack, Ralf (2009b, i.E.): Die Mehrdimensionalität der Typenbildung und ihre Aspekthaftigkeit. In: Ecarius, Jutta / Schäffer, Burkhard (Hrsg.): Typenbildung und Theoriegenerierung. Opladen & Farmington Hills: Barbara Budrich.

Bohnsack, Ralf (2009c): Dokumentarische Methode und Typenbildung – Bezüge zur Systemtheorie. In: John, René / Henkel, Anna / Rückert-John, Jana (Hrsg.): Die Methodologien des Systems. Wiesbaden: VS Verlag für Sozialwissenschaften.

Bolten, Jürgen (1985): Die hermeneutische Spirale. Überlegungen zu einer integrativen Literaturtheorie. In: Poetica 17, S. 355-371.

Bongaerts, Gregor (2007): Soziale Praxis und Verhalten – Überlegungen zum Practice Turn in Social Theory. In: Zeitschrift für Soziologie 36 / 4, S. 246-260.

Bongaerts, Gregor (2008): Verhalten, Handeln, Handlung und soziale Praxis. In: Raab, Jürgen / Pfadenhauer, Michaela / Stegmaier, Peter / Dreher, Jochen / Schnettler,

Bernt (Hrsg.): Phänomenologie und Soziologie. Positionen, Problemfelder, Analysen. Wiesbaden: VS Verlag für Sozialwissenschaften, S. 223-232.

Bordwell, David (1985): Narration in the Fiction Film. London: Methuen & Co.

Bordwell, David (1989a): A Case for Cognitivism. In: IRIS 9, S.11-40.

Bordwell, David (1989b): Making Meaning. Inference and Rhethoric in the Interpretation of Cinema. Harvard: Harvard University Press.

Bordwell, David (1996): Contemporary Film Studies and the Vicissitudes of Grand Theory. In: Bordwell, Davis / Carroll, Noel (Hrsg.): Post-Theory: Reconstructing Film Studies (Wisconsin Studies in Film). Wisconsin: University of Wisconsin Press, S.3-36.

Bordwell, David (1998): Filmkritik und Postmoderne. Bemerkungen zu einigen endemischen Schwierigkeiten. In: Bordwell, David / Elsaesser, Thomas / Sandbothe, Mike (Hrsg.): Die Filmgespenster der Postmoderne. Frankfurt a.M.: Verlag der Autoren, S. 29-40.

Bordwell, David / Staiger, Janet / Thompson, Kristin (1985): The Classical Hollywood Cinema: Film Style and Mode of Production to 1960. New York: Columbia University Press.

Bourdieu, Pierre (1987): Die feinen Unterschiede. Kritik der gesellschaftlichen Urteilskraft. Frankfurt a.M.: Suhrkamp.

Bourdieu, Pierre (1991): Zur Soziologie der symbolischen Formen. Frankfurt a.M.: Suhrkamp.

Bourdieu, Pierre (1992): Rede und Antwort. Frankfurt a.M.: Suhrkamp.

Bourdieu, Pierre (1993a): Sozialer Sinn: Kritik der theoretischen Vernunft. Frankfurt a.M.: Suhrkamp.

Bourdieu, Pierre (1993b): Die historische Genese einer reinen Ästhetik. In: Gebauer, Gunter / Wulf, Christoph (Hrsg.): Praxis und Ästhetik. Neue Perspektiven im Denken Pierre Bourdieus. Frankfurt a.M.: Suhrkamp, S. 14-32.

Bourdieu, Pierre (1993c): Über die scholastische Ansicht. In: Gebauer, Gunter / Wulf, Christoph (Hrsg.): Praxis und Ästhetik. Neue Perspektiven im Denken Pierre Bourdieus. Frankfurt a.M.: Suhrkamp, S. 341-356.

Bourdieu, Pierre (1996): Die Praxis der reflexiven Anthropologie. In: Bourdieu, Pierre / Wacquant, Loic (Hrsg.): Reflexive Anthropologie. Frankfurt a.M.: Suhrkamp, S. 251-294.

Bourdieu, Pierre (1997): Die männliche Herrschaft. In: Dölling, Irene / Krais, Beate (Hrsg.): Ein alltägliches Spiel. Geschlechterkonstruktionen in der Praxis. Frankfurt a.M.: Suhrkamp, S. 153-217.

Bourdieu, Pierre (1998): Praktische Vernunft. Zur Theorie des Handelns. Frankfurt a.M.: Suhrkamp.

Bourdieu, Pierre (2001): Meditationen. Zur Kritik der scholastischen Vernunft. Frankfurt a.M.: Suhrkamp.

Bourdieu, Pierre / Passeron, Jean-Claude (1971): Illusion der Chancengleichheit. Untersuchung zur Soziologie des Bildungswesens am Beispiel Frankreichs. Stuttgart: Klett-Cotta.

Bourdieu, Pierre / Wacquant, Loic (1996): Die Ziele der reflexiven Soziologie. In: Bourdieu, Pierre / Wacquant, Loic (Hrsg.): Reflexive Anthropologie. Frankfurt a.M.: Suhrkamp, S. 95-249.

Branigan, Edward (1992): Narrative Comprehension and Film. London / New York: Routledge.

Bromley, Roger (1999): Cultural Studies gestern und heute. In: Bromley, Roger / Göttlich, Udo / Winter, Carsten (Hrsg.): Cultural Studies. Grundlagentexte zur Einführung. Lüneburg: zu Klampen, S. 9-24.

Bubner, Rüdiger (1989): Ästhetische Erfahrung. Frankfurt a.M.: Suhrkamp.

Bundesministerium für Bildung und Forschung (2008): Medienwelten von Jugendlichen für Bildungsprozesse nutzen, Pressemitteilung 180, online unter: http://www.bmbf.de/press/2392.php [letzter Zugriff: 03.07].

Bundesregierung, Presse- und Informationsamt (2008): Kulturstaatsminister Bernd Neumann beim Kongress „Vision Kino 08": Kulturelle Bildung durch Film und Kino gehört in die Lehrpläne, Pressemitteilung 444, online unter: http://www.bundesregierung.de/nn_1272/Content/DE/Pressemitteilungen/BPA/2008 /12/2008-12-03-bkm.html

Butler, Judith (1991): Das Unbehagen der Geschlechter. Frankfurt a.M.: Suhrkamp.

Casetti, Francesco (2001): Filmgenres, Verständigungsvorgänge und kommunikativer Vertrag. In: montage AV 10 / 2, S. 155-173.

Charlton, Michael (1993): Methoden der Erforschung von Medienaneignungsprozessen. In: Holly, Werner / Püschel, Uwe (Hrsg.): Medienrezeption als Aneignung. Methoden und Perspektiven qualitativer Medienforschung. Opladen: Westdeutscher Verlag, S. 11-26.

Charlton, Michael (1996): Massenkommunikation aus Sicht der ‚Masse'. Ein handlungstheoretischer Ansatz. In: Hasebrink, Uwe. / Krotz, Friedrich. (Hrsg.): Die Zuschauer als Fernsehregisseure? Zum Verständnis individueller Zuwendungs- und Rezeptionsmuster. Baden-Baden/Hamburg: Nomos, S. 77-93.

Charlton, Michael (1997a): Zugänge zur Mediengewalt. Untersuchungen zu individuellen Strategien der Rezeption von Gewaltdarstellungen im frühen Jugendalter, Villingen-Schwenningen: Neckar-Verlag.

Charlton, Michael (1997b): Rezeptionsforschung als Aufgabe einer interdisziplinären Medienwissenschaft. In: Charlton, Michael / Schneider, Silvia (Hrsg.): Rezeptionsforschung. Theorien und Untersuchungen zum Umgang mit Massenmedien. Opladen: Westdeutscher Verlag, S.16-39.

Charlton, Michael / Neumann-Braun, Klaus (1992): Medienkindheit – Medienjugend: Eine Einführung in die aktuelle kommunikationswissenschaftliche Forschung. Quintessenz-Verlag München.

Condit, Celeste M. (1989): The Rhetorical Limits of Polysemy. In: Critical Studies in Mass Communication 6 / 2, S. 103-122.

Cooley, Charles H. (1902): Human Nature and the Social Order. New York: Scribner's.

Curran, James (1990): New Revisionism in Mass Communication Research: A Reappraisal. In: European Journal of Communication 5, S. 135-164.

De Certeau, Michel (1988): Kunst des Handelns. Berlin: Merve Verlag.

Denzin, Norman K. (1991a): Hollywood Shot by Shot: Alcoholism in American Cinema. New York: De Gruyter.

Denzin, Norman K. (1991b): Images of Postmodern Society. Social Theory and Contemporary Cinema. London: Sage.

Denzin, Norman K. (1992): Symbolic Interactionism and Cultural Studies. The Politics of Interpretation. Oxford / Cambridge: Basil Blackwell.

Denzin, Norman K. (1995): The Cinematic Society. The Voyeur's Gaze. London: Sage.

Denzin, Norman K. (1999): Ein Schritt voran mit den Cultural Studies. In: Hörning, Karl H. / Winter, Rainer (Hrsg.): Widerspenstige Kulturen. Cultural Studies als Herausforderung. Frankfurt a.M.: Suhrkamp, S. 116-149.

Denzin; Norman K. (2008): Die Geburt der Kinogesellschaft. In: Winter, Rainer / Niederer, Elisabeth (Hrsg.): Ethnographie, Kino und Interpretation. Die performative Wende der Sozialwissenschaften. Bielefeld: transcript, S. 89-136. [Übersetzung von Kapitel 1 aus Denzin, 1995]

Derrida, Jacques (2001): Jacques Derrida et les fantomes du cinéma. In: Cahiers du Cinéma 556, S. 74-85.

Dewey, John (1980[1934]): Kunst als Erfahrung. Frankfurt a.M.: Suhrkamp.

Dieckmann, Bernhard / Wimmer, Klaus-Michael (1993): Spontaneität. In: Lenzen, Dieter (Hrsg.): Pädagogische Grundbegriffe. Bd. 2, Reinbek: Rowohlt, S. 1440-1444.

Dieterle, Bernard (Hrsg.) (1998): Träumungen: Traumerzählung in Film und Literatur. St. Augustin: Gardez.

Durkheim, Emile (1999 [1895]): Die Regeln der soziologischen Methode. Frankfurt a.M.: Suhrkamp.

Drink, Barbara / Ehrenspeck, Yvonne / Hackenberg, Achim / Hedenigg, Silvia. / Lenzen, Dieter (2001): Von der Medienwirkungsbehauptung zur erziehungswissenschaftlichen Medienrezeptionsforschung – Ein Vorschlag zur Analyse von Filmkommunikaten. In: Medienpädagogik – Online-Zeitschrift für Theorie und Praxis der Medienbildung 1, online unter: www.medienpaed.com/01-1/drinck1.pdf [letzter Zugriff: 05.07].

Eberle, Thomas (1997): Ethnomethodologische Konversationsanalyse. In: Hitzler, Ronald / Honer, Anne (Hrsg.): Sozialwissenschaftliche Hermeneutik. Opladen: Leske + Budrich, S. 245-271.

Eder, Jens (2000): Die Dramaturgie des populären Films. Drehbuchpraxis und Filmtheorie. Hamburg: LIT Verlag.

Ehrenspeck, Yvonne (1996): Der "Ästhetik"-Diskurs und die Pädagogik. In: Pädagogische Rundschau 50, S. 247-264.

Ehrenspeck, Yvonne (1997): The Current ‚Aesthetics'-Discourse and Educational Science. In: Heyting, Frieda / Koppen, Jan K. / Lenzen, Dieter / Thiel, Felicitas (Hrsg.): Educatioal Studies in Europe. Amsterdam and Berlin compared. Providence / Oxford: Berghahn Books, S. 42-58.

Ehrenspeck, Yvonne (1998): Die Versprechungen des Ästhetischen. Die Entstehung eines modernen Bildungsprojekts. Opladen: Leske + Budrich.

Ehrenspeck, Yvonne (2001a): Stichwort: Ästhetik und Bildung. In: Zeitschrift für Erziehungswissenschaft 4 / 1, S. 5-21.

Ehrenspeck, Yvonne (2001b): Strukturalismus und Poststrukturalismus in der Erziehungswissenschaft. Thematische, theoretische und methodische Implikationen. In: Fritzsche, Bettina / Hartmann, Jutta / Tervooren, Anja (Hrsg.): Dekonstruktive Pädagogik. Erziehungswissenschaftliche Debatten unter poststrukturalistischen Perspektiven. Opladen: Leske + Budrich, S. 21-34.

Ehrenspeck, Yvonne (2007): Die Idee der Humanisierung des Menschen im Medium ästhetischer Bildung bei Friedrich Schiller und Johann Friedrich Herbart. In: Ehrenspeck, Yvonne / de Haan, Gerhard / Thiel, Felicitas (Hrsg.): Bildung: Angebot oder Zumutung?. Wiesbaden: VS Verlag für Sozialwissenschaften, S. 75-93.

Ehrenspeck, Yvonne / Lenzen, Dieter (2003): Sozialwissenschaftliche Filmanalyse. Ein Werkstattbericht. In: Ehrenspeck, Yvonne / Schäffer, Burkhard (Hrsg.): Film- und Fotoanalyse in der Erziehungswissenschaft. Leske + Budrich: Opladen, S. 439-450.

Ehrenspeck, Yvonne / Hackenberg, Achim / Lenzen, Dieter (2006): Wie konstruieren Jugendliche filmische Todesdarstellungen? Ergebnisse eines DFG-Forschungsprojektes zur erziehungswissenschaftlichen Medienrezeptionsforschung. In: Zeitschrift für Erziehungswissenschaft 9 / 3, S. 424-446.

Ehrenspeck, Yvonne / Geimer, Alexander / Lepa Steffen (2008): Inhaltsanalyse. In: Sander, Uwe / von Gross, Friederike / Hugger, Kai-Uwe: (Hrsg.): Handbuch Medienpädagogik. Wiesbaden: VS Verlag für Sozialwissenschaften, S. 351-356.

Endreß, Martin (1999): Karl Mannheim. In: Kaesler, Dirk (Hrsg.): Klassiker der Soziologie 1. München: Beck, S. 334-352.

Endreß, Martin (2007): Karl Mannheim. In: Schützeichel, Rainer (Hrsg.): Handbuch Wissenssoziologie und Wissensforschung. Konstanz: UVK, S. 77-93.

Ebrecht, Jörg (2002): Die Kreativität der Praxis. Überlegungen zum Wandel von Habitusformationen. In: Ebrecht, Jörg / Hillebrandt, Frank (Hrsg.): Bourdieus Theorie der Praxis. Erklärungskraft – Anwendung – Perspektiven. Wiesbaden: Westdeutscher Verlag, S. 225-241.

Faber, Marlene (2001): Medienrezeption als Aneignung. In: Holly, Werner / Püschel, Uwe/ Bergmann, Jörg (Hrsg.): Der sprechende Zuschauer. Wie wir Fernsehen kommunikativ aneignen. Wiesbaden: Westdeutscher Verlag, 25-40.

Faulstich, Werner (2002): Grundkurs Filmanalyse. München: UTB.

Faulstich, Werner (2004): Medienwandel im Industrie- und Massenzeitalter (1830-1900). Göttingen: Vandenhoeck & Ruprecht.

Feilke, Helmut (1999): Common Sense-Kompetenz. Überlegungen zu einer Theorie des ‚sympathischen' und ‚natürlichen' Meinens und Verstehens. Frankfurt a.M.: Suhrkamp.

Fetting, Friederike (2007): Metaphern als Ausdruck ästhetischen Erfahrungspotenzials. In: Friebertshäuser, Barbara / von Felden, Heide / Schäffer, Burkhart (Hrsg.): Bild und Text. Methoden und Methodologien qualitativer Sozialforschung in der Erziehungswissenschaft. Opladen & Farmington Hills: Barbara Budrich, S. 331-340.

Fiske, John (1987a): Television Culture. London: Routledge.

Fiske, John (1987b): Miami Vice, Miami Pleasures. In: Cultural Studies 1 / 1, S. 113-119.

Fiske, John (1989): Popular television and commercial structure: Beyond political economy. In: Bums, Gary / Thompson, Robert I. (Hrsg.): Television Studies: Textual analyses. New York / London: Praeter, S. 21-37.

Fiske, John (1996): Hybrid Vigor: Popular Culture in a Multicultural, Post-Fordist-World. In: Studies in Latin American Popular Culture 15, S. 43-59.

Fiske, John (1997): Populäre Texte, Sprache und Alltagskultur. In: Hepp, Andreas / Winter, Rainer (Hrsg.): Kultur – Medien – Macht. Cultural Studies und Medienanalyse. Opladen: Westdeutscher Verlag, 65-84.

Fiske, John (1999): Wie ein Publikum entsteht. Kulturelle Praxis und Cultural Studies. In: Hoerning, Karl / Winter, Rainer: Widerspenstige Kulturen: Cultural Studies als Herausforderung. Frankfurt a.M.: Suhrkamp, S. 238-263.

Fiske, John (2001a): Die britischen Cultural Studies und das Fernsehen. In: Winter, Rainer / Mikos, Lothar (Hrsg.): Die Fabrikation des Populären. Der John Fiske-Reader. Bielefeld: transcript, S. 17-68.

Fiske, John (2001b): Fernsehen: Polysemie und Popularität. In: Winter, Rainer / Mikos, Lothar (Hrsg.): Die Fabrikation des Populären. Der John Fiske-Reader. Bielefeld: transcript, S. 85-110.

Fiske, John (2001c): Hybride Energie. Populärkultur in einer multikulturellen, postfordistischen Welt. In: Winter, Rainer / Mikos, Lothar (Hrsg.): Die Fabrikation des Populären. Der John Fiske-Reader. Bielefeld: transcript, S. 285-307.

Flick, Uwe (2004): Triangulation. Eine Einführung. Wiesbaden: VS Verlag für Sozialwissenschaften.

Franke, Annette (2007): Aktuelle Konzeptionen der Ästhetischen Erziehung. München: Meidenbauer Verlagsbuchhandlung.

Fritzsche, Bettina (2001): Mediennutzung im Kontext kultureller Praktiken als Herausforderung an die qualitative Forschung. In: Bohnsack, Ralf / Nentwig-Gesemann, Iris / Nohl, Arndt-Michael (Hrsg.): Die dokumentarische Methode und ihre Forschungspraxis. Opladen: Leske + Budrich, S. 27-42.

Fritzsche, Bettina (2003): Pop-Fans. Studie einer Mädchenkultur. Opladen: Leske + Budrich.

Fromme, Johannes (2002): Mediensozialisation und Medienpädagogik. Zum Verhältnis von informellem und organisiertem Lernen mit Computer und Internet. In: Spektrum Freizeit 24, S. 70-83.

Früh, Werner (2008): Dynamisch-transaktionaler Ansatz. In: Sander, Uwe / von Gross, Friederike / Hugger, Kai-Uwe (Hrsg.): Handbuch Medienpädagogik. Wiesbaden: VS Verlag für Sozialwissenschaften, S. 179-184.

Foucault, Michel (1990): Einleitung zu ,Gebrauch der Lüste'. In: Engelmann, Peter (Hrsg.): Postmoderne und Dekonstruktion. Texte französischer Philosophen der Gegenwart. Stuttgart: Reclam, S. 244-274.

Ganguin, Sonja , Sonja / Sander, Uwe (2005): Medienökologie. In: Mikos, Lothar / Wegener, Claudia (Hrsg.): Qualitative Medienforschung: Ein Handbuch. Konstanz: UVK, S. 130-139.

Ganguin, Sonja (2008): Medienökologie. In: Sander, Uwe / von Gross, Friederike / Hugger, Kai-Uwe: (Hrsg.): Handbuch Medienpädagogik. Wiesbaden: VS Verlag für Sozialwissenschaften, S. 136-141.

Garfinkel, Harold (1967): Studies in Ethnomethodology. Cambridge: Polity Press.

Garfinkel, Harold (1973): Das Alltagswissen über soziale und innerhalb sozialer Strukturen. In: Arbeitsgruppe Bielefelder Soziologen (Hrsg.): Alltagswissen, Interaktion
und gesellschaftliche Wirklichkeit. Bd. 1. Reinbek: Rowohlt, S. 189-261.

Garfinkel, Harold (1977): Studien über die Routinegrundlagen von Alltagshandeln. In:
Steinert, Heinz (Hrsg.): Symbolische Interaktion. Arbeiten zu einer reflexiven Soziologie. Stuttgart: Klett-Cotta, S.280-293.

Garfinkel, Harold (1996): Ethnomethodology's Program. In: Social Psychology Quarterly
59 / 1, S. 5-21.

Garfinkel, Harold / Sacks, Harvey (1976): Über formale Strukturen praktischer Handlungen. In: Sack, Fritz / Schenkein, Jim (Hrsg.): Ethnomethodologie. Beiträge zu einer
Soziologie des Alttagshandelns. Frankfurt a.M.: Suhrkamp, S. 130-176.

Gebauer, Gunter / Wulf, Christoph (1998): Spiel, Ritual, Geste: Mimetisches Handeln in
der sozialen Welt. Reinbek: Rowohlt.

Gebauer, Gunter / Wulf, Christoph (2003): Mimetische Weltzugänge. Soziales Handeln –
Rituale und Spiele – ästhetische Produktionen. Stuttgart: Kohlhammer.

Geimer, Alexander (2005): Theorien zur sozialen Konstruktion von Geschlecht. Von der
Ethnomethodologie zum Undoing Gender. In: Drinck, Barbara (Hrsg.): Glossar Ge-
schlechterforschung. Freie Universität Berlin, online unter: http://userpage.fu-
berlin.de/~glossar/ [letzter Zugriff: 10.07].

Geimer, Alexander (2006a): „Wir sind nicht tot! Wir sind nicht tot!". Das Todes-Trauma
in der zeitgenössischen Filmwelt und die Todesverdrängung in der postmodernen
Lebenswelt. In: IKONEN. Magazin für Kunst, Kultur und Lebensart 9, S. 36-37.

Geimer, Alexander (2006b): Der mindfuck als postmodernes Spielfilm-Genre. Ästhetisches Irritationspotenzial und dessen subjektive Aneignung untersucht anhand des
Films THE OTHERS. In: Jump Cut. Kritiken und Analysen zum Film, online unter:
www.jump-cut.de/mindfuck1.html [letzter Zugriff: 12.07].

Geimer, Alexander (2009, i.E.): Cultural Practices of the Reception and Appropriation of
Films from the Standpoint of a Praxeological Sociology of Knowledge. In: Bohnsack, Ralf / Pfaff, Nicole / Weller, Wivian (Hrsg.): Qualitative Research and Docu-
mentary Method in Educational Science. Opladen & Farmington Hills: Barbara
Budrich.

Geimer, Alexander (2010, i.E.): Praktiken der produktiven Aneignung von Medien als
Ressource spontaner Bildung. Eine qualitativ-rekonstruktive Analyse im Kontext
von Habitustheorie und praxeologischer Wissenssoziologie. In: ZfE. Zeitschrift für
Erziehungswissenschaft.

Geimer, Alexander / Lepa, Steffen (2006): Rekonstruktion individueller Lesarten eines
postmodernen Films zur Todesthematik mittels der Analyse schriftlicher Film-
Nacherzählungen .In: Christian Hißnauer / Andreas Jahn-Sudmann (Hrsg.): medien -
zeit – zeichen. Marburg: Schüren, S. 173-179.

Geimer, Alexander / Lepa, Steffen (2007): Todesvorstellungen und Todesdarstellungen.
Hat die Rezeption von Post-Mortem-Filmen eine orientierungsbildende Funktion für
Jugendliche?. In: tv diskurs 41 / 11, S.42-45.

Geimer, Alexander / Lepa, Steffen / Hackenberg, Achim / Ehrenspeck, Yvonne (2007):
THE OTHERS reconstructed – Eine qualitative Analyse erfahrungs- und entwick-

lungsbezogener Prädiktoren der unterschiedlichen Lesarten eines Postmortem-Spielfilms. In: ZfE. Zeitschrift für Erziehungswissenschaft 10 / 4, S. 493-511.

Geimer, Alexander / Lepa, Steffen / Ehrenspeck, Yvonne (2008): Zur Bedeutung von Bildungsgang, Bildungshintergrund und Geschlecht für die Beschäftigung mit berufsbiografisch relevanten Entwicklungsaufgaben bei 16-18jährigen Berliner SchülerInnen. In: Diskurs Kindheits- und Jugendforschung 3 / 3, S. 301-320.

Geimer, Alexander / Ehrenspeck, Yvonne (2009, i.E.): Qualitative Filmanalyse. In: Friebertshäuser, Barbara / Prengel, Annedore (Hrsg.): Handbuch Qualitative Forschungsmethoden in der Erziehungswissenschaft. Weinheim: Juventa.

Geimer, Alexander / Hackenberg, Achim (2009a, i.E.): Beurteilungsspielräume und Orientierungen. Ergebnisse einer Evaluation der Prüfpraxis der Freiwilligen Selbstkontrolle Mulimediadiensteanbieter. In: Bohnsack, Ralf / Nentwig-Gesemann, Iris (Hrsg.): Dokumentarische Evaluationsforschung. Opladen & Farmington Hills: Barbara Budrich.

Geimer, Alexander / Hackenberg, Achim (2009b, i.E.): Fallkonstitution und Fallverstehen in Prüfentscheidungen. Zur Kontrolle impliziten, berufsbiographisch erworbenen Wissens in Prüfungen der Freiwilligen Selbstkontrolle Multimedia. In: Zeitschrift für qualitative Sozialforschung 1.

Geimer, Alexander / Hackenberg, Achim / Pathe, Imme (2008): Beurteilungsspielräume der Freiwilligen Selbstkontrollen und Fallkonstitution in der Prüfpraxis. Eine Evaluierung des FSM-Prüfverfahrens durch die FU Berlin. In: Jugendmedienschutz-Report 3, S. 9-12.

Geimer, Alexander / Hackenberg, Achim / Walter, Sandra (2008): Das Prüfverfahren der FSM und dessen Evaluation durch die FU Berlin. Zu Aspekten der Fallkonstitution und Kommunikation im Prüfverfahren und Zusammensetzung des Prüfgremiums. In: tv diskurs 45 / 3, S. 78-83.

Gergen, Kenneth (1996): Das übersättigte Selbst. Identitätsprobleme im heutigen Leben. Heidelberg: Auer.

Gergen, Kenneth (2001): Psychological Science in a Postmodern Context. In: The American Psychologist 56, S. 803-813.

Giddens, Anthony (1995): Die Konstitution der Gesellschaft, Grundzüge einer Theorie der Strukturierung. Frankfurt a.M.: Campus.

Gildemeister, Renate (2008): Soziale Konstruktion von Geschlecht: Doing Gender. In: Wilz, Sylvia M. [Hg]: Geschlechterdifferenzen – Geschlechterdifferenzierungen. Ein Überblick über gesellschaftliche Entwicklungen und theoretische Positionen. Wiesbaden: VS Verlag für Sozialwissenschaften, S.167-198.

Gleich, Uli (2008): Muster und Funktionen der Mediennutzung. In: media perspektiven 3, S. 148-154.

Glogner, Patrick (2002): Altersspezifische Umgehensweisen mit Filmen. Teilergebnisse einer empirischen Untersuchung zur kultursoziologischen Differenzierung von Kinobesuchern. In: Müller, Renate / Glogner, Patrick / Rhein, Stefanie / Heim, Jens (Hrsg.): Wozu Jugendliche Musik und Medien gebrauchen. Jugendliche Identität und musikalische und mediale Geschmacksbildung. Weinheim: Juventa, S. 98-111.

Goffman, Erving (2008[1959]): Wir alle spielen Theater: Die Selbstdarstellung im Alltag. München: Piper.

Goffman, Erving (1980 [1974]): Rahmenanalyse. Ein Versuch über die Organisation von Alltagserfahrungen. Frankfurt: Suhrkamp.

Großmann, Brit (1997): Der Einfluß des Radikalen Konstruktivismus auf die Kommunikationswissenschaft. In: Rusch, Gebhard / Schmidt, Siegfried J. (Hrsg.): Konstruktivismus in der Medien- und Kommunikationswissenschaft. Frankfurt a.M.: Suhrkamp, S. 14-51.

Göttlich, Udo (1997): Kontexte der Mediennutzung. Probleme einer handlungstheoretischen Modellierung der Medienrezeption. In montage AV 6 / 1, S. 105-113.

Göttlich, Udo (2004): Kreativität in der Medienrezeption. Zur Praxis der Medienaneignung zwischen Routine und Widerstand. In: Hörning, Karl / Reuter, Julia (Hrsg.): Doing Culture. Neue Positionen zum Verhältnis von Kultur und sozialer Praxis. Bielefeld: transcript, S. 169-183.

Göttlich, Udo / Winter, Carsten (1999): Wessen Cultural Studies. Zur Rezeption der Cultural Studies im deutschsprachigen Raum. In: Bromley, Roger / Göttlich, Udo / Winter, Carsten (Hrsg.): Cultural Studies. Grundlagentexte zur Einführung. Lüneburg: zu Klampen, S. 25-39.

Grossberg, Lawrence (1999): Was sind Cultural Studies?. In: Hörning, Karl H. / Winter, Rainer (Hrsg.): Widerspenstige Kulturen. Cultural Studies als Herausforderung. Frankfurt a.M.: Suhrkamp, S. 43-83.

Hackenberg, Achim (2000): Die Darstellung von Solidarität im postmodernen Spielfilm. Eine Analysemethode sozialer Interaktionen in Spielfilmen. Berlin: Logos.

Hackenberg, Achim (2004): Filmverstehen als kognitiv-emotionaler Prozess. Zum Instruktionscharakter filmischer Darstellungen und dessen Bedeutung für die Medienrezeptionsforschung. Berlin: Logos.

Hackenberg, Achim (2007): Medien – Zumutung oder Angebot? Erkenntnistheoretische Reflexionen zur Wirkungshypothese. In: Ehrenspeck, Yvonne / de Haan, Gerhard / Thiel, Felicitas (Hrsg.): Bildung: Angebot oder Zumutung?. Wiesbaden: VS Verlag für Sozialwissenschaften, S. 171-190.

Hackenberg, Achim / Hajok, Daniel (2002): Tod im Film – Wahrnehmung und Verarbeitung von Todes- und Gewaltdarstellungen durch Jugendliche unter Berücksichtigung ihrer persönlichen Erfahrungen und Vorstellungen, Brandenburgischer Bildungsserver, online unter: www.bildung-brandenburg.de/bbs/bug/j_schutz/tagung02/hajokua. pdf [letzter Zugriff: 03.06].

Hackenberg, Achim / Hajok, Daniel / Richter, Antje (2003): Medienrezeption als Kommunikatbildungsprozess – Eine empirische Untersuchung zur Konstruktion medialer Ereignisse, Vortrag bei der Tagung der Fachgruppe „Methoden der Publizistik- und Kommunikationswissenschaft" der Deutschen Gesellschaft für Publizistik- und Kommunikationswissenschaft (DGPuK), online unter: http://www.fuberlin.de/ philerz/DFG/dfg-projekt. htm [letzter Zugriff: 03.06].

Hall, Stuart (1994a): Die Frage der kulturellen Identität. In: Hall, Stuart (Hrsg.): Rassismus und kulturelle Identität. Argument-Verlag: Hamburg, S. 180-222.

Hall, Stuart (1994b): Reflections upon the encoding /decoding model. In: Cruz, Jon / Lewis, Justin (Hrsg.): Viewing, Reading, Listening: Audiences and Cultural Reception. Boulder: Westview, S. 253-274.

Hall, Stuart (1999[1980]): Codieren/Dekodieren. In: Bromley, Roger / Göttlich, Udo / Winter, Carsten (Hrsg.): Cultural Studies. Grundlagentexte zur Einführung. Lüneburg: zu Klampen, S. 92-110.

Hall, Stuart (2004): Das Spektakel des ‚Anderen'. In: Koivisto, Juha / Merkens, Andreas (Hrsg.): Stuart Hall. Ideologie, Identität, Repräsentation. Ausgewählte Schriften IV. Hamburg: Argument Verlag, S. 108-166.

Harten, Hans-Christian (1997): Ästhetische Erziehung zwischen Politik und Pädagogik zur Zeit der Französischen Revolution und der deutschen Romantik. In: Biewer, Gottfried / Reinhartz, Petra (Hrsg.): Pädagogik des Ästhetischen. Bad Heilbrunn: Klinkhardt, S. 95-111.

Hartmann, Britta / Wulff, Hans J. (2003): Neoformalismus – Kognitivismus – Historische Poetik des Kinos. In: Felix, Jürgen (Hrsg.): Moderne. Film. Theorie. Mainz: Bender, S. 191-216.

Heidbrink, Henriette (2007): Filmtherapie!? Überlegungen zu den therapeutischen Potenzialen des narrativen Films. In: Becker, Andreas R. / Hartmann, Doreen / Lorey Don C. / Nolte, Andrea (Hrsg.): Medien – Diskurse – Deutungen. Marburg: Schüren, S. 52-59.

Hepp, Andreas (1998): Fernsehaneignung und Alltagsgespräche. Fernsehnutzung aus Perspektive der Cultural Studies. Opladen: Westdeutscher Verlag.

Hepp, Andreas (1999): Cultural Studies und Medienanalyse. Opladen: Westdeutscher Verlag.

Hepp, Andreas (2004): Netzwerke der Medien. Medienkulturen und Globalisierung. Wiesbaden: VS Verlag für Sozialwissenschaften.

Hepp, Andreas (2005): Kommunikative Aneignung. In: Mikos, Lothar / Wegener, Claudia (Hrsg.): Qualitative Medienforschung: Ein Handbuch. Konstanz: UVK, S. 67-79.

Hepp, Andreas (2008): Cultural Studies. In: Sander; Uwe / von Gross, Friederike / Hugger, Kai-Uwe (Hrsg.): Handbuch Medienpädagogik. Wiesbaden: VS Verlag für Sozialwissenschaften, S. 142-148.

Hipfl, Brigitte (1996): Vom Text zu seinen Lesarten. Analyse von Medienerfahrungen mit Erinnerungsarbeit. In: Delanoy, Werner / Rabenstein, Helga / Wintersteiner, Werner (Hrsg.): Lesarten. Literaturunterricht im interdisziplinären Vergleich. Innsbruck: Studien-Verlag, S. 202-224.

Hippel, Klemens (1992): Parasoziale Interaktion. Bericht und Bibliographie. In: montage AV 1/ 1, S. 135-150.

Hippel, Klemens (1993): Parasoziale Interaktion als Spiel. Bemerkungen zu einer interaktionistischen Fernsehtheorie. In: montage AV 2 /2, S. 127-145.

Hitzler, Ronald / Reichertz, Jo / Schröer, Norbert (Hrsg.) (1999): Hermeneutische Wissenssoziologie. Standpunkte zur Theorie der Interpretation. Konstanz: UVK.

Hofmannsthal, Hugo (1978[1921]): Der Ersatz für die Träume. In: Kaes, Anton (Hrsg.): Die Kino-Debatte. Texte zum Verhältnis von Literatur und Film. Tübingen: Niemeyer, S. 149-152.

Hoffmann, Dagmar (2007): Plädoyer für eine integrative Mediensozialisationstheorie. In: Mikos, Lothar / Hoffmann, Dagmar (Hrsg.): Mediensozialisationstheorien. Neue Modelle und Ansätze in der Diskussion. Wiesbaden: VS Verlag für Sozialwissenschaften, S. 11-26.

Höffe, Otfried (2004): Immanuel Kant. München: Beck.

Holly, Werner (2001): Der sprechende Zuschauer. In: Holly, Werner / Püschel, Uwe / Bergmann, Jörg (Hrsg.): Der sprechende Zuschauer. Wie wir Fernsehen kommunikativ aneignen. Wiesbaden: Westdeutscher Verlag, S. 11-24.

Horkheimer , Max / Adorno, Theodor W. (1998 [1944]): Kulturindustrie. Aufklärung als Massenbetrug. In: Horkheimer, Max / Adorno, Theodor W.: Dialektik der Aufklärung. Philosophische Fragmente. Frankfurt a.M.: Fischer, S. 88-127.

Hörning, Karl H. / Reuter, Julia (2004): Doing Culture. Kultur als Praxis. In: Hörning, Karl H. / Reuter, Julia (Hrsg.): Doing Culture. Neue Positionen zum Verhältnis von Kultur und sozialer Praxis. Bielefeld: transcript, S. 7-13.

Hugger, Kai-Uwe (2008): Uses & Gratifications-Approach und Nutzenansatz. In: Sander, Uwe / von Gross, Friederike / Hugger, Kai-Uwe (Hrsg.): Handbuch Medienpädagogik. Wiesbaden: VS Verlag für Sozialwissenschaften, S. 173-177.

Hurrelmann, Klaus (2002): Einführung in die Sozialisationstheorie. Weinheim / Basel: Beltz.

Hurrelmann, Klaus (2003): Der entstrukturierte Lebenslauf. Einige sozialpolitische Betrachtungen. In: Zeitschrift für Soziologie der Erziehung und Sozialisation, 23 / 2, S. 115-126.

Jörissen, Benjamin / Marotzki, Winfried (2009): Medienbildung – Eine Einführung. Bad Heilbrunn: Klinkhardt.

Kacnarek, Ludger (1996): Verstehen Sie Film? Zwei neuere deutschsprachige Arbeiten zur kognitiven Filmpsychologie. In: montage AV 5 / 2, S. 89-107.

Kalupner, Sybille (2003): Die Grenzen der Individualisierung. Handlungstheoretische Grundlagen einer Zeitdiagnose. Frankfurt a.M.: Campus.

Kämpf-Jansen, Helga (2001): Ästhetische Forschung. Köln: Salon Verlag.

Krais, Beate / Gebauer, Gunter (2002): Habitus. Bielefeld: transcript.

Kelle, Udo (1998): Empirisch begründete Theoriebildung. Zur Logik und Methodologie interpretativer Sozialforschung. Weinheim: Deutscher Studienverlag.

Kelle, Udo (2008): Strukturen begrenzter Reichweite und empirisch begründete Theoriebildung. Überlegungen zum Theoriebezug qualitativer Methodologie. In: Kalthoff, Herbert / Hirschauer, Stefan / Lindemann, Gesa (Hrsg.): Theoretische Empirie. Zur Relevanz qualitativer Forschung. Frankfurt a.M.: Suhrkamp, S. 312-337.

Keller, Reiner (2008): Wissenssoziologische Diskursanalyse. Grundlegung eines Forschungsprogramms. Wiesbaden: VS Verlag für Sozialwissenschaften.

Kellner, Douglas (1995): Media Culture. Cultural Studies, Identity and Politics between the Modern and the Postmodern. London / New York: Routledge.

Kemper, Thomas (2003): Received Wisdom: Three Reception Studies. In: Jump Cut: A Review of Contemporary Media 46, online unter: http://www.ejumpcut.org/archive/jc46.2003/kemper.staiger/[letzter Zugriff: 01.07].

Keppler, Angela (1993): Fernsehunterhaltung aus Zuschauersicht. In: Hügel, Hans-Otto / Müller, Eggo (Hrsg.): Fernsehshows: Form- und Rezeptionsanalyse. Hildesheim: Universität Hildesheim, S. 11-24.

Keppler, Angela (1994): Tischgespräche. Frankfurt a.M.: Suhrkamp.

Keppler, Angelika (1999): Mediale Erfahrung, Kunsterfahrung, religiöse Erfahrung. Über den Ort von Kunst und Religion in der Mediengesellschaft. In: Honer, Anne / Kurt,

Ronald / Reichertz, Jo (Hrsg.): Diesseitsreligion zur Deutung der Bedeutung moderner Kultur. Konstanz: UVK, S. 183-199.

Keppler, Angela (2000): Verschränkte Gegenwarten. Medien- und Kommunikationsforschung als Untersuchung kultureller Transformationen. In: Soziologische Revue, Sonderheft 5, S. 140-152.

Keppler, Angela (2001a): Mediale Kommunikation und kulturelle Orientierung. Perspektiven einer kulturwissenschaftlichen Medienforschung. In: Forum qualitative Sozialforschung Online-Journal 2 / 3, online unter: www.qualitative-research.net [letzter Zugriff: 12.03].

Keppler, Angela (2001b): Mediales Produkt und sozialer Gebrauch. Stichworte zu einer inklusiven Medienforschung. In: Sutter, Tilmann / Charlton, Michael (Hrsg.): Massenkommunikation, Interaktion und soziales Handeln. Wiesbaden: Westdeutscher Verlag, S. 125-145.

Keppler, Angela (2006): Mediale Gegenwarten. Eine Theorie des Fernsehens am Beispiel der Darstellung von Gewalt. Frankfurt a.M.: Suhrkamp.

Keppler, Angela / Seel, Martin (2002): Über den Status filmischer Genres. In: montage AV 11 / 2, S. 58-68.

Keupp, Heiner / Ahbe, Thomas / Gmür, Wolfgang / Höfer, Renate / Mitzscherlich, Beate / Kraus, Wolfgang / Straus, Florian (1999): Identitätskonstruktionen. Das Patchwork der Identitäten in der Spätmoderne. Reinbek: Rowohlt.

Kleining, Gerhard (1986): Das qualitative Experiment. In: Kölner Zeitschrift für Soziologie und Sozialpsychologie 38, S. 724-750.

Kluge, Alexander (1983): Bestandaufnahme: Utopie Film. Frankfurt a.M.: Zweitausenundeins.

Knoblauch, Hubert (1999): Zwischen System und Subjekt. Unterschiede und Überschneidungen zwischen Systemtheorie und Sozialkonstruktivismus. In: Hitzler, Ronald / Reichertz, Jo / Schröer, Norbert (Hrsg.): Hermeneutische Wissenssoziologie. Standpunkte zur Theorie der Interpretation. Konstanz: UVK, S. 213-235.

Knoblauch, Hubert (2008): Sinn und Subjektivität in der qualitativen Forschung. In: Kalthoff, Herbert / Hirschauer, Stefan / Lindemann, Gesa (Hrsg.): Theoretische Empirie. Zur Relevanz qualitativer Forschung. Frankfurt a.M.: Suhrkamp, S. 210-233.

Knoblauch, Hubert / Schnettler, Bernt / Soeffner, Hans-Georg (1999): Die Sinnprovinz des Jenseits und die Kultivierung des Todes. In: Knoblauch, Hubert / Soeffner, Hans-Georg (Hrsg.): Todesnähe. Konstanz: UVK, S. 271-292.

Koller, Hans-Christoph (2001): Bildung und Dezentrierung des Subjekts. In: Fritzsche, Bettina / Hartmann, Jutta / Tervooren, Anja (Hrsg.): Dekonstruktive Pädagogik. Erziehungswissenschaftliche Debatten unter poststrukturalistischen Perspektiven. Opladen: Leske + Budrich, S. 35-48.

Koller, Hans-Christoph (2007): Bildung als Entstehung neuen Wissens? Zur Genese des Neuen in transformatischen Bildungsprozessen. In: Müller, Hans-Rüdiger / Stravoravdis, Wassilios (Hrsg.): Bildung im Horizont der Wissensgesellschaft. Wiesbaden: VS Verlag für Sozialwissenschaften, S49-68.

Koch, Lutz (1994): Einleitende Bemerkungen zum Thema ‚Pädagogik und Ästhetik'. In: Koch, Lutz / Marotzki, Winfried / Peukert, Helmut (Hrsg.): Pädagogik und Ästhetik. Weinheim: Deutscher Studienverlag, S. 8-21.

Korzybski, Alfred (1958[1933]): Science and Sanity. An Introduction to non-Aristotelian Systems and General Semantics. Lakerville: Institute for General Semantics.

Kracauer, Siegfried (2002 [1947]): Film als Indikator und Faktor von Mentalitäten. In: Helmes, Günther / Küster, Werner (Hrsg.): Texte zur Medientheorie. Stuttgart: Reclam, S.192-196.

Kracauer, Siegfried (1985 [1960]): Theorie des Films. Die Errettung der äußerlichen Wirklichkeit. Frankfurt a.M.: Suhrkamp.

Krischke-Ramaswamy, Mohini (2008): Ästhetische Erfahrungen mit populärer Kultur. In: Maase, Kaspar (Hrsg.): Die Schönheit des Populären. Ästhetische Erfahrung der Gegenwart. Frankfurt a.M.: Campus, S. 210-229.

Krotz, Friedrich (1995): Fernsehrezeption kultursoziologisch betrachtet. Der Beitrag der Cultural Studies zur Konzeption und Erforschung des Mediengebrauchs. In: Soziale Welt. Zeitschrift für sozialwissenschaftliche Forschung und Praxis 3, S. 245-265.

Krotz, Friedrich (1997): Kontexte des Verstehens audiovisueller Kommunikate. Das sozial positionierte Subjekt der Cultural Studies und die kommunikativ konstruierte Identität des symbolischen Interaktionismus. In: Charlton, Michael / Schneider, Silvia (Hrsg.): Rezeptionsforschung. Theorien und Untersuchungen zum Umgang mit Massenmedien. Wiesbaden: Westdeutscher Verlag, S. 73-91.

Krotz, Friedrich (1999): Gesellschaftliches Subjekt und kommunikative Identität: Zum Menschenbild der Cultural Studies. In: Hepp, Andreas / Winter, Rainer (Hrsg.): Kultur – Medien – Macht. Cultural Studies und Medienanalyse. Opladen: Westdeutscher Verlag, S. 117-126.

Krotz, Friedrich (2001): Die Mediatisierung kommunikativen Handelns. Der Wandel von Alltag, sozialen Beziehungen, Kultur und Gesellschaft durch Medien. Wiesbaden: Westdeutscher Verlag.

Krotz, Friedrich (2005): Handlungstheorien. In: Mikos, Lothar / Wegener, Claudia (Hrsg.): Qualitative Medienforschung: Ein Handbuch. Konstanz: UVK 2005, S. 40-49.

Kubisch, Sonja (2008): Habituelle Konstruktion sozialer Differenz. Eine rekonstruktive Studie am Beispiel der freien Wohlfahrtspflege. Wiesbaden: VS Verlag für Sozialwissenschaften.

Kübler, Hans-Dieter (2009): Mediensozialisation – ein Desiderat zur Erforschung von Medienwelten. Versuch einer Standortbestimmung und Perspektivik. In: Diskurs Kindheits- und Jugendforschung 4 /1, S. 7-26.

Kunczik, Michael (1995): Wirkungen von Gewaltdarstellungen. Zum aktuellen Stand der Diskussion. In: Mochmann, Eckehard / Gerhard, Uta (Hrsg.): Gewalt in Deutschland. Soziale Befunde und Deutungslinien. München: Oldenbourg.

Kutteroff, Albrecht / Behrens, Peter / König, Tina / Schmid, Thomas (2007): JIM-Studie 2007. Jugend, Information, (Multi-)Media. Basisuntersuchung zum Medienumgang 12-19-Jähriger, Medienpädagogischer Forschungsverbund Südwest, online unter: www.mpfs.de/fileadmin/JIM-pdf07/Jim-Studie2007.pdf [letzter Zugriff: 03.08].

Lakoff, George / Johnson, Mark (2007[1980]): Leben in Metaphern: Konstruktion und Gebrauch von Sprachbildern. Heidelberg: Carl Auer.

Lange, Marie-Luise (2002): Grenzüberschreitungen. Wege zur Performance. Körper – Handlung – Intermedialität im Kontext ästhetischer Bildung. Königstein / Taunus: Helmer.

Lasswell, Harold D. (1948): The structure and function of communication in society. In: Bryson, Lyman (Hrsg.): The communication of ideas. New York: Harper, S. 37-51.

Liebau, Eckart (1992): Die Kultivierung des Alltags. Das pädagogische Interesse an Bildung, Kunst und Kultur. Weinheim: Juventa.

Liebau, Eckart (2001): Die Bildung des Subjekts. Beiträge zur Pädagogik der Teilhabe. Weinheim: Juventa.

Liebau, Eckart / Zirfas, Jörg (2008): Die Sinne, die Künste und die Bildung. Ein Vorwort. In: Liebau, Eckart / Zirfas, Jörg (Hrsg.): Die Sinne und die Künste. Perspektiven ästhetischer Bildung. Bielefeld: transcript, S. 7-18.

Lippert, Renate (2002): Vom Winde verweht: Film und Psychoanalyse, Frankfurt a.M.: Stroemfeld Verlag.

Lenzen, Dieter (1990): Von der Erziehungswissenschaft zur Erziehungsästhetik?. In: Lenzen, Dieter (Hrsg.): Kunst und Pädagogik. Erziehungswissenschaft auf dem Weg zur Ästhetik?. Darmstadt: Wissenschaftliche Buchgesellschaft, S. 171-186.

Lenzen, Dieter (1991): Moderne Jugendforschung und postmoderne Jugend: Was leistet noch das Identitätskonzept?. In: Helsper, Werner (Hrsg.): Jugend zwischen Moderne und Postmoderne. Opladen: Leske + Budrich, S. 41-56.

Lenzen, Dieter / Ehrenspeck, Yvonne / Hackenberg, Achim (2005): Kommunikatbildungsprozesse Jugendlicher zur Todesthematik und filmische Instruktionsmuster, DFG-Projekt-Antrag, Berlin.

Leontjew, Alexej N. (1982): Tätigkeit, Bewußtsein, Persönlichkeit. Köln: Pahl-Rugenstein.

Lepa, Steffen / Geimer, Alexander (2007): Jenseits des Films – Postmortem-Kino als Sinnagentur für jugendliche Häretiker. In: Becker, Andreas R. / Hartmann, Doreen. / Lorey Don C. / Nolte, Andrea. (Hrsg.): Medien – Diskurse – Deutungen. Marburg: Schüren, S. 36-43.

Liessman, Konrad P. (1994): Ästhetische Erziehung in einer ästhetischen Welt. In: Koch, Lutz / Marotzki, Winfried / Peukert, Helmut (Hrsg.): Pädagogik und Ästhetik. Weinheim: Deutscher Studienverlag, S. 74-84.

Livingstone, Sonia (1998): Audience research at the crossroads. The 'implied audience' in media and cultural theory. In: European Journal of Cultural Studies 1, S. 193-217.

Lowry, Stephen (1992): Film – Wahrnehmung – Subjekt. Theorien des Filmzuschauers. In: montage AV, 1 / 1, S. 113-128.

Luckmann, Benita (1978): The small life-worlds of modern man. In: Luckmann, Thomas (Hrsg.): Phenomenology and Sociology. Harmondsworth: Pengiun, S. 275-290.

Luckmann, Thomas (1986): Grundformen der gesellschaftlichen Vermittlung des Wissens: Kommunikative Gattungen. In: Kölner Zeitschrift für Psychologie und Sozialpsychologie, Sonderheft 27, S. 191-211.

Luckmann, Thomas (1990): Eine verfrühte Beerdigung des Selbst. In: Psychologische Rundschau 41, S. 203-205.

Lüders, Jenny (2007): Ambivalente Selbstpraktiken: Eine Foucault'sche Perspektive auf Bildungsprozesse in Weblogs. Bielefeld: transcript.

Luhmann, Niklas (1986): Intersubjektivität oder Kommunikation. Unterschiedliche Ausgangspunkte soziologischer Theoriebildung. In: Archivo di Filosofia LIV, S. 41-60.

Luhmann, Niklas (1990): Die Wissenschaft der Gesellschaft. Frankfurt a.M.: Suhrkamp.

Luhmann, Niklas (1995): Die Realität der Massenmedien. Opladen: Westdeutscher Verlag.

Luhmann, Niklas (2002): Das Erziehungssystem der Gesellschaft. Frankfurt a.M.: Suhrkamp.

Lukács, Georg (1978[1911]): Gedanken zu einer Ästhetik des Kinos. In: Kaes, Anton
(Hrsg.): Die Kino-Debatte. Texte zum Verhältnis von Literatur und Film. Tübingen:
Niemeyer, S. 112-118.

Lyotard, Jean-Francois (1982): Das postmoderne Wissen. Wien: Passagen.

Lyotard, Jean-Francois (1994a): Beantwortung der Frage: Was ist postmodern?. In:
Welsch, Wolfgang (Hrsg.): Wege aus der Moderne. Schlüsseltexte der Postmoderne-
Diskussion. Berlin: Akademie Verlag, S.193-203.

Lyotard, Jean-Francois (1994b): Die Moderne redigieren. In: Welsch, Wolfgang (Hrsg.):
Wege aus der Moderne. Schlüsseltexte der Postmoderne-Diskussion. Berlin: Akademie Verlag, S.204-214.

Magliano, Joseph P. / Miller, Jason / Zwaan, Rolf A. (2001): Indexing Space and Time in
Film Understanding. In: Applied Cognitive Psychology 15, S. 533-545.

Mai, Manfred (2006): Künstlerische Autonomie und soziokulturelle Einbindung. Das
Verhältnis von Film und Gesellschaft. In: Mai, Manfred / Winter, Rainer (Hrsg.):
Das Kino der Gesellschaft. Die Gesellschaft des Kinos. Interdisziplinäre, Positionen
und Zugänge. Köln: Halem, S. 24-47.

Mai, Manfred / Winter, Rainer (2006): Kino, Gesellschaft und soziale Wirklichkeit. Zum
Verhältnis von Soziologie und Film. In: Mai, Manfred / Winter, Rainer (Hrsg.): Das
Kino der Gesellschaft. Die Gesellschaft des Kinos. Interdisziplinäre, Positionen und
Zugänge. Köln: Halem Verlag, S. 7-23.

Mandler, George (1986): Aufbau und Grenzen des Bewußtseins. In: Sarris, Viktor / Par-
ducci, Allen (Hrsg.): Die Zukunft der experimentellen Psychologie. Deutscher Verlag der Wissenschaften: Berlin, S.115-130.

Mannheim, Karl (1964 [1921-22]): Beiträge zur Theorie der Weltanschauungs-Inter-
pretation. In: Mannheim, Karl: Wissenssoziologie. Neuwied: Luchterhand, S. 91-
154.

Mannheim, Karl (1980a[1922]): Über die Eigenart kultursoziologischer Erkenntnis. In:
Kettler, David / Meja, Volker / Stehr, Nico (Hrsg.): Karl Mannheim. Strukturen des
Denkens. Frankfurt a.M.: Suhrkamp, S. 33-154.

Mannheim, Karl (1980b[1924]: Eine soziologische Theorie der Kultur und ihrer Erkenn-
barkeit (Konjunktives und kommunikatives Denken). In: Kettler, David / Meja, Volker / Stehr, Nico (Hrsg.): Karl Mannheim. Strukturen des Denkens. Frankfurt a.M.:
Suhrkamp, S. 155-322.

Mannheim, Karl (1985[1929]): Ideologie und Utopie. Frankfurt a.M.: Vittorio Kloster-
mann.

Martig, Charles / Karrer, Leo (Hrsg.) (2003): Traumwelten. Der filmische Blick nach
Innen. Marburg: Schüren.

Marotzki, Winfried (1990): Entwurf einer strukturalen Bildungstheorie. Biographietheoretische Auslegung von Bildungsprozessen in hochkomplexen Gesellschaften. Weinheim: Deutscher Studienverlag.

Marotzki, Winfried (2004): Von der Medienkompetenz zur Medienbildung. In: Brödel, Rainer / Kreymeyer, Julia (Hrsg.): Lebensbegleitendes Lernen als Kompetenzentwicklung. Analysen. Konzeptionen. Handlungsfelder. Bielefeld: Bertelsmann, S. 63-73.

Marotzki, Winfried / Jörissen, Benjamin (2008): Medienbildung. In: Sander; Uwe / von Gross, Friederike / Hugger, Kai-Uwe: (Hrsg.): Handbuch Medienpädagogik. Wiesbaden: VS Verlag für Sozialwissenschaften, S. 100-109.

Maset, Pierangelo (2001): Praxis Kunst Pädagogik. Lüneburg: BoD.

Maset, Pierangelo (2006): Ästhetische Erfahrung als Gegenstand empirischer Forschung?. In: Nuissl, Ekkehard (Hrsg.): Vom Lernen zum Lehren. Lern und Lehrforschung für die Weiterbildung. Bielefeld: Bertelsmann, S. 169-179.

Matthes, Joachim (1992): The operation called ‚Vergleichen‘. In: Matthes, Joachim (Hrsg.): Zwischen den Kulturen? Die Sozialwissenschaften vor dem Problem des Kulturvergleichs (Soziale Welt, Sonderband 8), S. 75-99.

Mead, George H. (1998 [1934]): Geist, Identität und Gesellschaft aus Sicht des Sozialbehaviorismus. Frankfurt a.M.: Suhrkamp.

Mead, George H. (1982 [1926]): Ästhetische Erfahrung. In: Henrich, Dietern / Iser, Wolfgang (Hrsg.): Kunst als Erfahrung. Frankfurt a.M.: Suhrkamp, S. 343-355.

Meder, Norbert (2002): Nicht informelles Lernen, sondern informelle Bildung ist das gesellschaftliche Problem. In: Spektrum Freizeit 24, S. 8-17.

Mensching, Anja (2008): Gelebte Hierarchien. Mikropolitische Arrangements und organisationskulturelle Praktiken am Beispiel der Polizei. Wiesbaden: VS Verlag für Sozialwissenschaften.

Meuser, Michael (1999): Subjektive Perspektiven, habituelle Dispositionen und konjunktive Erfahrungen. Wissenssoziologie zwischen Schütz, Bourdieu und Mannheim. In: Hitzler, Ronald / Reichertz, Jo / Schröer, Norbert (Hrsg.): Hermeneutische Wissenssoziologie. Standpunkte zur Theorie der Interpretationen Konstanz: UVK, S. 121-146.

Meuser, Michael (2001): Repräsentation sozialer Strukturen im Wissen. Dokumentarische Methode und Habitusrekonstruktion. In: Bohnsack, Ralf / Nentwig-Gesemann, Iris / Nohl, Arnd-Michael (Hrsg.): Die dokumentarische Methode und ihre Forschungspraxis. Opladen: Westdeutscher Verlag, S. 207–221.

Metz, Christian (2000): Der imaginäre Signifikant – Psychoanalyse und Kino, Münster: Nodus Publikationen.

Meutsch, Dietrich / Schmidt, Siegfried J. (1985): On the role of conventions in understanding literary texts. In: poetics 14, S. 551-574.

Michel, Burkard (2001): Fotografien und ihre Lesarten. Die Dokumentarische Analyse von Bildrezeptionsprozessen. In: Bohnsack, Ralf / Nentwig-Gesemann, Iris / Nohl, Arnd-Michael (Hrsg.): Die dokumentarische Methode und ihre Forschungspraxis. Opladen: Leske + Budrich, S. 91-120.

Michel, Burkard (2004): Das Habituskonzept zur Überwindung cartesianischer Engführungen in der Rezeptionsforschung. In: Hasebrink, Uwe / Mikos, Lothar / Prommer,

Elisabeth (Hrsg.): Mediennutzung in konvergierenden Medienumgebungen. Reihe
   Rezeptionsforschung Bd. 1. München: Reinhard Fischer, S. 41-66.
Michel, Burkard (2005): Kommunikation vs. Konjunktion. Zwei Modi der Medienrezep-
   tion. In: Gehrau, Volker / Bilandzic, Helena / Woelke, Jens: Rezeptionsstrategien
   und Rezeptionsmodalitäten. Reihe Rezeptionsforschung Bd. 7. Reinhard Fischer:
   München, S. 107-126.
Michel, Burkard (2006): Bild und Habitus. Sinnbildungsprozesse bei der Rezeption von
   Fotografien. Wiesbaden: VS Verlag für Sozialwissenschaften.
Michel, Burkard (2009, i.E.): Habitus und Lebensstil. In: Vollbrecht, Ralf / Wegener,
   Claudia (Hrsg.): Handbuch Mediensozialisation. Wiesbaden: VS Verlag für Sozial-
   wissenschaften.
Mikos, Lothar (1997): Die Rezeption des Cultural Studies Approach im deutschsprachi-
   gen Raum. In: Hepp, Andreas / Winter, Rainer (Hrsg.): Kultur – Medien – Macht.
   Cultural Studies und Medienanalyse. Opladen: Westdeutscher Verlag, S. 49-66.
Mikos, Lothar (2000): Ästhetische Erfahrung und visuelle Kompetenz. Zur Erweiterung
   der Medienkompetenz um präsentative Elemente. In: MedienPädagogik 1, online
   unter: http://www.medienpaed.com/00-1/mikos1.pdf [letzter Zugriff: 07.07].
Mikos, Lothar (2003): Zur Rolle ästhetischer Strukturen in der Filmanalyse. In: Ehren-
   speck, Yvonne / Schäffer, Burkhard (Hrsg.): Film- und Fotoanalyse in der Erzie-
   hungswissenschaft. Leske + Budrich: Opladen, S. 135-147.
Mikos, Lothar (2004): Medienhandeln im Alltag. Alltagshandeln mit Medienbezug. In:
   Hasebrink, Uwe / Mikos, Lothar / Prommer , Elisabeth (Hrsg.): Mediennutzung in
   konvergierenden Medienumgebungen. Reihe Rezeptionsforschung Bd. 1, München:
   Reinhard Fischer, S. 21-40.
Mikos, Lothar (2005): Alltag und Mediatisierung. In: Mikos, Lothar / Wegener, Claudia
   (Hrsg.): Qualitative Medienforschung: Ein Handbuch. Konstanz: UVK, S. 80-93.
Mikos, Lothar (2006): Film und Fankulturen. In: Mai, Manfred / Winter, Rainer (Hrsg.):
   Das Kino der Gesellschaft. Die Gesellschaft des Kinos. Interdisziplinäre, Positionen
   und Zugänge. Köln: Halem, S. 95-116.
Mikos, Lothar / Wegener, Claudia (Hrsg.) (2005): Qualitative Medienforschung: Ein
   Handbuch. Konstanz: UVK.
Mikos, Lothar / Winter, Rainer / Hoffmann, Dagmar (2006): Einleitung: Medien. Identi-
   tät. Identifikationen. In: Mikos, Lothar / Winter, Rainer / Hoffmann, Dagmar
   (Hrsg.): Mediennutzung. Identität. Identifikationen. Weinheim: Juventa, S. 7-20.
Miller, Toby / McHoul, Alec (1998): Popular Culture and Everyday Life. Sage: London.
Mittelstraß, Jürgen (2002): Bildung und ethische Maße. In: Killius, Nelson / Kluge, Jür-
   gen / Reisch, Linda (Hrsg.): Die Zukunft der Bildung. Frankfurt a.M.: Suhrkamp, S.
   151-170.
Mollenhauer, Klaus (1990a): Die vergessene Dimension des Ästhetischen in der Erzie-
   hungs- und Bildungstheorie. In: Lenzen, Dieter (Hrsg.): Kunst und Pädagogik. Er-
   ziehungswissenschaft auf dem Weg zur Ästhetik?. Darmstadt: Wissenschaftliche
   Buchgesellschaft, S. 3-17.
Mollenhauer, Klaus (1990b): Ästhetische Bildung zwischen Kritik und Selbstgewißheit.
   In: Zeitschrift für Pädagogik 4 / 36, S. 287-303.

Mollenhauer, Klaus (1993): Über die bildende Wirkung ästhetischer Erfahrung. In: Lenzen, Dieter (Hrsg.): Verbindungen. Vorträge anlässlich der Ehrenpromotion von Klaus Mollenhauer. Weinheim: Deutscher Studienverlag, S. 17-36.

Mollenhauer, Klaus (1994): Schwierigkeiten mit der Rede über Ästhetik. In: Koch, Lutz / Marotzki, Winfried / Peukert, Helmut (Hrsg.): Pädagogik und Ästhetik. Weinheim: Deutscher Studienverlag, S. 160-170.

Mollenhauer, Klaus (1996): Grundfragen ästhetischer Bildung: Theoretische und empirische Befunde zur ästhetischen Erfahrung von Kindern. Weinheim: Juventa.

Morley, David (1980): The Nationwide Audience. Structure and Decoding. London: BFI.

Morley, David (1981): The Nationwide Audience: A Critical Postscript. In: Screen Education 39, S. 3-14.

Morley, David (1992): Television Audience & Cultural Studies. London/New York: Routledge.

Morley, David (1996): Medienpublika aus Sicht der Cultural Studies. In: Hasebrink, Uwe / Krotz, Friedrich (Hrsg.): Die Zuschauer als Fernsehregisseure. Zum Verständnis individueller Nutzungs- und Rezeptionsmuster. Baden-Baden, Hamburg: Nomos, S. 37- 51.

Morley, David (1999a): Wo das Globale das Lokale trifft. Zur Politik des Alltags. In: Hörning, Karl H. / Winter, Rainer (Hrsg.): Widerspenstige Kulturen. Cultural Studies als Herausforderung. Frankfurt a.M.: Suhrkamp, S. 442-475.

Morley, David (1999b): Bemerkungen zur Ethnografie des Fernsehpublikums In: Bromley, Roger / Göttlich, Udo / Winter, Carsten (Hrsg.): Cultural Studies. Grundlagentexte zur Einführung. Lüneburg: zu Klampen, S. 281-316.

Morley, David (2006): Unanswered Questions in Audience Research. The Communication Review 9, S. 101-121.

Müller, Eggo (1993): „Pleasure and Resistance". John Fiskes Beitrag zur Populärkulturtheorie. In: montage AV 2 /1, S. 52-66.

Müller, Eggo / Wulff, Hans J. (1997): Aktiv ist gut: Anmerkungen zu einigen empiristischen Verkürzungen der British Cultural Studies. In: Hepp, Andreas / Winter, Rainer (Hrsg.): Kultur – Medien – Macht. Cultural Studies und Medienanalyse. Opladen: Westdeutscher Verlag, S. 171-176.

Musil, Robert (2001[1925]): Ansätze zu neuer Ästhetik. Bemerkungen über eine Dramaturgie des Films. In: Diederichs, Helmut (Hrsg.): Béla Bálazs: Der Sichtbare Mensch. Frankfurt a.M.: Suhrkamp, S. 148-167.

Nightingale, Virginia (1993): What's 'Ethnographic' about Ethnographic Audience Research. In: Turner, Graeme (Hrsg.): Nation, Culture, Text: Australian Cultural and Media Studies,.London / New York: Routledge, S.164–177.

Neumann-Braun, Klaus (2005): Strukturanalytische Rezeptionsforschung. In: Mikos, Lothar / Wegener, Claudia (Hrsg.): Qualitative Medienforschung: Ein Handbuch. Konstanz: UVK, S. 58-65.

Nohl, Arnd-Michael (2006a): Interview und dokumentarische Methode. Anleitungen für die Forschungspraxis. Wiesbaden: VS Verlag für Sozialwissenschaften.

Nohl, Arnd-Michael (2006b): Bildung und Spontaneität. Phasen biographischer Wandlungsprozesse in drei Lebensaltern – Empirische Rekonstruktionen und pragmatistische Reflexionen. Opladen / Farmington Hills: Barbara Budrich.

Nohl, Arnd-Michael (2006c): Qualitative Bildungsforschung als theoretisches und empirisches Projekt. Anlage und Ergebnisse einer Untersuchung zu spontanen Bildungsprozessen. In: Pongratz, Ludwig / Wimmer, Michael / Nieke, Wolfgang (Hrsg.): Bildungsphilosophie und Bildungsforschung. Bielefeld: Janus Presse, S. 156-179.

Norcross, John C. / Santrock, John W. / Campbell, Linda F. / Smith, Thomas P. / Sommer, Robert / Zuckerman, Edward L. (2003): Authoritative guide to self-help resources in mental health. NY: Guilford Press.

Oehme, Andreas (2004): Aneignung und Kompetenzentwicklung. Ansätze für eine Neuformulierung des tätigkeitsorientierten Ansatzes. In: Deinet, Urich / Reutlinger, Christian (Hrsg.): „Aneignung" als Bildungskonzept der Sozialpädagogik. Wiesbaden: VS Verlag für Sozialwissenschaften, S. 205-217.

Oevermann, Ulrich / Allert, Tilman / Konau, Elisabeth / Krambeck, Jürgen (1979): Die Methodologie einer 'Objektiven Hermeneutik' und ihre allgemeine forschungslogische Bedeutung in den Sozialwissenschaften. In: Soeffner, Hans-Georg (Hrsg.): Interpretative Verfahren in den Sozial- und Textwissenschaften. Stuttgart: Metzler, S. 352-434.

Oevermann, Ulrich (1991): Genetischer Strukturalismus und das sozialwissenschaftliche Problem der Erklärung der Entstehung des Neuen. In: Müller-Dohm, Stefan (Hrsg.): Jenseits der Utopie. Theoriekritik der Gegenwart. Frankfurt a.M.: Suhrkamp, S. 267-336.

Oevermann, Ulrich (1996): Krise und Muße. Struktureigenschaften ästhetischer Erfahrung aus soziologischer Sicht, Vortrag am 19.6.96 in der Städel-Schule, online unter: http://publikationen.ub.uni-frankfurt.de/volltexte/2005/535/pdf/Krise-und-Musse-1996.pdf [letzter Zugriff: 07.08].

Ohler, Peter (1994): Kognitive Filmpsychologie. Verarbeitung und mentale Repräsentation narrativer Filme. Münster: MAkS Publikationen.

Ohler, Peter (1996): Der Zuschauer als Filmregisseur aus der Perspektive einer kognitiven Filmpsychologie In: montage AV 5 / 2, S. 197-238.

Otto, Gunter (1994a): Lernen und ästhetische Erfahrung. Argumente gegen Klaus Mollenhauers Abgrenzung von Schule und Ästhetik. In: Koch, Lutz / Marotzki, Winfried / Peukert, Helmut (Hrsg.): Pädagogik und Ästhetik. Weinheim: Deutscher Studienverlag, S. 125-144.

Otto, Gunter (1994b): Das Ästhetische ist das ‚Das andere der Vernunft'. Der Lernbereich Ästhetische Erziehung. In: Friedrich Jahresheft, S. 56-58.

Otto, Gunter (1999): Ästhetik als Performance – Unterricht als Performance. In: Seitz, Hanne (Hrsg.): Schreiben auf Wasser. Performative Verfahren in Kunst, Wissenschaft und Bildung. Bonn: Klartext Verlag, S. 197-202.

Peez, Georg (2004): Qualitative empirische Forschung in der Kunstpädagogik. Zu den Wirkungen ästhetischer Erziehung am Fallbeispiel. In: Mattenklott, Gundel / Rora, Constanze (Hrsg.): Ästhetische Erfahrungen in der Kindheit. Theoretische Grundlagen und empirische Forschung. Weinheim: Juventa, S. 225-481.

Peez, Georg (2005): Einführung in die Kunstpädagogik. Stuttgart: Kohlhammer.

Pleines, Jürgen-Eckhardt (1994): Ästhetische Bildung auf dem Standpunkt der Kritik. In: Koch, Lutz / Marotzki, Winfried / Peukert, Helmut (Hrsg.): Pädagogik und Ästhetik. Weinheim: Deutscher Studienverlag, S. 22-38.

Pongratz, Ludwig A. / Wimmer, Michael / Masschelein, Jan (Hrsg.) (2004): Nach Foucault. Diskurs- und machtanalytische Perspektiven der Pädagogik. Wiesbaden: VS Verlag für Sozialwissenschaften.

Prange, Klaus (1994): Geht das Gewissen noch mit in die Oper? Zu Herbarts Lehre von der ästhetischen Nötigung. In: Koch, Lutz / Marotzki, Winfried / Peukert, Helmut (Hrsg.): Pädagogik und Ästhetik. Weinheim: Deutscher Studienverlag, S. 85-94.

Prokop, Dieter (1982): Soziologie des Films. Frankfurt a.M.: Fischer.

Prommer, Elisabeth (1999): Kinobesuch im Lebenslauf. Eine historische und medienbiografische Studie. Konstanz: UVK.

Przyborski, Aglaja (2004): Gesprächsanalyse und dokumentarische Methode. Qualitative Auswertung von Gesprächen, Gruppendiskussionen und anderen Diskursen. Wiesbaden: VS Verlag für Sozialwissenschaften.

Przyborski, Aglaja / Wohlrab-Sahr, Monika (2008): Qualitative Sozialforschung. Ein Arbeitsbuch. München: Oldenburg.

Reckwitz, Andreas (2000): Die Transformation der Kulturtheorien. Zur Enzwicklung eines Theorieprogramms. Weilerswist: Velbrück.

Reckwitz, Andreas (2003): Grundelemente einer Theorie sozialer Praktiken: Eine sozialtheoretische Perspektive. In: Zeitschrift für Soziologie 4, S. 282-301.

Reckwitz, Andreas (2004a): Die Logik der Grenzerhaltung und die Logik der Grenzüberschreitungen. Niklas Luhmann und die Kulturtheorien. In: Burkart, Günter / Runkel, Gunter (Hrsg.): Luhmann und die Kulturtheorie. Frankfurt a.M.: Suhrkamp, S. 213-240.

Reckwitz, Andreas (2004b): Die Reproduktion und die Subversion sozialer Praktiken. Zugleich ein Kommentar zu Pierre Bourdieu und Judith Butler. In: Hörning, Karl H. / Reuter, Julia (Hrsg.): Doing Culture. Neue Positionen zum Verhältnis von Kultur und sozialer Praxis. Bielefeld: transcript, S. 40-54.

Reckwitz, Andreas (2006): Das hybride Subjekt. Eine Theorie der Subjektkulturen von der bürgerlichen Moderne zur Postmoderne. Weilerswist: Velbrück.

Reckwitz, Andreas (2008a): Subjekt / Identität: Die Produktion und Subversion des Individuums. In: Moebius, Stefan / Reckwitz, Andreas (Hrsg.): Poststrukturalistische Sozialwissenschaften. Frankfurt a.M.: Suhrkamp, S. 75- 92.

Reckwitz, Andreas (2008b): Praktiken und Diskurse. Eine sozialtheoretische und methodologische Relation. In: Kalthoff, Herbert / Hirschauer, Stefan / Lindemann, Gesa (Hrsg.): Theoretische Empirie. Zur Relevanz qualitativer Forschung. Frankfurt a.M.: Suhrkamp, S. 188-209.

Reichertz, Jo (1988): Verstehende Soziologie ohne Subjekt? Die objektive Hermeneutik als Metaphysik der Strukturen. In: Kölner Zeitschrift für Soziologie und Sozialpsychologie 2, S. 207-221.

Reichertz, Jo (2003): Die Abduktion in der qualitativen Sozialforschung. Wiesbaden: VS Verlag für Sozialwissenschaften.

Reichertz, Jo (2006): Hermeneutische Wissenssoziologie. In: Bohnsack, Ralf / Marotzki, Winfried / Meuser, Michael (Hrsg.): Hauptbegriffe qualitativer Sozialforschung. Opladen & Farmington Hills: Barbara Budrich, S. 85-89.

Reichertz, Jo (2007a): Die Macht der Worte und der Medien. Wiesbaden: VS Verlag für Sozialwissenschaften.

Reichertz, Jo (2007b): Qualitative Sozialforschung. Ansprüche – Prämissen – Probleme. In: Erwägen, Wissen, Ethik 18, S. 1-14.

Rieger-Ladich, Markus (2005): Weder Determinismus, noch Fatalismus: Pierre Bourdieus Habitustheorie im Licht neuerer Arbeiten. In: Zeitschrift für Soziologie der Erziehung und Sozialisation 3, S. 281-296.

von Rosenberg, Florian (2009): Bildung zwischen Habitus und Feld. Empirische, theoretische und methodologische Rekonstruktion. Dissertation an der Helmut-Schmid-Universität Hamburg.

Rost, Andreas (1998): Von einem der auszog das Leben zu lernen. Ästhetische Erfahrung im Kino. München: Trickster Verlag.

Roszak, Stefan (2004): Eigenarten der ästhetischen Erfahrung im Umgang mit Kunst. In: Mattenklott, Gundel / Rora, Constanze (Hrsg.): Ästhetische Erfahrungen in der Kindheit. Theoretische Grundlagen und empirische Forschung. Weinheim: Juventa, S. 37-60.

Ryle, Gilbert (1969): Der Begriff des Geistes. Reclam: Stuttgart.

Sacks, Harvey (1984): Notes on methodology. In: Atkinson, Maxwell J./ Heritage, John (Hrsg.): Structures of social action. Studies in conversation analysis. Cambridge: Cambridge University Press, S. 21-27.

Sander, Uwe (1989): Kino und Jugend. In: Gottwald, Eckart / Hibbeln, Regina / Lauffer, Jürgen (Hrsg.): Alte Gesellschaft – Neue Medien. Opladen: Leske + Budrich, S. 111-123.

Sander, Uwe / Vollbrecht, Ralf (1989): Biographische Medienforschung. In: Bios. Zeitschrift für Biographieforschung und Oral History 1, S. 15-29.

Sander, Ekkehard / Lange, Andreas (2005): Der medienbiographische Ansatz. In: Mikos, Lothar / Wegener, Claudia (Hrsg.): Qualitative Medienforschung: Ein Handbuch. Konstanz: UVK, S. 115-129.

Sartre, Jean-Paul (2003): Das Sein und das Nichts: Versuch einer phänomenologischen Ontologie. Reinbek: Rowohlt.

Schäffer, Burkhard (1998): Generation, Mediennutzungskultur und Weiterbildung. Zur empirischen Rekonstruktion medial vermittelter Generationenverhältnisse. In: Bohnsack, Ralf / Marotzki, Winfried (Hrsg.): Biografieforschung und Kulturanalyse. Transdisziplinäre Zugänge qualitativer Forschung. Opladen: Leske + Budrich, S. 21-50.

Schäffer, Burkhard (2001): Generationsspezifische Wissensaneignung in einer Mediengesellschaft. Das Beispiel Computerwissen. In: Faulstich, Peter / Wiesner, Giesela / Wittpoth, Jürgen (Hrsg.): Beiheft zum Report: Wissen und Lernen, didaktisches Handeln und Institutionalisierung, Befunde und Perspektiven der Erwachsenenbildungsforschung. Bielefeld: Bertelsmann.

Schäffer, Burkhard (2003): „Ein Blick sagt mehr als 1000 Worte“. Zur generationsspezifischen Inszenierung pädagogischer Blickwechsel in Spielfilmen. In Ehrenspeck, Yvonne / Schäffer, Burkhard (Hrsg.): Film- und Fotoanalyse in der Erziehungswissenschaft. Opladen: Leske + Budrich, S. 395-418.

Schäffer, Burkhard (2009, i.E.): Abbild – Denkbild – Erfahrungsbild. Methodisch-methodologische Anmerkungen zur Analyse von Altersbildern. In: Ecarius, Jutta / Schäffer, Burkhart (Hrsg.): Typenbildung und Theoriegenerierung. Perspektiven qualitativer Biographie- und Bildungsforschung. Opladen & Farmington Hills: Barbara Budrich.

Schenk, Michael (1987, 2002, 2007): Medienwirkungsforschung. Tübingen: Mohr Siebeck.

Scheer, Brigitte (1997): Einführung in die Philosophische Ästhetik. Darmstadt: Primus.

Schmidt, Siegfried (1980): Grundriß der Empirischen Literaturwissenschaft. Teilbd. 1. Der gesellschaftliche Handlungsbereich Literatur. Braunschweig, Wiesbaden: Vieweg.

Schmidt, Siegfried J. (1994): Kognitive Autonomie und soziale Orientierung. Konstruktivistische Bemerkungen zum Zusammenhang von Kognition, Kommunikation, Medien und Kultur. Frankfurt a. M.: Suhrkamp.

Schmidt, Siegfried J. (2000): Kalte Faszination. Medien, Kultur, Wissenschaft in der Mediengesellschaft. Weilerswist: Velbrück.

Schrøder, Kim (2000): Making sense of audience discourse. Towards a multidimensional model of mass media reception. In: European Journal of Cultural Studies 3 / 2, S. 233-258.

Schrøder, Kim (2003): / Doriteer, Kirsten / Kline, Stephen / Murray, Catherine: Researching Audiences. New York: Oxford University Press.

Schütz, Alfred (1971): Das Problem der sozialen Wirklichkeit. In: Schütz, Alfred: Gesammelte Aufsätze. Bd. 1. Den Haag: Nifhoff.

Schütz, Alfred / Luckmann, Thomas (2003): Strukturen der Lebenswelt. Konstanz: UVK.

Schwan, Stephan / Hesse, Friedrich W. (1997): Filmrezeption und Informationsverarbeitung – Zum aktuellen Stand der ‚kognitiven Filmpsychologie'. In: Mandl, Heinz (Hrsg.): Bericht über den 40. Kongress der Deutschen Gesellschaft für Psychologie in München. Göttingen: Hogrefe.

Schwan, Stephan (1995): Love or Crime or something else? Schematische Wissensstrukturen und Filmrezeption. In: Rundfunk und Fernsehen 1, S. 26-40.

Schwan, Stephan (2001): Filmverstehen und Alltagserfahrung. Wiesbaden: Deutscher Universitäts-Verlag.

Selle, Gert (1990): Das Ästhetische. Sinntäuschung oder Lebensmittel. In: Selle, Gert (Hrsg.): Experiment Ästhetische Bildung. Aktuelle Beispiele für Handeln und Verstehen. Reinbek: Rowohlt, S. 14-37.

Selle, Gert (1995): Kunstpädagogik jenseits ästhetischer Rationalität?. In: Kunst + Unterricht 192, S. 16-21.

Sieprath, Norbert (2004): Medienaneignung als blinder Fleck der Systemtheorie. In: Hörning, Karl / Reuter, Julia (Hrsg.): Doing Culture. Neue Positionen zum Verhältnis von Kultur und sozialer Praxis. Bielefeld: transcript, S. 201-220.

Staiger, Janet (2000): Perverse Spectators. The practices of film reception. New York: New York University Press.

Stauff, Markus (1999): Nach der Theorie? Anmerkungen zum Stellenwert von Theorie und Politik bei Cultural Studies und Neoformalismus. In: Medienwissenschaft Rezensionen 1, online unter: http://www.ruhr-uni-bochum.de/kanal-168/pro/1999/ theorie. htm [letzter Zugriff: 05.06].

Stäheli, Urs (2000): Poststrukturalistische Soziologien. Bielefeld: transcript.

Stuckert, Anja (1999): J. F. Herbart. Eine begriffliche Rekonstruktion des Verhältnisses von Ästhetik, Ethik und Erziehungstheorie in seinem Werk. Frankfurt a.M.: Lang.

Soeffner, Hans-Georg (2000): Sozialwissenschaftliche Hermeneutik. In: Flick, Uwe / Kardoff, Ernst / Steinke, Ines (Hrsg.): Qualitative Forschung. Ein Handbuch, Reinbek: Rowohlt, S. 164-175.

Sontag, Susan (1999[1964]): Gegen Interpretation (Against Interpretation). In: Sonntag, Susan: Kunst und Antikunst. 24 literarische Analysen. Frankfurt a.M.: Fischer, S. 11-22.

Srubar, Ilja (1996): Mannheim und die Postmodernen. In: Endreß, Martin / Ilja Srubar (Hrsg.): Karl Mannheims Analyse der Moderne. Mannheims erste Frankfurter Vorlesung von 1930. Leske + Budrich: Opladen, S. 353 -370.

Srubar, Ilja (1997): Ist die Lebenswelt ein harmloser Ort? Zu Genese und Bedeutung des Lebensweltbegriffs. In: Wicke, Michael (Hrsg.): Konfigurationen lebensweltlicher Strukturphänomene. Soziologische Varianten phänomenologisch-hermeneutischer Weltdeutung. Opladen: Leske + Budrich, S. 43-59.

Srubar, Ilja (2007): Mannheims Diskursanalyse. In: Balla, Bálint / Sparschuh, Vera / Sterbling, Anton [Hg]: Karl Mannheim. Leben, Werk, Wirkung und Bedeutung für die Osteuropaforschung. Hamburg: Krämer, S. 79-94.

Strübing, Jörg (2008): Pragmatismus als epistemische Praxis. Der Beitrag der Grounded Theory zur Empirie-Theorie-Frage. In: Kalthoff, Herbert / Hirschauer, Stefan / Lindemann, Gesa (Hrsg.): Theoretische Empirie. Zur Relevanz qualitativer Forschung. Frankfurt a.M.: Suhrkamp, S. 279-311.

Sutter, Tilmann (2008): Systemtheorie. In: Sander, Uwe / von Gross, Friederike / Hugger, Kai-Uwe (Hrsg.): Handbuch Medienpädagogik. Wiesbaden: VS Verlag für Sozialwissenschaften, S. 160-164.

Sutter, Tilmann / Charlton, Michael (1997): Die Bedeutung einer konstruktivistischen Theorie sozialen Handelns für die Medienforschung. In: Rusch, Gebhard / Schmidt, Siegrfied J. (Hrsg.): Konstruktivismus in der Medien- und Kommunikationswissenschaft. Suhrkamp: Frankfurt a.M., S. 79-113.

Taylor, Charles (1996): Quellen des Selbst. Die Entstehung der neuzeitlichen Identität. Frankfurt a.M.: Suhrkamp.

Thompson, Kristin (1995): Neoformalistische Filmanalyse. Ein Ansatz. Viele Methoden. In: montage AV 4, S.23-62.

Töpper, Jörn / Schwan, Stephan (2008): James Bond in Angst? Inferences about protagonists' emotional states in films In: Journal of Media Psychology 20 / 4, S. 131-140.

Ulmer, Bernd / Bergmann, Jörg (1993): Medienrekonstruktionen als kommunikative Gattungen?. In: Holly, Werner / Püschel, Ulrich (Hrsg.): Medienrezeption als Aneignung. Methoden und Perspektiven qualitativer Medienforschung. Opladen: Westdeutscher Verlag, S. 81-102.

Vallentin, Gabriele (2001): Ästhetische Bildung in der ‚Postmoderne'. Didaktische Grundlagen eines sinnenbewussten Textilunterrichts. Baltmannsweiler: Schneider-Verlag Hohengehren.

Visch, Valentijn / Tan, Ed (2008): Narrative versus style: Effect of genre-typical Events versus genre-typical filmic realizations on film viewers' genre recognition. In: poetics 36, S. 301-315.

Vogd, Werner (2005): Systemtheorie und rekonstruktive Sozialforschung. Eine empirische Versöhnung unterschiedlicher theoretischer Perspektiven. Opladen: Barbara Budrich.

Vogelsang, Waldemar (1994): Jugend- und Medienkulturen. Ein Beitrag zur Ethnographie medienvermittelter Jugendwelten. In: Kölner Zeitschrift für Soziologie und Sozialpsychologie 46 / 3, S. 464-491.

Vogelsang, Waldemar (2000): Asymmetrische Wahrnehmungsstile. Wie Jugendliche mit neuen Medien umgehen und warum Erwachsene sie so schwer verstehen. In: Zeitschrift für Soziologie der Erziehung und Sozialisation 20 / 2, S. 181-202.

Vollbrecht, Ralf (2007): Der sozialökologische Ansatz der Mediensozialisation. In: Mikos, Lothar / Hoffmann, Dagmar (Hrsg.): Mediensozialisationstheorien. Neue Modelle und Ansätze in der Diskussion. Wiesbaden: VS Verlag für Sozialwissenschaften, S. 93-108.

Vogt, Jürgen (2002): Allgemeine Pädagogik, ästhetische Erfahrung und das gute Leben. Ein Rückblick auf die Benner-Mollenhauer-Kontroverse. In: Zeitschrift für Kritische Musikpädagogik, Sonderedition: Musikpädagogik zwischen Bildungstheorie und Fachdidaktik, S. 73-91.

Wagner, Hans-Joachim (1999): Rekonstruktive Methodologie. George Herbert Mead und die qualitative Sozialforschung. Opladen: Leske + Budrich.

Wagner, Ulrike (Hrsg.) (2008): Medienhandeln in Hauptschulmilieus – Mediale Interaktion und Produktion als Bildungsressource. München: kopaed.

Wacquant, Loic (1996): Auf dem Weg zu einer Sozialpraxeologie. Struktur und Logik der Soziologie Pierre Bourdieus. In: Bourdieu, Pierre / Wacquant, Loic (Hrsg.): Reflexive Anthropologie. Frankfurt a.M.: Suhrkamp, S. 17-93.

Weber, Max (1980 [1922]): Wirtschaft und Gesellschaft. Grundriß der Verstehenden Soziologie. Tübingen: Mohr Siebeck.

Weiß, Ralph (2001a): Der praktische Sinn des Mediengebrauchs im Alltag. In: Maier-Rabler, Ursula / Latzer, Michael (Hrsg.): Kommunikationskulturen zwischen Wandel und Kontinuität. Universelle Netzwerke für die Zivilgesellschaft. Konstanz: UVK, S. 347-369.

Weiß, Ralph (2001b): Fern-Sehen im Alltag. Zur Sozialpsychologie der Medienrezeption. Opladen: Westdeutscher Verlag.

Wegener, Claudia (2008): Medien, Aneignung und Identität. „Stars" im Alltag jugendlicher Fans. Wiesbaden: VS Verlag für Sozialwissenschaften.

Welsch, Wolfgang (1995): Betrachtungen zur Welt der elektronischen Medien und zu anderen Welten. In: Baacke, Dieter / Röll, Franz-Josef [Hg]: Weltbilder. Wahrnehmung. Wirklichkeit. Bildung als ästhetischer Lernprozess. Opladen: Leske + Budrich, S. 71-95.

Welsch, Wolfgang (1997): Unsere postmoderne Moderne. Berlin: Akademie Verlag Berlin.

Welsch, Wolfgang (1998): Ästhetisches Denken. Stuttgart: Reclam.

West, Candace / Fenstermaker, Sarah B. (1995): Doing Difference. In: Gender & Society, 1/9, S. 8-37.

Wigger, Lothar (2006): Habitus und Bildung: Einige Überlegungen zum Zusammenhang von Habitusformationen und Bildungsprozessen. In: Friebertshäuser, Barbara / Rieder-Lagich, Markus / Wigger, Lothar (Hrsg.): Reflexive Erziehungswissenschaft. Wiesbaden: VS Verlag für Sozialwissenschaften, S. 101-118.

Wigger, Lothar (2007): Bildung und Habitus? Zur bildungstheoretischen und habitustheoretischen Interpretation von Interviews. In: Müller, Hans-Rüdiger / Stravoravdis, Wassilios (Hrsg.): Bildung im Horizont der Wissensgesellschaft. Wiesbaden: VS Verlag für Sozialwissenschaften, S. 171-192.

Willke, Helmut (1996): Systemtheorie II: Interventionstheorie. Stuttgart: UTB.

Winkler, Michael (2004): Aneignung und Sozialpädagogik. In: Deinet, Urich / Reutlinger, Christian (Hrsg.): „Aneignung" als Bildungskonzept der Sozialpädagogik. Wiesbaden: VS Verlag für Sozialwissenschaften, S. 71-91.

Winter, Rainer (1991): Zwischen Kreativität und Vergnügen. der Gebrauch des postmodernen Horrorfilms. In: Müller-Doohm, Stefan / Neumann-Braun, Klaus (Hrsg.): Öffentlichkeit – Kultur – Kommunikation. Beiträge zur Medien- und Kommunikationssoziologie. Oldenburg: Universität Oldenburg, S. 213-229.

Winter, Rainer (1992): Filmsoziologie. Eine Einführung in das Verhältnis von Film, Kultur und Gesellschaft. München: Quintessenz.

Winter, Rainer (1995): Der produktive Zuschauer. Medienaneignung als kultureller und ästhetischer Prozess. München: Quintessenz.

Winter, Rainer (1999a): Cultural Studies als kritische Medienanalyse. Vom ‚Encoding/Decoding'-Modell zur Diskursanalyse. In: Hepp, Andreas / Winter, Rainer (Hrsg.): Kultur – Medien – Macht. Cultural Studies und Medienanalyse. Opladen: Westdeutscher Verlag, S. 49-66.

Winter, Rainer (1999b): Die Zentralität von Kultur. Zum Verhältnis von Kultursoziologie und Cultural Studies. In: Hörning, Karl H. / Winter, Rainer (Hrsg.): Widerspenstige Kulturen. Cultural Studies als Herausforderung. Frankfurt a.M.: Suhrkamp, S. 146-195.

Winter, Rainer (2003a): Polysemie, Rezeption und Handlungsmöglichkeit. Zur Konstitution von Bedeutung im Rahmen der Cultural Studies. In: Jannidis Fotis / Lauer, Gerhard / Martínez, Matías / Winko, Simone (Hrsg.): Regeln der Bedeutung. Zur Theorie der Bedeutung historischer Texte. Tübingen: Niemeyer, S. 431-453.

Winter, Rainer (2003b): Filmanalyse in der Perspektive der Cultural Studies. In: Ehrenspeck, Yvonne / Schäffer, Burkhard (Hrsg.): Film- und Photoanalyse in der Erziehungswissenschaft. Opladen: Leske + Budrich, S. 151-164.

Winter, Rainer (2004): Cultural Studies und kritische Pädagogik. In: MedienPädagogik 3 / 2, online unter: www.medienpaed.com/03-2/winter03-2.pdf [letzter Zugriff: 01.07].

Winter, Rainer (2006): Die Filmtheorie und die Herausforderung durch den ‚perversen Zuschauer'. Kontexte, Dekonstruktionen und Interpretationen. In: Mai, Manfred / Winter, Rainer (Hrsg.): Das Kino der Gesellschaft. Die Gesellschaft des Kinos. Interdisziplinäre, Positionen und Zugänge. Köln: Halem Verlag, S. 79-94.

Winter, Rainer (2007): Das Geheimnis des Alltäglichen. In: Österreichische Zeitschrift für Soziologie 32 / 4, S. 21-39.

Winter, Rainer (2008): Widerständige Sozialität im postmodernen Alltagsleben: Das Projekt der Cultural Studies und die poststrukturalistische Diskussion. In: Thomas, Tanja (Hrsg.): Medienkultur und soziales Handeln. Wiesbaden: VS Verlag für Sozialwissenschaften, S. 299-315.

Winter, Rainer / Eckert, Roland (1990): Mediengeschichte und kulturelle Differenzierung. Opladen: Leske + Budrich.

Winter, Rainer / Niederer, Elisabeth (2008): Die poststrukturalistische Transformation der Soziologie. Zur kritischen Analyse der Gegenwart im Werk von Norman K. Denzin. In: Winter, Rainer / Niederer, Elisabeth (Hrsg.): Ethnographie, Kino und Interpretation. Die performative Wende der Sozialwissenschaften. Bielefeld: transcript, S. 271-290.

Wittgenstein, Ludwig (2003[1953]): Philosophische Untersuchungen. Frankfurt a.M.: Suhrkamp.

Wittpoth, Jürgen (2003): Fotografische Bilder und Ästhetische Reflexivität. In: Ehrenspeck, Yvonne / Schäffer, Burkhard (Hrsg.): Film- und Photoanalyse in der Erziehungswissenschaft. Opladen: Leske + Budrich, S. 73-86.

Wren-Lewis, Justin (1983): The encoding / decoding model: criticisms and redevelopments for research on decoding. In: Media, Culture and Society 5, S. 179- 197.

Wulf, Christoph (1990): Ästhetische Wege zur Welt. Über das Verhältnis von Mimesis und Erziehung. In: Lenzen, Dieter (Hrsg.): Kunst und Pädagogik. Erziehungswissenschaft auf dem Weg zur Ästhetik?. Darmstadt: Wissenschaftliche Buchgesellschaft, S. 156-170.

Wulf, Christoph (2005): Zur Genese des Sozialen. Mimesis. Performativität. Ritual. Bielefeld: transcript.

Wulf, Christoph (2006): Mimesis. In: Bohnsack, Ralf / Marotzki, Werner / Meuser, Michael: Hauptbegriffe qualitativer Sozialforschung. Opladen & Farmington Hills: Barbara Budrich, S. 117-119.

Wünsch, Carsten (2002): Unterhaltungstheorien. Ein systematischer Überblick. In: Früh, Werner (Hrsg.): Unterhaltung. Eine molare Theorie. Konstanz: UVK, S. 15-48.

Wuss, Peter (1999): Filmanalyse und Psychologie. Strukturen des Films im Wahrnehmungsprozeß. Berlin: Edition Sigma.

Zielke, Barbara (2004): Kognition und Soziale Praxis. Der soziale Konstruktionismus und die Perspektiven einer postkognitivistischen Psychologie. Bielefeld: transcript.

Zirfas, Jörg (2004): Kontemplation – Spiel – Phantasie. Ästhetische Erfahrungen in bildungstheoretischer Perspektive. In: Mattenklott, Gundel / Rora, Constanze (Hrsg.): Ästhetische Erfahrungen in der Kindheit. Theoretische Grundlagen und empirische Forschung. Weinheim: Juventa, S. 77-97.

Zubayr, Camille / Gerhard, Heinz (2008): Tendenzen im Zuschauerverhalten. Fernsehgewohnheiten und Fernsehreichweiten im Jahr 2007. In: media perspektiven 3, S. 106-119.

Zwaan, Rolf A. / Langston, Mark C. / Graesser, Arthur C. (1995): The construction of situational models in narrative comprehension: An event-indexing model. In: Psychological Science 6, S. 292–297.

Cultural Studies

Andreas Hepp / Friedrich Krotz /
Tanja Thomas (Hrsg.)

**Schlüsselwerke der
Cultural Studies**

2009. 338 S. (Medien - Kultur -
Kommunikation) Geb. EUR 34,90
ISBN 978-3-531-15221-9

Andreas Hepp / Veronika Krönert

Medien – Event – Religion

Die Mediatisierung des Religiösen
2009. 296 S. (Medien - Kultur -
Kommunikation) Br. EUR 29,90
ISBN 978-3-531-15544-9

Uwe Hunger / Kathrin Kissau (Hrsg.)

Internet und Migration

Theoretische Zugänge und empirische
Befunde
2009. 342 S. (Medien - Kultur - Kommunikation) Br. EUR 29,90
ISBN 978-3-531-16857-9

Jutta Röser / Tanja Thomas /
Corinna Peil (Hrsg.)

**Alltag in den Medien –
Medien im Alltag**

2010. ca. 270 S. (Medien - Kultur -
Kommunikation) Br. ca. EUR 24,90
ISBN 978-3-531-15916-4

Paddy Scannell

Medien und Kommunikation

2010. 400 S. (Medien - Kultur -
Kommunikation) Br. ca. EUR 29,90
ISBN 978-3-531-16594-3

Martina Thiele / Tanja Thomas /
Fabian Virchow (Hrsg.)

Medien – Krieg – Geschlecht

Affirmationen und Irritationen
sozialer Ordnungen
2010. ca. 330 S. (Medien - Kultur -
Kommunikation) Br. ca. EUR 29,90
ISBN 978-3-531-16730-5

Erhältlich im Buchhandel oder beim Verlag.
Änderungen vorbehalten. Stand: Juli 2009.

www.vs-verlag.de

VS VERLAG FÜR SOZIALWISSENSCHAFTEN

Abraham-Lincoln-Straße 46
65189 Wiesbaden
Tel. 0611.7878-722
Fax 0611.7878-400